相关文档
新浪通达信
点击下载

盘口技术图解

STOCK

（上册 基础知识）

《操盘技术图解》系列丛书之一

陈金壮 著

廣東省出版集團
广东经济出版社

图书在版编目（CIP）数据

盘口技术图解．上册．基础知识／陈金壮著．—广州：广东经济出版社，2012.4

（《操盘技术图解》系列丛书之一）

ISBN 978－7－5454－1204－8

Ⅰ．①盘…　Ⅱ．①陈…　Ⅲ．①股票投资—图解　Ⅳ．①F830.91－64

中国版本图书馆 CIP 数据核字（2012）第 055542 号

出版发行	广东经济出版社（广州市环市东路水荫路 11 号 11～12 楼）
经销	全国新华书店
印刷	佛山市浩文彩色印刷有限公司（南海狮山科技工业园 A 区）
开本	787 毫米×1092 毫米　1/16
印张	14.5　2 插页
字数	176 000 字
版次	2012 年 4 月第 1 版
印次	2012 年 4 月第 1 次
印数	1～10 000 册
书号	ISBN 978－7－5454－1204－8
定价	66.00 元

如发现印装质量问题，影响阅读，请与承印厂联系调换。

发行部地址：广州市环市东路水荫路 11 号 11 楼

电话：（020）38306055　38306107　邮政编码：510075

邮购地址：广州市环市东路水荫路 11 号 11 楼

邮购电话：（020）37601950　邮政编码：510075

营销网址：**http：//www.gebook.com**

广东经济出版社常年法律顾问：何剑桥律师

·版权所有　翻印必究·

《操盘技术图解》系列丛书策划手记

一、为什么要策划出版这套丛书

对于广大投资者尤其是中小级别的投资者来说，要想在股市上站稳脚跟，生存下来，立足长远，徐图发展，应该依赖什么呢？能够依赖的是什么呢？应该依靠什么呢？能够依靠的是什么呢？我个人认为是技术，只有技术才是投资者的立足之本，别的都是浮云。如果你认同这个观点，就请继续往下看，如果你不认同这种说法，那就请你别浪费时间了，立即放下这本书，放下这套丛书中的任何一本，干点别的去吧，因为这些玩意不适合你。

技术是我们的立足之本，这是我们的共识，也是我们策划这套丛书的初衷。

技术给我们自信，技术给我们从容，技术给我们效率，技术帮助我们成功。

因此，我们以操盘为核心，以技术为基点，围绕股票交易所涉及的技术重点、技术难点、技术疑点，按照一定的类别加以划分，策划出一系列相关读物，名之曰《操盘技术图解》系列丛书。这就是我们策划这套丛书的因由。

二、这套丛书具体有些什么内容

《操盘技术图解》系列丛书在总体框架上，尽可能涵盖股票交易常用技术，包括盘口技术、波段技术、解套技术、涨停技术、短线技术、趋势技术、均线技术、K 线技术、量能技术、滚动技术和选股技术等等，这些技术，都是我们从事股票交易时经常涉及到的。

比如说，我们要看盘，如何看盘呢？如何读懂盘口的各种信息呢？如何读懂盘口分时图走势呢？如何从盘口异动中发现套利机会呢？这些问题的答案，就在《盘口技术图解》里。

比如说，我们要做些波段，如何做波段呢？如何寻找波段的起始点？如何判断波段的谷底？如何判断波段的波峰？如何在波段中实现盈利最大化？诸如此类的问题，关系到波段交易的成败，这些问题的答案，就在《波段技术图解》里。

比如说，我们要解套，如何解套呢？是继续操作原来的品种，在哪里跌倒就在哪里爬起来？还是快刀斩乱麻，一了百了，另起炉灶，换股操作呢？是加大资金投入还是不再追加本金，是慢慢耗着还是急起直追？套住了真挠头，如何是好？看看《解套技术图解》吧。

等等，限于篇幅，就不再逐一介绍。

三、这套丛书有些什么写作特点

《操盘技术图解》系列丛书在写作上，尽可能突出图解的特色，每一本书，都主要是以图片为主，适当加上一些讲解文字，但文字并不多。为什么要如此安排呢？一是现在大家都很忙，没时间慢慢阅读长篇大论，二是股票这玩意，走势图就摆在那，一目了然，有很多东西无需用文字表述，一张图就足够了。因此，图多字少，就是这套丛书的写作特点。

在框架上，为了适合培训的需要，我们将每一种类型的技术单独成书，例如盘口技术，就安排为《盘口技术图解》丛书，一套三本，分为上、中、下三册，上册讲解盘口技术的基础知识，中册介绍盘口技术的实战案例，下册解答盘口技术的疑难问题。其他技术类型的作品，也是按这个套路设计的，这样的安排可能对读者学习技术更有好处。

四、这套丛书适合哪些读者阅读

《操盘技术图解》系列丛书是专门为喜欢技术的投资者写作的，因此，这套丛书适合爱好技术的读者阅读。如果你是技术的门外人士，那么这套丛书最适合你，因为它很基础、很直观、很浅显，还有很多实战案例和疑难问题解答，既易学又实用，很对胃口啊。

当然，这套丛书不仅仅是写给技术门外人士看的，更是写给技术高手看的。为什么这样说呢？因为文字虽然浅显，内容却是很为深奥，不仅如此，还有很多非常难得一见的真知灼见，如此说来，不加阅读，错过了与成功人士对话的机会，岂不可惜？

五、这套丛书应该如何阅读使用

《操盘技术图解》是以图片为主的技术读物，文字很少，阅读起来毫不费力，这是优点，也是缺点。因为文字少，就很容易被轻视，被漠视，被小视。殊不知，读图是很需要真功夫的，很需要细功夫的，很需要长命功夫的。没有耐心，不能细心，缺乏恒心，是很难读出心得，读出体会，读到精髓的。

因此，建议读者先静下心来，深呼吸，气沉丹田，稳坐，正襟危坐，如此，方可开始阅读。然后，打开软件，对照软件，查看书中涉及到的每一张图，细细察看，慢慢琢磨，前后走势，上下位置，翻个遍，弄透彻，如是者再，如是者三，如是者恒定之，那么，经年累月，不知厌倦，不知疲倦。如果你们能做到，而且坚持到底，那么，成功就不远了。

为了配合读者学习技术，方便读者相互交流，我们特地开辟了交流园地，需要加入的，请发邮件到业务邮箱：caopanxue@ qq. com 提交申请，特此说明。

前　言

盘口技术是短线技术中最重要的组成部分，但凡短线交易者，想要成功套利，如果没有过硬的盘口技术，那么成功几乎是不可能的，或者说胜算是很低的。因此，可以这样说，想要做好短线交易，首先要学好盘口技术。

盘口技术并不神秘，也不高深，学起来也不难。

但是，很多人学习起来总是不得要领，为什么呢?

这些年来，我不断思考这个问题，苦苦寻找其中的答案。

大约在2010年春天桃花开得正鲜艳的时候，我的老朋友罗振文先生约我写点什么，我推辞了。我是以交易为生的人，平日里深居简出，不爱跟陌生人打交道，更不喜欢著书立说、扬名立万。觉得那些都是身外之物，浮云而已。可是罗先生反复劝说，道投资者如何如何需要云云，如是者再，如是者三，大有我不写点东西就不罢休的架势。盛情难却，终于答应下来了。于是，就有了这套丛书。

本丛书分为三个部分：上册是盘口技术基础知识，中册是盘口技术实战案例，下册是盘口技术疑难解答。三册既各自成书，又互为参照，比照阅读，效果更好。

关于上册涉及到的盘口技术基础知识如何应用，将在中册实战案例中讲解，关于上册涉及到的关联阅读所提到的图例，如有疑问，请记录下来，我将在下册详细解答。

这本书在写作框架上以盘口技术中最重要的关键环节为纲，以实战图为主要内容，辅以简明的讲解，文字虽少，但我相信在这个嫌弃繁文缛节的读图时代已经足够了。因为时间关系，有些内容就无法一一细数，还请见谅。

因为忙，对于读者诸君在阅读过程中可能遇到的种种疑惑，无法一一作答，再请见谅。

老友罗振文先生已经为各位开辟了一些交流群，需要交流的朋友请与他联系。

以上寥寥数语，权当作前言吧。顺祝各位投资者事事如意。

陈金壮

2012年3月31日

写于冰城清静阁书斋

目　录

第六篇 沪深竞价规则解读 /111

第七篇 开盘报价数据解读 /135

第八篇 盘中异动数据解读 /157

第九篇　收盘报价数据解读　/179

第十篇　复盘作业数据解读　/201

后记　/222

第一篇
常用看盘工具简介

看盘工具通常选用行情软件，目前市面上比较流行的包括大智慧、同花顺、通达信之类，大多数营业部都提供这些软件，它们各有特点，看盘的时候，可以根据自己的爱好加以选择。

对于大多数中小投资者来说，起步的时候，可以先选用免费版的行情软件，等到自己的资金规模达到一定的数额之后，再考虑选择相应的收费软件。

在本书中，为了照顾大多数中小投资者，原则上采用免费软件截图。

为了讲解方便，本书主要选用钱龙新一代、新浪通达信和东方财富通等行情软件来截图，这三款软件的免费版本功能强大，基本上可以满足技术分析的需要，特此说明。

图 1　免费看盘软件东方财富通下载界面

图 1 解说

图 1 是东方财富网提供的东方财富通 2012 版新一代个人金融终端下载界面，下载地址是 http：//www. caifutong. com. cn/cft. html? r = 16，大家可以根据自己的需要，下载安装。

东方财富通软件是国内首款云计算行情软件，它特点鲜明，资讯丰富，界面清爽，速度快捷，是很不错的看盘软件。

本图要点如下：

一、这是关于东方财富通软件下载地址的界面图。

二、你可以在地址栏输入上边的网址，直接找到下载页面。

三、也可以百度关键词“东方财富通”，然后点击进入下载页面。

四、下载后双击该软件，安装后，注册一下，登陆后即可使用。

五、对于大多数人来说，可以首先使用免费软件，熟悉之后再考虑其他。

特别说明：

钱龙新一代金融平台下载地址是：

http：//www. qianlong. com. cn/4x/download/pages/promote. html

新浪通达信下载地址是：

http：//down. tech. sina. com. cn/content/47646. html

关于其他软件的下载和安装，各位可以到相关的网站去了解，在这里就不再一一说明。

相关阅读1 通达信软件部分券商版下载地址

- 部分国内证券公司版本
- 部分国内期货公司版本
- 部分国内基金公司版本
- 部分香港证券公司版本
- 部分海外证券公司版本
- 部分其它类型版本

部分国内证券公司版本

◆ 银河证券	中国银河证券海王星安全增强版、单独委托版、融资融券版等	http://www.chinastock.com.cn
◆ 国泰君安	君弘惠+投资平台（标准版），国泰君安锐智版	http://www.gtja.com
◆ 国信证券	金太阳网上交易专业版、国信证券股指期货仿真交易等	http://www.guosen.com.cn
◆ 海通证券	海通证券新一代	http://www.htsec.com
◆ 招商证券	网上交易股指套利版、财富版、全能版（简/繁）、金钻版、闪电版、招商智远iPad版等	http://www.newone.com.cn
◆ 广发证券	金管家至强版（简/繁）、金管家VIP快速交易版	http://www.gf.com.cn
◆ 华泰证券	网上交易系统专业版、网上交易系统通达信版等	http://www.htsc.com.cn
◆ 申银万国	申银万国旗舰版通达信、申银万国精英版通达信	http://www.sw2000.com.cn
◆ 中信建投	中信建投网上交易（通达信）、中信建投网上交易极速版（通达信）等	http://www.csc108.com
◆ 光大证券	金阳光投资决策支持系统卓越版、光大证券新版网上交易系统等	http://www.ebscn.com
◆ 齐鲁证券	通达信客户端交易软件	http://www.qlzq.com.cn
◆ 安信证券	通达信行情交易软件（简/繁）	http://www.essence.com.cn
◆ 中信证券	中信证券至信版网上交易系统、中信证券至信全能版网上系统等	http://www.cs.ecitic.com
◆ 中投证券	中投证券超强版-新一代、中投证券超强版繁体版	http://www.cjis.cn
◆ 联合证券	网上交易行情专业版、网上交易系统通达信版等	http://www.lhzq.com
◆ 方正证券	方正证券泉友通、方正证券泉友通独立委托	http://www.foundersc.com
◆ 中信金通	金翼赢家智信版	http://www.bigsun.com.cn
◆ 长江证券	金长江财智版、金长江网上交易财智版-期货、独立下单系统等	http://www.95579.com

关联图1 通达信软件部分券商版下载地址

这里介绍的是通达信软件部分券商版下载地址，供各位参考。

各位可以到各自所在的券商网站去下载相关的版本。

也可以到通达信网站去下载相关的版本。

相关链接是 http：//www.tdx.com.cn/soft/dzb

相关阅读2 新浪通达信下载界面

新浪通达信 1.08

软件概况 相关文档

发布公司：新浪网

授权方式：免费版

软件评级：评级标准

绿色认证：通过无插件认证

操作系统：WindowsAll

软件语言：简体中文

软件大小：4,396 KB

更新日期：2011-10-31

下载次数：累计/275986 本周/6367

关键字项：证券 期货

[点击查看大图]

软件介绍 评论(975条) 我要评论

新浪通达信软件正式发布，该软件是集A股、B股以及股指期货实时行情、消息资讯和技术分析等功能于一体的系统平台。新浪用户可直接登录后浏览最新最全面的市场信息。

新浪通达信软件含有以下功能：

1. 提供最新最全的股指期货行情

展示实时和全面的股指期货行情、及时的信息资讯，为您了解股指期货、熟悉市场规则提供了一个完善的互动平台；同时为您建立金融理念、培养投资策略提供了优良的环境，助您成为一位股指期货的投资高手。

2. 关联报价

个股分时走势图下方扩展出关联报价分块，用户可以在观察个股的同时更好的把握宏观大局，相关板块概念个股走势尽收眼底。

3. 板块指数和成分股

关联图2 新浪通达信下载界面

图 2　安装后第一次登录时出现的界面

图 2 解说

图 2 是东方财富通下载安装之后第一次登录时出现的界面。

这是东方财富通软件设定的默认登陆界面。大家可以把它设为默认的登陆界面，也可以根据自己的爱好，选择新的界面，如果不明白如何设定，可以查看帮助文件，在此从略。

本图要点如下：

一、这是东方财富通金融终端软件安装之后第一次登录时出现的默认界面。

二、本界面有九大模块组成，第一排分别是上证指数分时走势图、深圳成指分时图和股指期货当月分时图，第二排分别是沪 A 涨跌和沪 A5 分钟涨跌、深 A 涨跌和深 A5 分钟涨跌，以及资金流向，第三列分别是自选股、机构研究报告和行业板块。

三、分时走势图揭示了上证指数（也叫大盘指数）、深证成指和股指期货的实时走势。

四、资金流向信息窗口动态播报资金流的各种数据，供实时决策参考。

五、实时资讯分为 24 小时滚动和公司快讯两部分，即时提供各类动态资讯。

相关阅读3　钱龙新一代金融平台初始界面

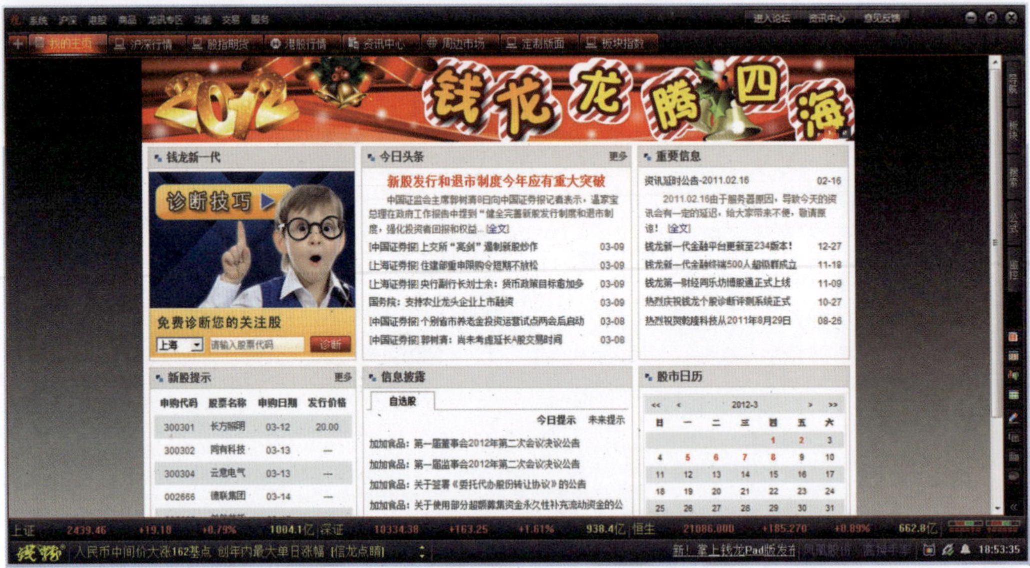

关联图3　钱龙新一代金融平台初始界面

相关阅读4　平安证券E点金金融终端初始界面

关联图4　平安证券E点金金融终端初始界面

图 3　选择适合自己需要的菜单

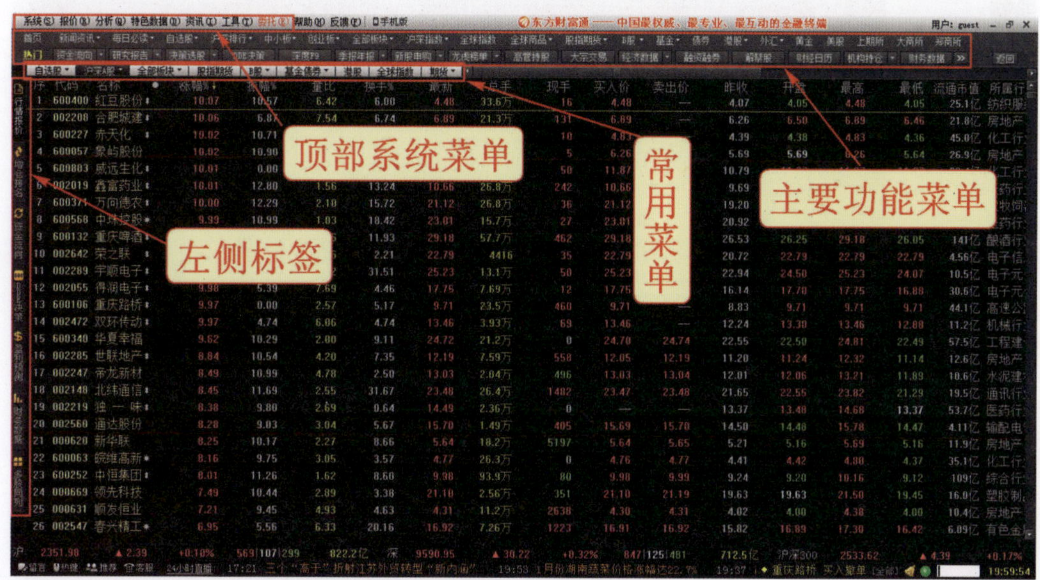

图 3 解说

图 3 是东方财富通软件系统菜单介绍的界面，大家可以根据自己的需要，从顶头的菜单栏中选择相关的菜单，查看自己想了解的相关内容。也可以从左侧标签查看相关的数据。

本图要点如下：

一、顶头上的系统主菜单包括系统、报价、分析、特色数据、资讯、工具和委托等主要大模块，分别含有不同的下拉子菜单，可供查阅。

二、第一次使用东方财富通软件的时候，可以根据自己的偏好选择性熟悉一些功能。

三、如果使用系统默认的功能，建议花一点时间逐个熟悉，最好全部熟悉。

四、开始的时候，建议了解与板块资金流向相关的各类菜单，力争做到心中有数。

五、对于自选股模块，建议按类别自定义标记，选择不同的数字区分开来，易于识别。

相关阅读5 海通证券新一代行情软件功能菜单

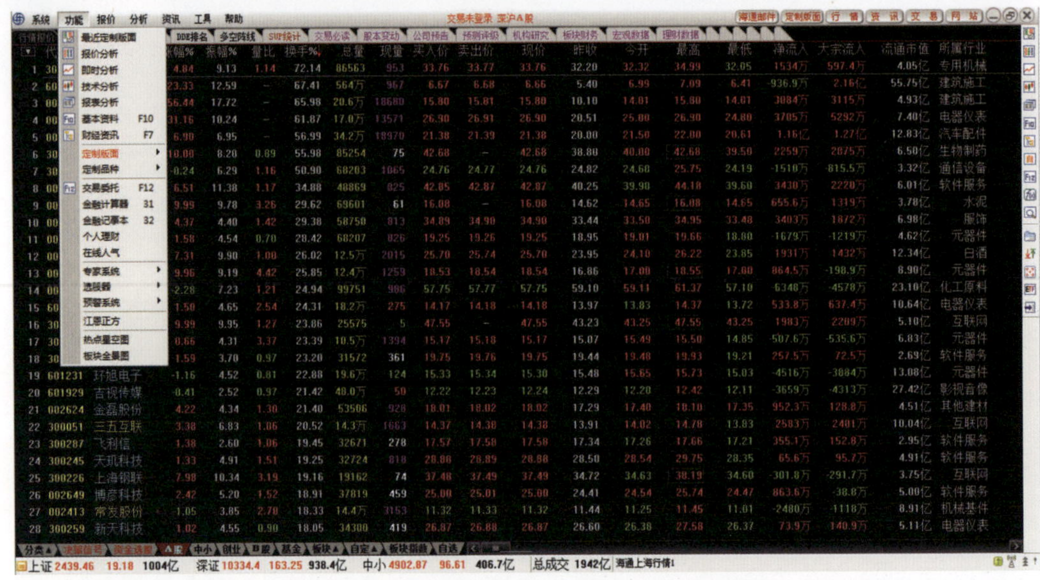

关联图5 海通证券新一代行情软件功能菜单

相关阅读6 钱龙新一代金融平台概念板块菜单

关联图6 钱龙新一代金融平台概念板块菜单

图 4　设定自己喜欢的公式指标

图 4 解说

图 4 介绍的是新浪通达信软件技术指标选择界面，各位投资者可以在这里选择自己喜欢的公式指标，配合实战看盘需要，迅速提高看盘效率。

本图要点如下：

一、这里汇集了新浪通达信软件提供的全部指标，有加密收费的，也有不加密免费的。

二、选择指标的时候，要根据指标的属性，分别选择不同的指标，要有差异性。

三、选择指标的时候，要遵循宁缺毋滥的原则，不要贪多务得，过于花哨。

四、主图指标建议选择趋势类，有一个就可以了，不要叠加得过多。

五、附图指标建议选择量能类，原则上有一个就可以了，最多两个，太多了反而累赘。

相关阅读7　东方财富通软件技术分析常用指标

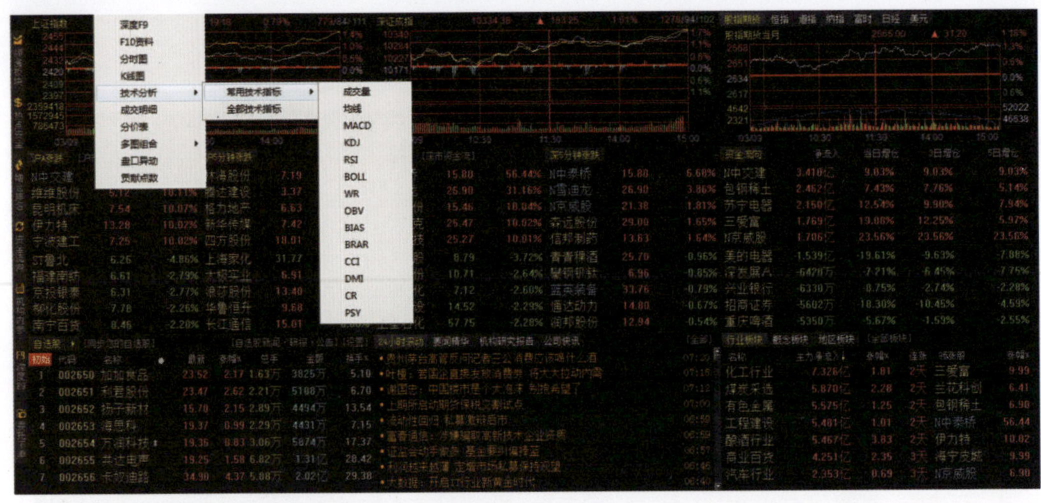

关联图7　东方财富通软件技术分析常用指标

相关阅读8　通达信软件测试版底栏指标

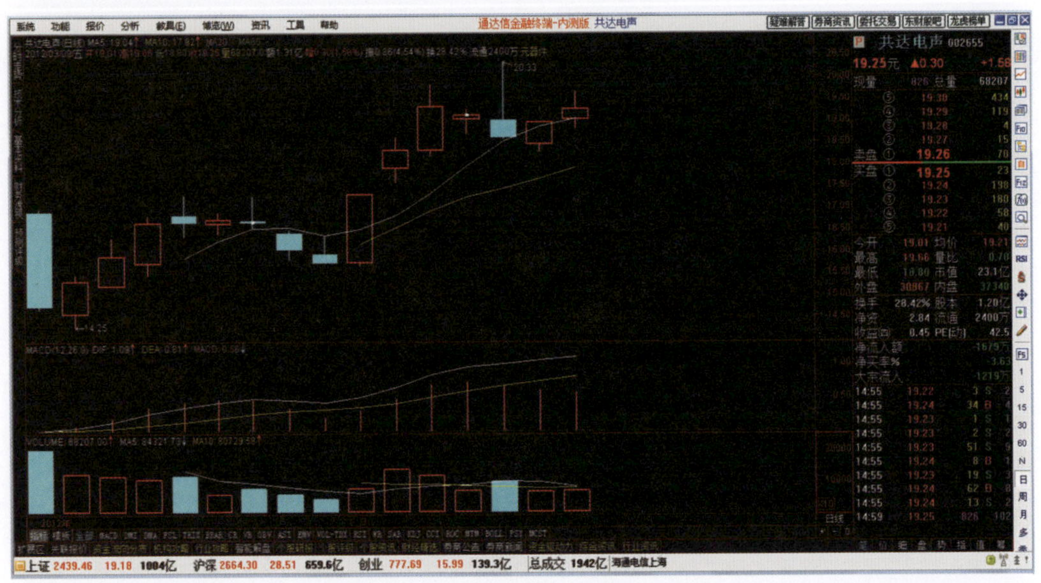

关联图8　通达信软件测试版底栏指标

图 5　选择自己喜欢的界面风格

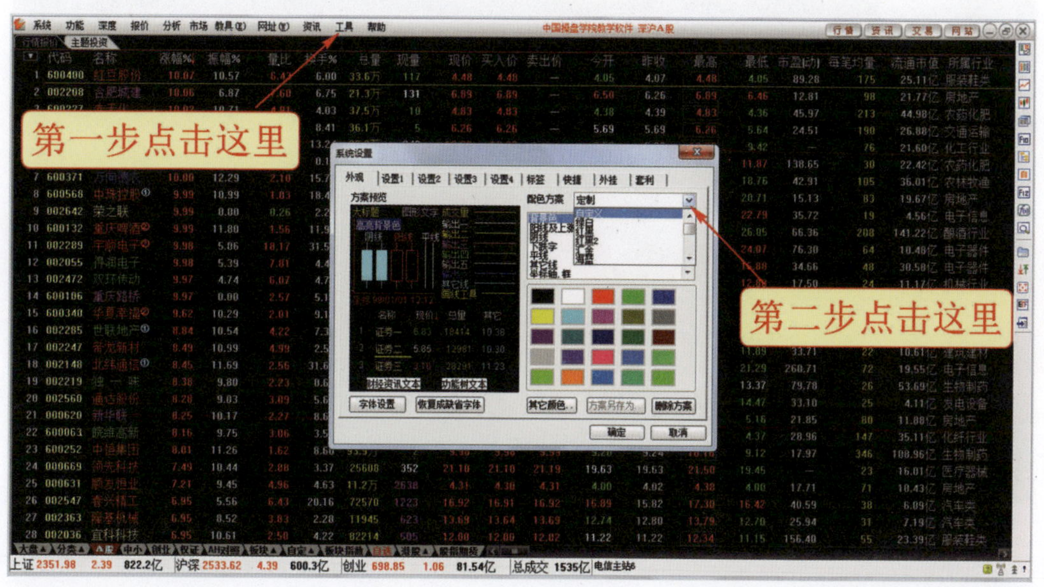

图 5 解说

图 5 介绍的是新浪通达信软件界面风格，分为系统默认和自定义两大类别。

本图要点如下：

一、系统默认的是定制风格，本书的截图采用了这种风格。

二、大家也可以根据自己的偏好，对显示风格进行自定义。

三、为了更加醒目，本书在图形的显示线性上进行了改造，分时图的线性更粗。

四、与此同时，本书截图时在日线图表上，对指标线加粗，看起来更加醒目。

五、其他相关事宜，大家可以查看帮助文件，或者到通达信的官方网站查看。

相关阅读9　钱龙新一代金融平台系统设置按钮

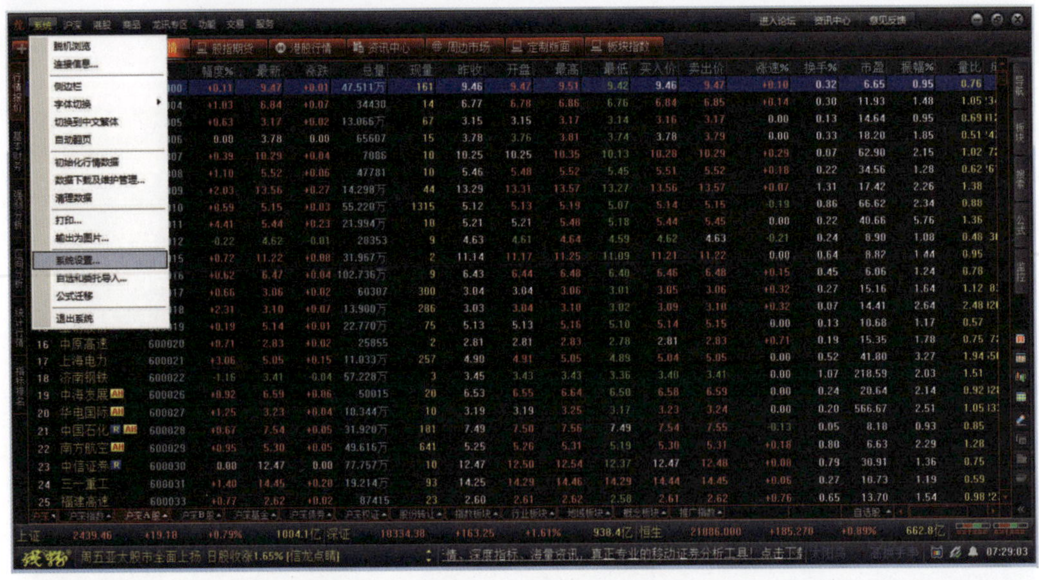

关联图9　钱龙新一代金融平台系统设置按钮

相关阅读10　海通证券新一代行情软件定制界面

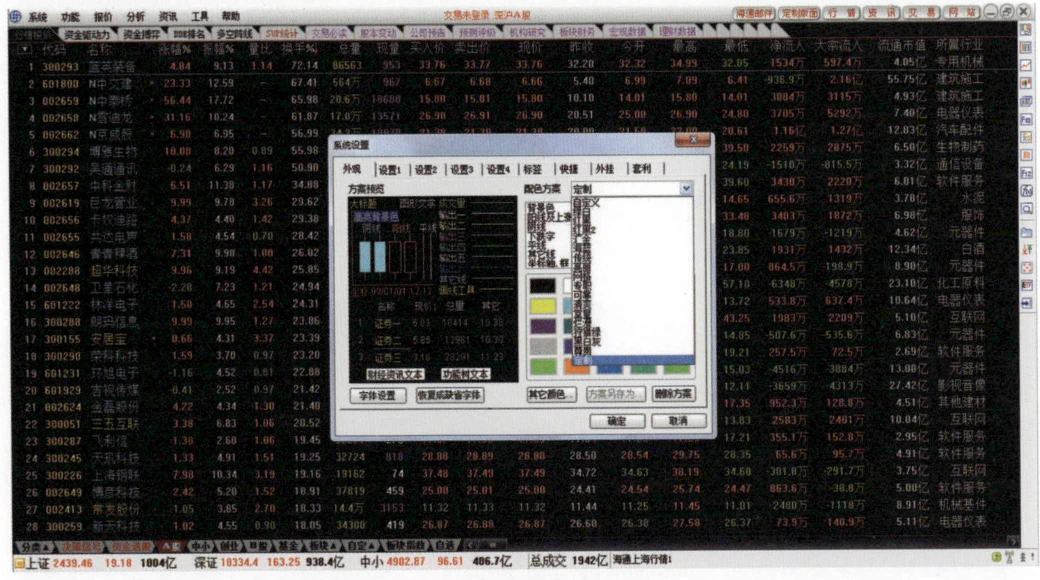

关联图10　海通证券新一代行情软件定制界面

图 6　熟悉软件上的各种菜单

图 6 解说

图 6 是钱龙新一代金融平台的界面。俗话说，工欲善其事，必先利其器。要想成为看盘高手，首先要熟悉我们用来看盘的工具。这是最基础的基本功，大家多下点功夫吧。

本图要点如下：

一、钱龙新一代金融平台软件的主菜单分为四大类，分别是天头类主菜单、地脚类主菜单、左侧类主菜单和右侧类主菜单，每一类主菜单都含有不同的内容，各有侧重点。

二、对于每一类菜单，都需要深入了解，力争烂熟于心。

三、为了方便查阅，大家可以在系统设置里做一些调整。

四、对于图表类菜单，短线交易者要多费时间更加熟悉。

五、对于资讯类菜单，波段交易者要多费时间更加熟悉。

相关阅读 11　东方财富通软件特色数据菜单

关联图 11　东方财富通软件特色数据菜单

相关阅读 12　海通证券新一代行情软件工具菜单

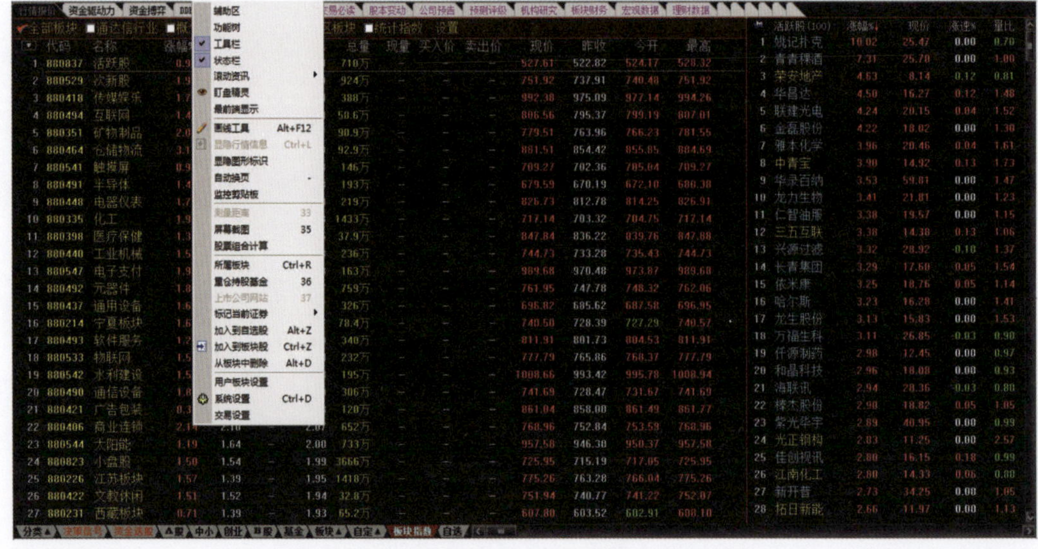

关联图 12　海通证券新一代行情软件工具菜单

图 7　熟悉各类指数查看界面

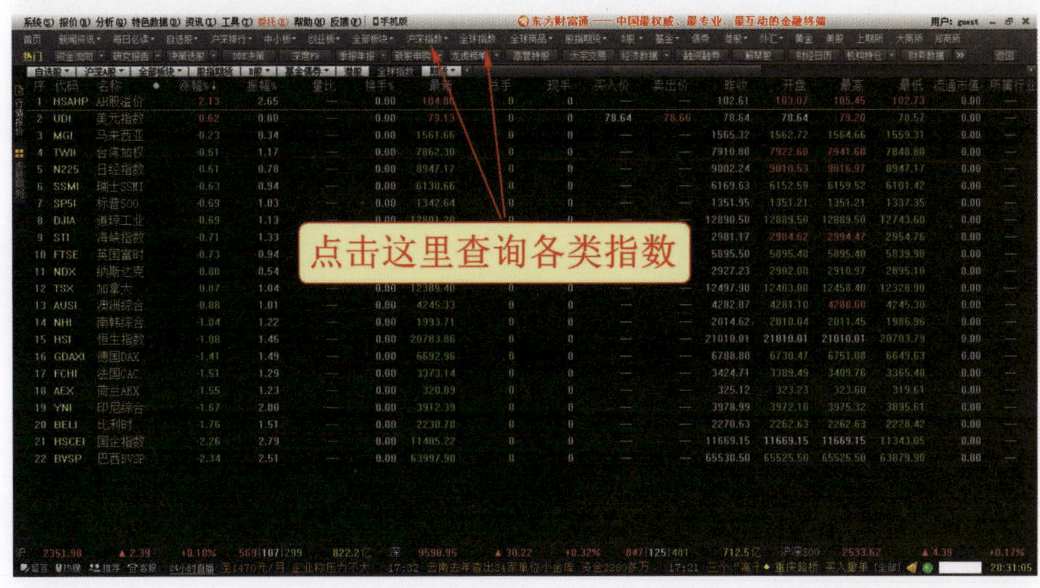

图 7 解说

图 7 介绍的是沪深指数和全球指数的查看界面，其中包含了各类指数。大家可以在这里查阅到各种类型的指数，及时了解大势的走向，从而做出正确的投资决策。

本图要点如下：

一、可以按快捷键 F3，查看上证指数分时走势图。

二、可以按快捷键 F4，查看深证成指分时走势图。

三、可以单独查看上证系列指数，了结相关标的的走势。

四、可以单独查看深证系列指数，了结相关标的的走势。

五、可以单独查看其他系列指数，了结相关标的的走势。

相关阅读 13　海通证券新一代行情软件所有指数菜单

行情报价 | 资金驱动力 | 资金博弈 | DDE排名 | 多空阵线 | SUP统计 | 交易必读 | 股本变动 | 公司预告 | 预测评级 | 机构研究 | 板块财务 | 宏观数据 | 理财数据

	代码	名称	涨幅%	振幅%	量比	换手%	总量	现量	现价	昨收	今开	最高	最低	总金额	流通市值	当日 净流入	当日 大宗流入	当日 大宗流量%
1	880024	中小成交	5.87	12.11	–	–	2786万	–	14.60	13.79	15.58	16.22	14.55	406.7亿	–	0.00	0.00	0.00
2	880374	软饮料	5.57	0.97	–	1.28	31.1万	–	779.18	738.10	771.99	779.18	771.99	2.43亿	–	-4135万	-2568万	-10.56
3	880412	商品城	4.59	4.32	–	2.62	49.2万	–	634.12	606.29	608.34	634.55	608.34	5.69亿	–	6767万	6578万	11.56
4	880004	成交均价	4.42	16.56	–	–	1.73亿	–	11.10	10.63	9.62	11.37	9.61	1919亿	–	0.00	0.00	0.00
5	880409	电器连锁	4.41	7.07	–	3.03	175万	–	815.00	780.61	782.34	830.15	774.96	18.3亿	–	3.66亿	3.79亿	20.73
6	880381	白酒	3.92	3.83	–	1.41	133万	–	1223.91	1177.71	1179.80	1224.05	1178.93	40.4亿	–	6.62亿	6.77亿	16.77
7	880438	机床制造	3.79	4.15	–	2.81	70.6万	–	659.94	635.86	638.04	660.12	633.75	5.69亿	–	8461万	6853万	12.05
8	880644	饮料制造	3.62	3.38	–	1.59	295万	–	902.87	871.29	873.77	902.93	873.50	65.7亿	–	6.55亿	6.52亿	9.92
			3.57	3.45	–	1.64	264万	–	1135.25	1096.07	1097.98	1135.35	1097.56	63.3亿	–	6.96亿	6.78亿	10.71
		成交	3.32	19.94	–	–	1.38亿	–	9.95	9.63	8.11	10.03	8.11	1373亿	–	0.00	0.00	0.00
		物流	3.17	3.40	–	3.10	92.9万	–	881.51	854.42	855.85	884.69	855.65	7.52亿	–	8937万	9564万	12.72
		饮料	3.07	2.91	–	–	362万	–	7749.76	7518.77	7537.42	7750.03	7531.56	70.9亿	–	0.00	0.00	0.00
		指数	3.05	2.81	–	–	198万	–	2520.20	2445.64	2451.44	2520.20	2451.44	40.2亿	–	0.00	0.00	0.00
			2.97	3.18	–	3.04	92.9万	–	963.69	935.89	937.36	966.94	937.16	7.52亿	–	8937万	9564万	12.72
		新材	2.94	3.52	–	3.44	177万	–	836.32	812.40	815.24	838.66	810.05	30.5亿	–	3.65亿	2.78亿	9.11
		市值	2.89	1.91	–	–	690万	–	82.26	79.95	80.73	82.26	80.73	139.3亿	–	10.66亿	5.27亿	3.78
		消费	2.83	2.61	–	–	145万	–	6706.70	6522.06	6537.13	6706.70	6536.29	32.2亿	–	0.00	0.00	0.00
		农业	2.82	2.49	–	–	555万	–	5729.14	5572.08	5591.81	5729.52	5590.73	95.9亿	–	0.00	0.00	0.00
		板块	2.77	2.45	–	1.30	213万	–	847.73	824.90	827.73	847.85	827.60	48.8亿	–	-1502万	-3133万	-0.64
		药酒	2.76	2.57	–	1.74	57.0万	–	1007.21	980.16	983.26	1007.21	982.00	6.90亿	–	8752万	6720万	9.74
		消费	2.59	2.29	–	–	552万	–	6268.76	6110.48	6130.40	6268.76	6128.98	94.7亿	–	0.00	0.00	0.00
		消费	2.59	2.29	–	–	552万	–	6268.76	6110.48	6130.40	6268.76	6128.98	94.7亿	–	0.00	0.00	0.00
		消费	2.58	2.25	–	–	640万	–	4493.78	4380.88	4395.31	4493.96	4395.28	103.1亿	–	0.00	0.00	0.00
		板块	2.55	2.51	–	1.60	137万	–	1044.25	1018.30	1020.42	1044.70	1019.17	23.0亿	–	8.16亿	6.33亿	27.49
		平均	2.52	2.00	–	–	690万	–	22.00	21.46	21.57	22.00	21.57	139.3亿	–	0.00	0.00	0.00
		消费	2.54	2.10	–	–	241万	–	4219.33	4114.74	4134.74	4221.04	4134.74	31.4亿	–	0.00	0.00	0.00

上证A股 1
上证B股 2
深证A股 3
深证B股 4
上证债券 5
深证债券 6
深沪A股 7
深沪B股 8
深沪债券
交易所基金
所有股票
✔ 所有指数
中小企业 9
深沪权证 11
创业板 12
板块指数 15
三板证券
定制品种
自选股
条件股

分类▲ | A股 | 中小 | 创业 | B股 | 基金 | 板块▲ | 自定▲ | 板块指数 | 自选

关联图 13　海通证券新一代行情软件所有指数菜单

相关阅读 14　海通证券新一代行情软件流通市值菜单

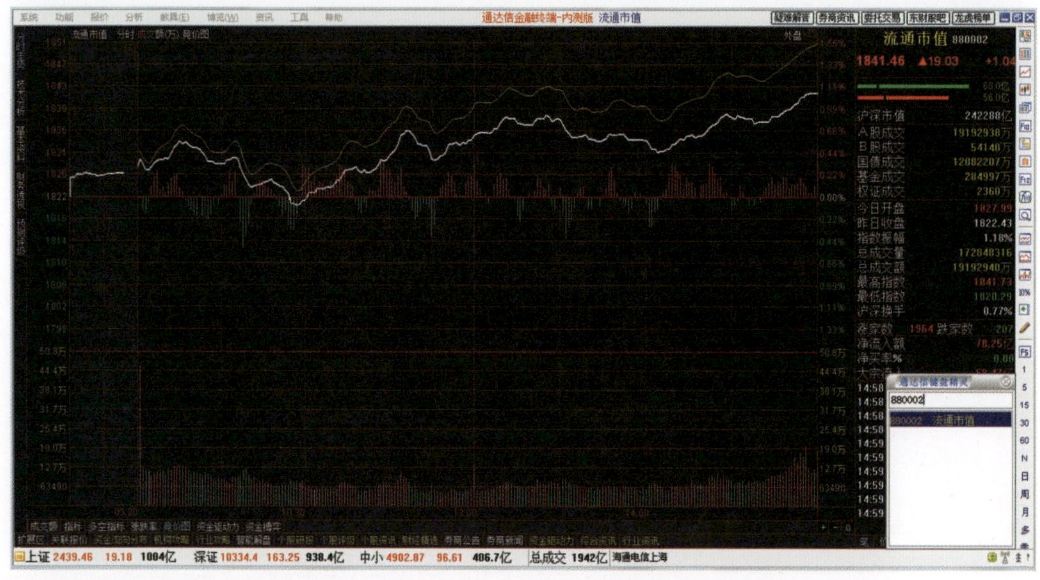

关联图 14　海通证券新一代行情软件流通市值菜单

图 8　熟悉各类个股查看界面

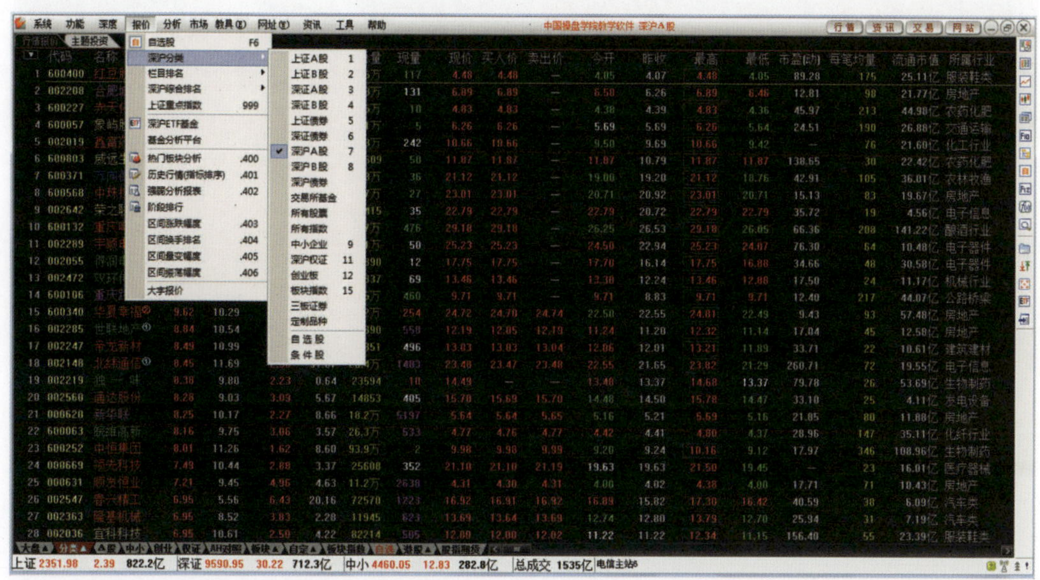

图 8 解说

图 8 介绍的是新浪通达信个股查看界面，在这里可以查阅到沪深两市上市的各类品种。大家可以根据自己的实战需要，选择相关的品种。

本图要点如下：

一、如果是概貌性了解所有 A 股，可以点击沪深 A 股，查阅相关的品种。

二、如果是概貌性了解所有 B 股，可以点击沪深 B 股，查阅相关的品种。

三、如果是概貌性了解所有中小板股票，可以点击中小板，查阅相关的品种。

四、如果是概貌性了解所有创业板股票，可以点击创业板，查阅相关的品种。

五、如果是概貌性分类了解沪市或者深市各自的股票，可以点击相关的分类，查阅相关的品种。

相关阅读 15　海通证券新一代行情软件个股选择菜单

关联图 15　海通证券新一代行情软件个股选择菜单

相关阅读 16　钱龙新一代金融平台自选股菜单

关联图 16　钱龙新一代金融平台自选股菜单

图 9　设定自己喜欢的个股分时界面

图 9 解说

图 9 介绍的是东方财富通个股分时界面，大家也可以根据自己的偏好选择新浪通达信或者钱龙新一代软件，从中筛选合适的分时看盘模式。

本图要点如下：

一、个股分时图看盘界面包含三大模块，分别是分时走势图、实时资讯和信息窗口。

二、分时走势图属于图表部分，可以根据自己的偏好调整看盘的相关窗口和技术指标。

三、实时资讯含有个股新闻资讯、公告资讯和相关研报三大模块，供大家即时查阅。

四、信息窗口提供了个股的实时交易信息，作为实战的决策依据。

五、信息窗口提供了模块收起隐藏功能，可以根据自己的偏好作相应的调整。

相关阅读 17　通达信软件测试版分时图资金驱动力界面

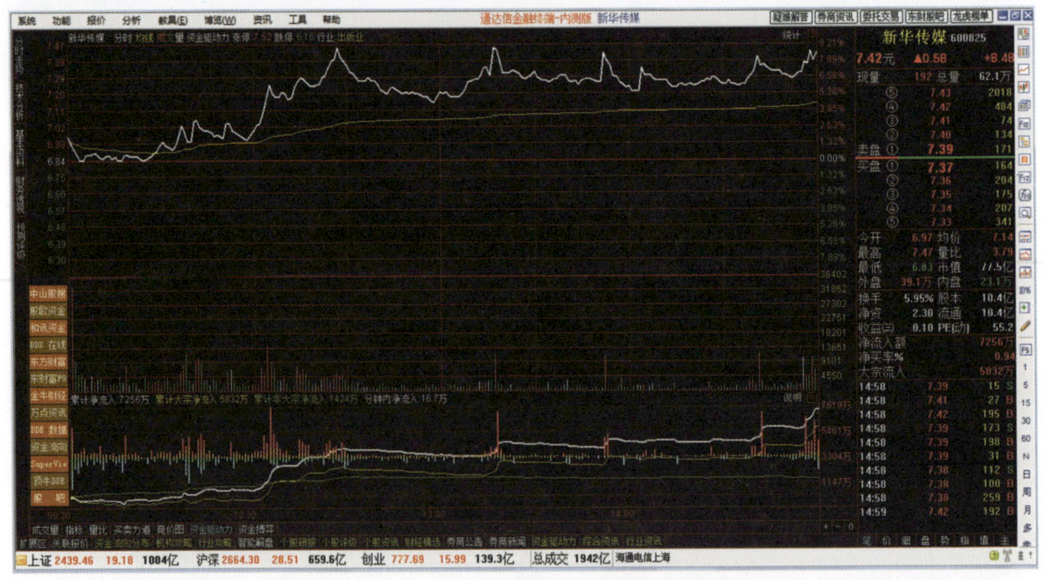

关联图 17　通达信软件测试版分时图资金驱动力界面

相关阅读 18　海通证券新一代行情软件分时图扩展区资金驱动力界面

关联图 18　海通证券新一代行情软件分时图扩展区资金驱动力界面

图 10　设定自己喜欢的个股日线界面

图 10 解说

图 10 介绍的是钱龙新一代软件个股日线看盘界面，大家可以根据需要切换 L1 或者 L2 两种类型界面。日线界面和分时走势图界面相似，大家可以参见上边的说明。

本图要点如下：

一、日线图上的主图，可以自行设定看盘指标，也可以修改其中的指标参数。

二、附图的指标，建议根据交易的类型来选择，短线的指标和中长线的指标是不同的。

三、如果是短线交易者，建议选择 KDJ 之类信号比较敏感的指标作参考。

四、如果是波段交易者，建议选择 MACD 之类信号比较滞后的指标作参考。

五、如果有必要，日线图的界面可以变换，根据需要调整为不同的分析周期。

相关阅读 19　通达信软件测试版日线图扩展区资金流向分布界面

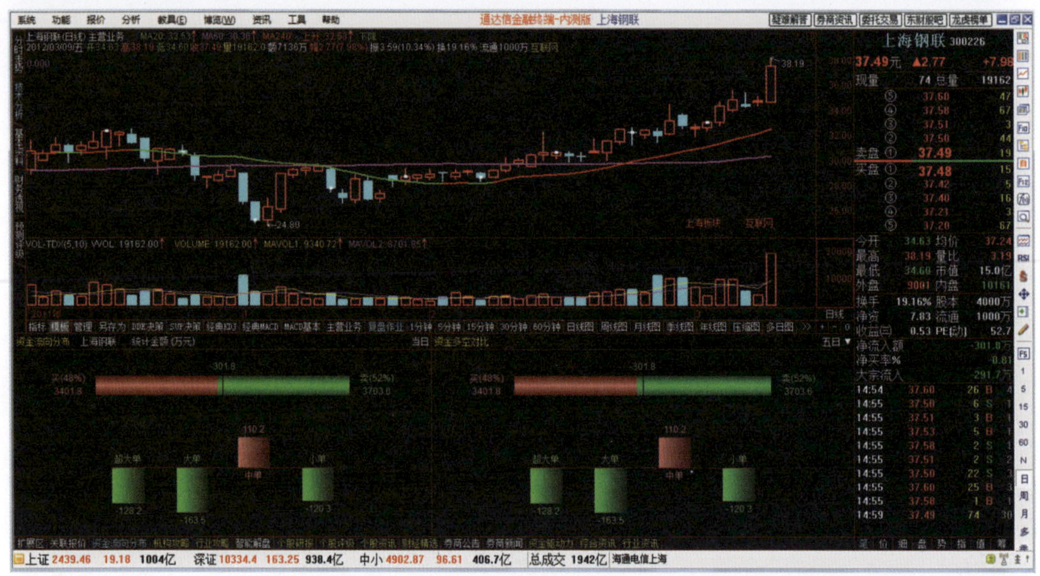

关联图 19　通达信软件测试版日线图扩展区资金流向分布界面

相关阅读 20　通达信软件测试版日线图扩展区关联报价界面

关联图 20　通达信软件测试版日线图扩展区关联报价界面

第二篇
常用看盘界面简介

在钱龙新一代金融平台软件里，系统自带的看盘界面主要有综合看盘、组合报价、盘中出击、多股看盘和大盘纵览这些类型，它们各具特点，后边我们将做一些介绍。

顺便说一下，大家在看盘的时候，除了使用钱龙新一代金融平台、新浪通达信和东方财富通之外，也可以选择大智慧、同花顺、大交易师等软件，这些软件各有特点，可作为参考。

喜欢自定义看盘界面的投资者，可以考虑使用新浪通达信软件，或者证券营业部提供的基于通达信软件的各种版本，它们的自定义功能很强大，至于具体的自定义方法，限于篇幅，在这里就不作介绍了。

图 11　查看当天的分时同列

图 11 解说

图 11 是新浪通达信软件的分时多股同列看盘界面，共分为 10 个模版，大家可以根据自己的偏好，在系统设置中加以选择。

本图要点如下：

一、本图是分时多股同列的一种，共有 6 格，每一格是一只股票的分时图。

二、按鼠标转轮，可以翻页，更换股票，也可以定格在某一只上边，定点替换。

三、利用这样的看盘界面，可以同时观察 6 只股票的分时走势。

四、这样的看盘界面适合短线交易者盘中动态选股，寻找强势的交易品种。

五、也可以用来观察某一板块谁是领涨的龙头，或者用来选择跟进的对象。

相关阅读 21　钱龙新一代金融平台分时图 9 股同列界面

关联图 21　钱龙新一代金融平台分时图 9 股同列界面

相关阅读 22　通达信软件测试版分时图对照训练界面

关联图 22　通达信软件测试版分时图对照训练界面

图 12　查看当天的 K 线同列

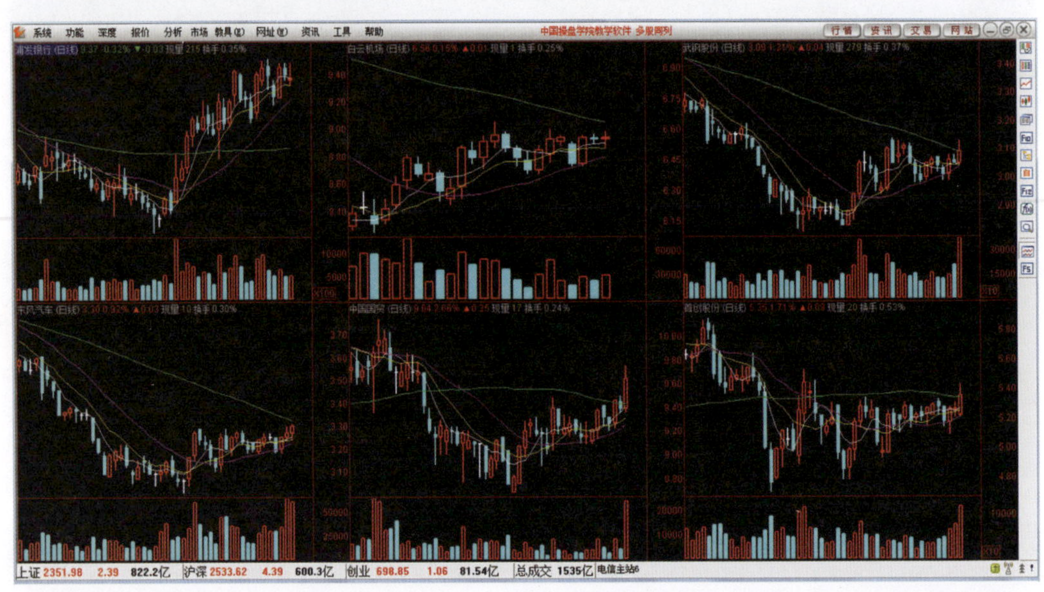

图 12 解说

图 12 介绍的是新浪通达信 K 线多股同列，和图 11 属于同一类型的看盘模版，只是观察分析的周期不同而已。和分时同列一样，也有 10 种类型的模版。

本图要点如下：

一、本图介绍的是查看 K 线的看盘模版，系统默认的分析周期是日线的。大家可以根据自己的偏好，选择相应的分析周期，可以是分钟 K 线，也可以是周 K 线。

二、使用的时候，可以选择统一分析周期的 K 线来观察，也可以选择不同周期的 K 线对比观察，查看它们在不同周期的表现。

三、为了观察方便，可以按方向键放大或者缩小选定的对象。

四、短线交易者可以利用这个模版，观察某一板块的强势品种。

五、也可以用来监控系统默认的板块，观察协同操作的情况。

相关阅读 23　东方财富通软件 K 线图 4 股同列选择方法

关联图 23　东方财富通软件 K 线图 4 股同列选择方法

相关阅读 24　海通证券新一代行情软件多周期同列选择方法

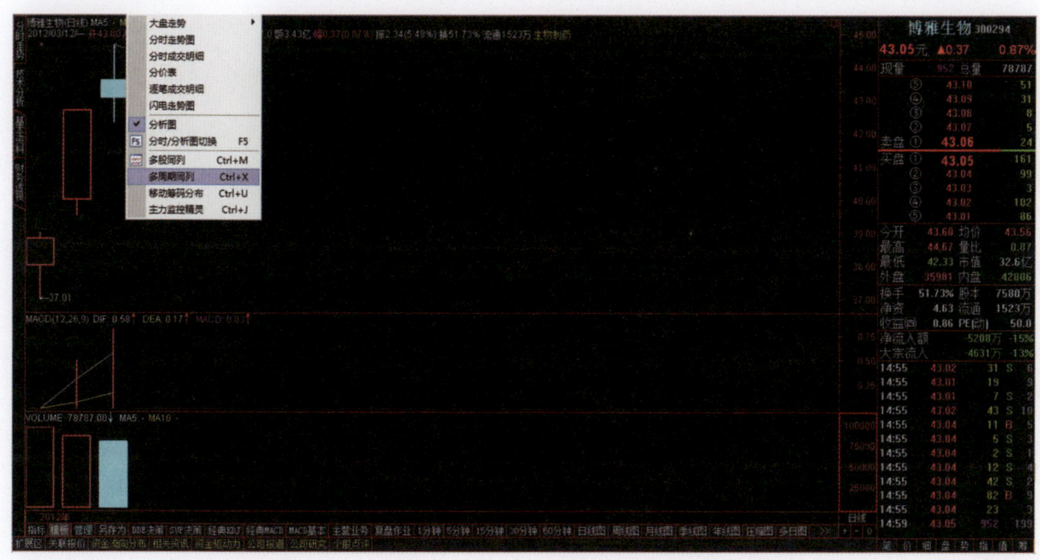

关联图 24　海通证券新一代行情软件多周期同列选择方法

图 13　查看当天的两股对照

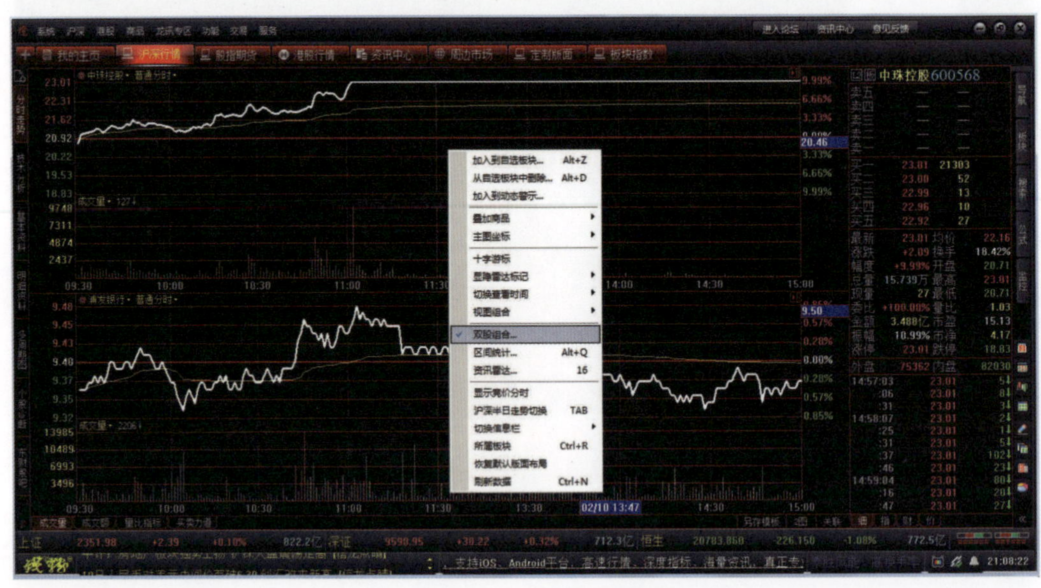

图 13 解说

图 13 介绍的是钱龙新一代金融平台软件里的两股对照看盘界面，由上下两部分组成，代表两个不同的股票，放在一起对比观察。观察分析的图形，可以是分时走势图，也可以是不同时间周期的 K 线图，大家可以根据实战的需要，加以选择。

本图要点如下：

一、本图是两个股票的分时走势图对比，观察两者的走势特征。

二、通过本图的观察，可以分辨出两者的强弱来。

三、利用本图可以训练盘中区分强弱的识别能力。

四、通过分时走势的对比，可以观察出不同主力的操盘手法。

五、本界面设有分时图和 K 线图的转换功能键，大家可以根据看盘需要切换。

相关阅读 25　通达信软件测试版两股叠加对照选择方法

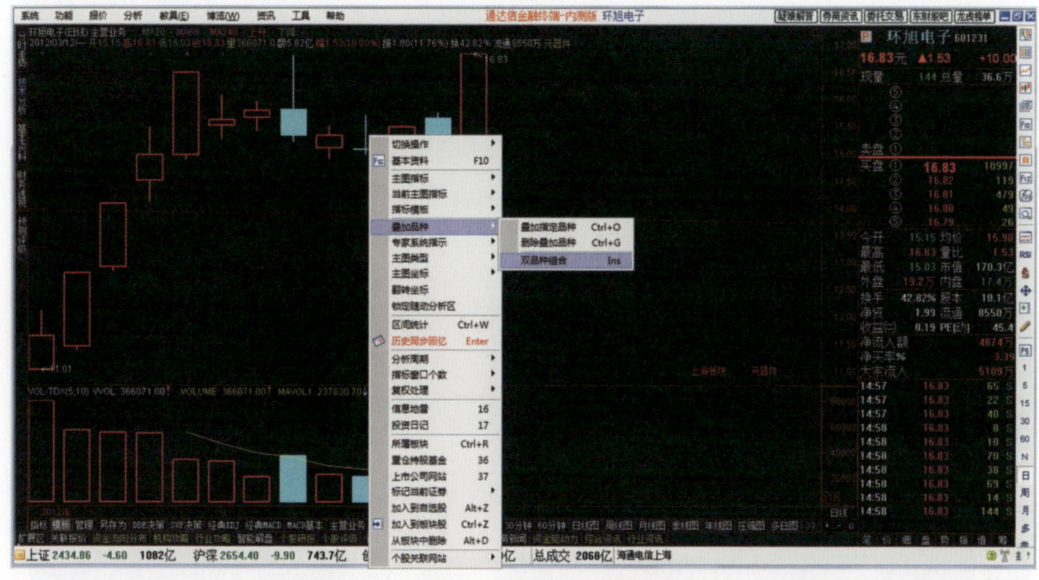

关联图 25　通达信软件测试版两股叠加对照选择方法

相关阅读 26　通达信软件测试版两股叠加对照日线图

关联图 26　通达信软件测试版两股叠加对照日线图

图 14　查看当天的大盘对照

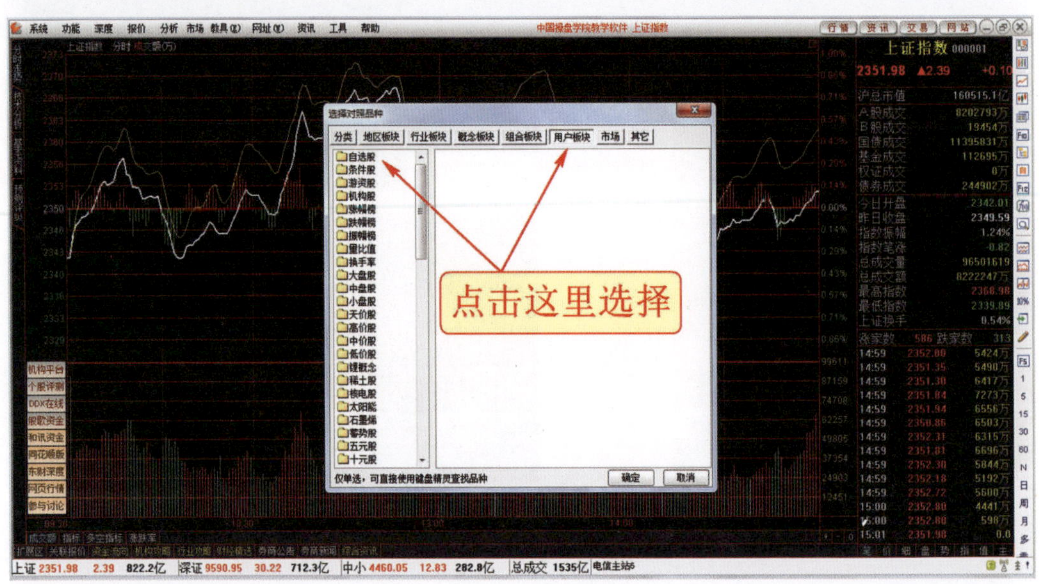

图 14 解说

图 14 介绍的是新浪通达信大盘对照看盘界面，用来对比个股与大盘走势的异同。在设计原理上，本界面和上边的两股对比有共同之处，可以比照学习。

本图要点如下：

一、本图由上下两部分构成，可以上边是个股，下边是大盘，也可以自定义。

二、本图设有分时对比和 K 线对比两部分，可以根据看盘需要切换。

三、通过本图，可以临盘时观察目标品种是否强于大盘，或者弱于大盘。

四、对于短线交易者来说，利用本界面可以筛选强势品种进行交易。

五、对于波段交易者来说，可以用日线周期来观察先于大盘止跌的品种。

相关阅读 27 海通证券新一代行情软件叠加品种选择方法

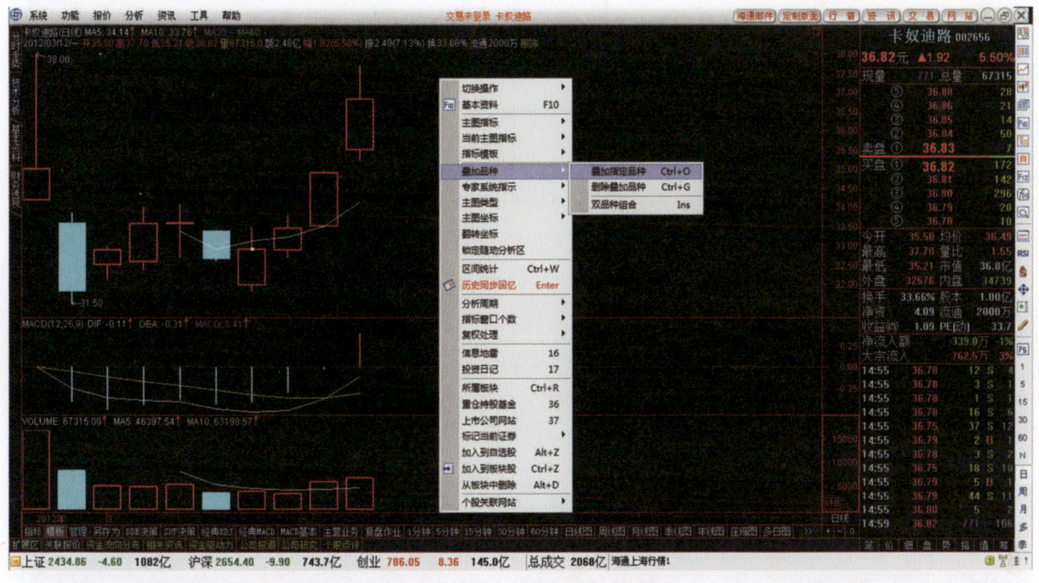

关联图 27 海通证券新一代行情软件叠加品种选择方法

相关阅读 28 海通证券新一代行情软件叠加指数对照日线图

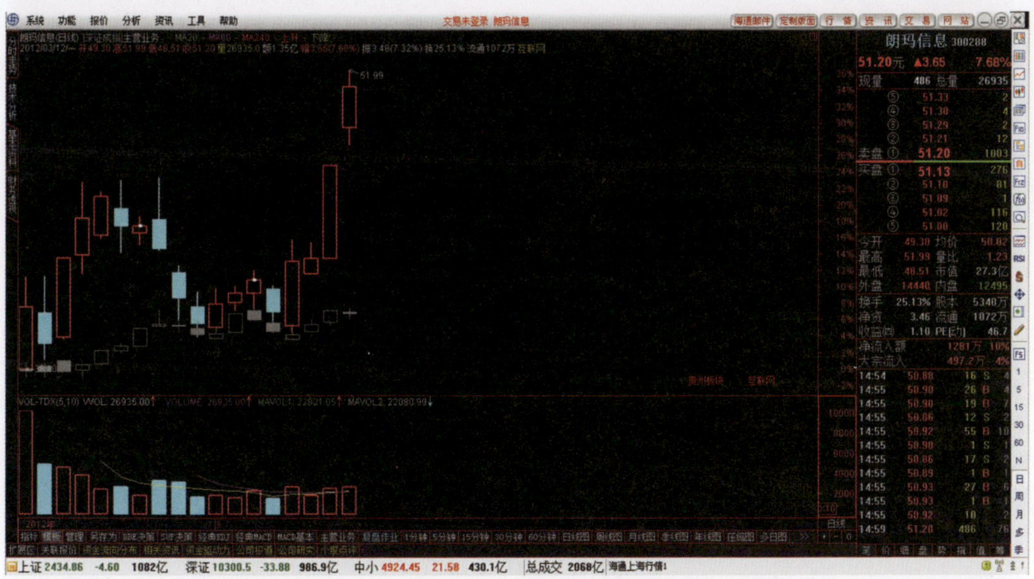

关联图 28 海通证券新一代行情软件叠加指数对照日线图

图 15　查看当天的异动报价

图 15 解说

图 15 介绍的是新浪通达信软件的异动跟踪看盘界面，主要用于同时观察多个自定义板块出现异动走势的股票。

本图要点如下：

一、本图的关键点在于异动报价，可以同时列出多个自定义板块进行观察异动报价。

二、在这里，异动跟踪的板块可以根据自己的实战需要，自行设定。

三、根据实战需要，左边的综合排名可以进行自定义。

四、个体投资者可以即时跟踪盘中出现异动的品种，买进或者卖出。

五、机构投资者可以利用它来监控自己操作的品种是否有异常行为。

相关阅读 29　东方财富通软件盘口异动选择方法

关联图 29　东方财富通软件盘口异动选择方法

相关阅读 30　东方财富通软件盘口异动观察界面

关联图 30　东方财富通软件盘口异动观察界面

图 16　查看当天的多窗看盘

图 16 解说

图 16 介绍的是新浪通达信软件的多窗看盘界面，整个界面由三部分构成，分别是上边的股票报价栏、左下边的是信息窗口和右下边的走势图。

本图要点如下：

一、本图上边的报价部分，可以自由选择自己需要查看的板块，自由切换。

二、在左下边的信息窗口，收费版软件带有报价功能，可以用来交易下单。

三、在右下边的走势图中，设有分时走势和技术分析两个子菜单供选择。

四、本界面可以帮助我们快速切换不同的板块，查看它们的分时走势或者 K 线走势。

五、在技术分析子菜单，可以切换多种指标，观察和分析目标品种的实际走势。

相关阅读 31　海通证券新一代行情软件多窗查看板块分时图

关联图 31　海通证券新一代行情软件多窗查看板块分时图

相关阅读 32　通达信软件测试版多窗动态看盘面版

关联图 32　通达信软件测试版多窗动态看盘面版

图 17　查看当天的主力大单

图 17 解说

图 17 介绍的是东方财富通 DDE 决策看盘界面，由左、中、右三个层次的内容构成。

本图要点如下：

一、左边第一层是基本信息，内容包括股票代码、名称、最新报价和涨幅。

二、中间第二层是资金流向，内容包括当日资金流、5 日资金流、10 日资金流。

三、右边第三层是主力大单，内容包括特大买入、特大卖出、特大单净比、大单买入、大单卖出和大单净比等。

四、本图第二层和第三层是核心内容，通过资金流和主力大单对比，可以发现买卖点。

五、本图第二层的右边是 DDX 飘红天数，内容包括连续、5 日内和 10 日内三类。

相关阅读 33　通达信软件测试版主力大单查看方法

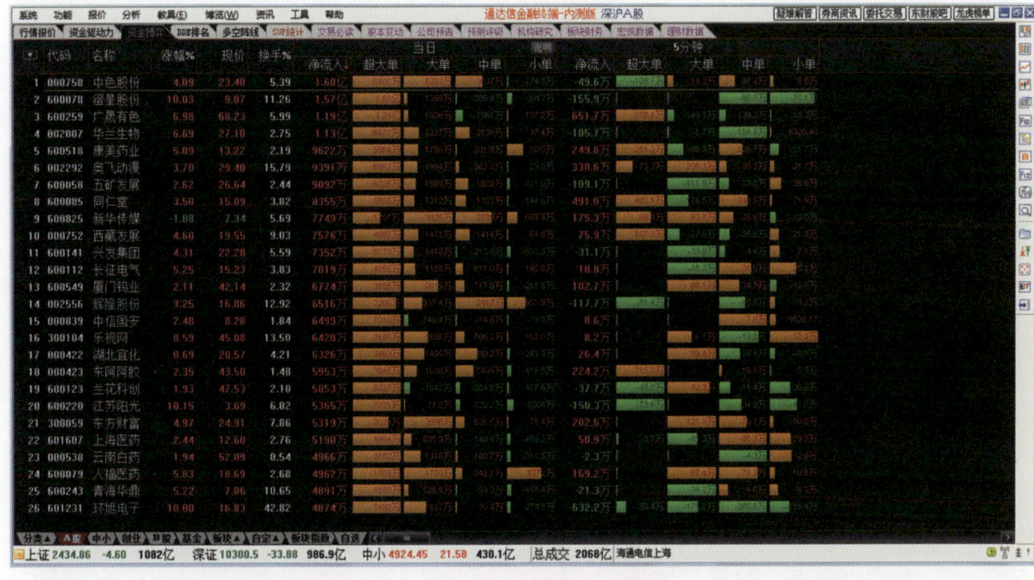

关联图 33　通达信软件测试版主力大单查看方法

相关阅读 34　通达信软件测试版分时图上主力大单查看方法

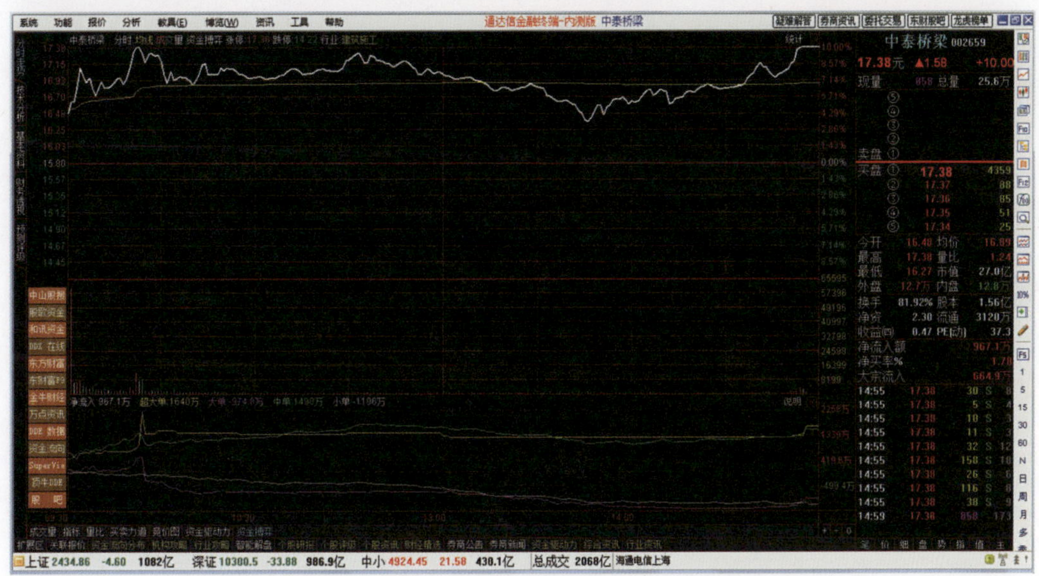

关联图 34　通达信软件测试版分时图上主力大单查看方法

图 18　查看当天的期货报价

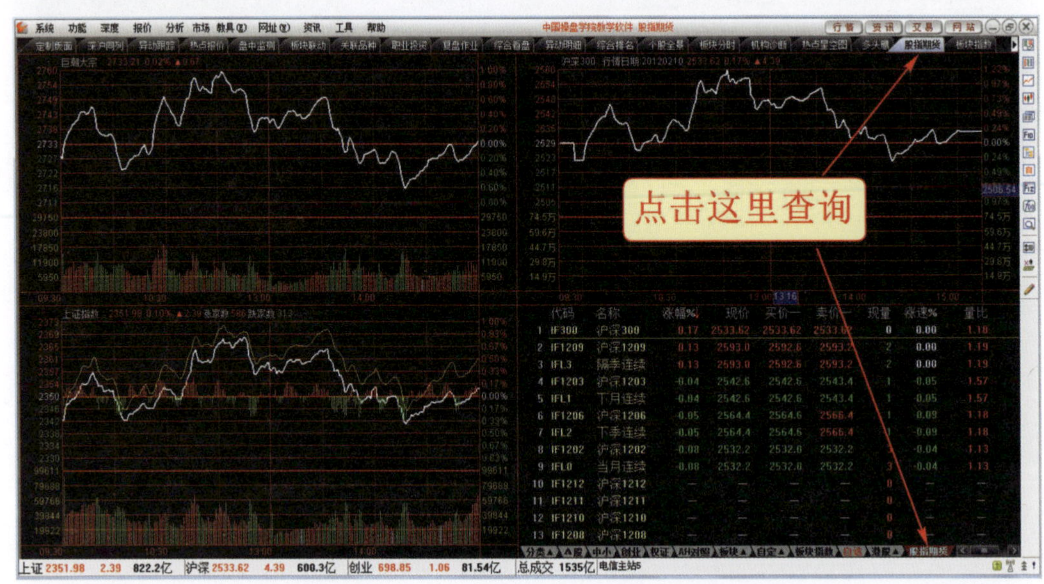

图 18 解说

图 18 介绍的是新浪通达信股指期货报价自定义看盘版面，大家可以根据实战的需要，盘中即时点击右上角上的【股指期货】菜单，观察期货的走势。

本图要点如下：

一、本界面由左右两大部分构成，左上边是巨潮大宗的报价，左下边是上证指数的即时走势。右上边是沪深 300 的即时走势，右下边是股指期货的即时报价。

二、在这个版面里，可以同时观察到大宗交易和上证指数的关联情况。

三、在右边的界面，可以查看沪深 300 指数和股指期货的关联情况。

四、在右下边的报价部分，可以即时点击，切换查看的品种，了解相关情况。

五、在右下边的地脚菜单，是各类品种的按钮，可以即时点击，查看它们的即时报价。

相关阅读 35　东方财富通软件期货行情查看方法

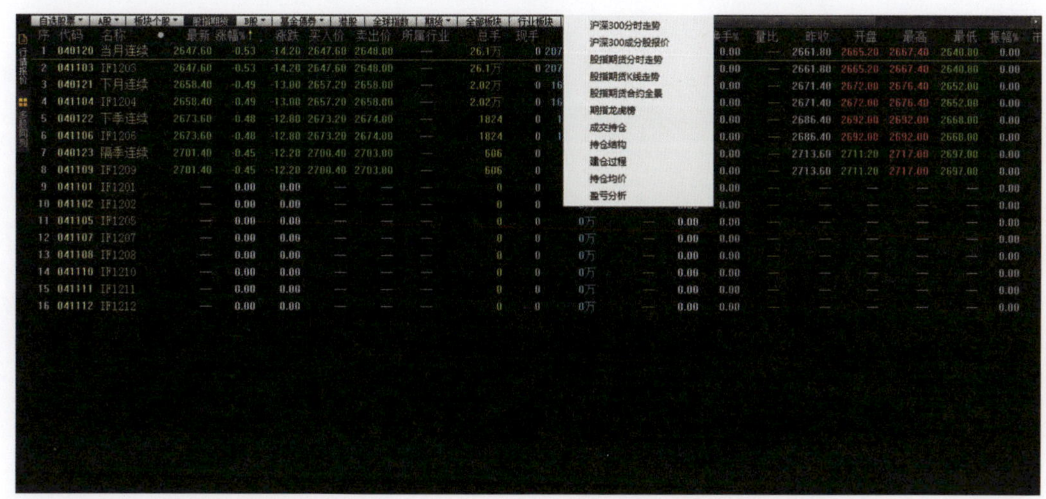

关联图 35　东方财富通软件期货行情查看方法

相关阅读 36　钱龙新一代金融平台期货行情查看方法

关联图 36　钱龙新一代金融平台期货行情查看方法

图 19　查看当天的全球商品报价

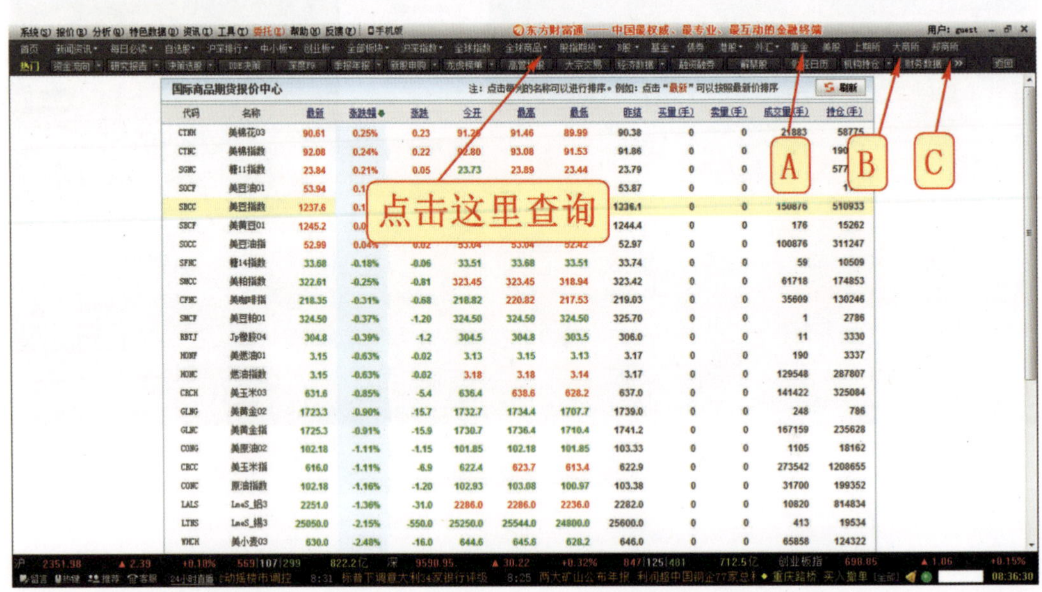

图 19 解说

图 19 介绍的是东方财富通提供的全球商品相关报价。

本图要点如下：

一、本图的核心部分是全球商品，点击顶部的【全球商品】菜单，可以查询相关信息。

二、在这个部分，包括各类商品的报价信息，能够帮助我们及时了解外围市场的情况。

三、上图中 A 处是关于全球的黄金报价。

四、上图中 B 处是关于大商所的报价信息。

五、上图中 C 处是关于郑商所的报价信息。

相关阅读 37　平安证券 E 点金金融终端大宗商品查看方法

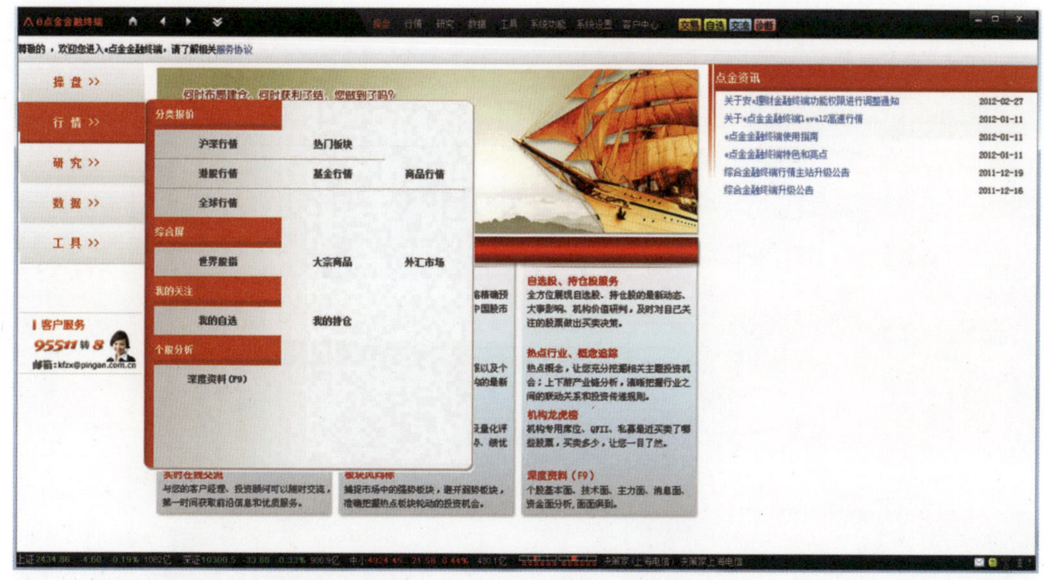

关联图 37　平安证券 E 点金金融终端大宗商品查看方法

相关阅读 38　平安证券 E 点金金融终端大宗商品查看窗口

关联图 38　平安证券 E 点金金融终端大宗商品查看窗口

图 20 查看当天的最新资讯

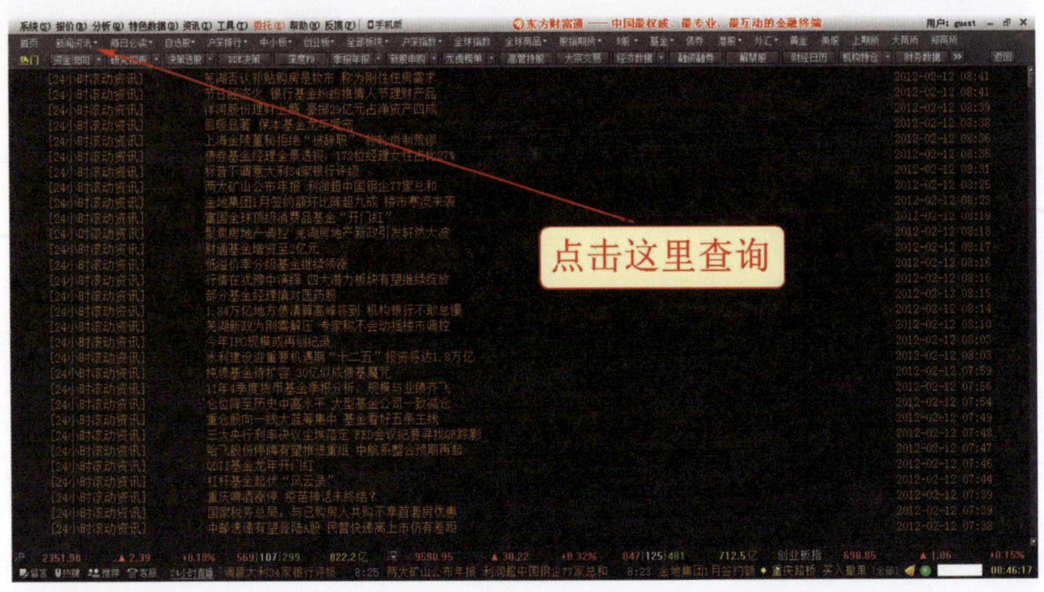

图 20 解说

图 20 介绍的是东方财富通软件新闻资讯界面。

本图要点如下：

一、点击【新闻资讯】，大家可以查阅到当天最新的重要资讯。

二、点击【每日必读】，可以查阅沪深公告、交易提示等最新资讯。

三、点击【首页】，可以查阅到各类宏观经济数据和财务数据。

四、点击【财经日历】，可以查阅到东方财富通软件提供的最新资料。

五、大家可以根据自己的偏好，选择钱龙新一代金融平台或者新浪通达信查看。也可以选择其他软件或者到各大财经网站查看。

相关阅读 39　钱龙新一代金融平台资讯中心

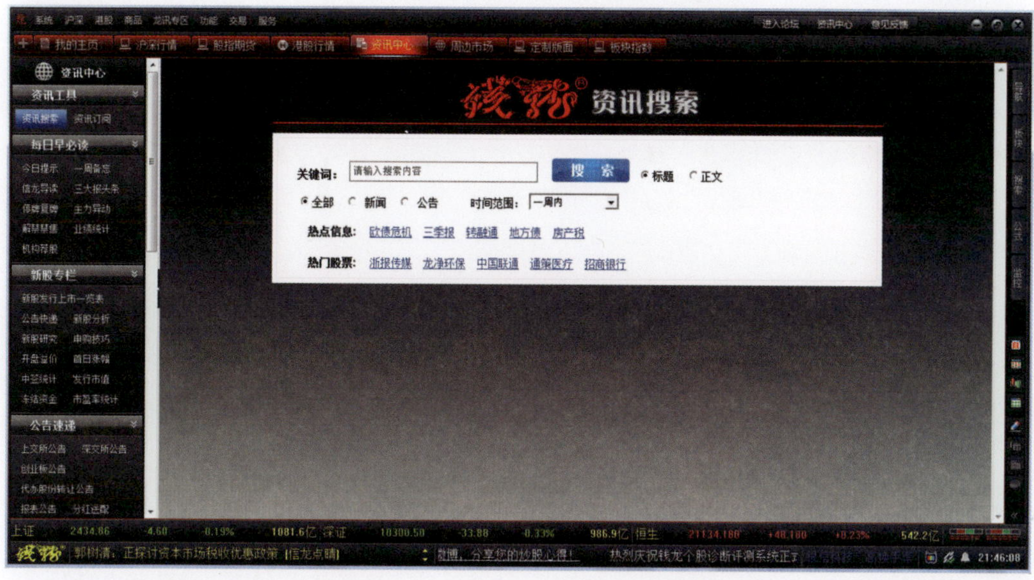

关联图 39　钱龙新一代金融平台资讯中心

相关阅读 40　通达信决策家软件资讯工场

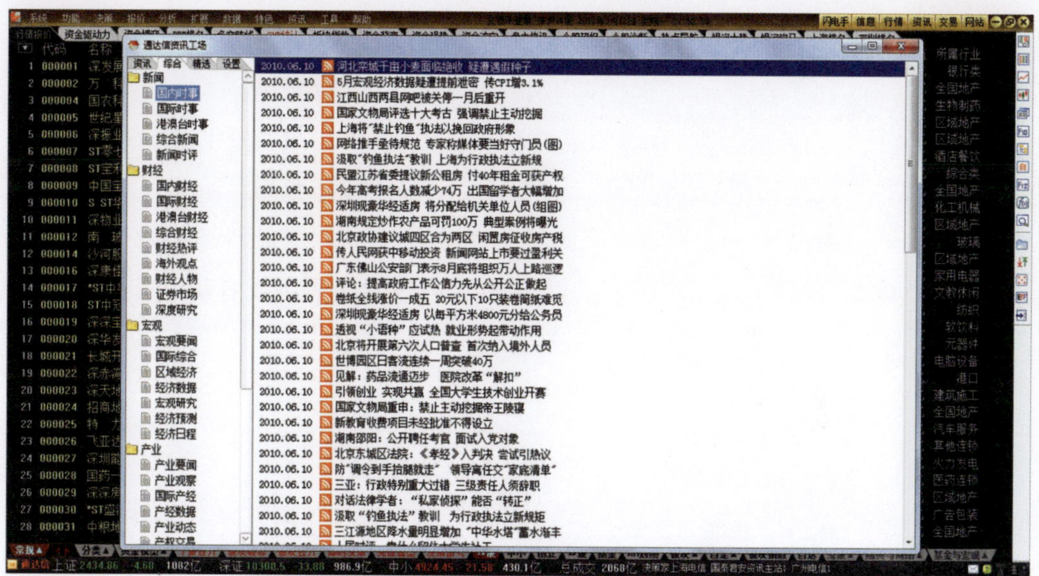

关联图 40　通达信决策家软件资讯工场

第三篇 盘口常见波形解读

盘口波形在过去大多数时间里被称为日间杂波，被鄙夷和不屑。但是，在今天，如果你是从事日内回转交易、或者超级短线交易、或者高频滚动交易，那么，不论你交易的是什么品种，都不得不对盘口各类波形下一番工夫去研究。否则，就会落后于市场。

在这里，我们主要介绍盘口常见的各类波形，包括冲击波、攻击波、回头波、瀑布波、脉冲波、蚯蚓波等等。为了方便说明问题，必要时选用了多款行情软件来截图，特地告知。

为了显示得更加清晰，这一部分采用同花顺软件 2012 免费版截图，特此说明。

图 21　基于吃进筹码的冲击波

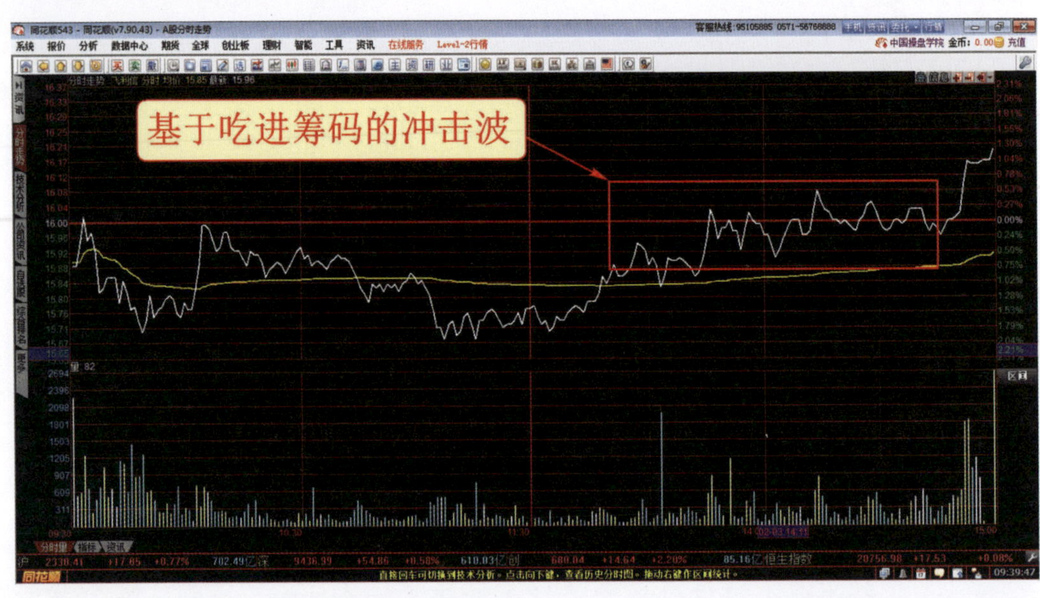

图 21 解说

图 21 介绍的是基于吃进筹码的冲击波。所谓冲击波，就是由下方主动向上发起冲击，主动吃进卖盘挂单一个或者几个价位，在吃进的过程中，由于操盘手下单的间隔，于是盘面上造成了间隔性向上冲击的痕迹。这些痕迹看起来就如同锯齿形状，尖角明显，凹凸有序。

本图要点如下：

一、从波形上来看，有明显的尖角状，而且节奏分明，富有韵律感。这样的波形说明吃进筹码的动作属于有组织、有计划、有预谋的行为，目标指向明确。

二、从成交量柱来看，有明显的间隔性放量，而且放量不是很突兀。

三、如果在分时图上发现明显的冲击波，可以断定有人在悄悄吃进筹码。

四、在确认吃进筹码的意图时，要结合日线图来分析，这样效果更好。

五、在判断冲击波的操作意图时，要结合股价当下的空间位置来考量，只有在空间位置的历史低位或者相对低位出现这样的波形，才值得考虑跟进。

相关阅读 41　攻击型的冲击波

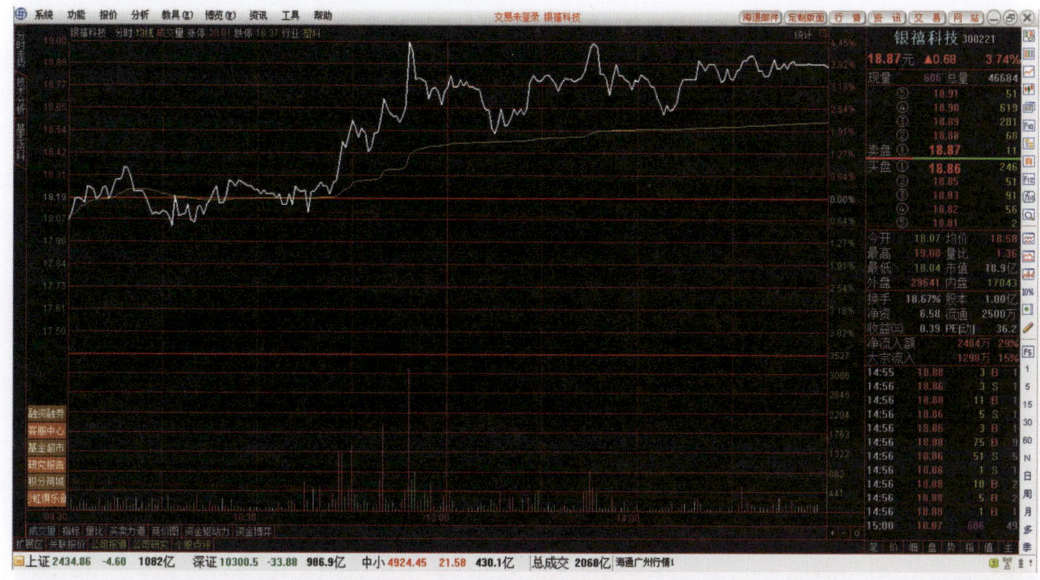

关联图 41　攻击型的冲击波

相关阅读 42　普通型的冲击波

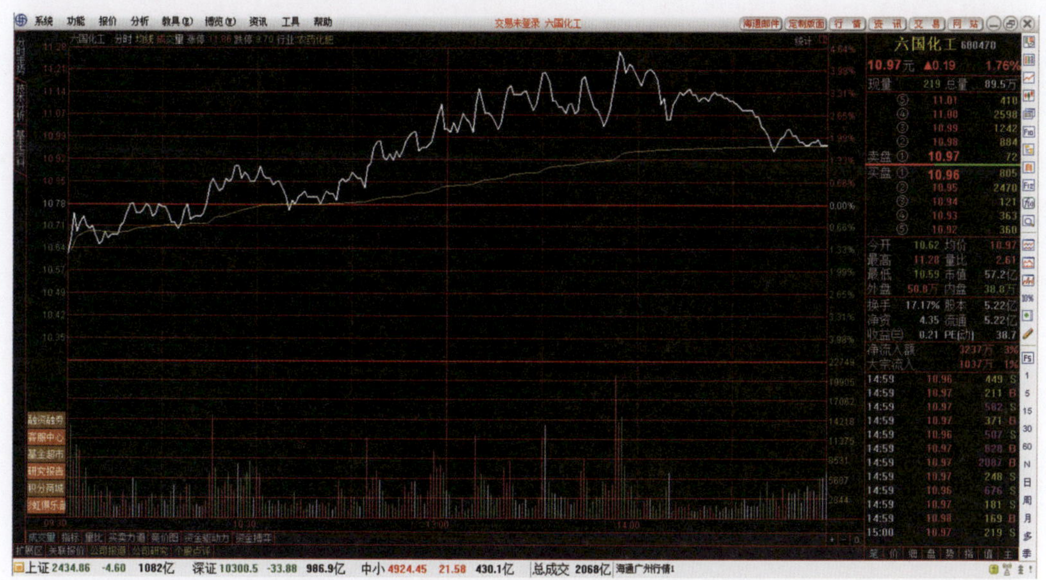

关联图 42　普通型的冲击波

图 22　基于拉升股价的攻击波

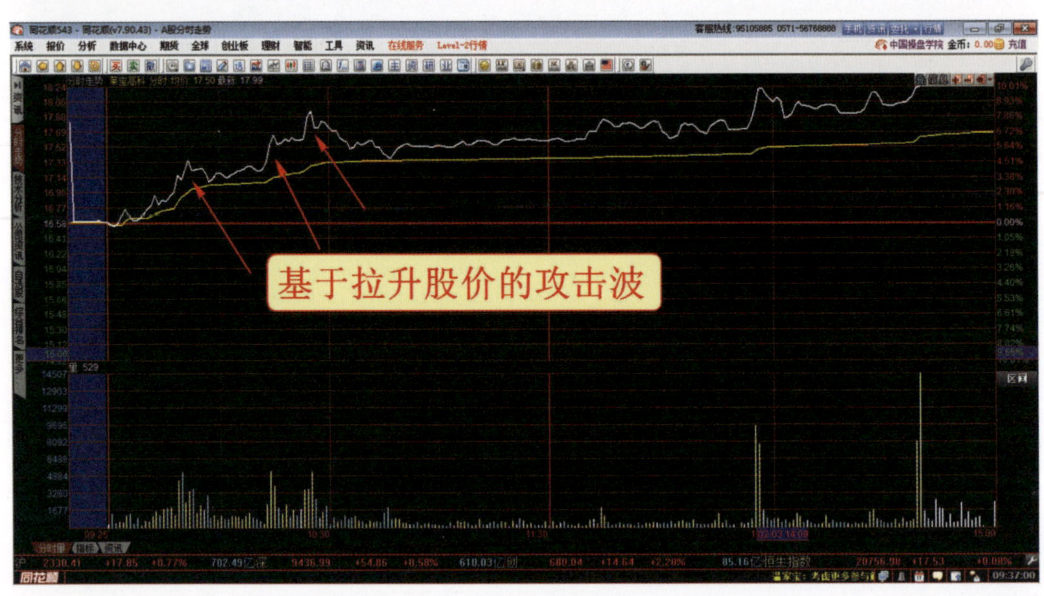

图 22 解说

图 22 介绍的是基于拉升股价的攻击波。所谓攻击波，就是明显的向上发起攻击，扫清股价上升的障碍，以便进一步推升股价。在图形上，表现为舒展有序的波长，急促而有力，张弛有道，进退从容，属于有计划的操盘动作。

本图要点如下：

一、从波形上来看，有明显的攻击力臂，波长不长也不短，通常跨越 3 至 5 个价位，造成股价跃升的态势，从而制造出盈利空间。

二、从量峰配合来看，每一次出击，都有相对应的大额成交量柱，显示出放量攻击的犀利、威猛，但量峰有序递进，从低到高，从小到大，梯次明显。

三、从时间段来看，攻击波可能出现在上午，也可以出现在下午。不论出现在什么时间段，明显的攻击波都表明主力的操盘意图就是要拉升股价，制造套利空间。

四、在临盘实战中，一旦在盘口发现候选品种出现明显的攻击波，要马上意识到股价可能将会猛烈拉升，时刻做好寻找低点介入的准备。

五、但是，如果当下股价已经经过了前期的大幅度拉升，此时就要多留一个心眼，提防主力借助攻击波营造多头陷阱，以达到诱人入局的目的。

相关阅读 43　对倒型的攻击波

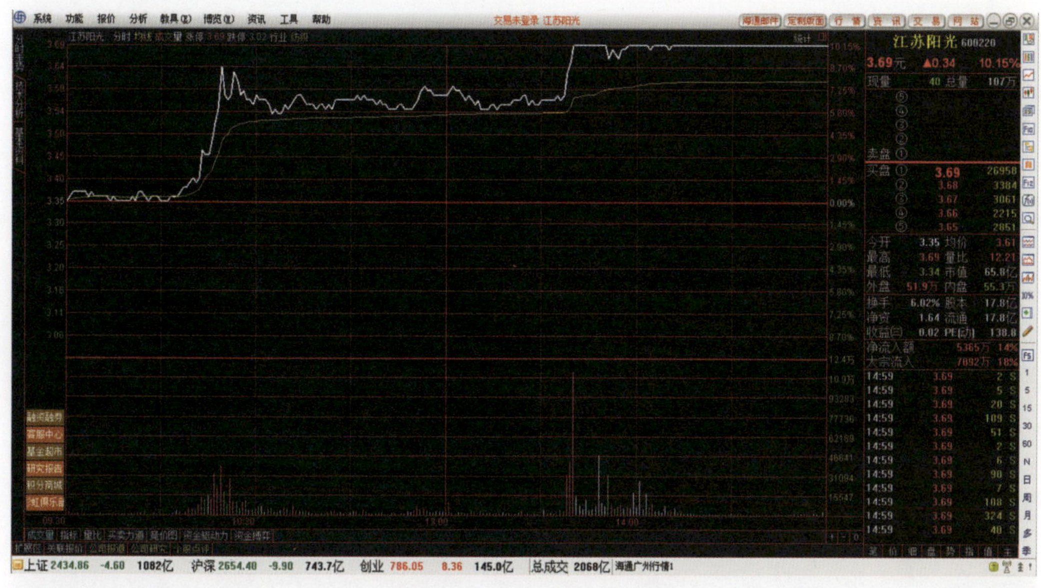

关联图 43　对倒型的攻击波

相关阅读 44　对敲型的攻击波

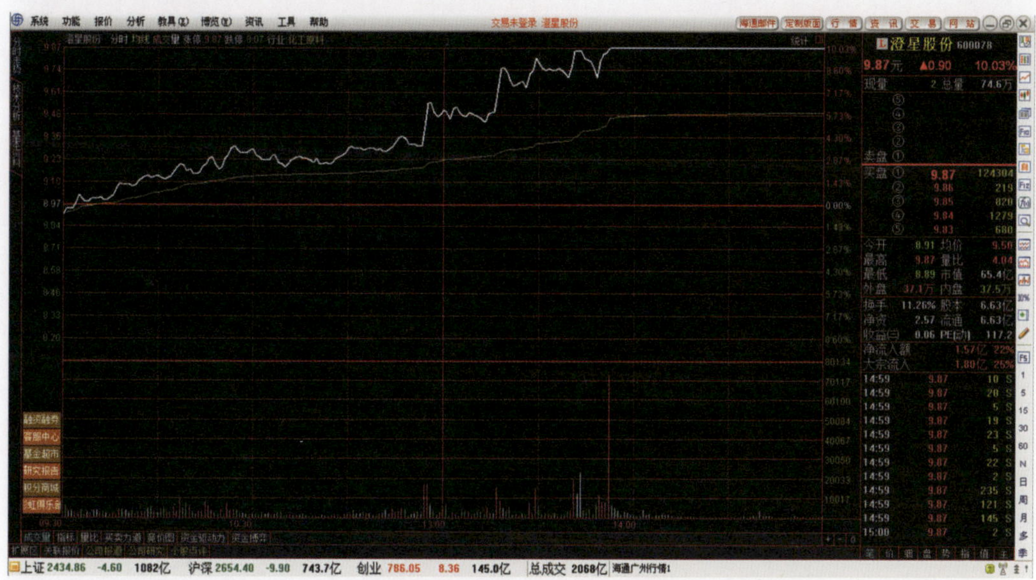

关联图 44　对敲型的攻击波

图 23　基于清洗浮筹的回头波

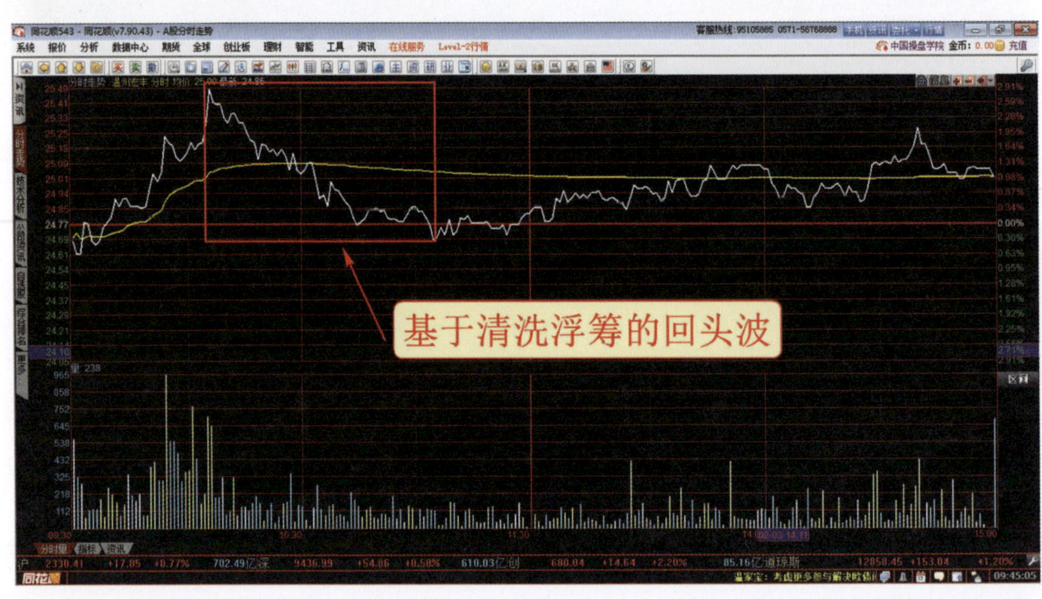

图 23 解说

图 23 介绍的是基于清洗浮筹的回头波。所谓回头波，就是指经过短暂的拉升之后，出现逐波缓慢回落的走势，回落的过程并不急促，而是徐徐而下，一边回落一边出现极为短小的反弹，但每一次反弹的高点次第下移，同时低点也次第下移。整个过程就好似依依不舍地频频回头，但最终还是渐渐远去。

本图要点如下：

一、在回头波形成之前，首先必须出现过明显的放量拉升，而且最好是多波拉升，拉升的高度超过 5%，是为最佳。这是回头波成立的前提条件。

二、回头的过程，必须是渐次回落，逐波盘低，但不能是上窜下跳。

三、回落的低点必须是次第而下的，秩序分明，体现出严谨的控盘意图。

四、从量峰来看，回落的过程中，成交量柱次第缩短，呈现为健康状态。

五、回头波属于典型的拉升途中洗盘动作，临盘实战中，见此波形，不必急于介入。

相关阅读 45　弱势型的回头波

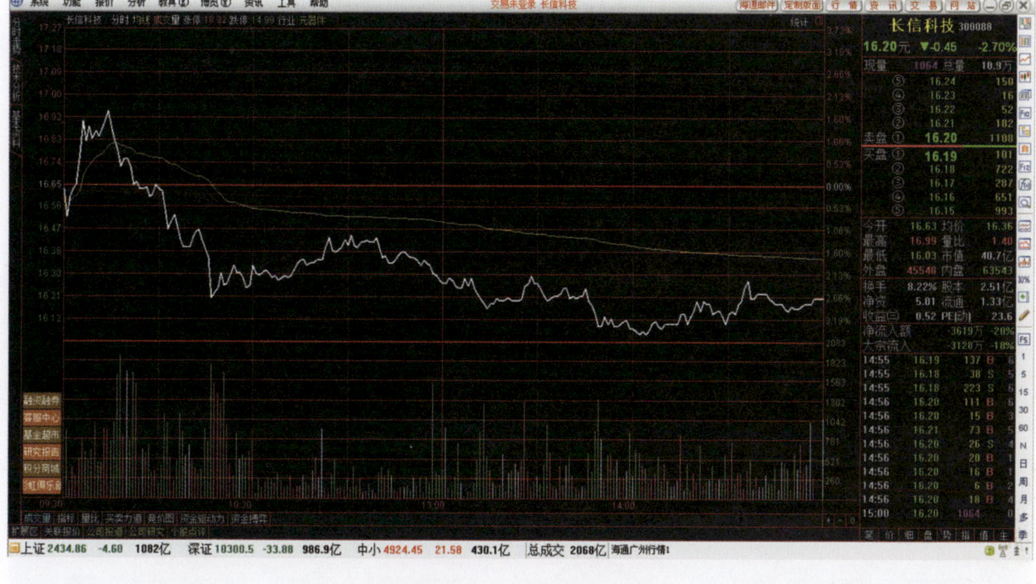

关联图 45　弱势型的回头波

相关阅读 46　强势型的回头波

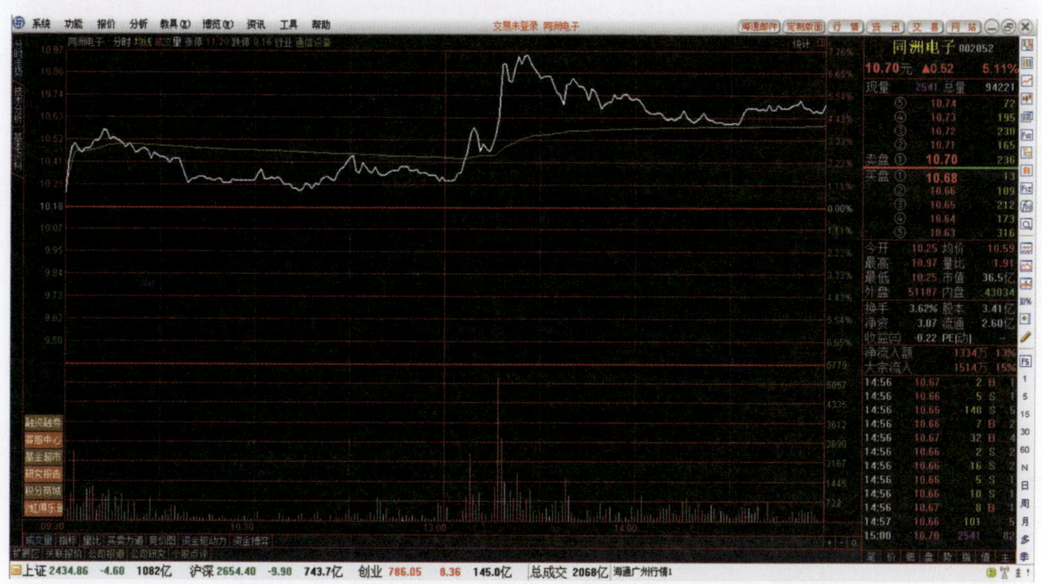

关联图 46　强势型的回头波

图 24　基于高度控盘的脉冲波

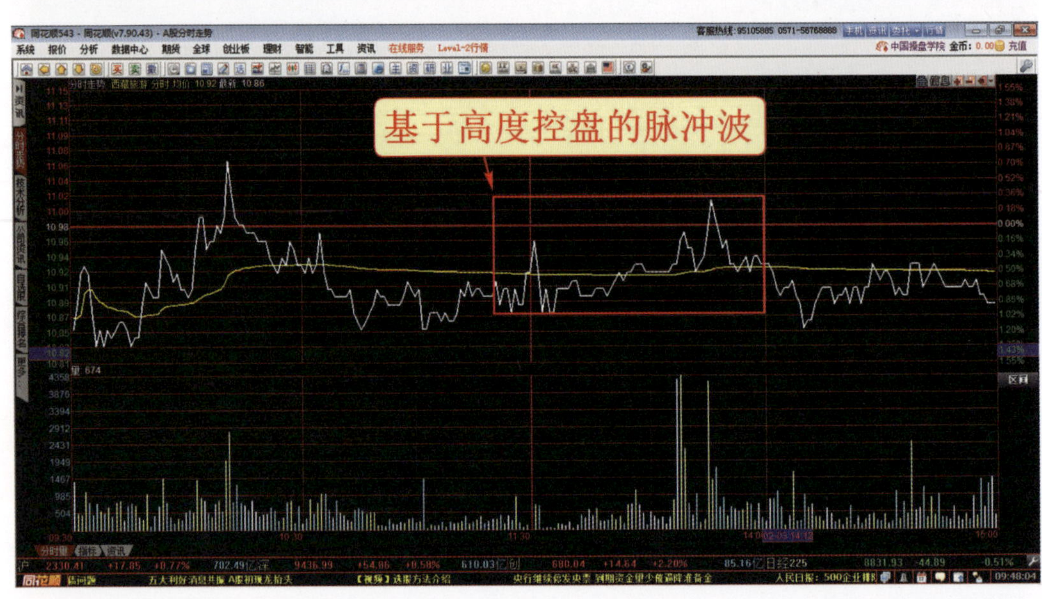

图 24 解说

图 24 介绍的是基于高度控盘的脉冲波。所谓脉冲波，就是指酷似脉冲动作的波形，出现这种波形之前，走势一直处于呆滞的、稀疏的、断层的态势，突然间出现猛然放量，急促上窜几下，随后又平息下来，脉冲的过程比较短暂。

本图要点如下：

一、脉冲波也可以称为呆滞型的脉冲波，因为它的前后走势成交稀少，显得十分呆滞，所以也可以这样称呼。呆滞的走势说明交投稀少，但出现放量脉冲，说明有人控盘。

二、从操盘的角度来说，短瞬间的脉动，说明有人在操纵股价，而只有在高度控盘的情况下，才有可能出现如此有规律的脉动。

三、因此，临盘实战中，凡是盘口出现如此类型的脉冲波，都需要谨慎对待，谨慎跟进。

四、脉冲波出现时，操盘的意图并不明显，不能过于心急下结论。

五、在研判的时候，需要结合日线走势图的空间位置来分析主力的操盘意图。

相关阅读 47　低位脉冲波

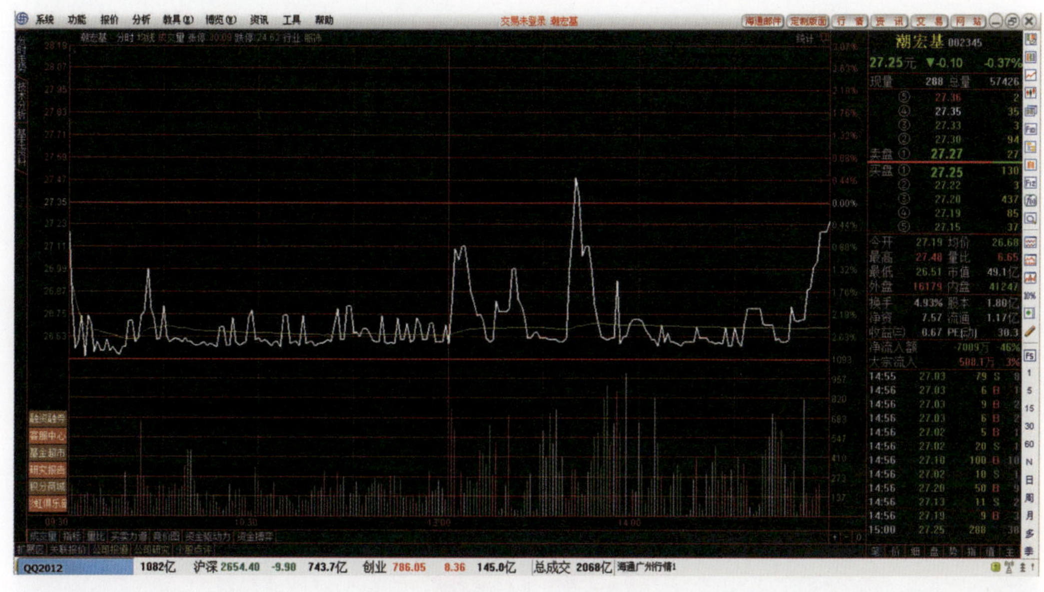

关联图 47　低位脉冲波

相关阅读 48　高位脉冲波

关联图 48　高位脉冲波

图 25　基于快速出货的瀑布波

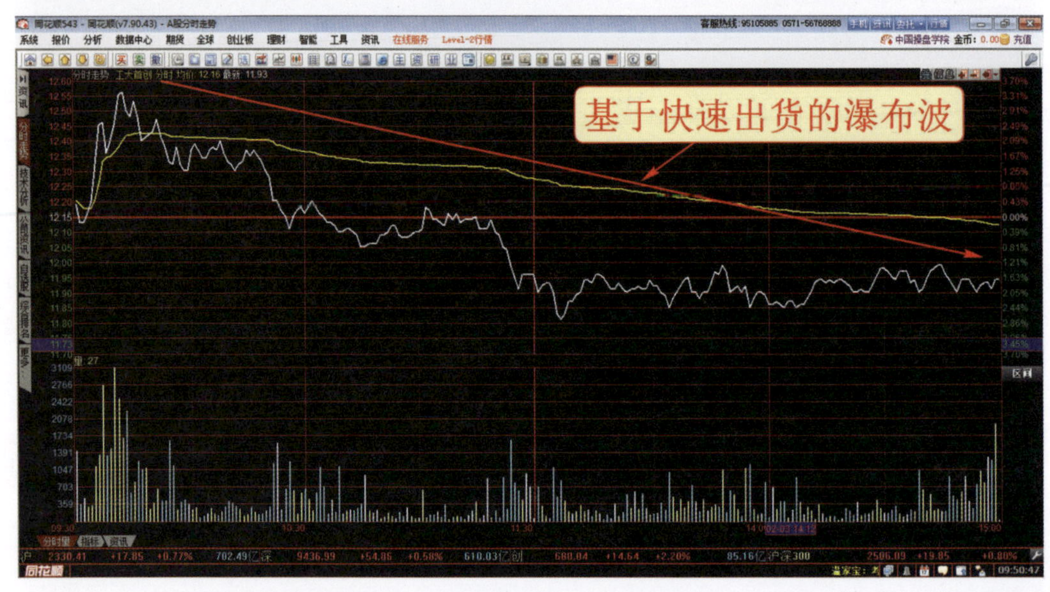

图 25 解说

图 25 介绍的是基于快速出货的瀑布波。所谓瀑布波，就是指波形类似飞流直下的瀑布，在早盘阶段徐徐震荡之后，出现快速的放量下挫，价跌量升，之后出现缓慢的反弹，但反弹的力度很小，几乎无法穿越当日的均价线，随后逐波盘跌，尾盘更是加速下跌，量能放大。

本图要点如下：

一、瀑布波属于最经典的快速出货图形，凡是在空间位置的高位或者相对高位出现这样的波形，均属于阶段性快速出货，投资者需要高度重视，不可大意。

二、瀑布波形成之前，通常有一个迷惑人的上下震荡动作，一般出现在早盘第一时间段。

三、瀑布波形成的初期，成交量急剧放大，属于快速对倒出货，对倒量大，出货心切。

四、一路盘跌的过程中，每每出现向下掼压的动作，都是为了压低出货。

五、在临盘实战中，一旦发现这样的出货图形，要当机立断，盘中逢高点出局，不要心存侥幸，如果来不及出局，尾盘阶段也要坚决杀跌出掉，以防不测。

相关阅读 49　狂泻型瀑布波

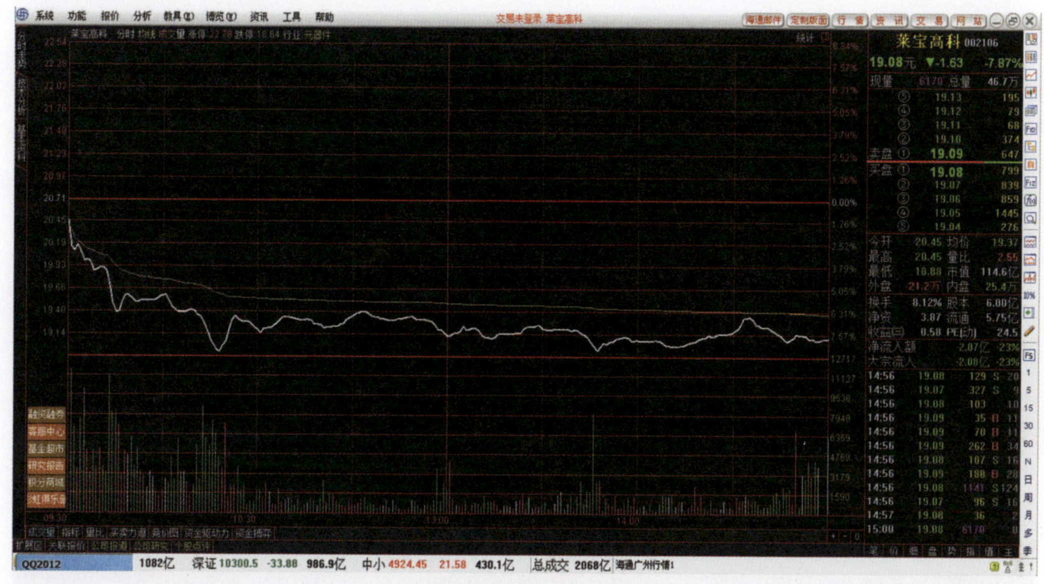

关联图 49　狂泻型瀑布波

相关阅读 50　抵抗型瀑布波

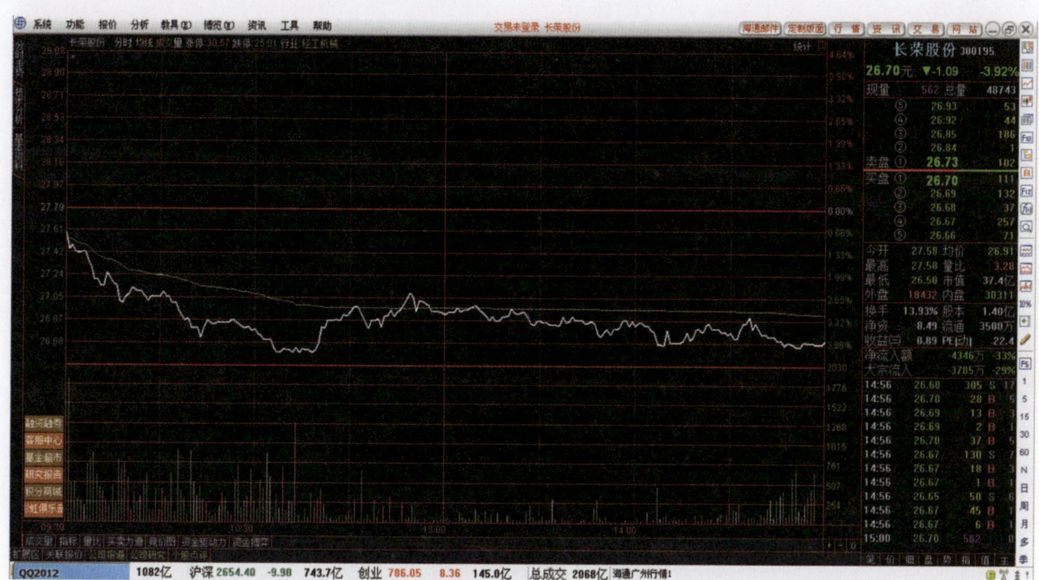

关联图 50　抵抗型瀑布波

图 26　基于无庄控盘的蚯蚓波

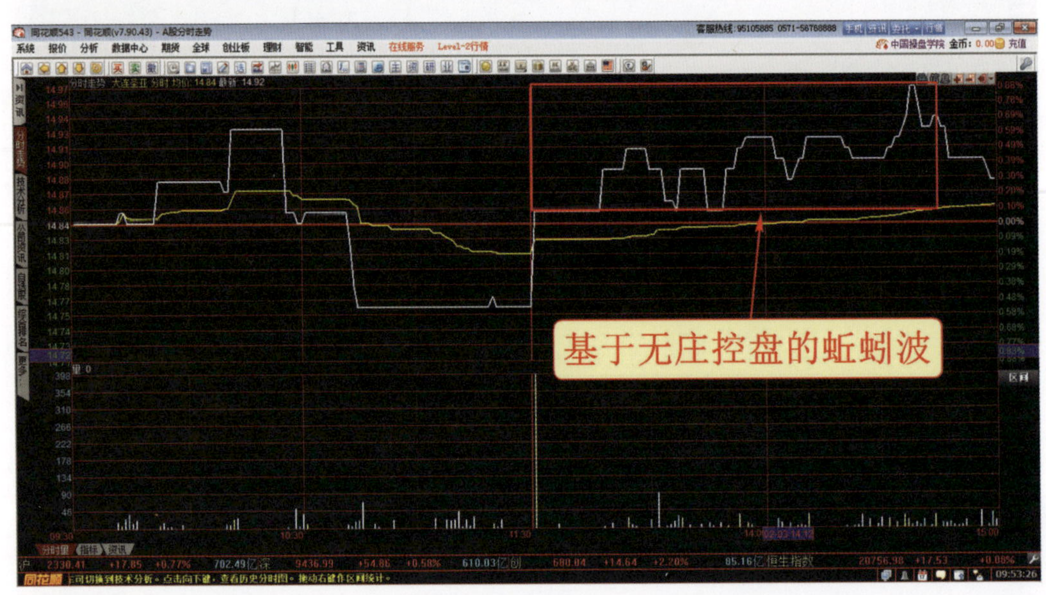

图 26 解说

图 26 介绍的是基于无庄控盘的蚯蚓波。所谓蚯蚓波，也叫散户行情波，无庄波，是指盘面的交投十分清淡，走势散乱、无序、稀疏，整个波形就好像雨后天晴时地面上爬行的蚯蚓，一拱一伏，起落无定，艰难地爬行。即使偶尔出现一些大单，也无济于事。

本图要点如下：

一、从波形上来看，走势的连贯性很差，起伏无序，呆滞不堪，十分难看。

二、从量峰上来看，成交稀少，甚至出现长达数分钟没成交的情形。

三、这是没有大资金关照的走势图，或者当下至少没有大资金出没其中。

四、在日线图上，呈现为非常典型的地量结构，换手率极低，量比很小。

五、在临盘实战中，短线交易者遇到这样的盘口，应当一律回避。

相关阅读 51　强势型的蚯蚓波

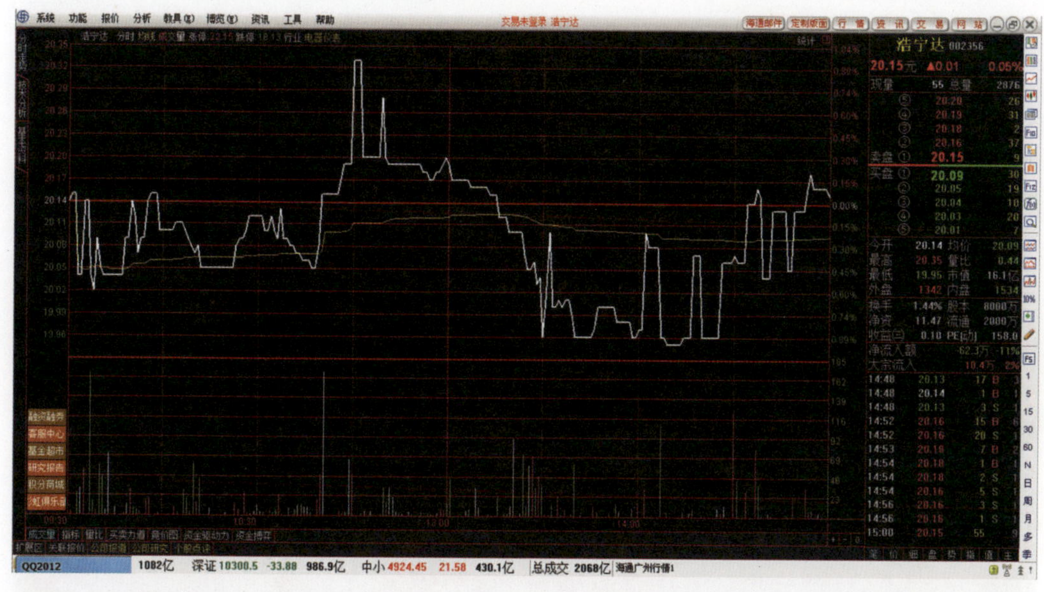

关联图 51　强势型的蚯蚓波

相关阅读 52　弱势型的蚯蚓波

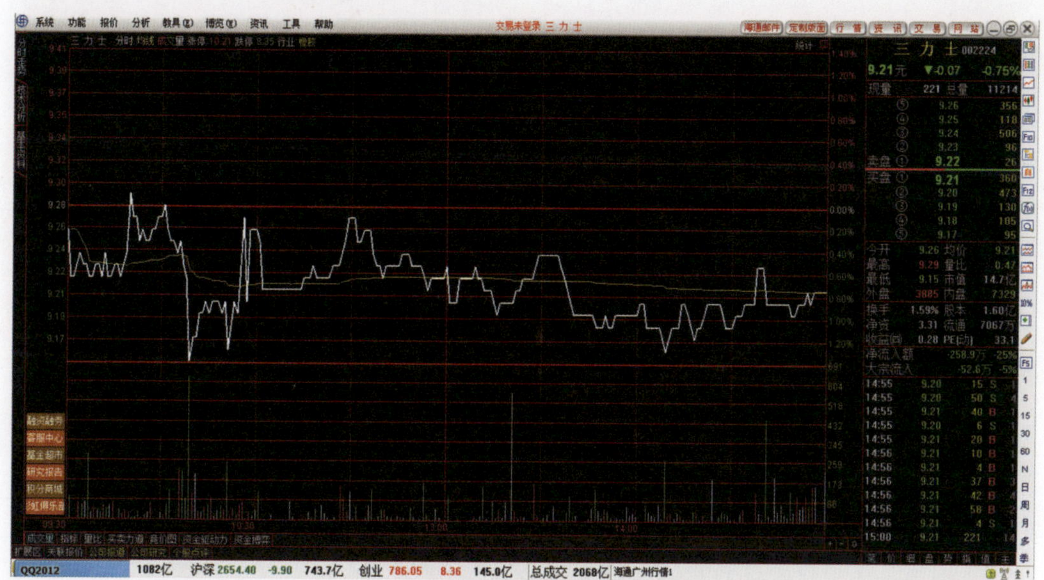

关联图 52　弱势型的蚯蚓波

图 27 基于高频滚动的杀跌波

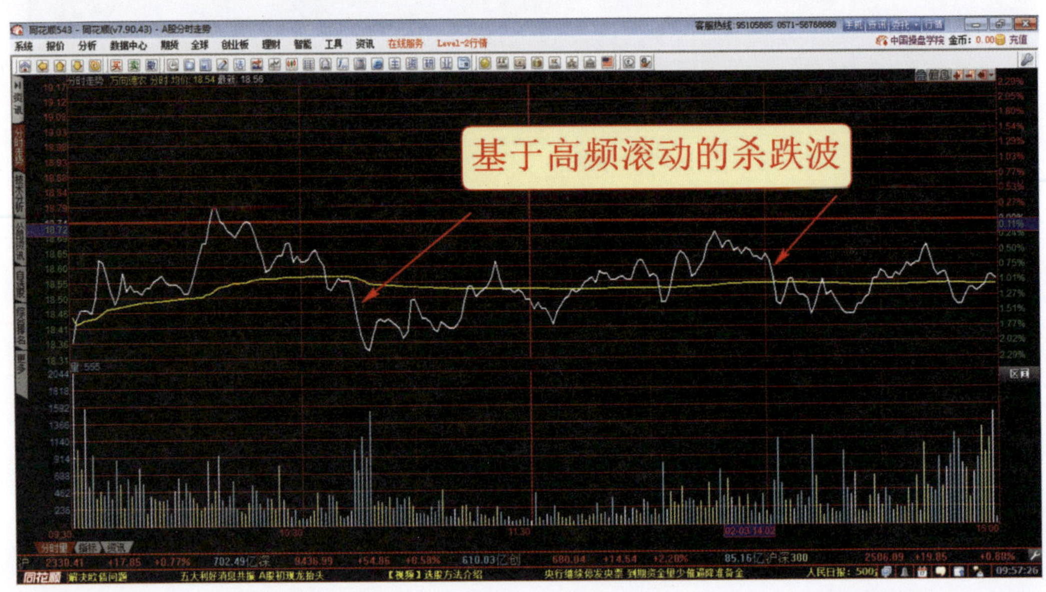

图 27 解说

图 27 介绍的是基于高频滚动的杀跌波。所谓高频滚动，从本质上来说，就是反复高抛低吸，来回做差价。在图形上，就会出现为了高抛而快速拉升的波形，为了低吸而快速打压的波形。快速拉升的时候，就会出现攻击性的波形，一般表现为攻击波，而在快速打压的时候，就会出现瞬间大幅度下跌，表现为杀跌波。

本图要点如下：

一、从全天的波形来看，一般表现为上午和下午两个走势相似的对称图形，说明有人在盘中可以操纵股价，通过计划性的拉升而后抛售，再通过预谋性的打压而吸筹，如此反复多次，达成滚动套利的目的。

二、从波动的幅度来看，高点和低点距离比较大，目的在于通过腾挪，制造出套利空间。

三、从成交量柱来看，拉升的时候，为了避免吃进更多的筹码，往往表现为对敲。下跌的时候，为了吃进更多的廉价筹码，往往表现为对倒。

四、高频滚动是目前最前卫的做盘方式，大家可以密切关注，深入研究。

五、临盘实战中一旦遇到这样的盘口，大家可以结合空间位置灵活处理。

相关阅读 53　尾盘杀跌波

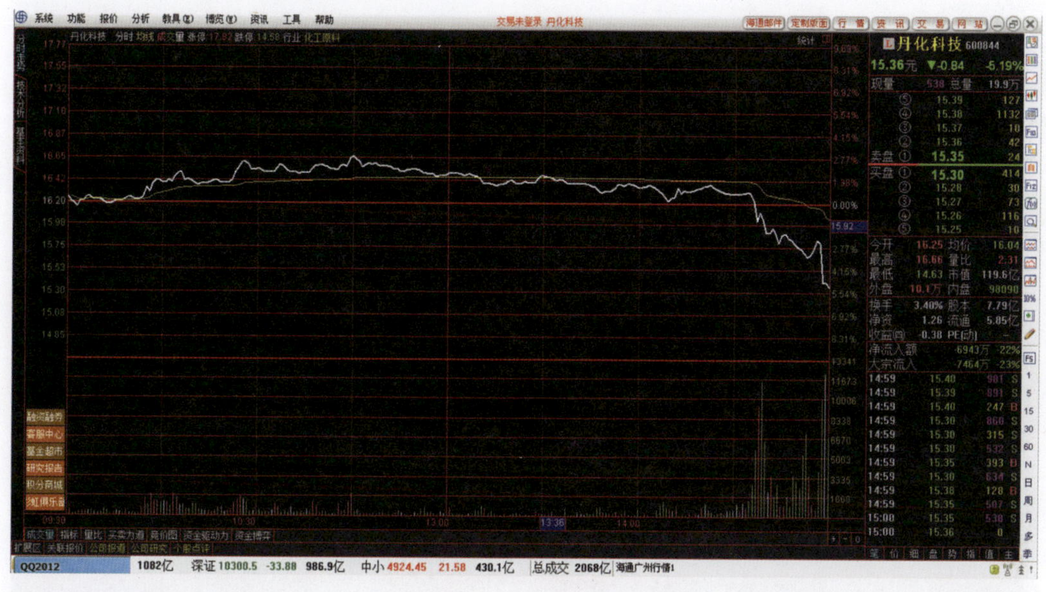

关联图 53　尾盘杀跌波

相关阅读 54　早盘杀跌波

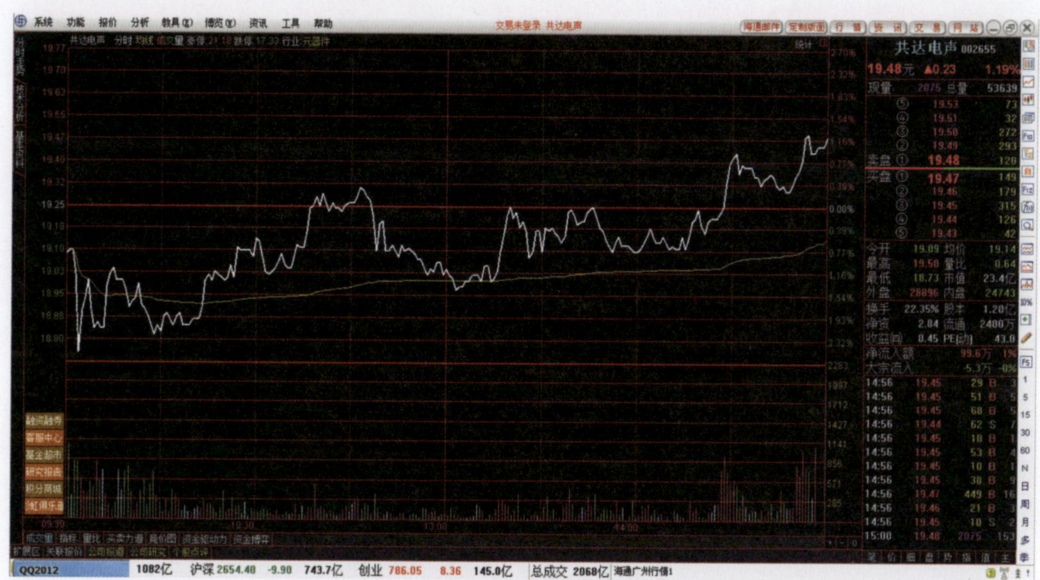

关联图 54　早盘杀跌波

图 28　基于拉洗结合的麻花波

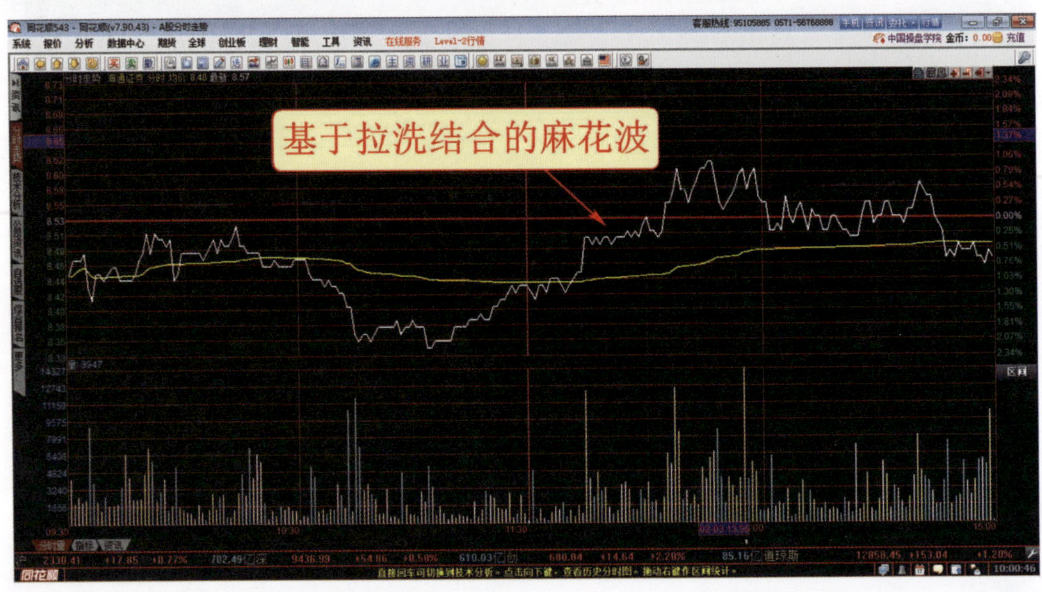

图 28 解说

图 28 介绍的是基于拉洗结合的麻花波。所谓拉洗结合，就是指一边拉升，一边洗盘，期间可能是先向上拉，再向下砸，或者反过来先向下砸，再向上拉，在这拉与砸的过程中，出现短暂的来回拉锯，价格停留在某一个区间，上下震荡。这样的波形从图形上来看酷似扭麻花，因此叫做麻花波。

本图要点如下：

一、从波形上来看，必须是价格定格于某一个区间，上下震荡。

二、从量峰上来看，必须是成交量柱短小，显示出筹码是锁定性良好的。

三、如果上下波动的空间巨大，而且成交量柱很长，就不是洗盘了。

四、在这里需要从波动空间和成交量柱来区别麻花波和震仓波的细节。

五、在临盘实战中，如果目标品种出现麻花波，不宜急于介入，应静观其变。

相关阅读 55　低位麻花波

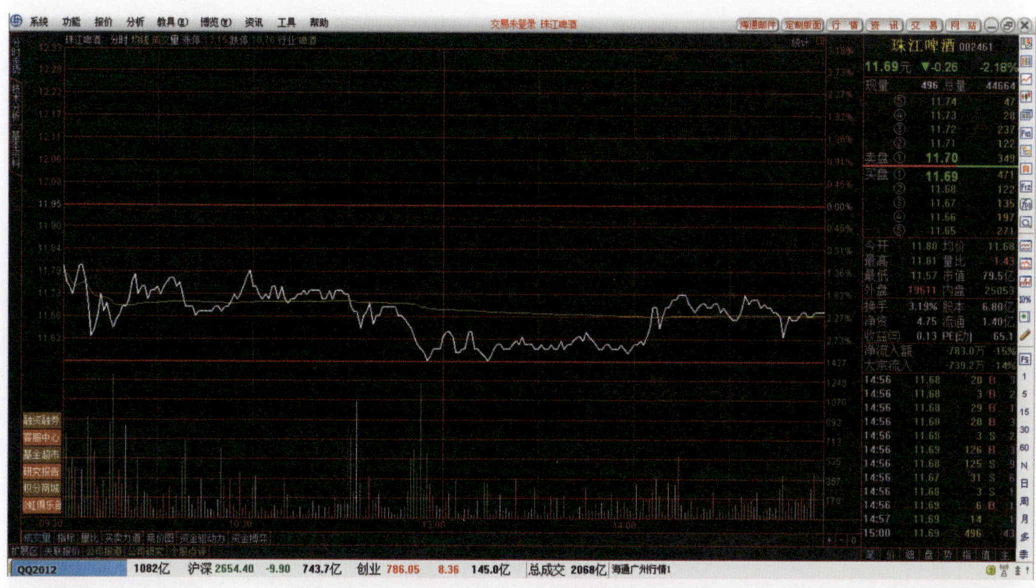

关联图 55　低位麻花波

相关阅读 56　高位麻花波

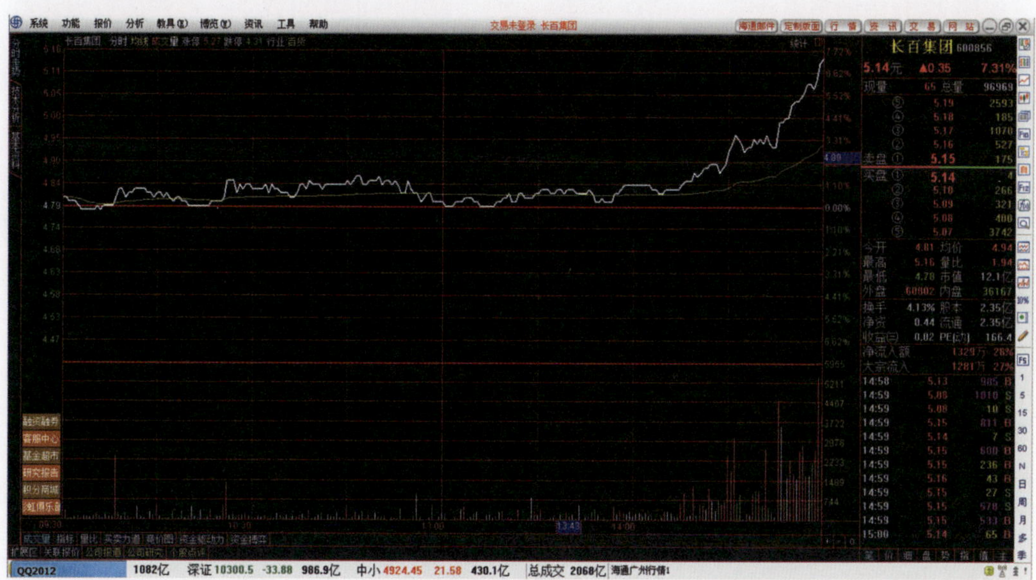

关联图 56　高位麻花波

图 29　基于测试筹码的震仓波

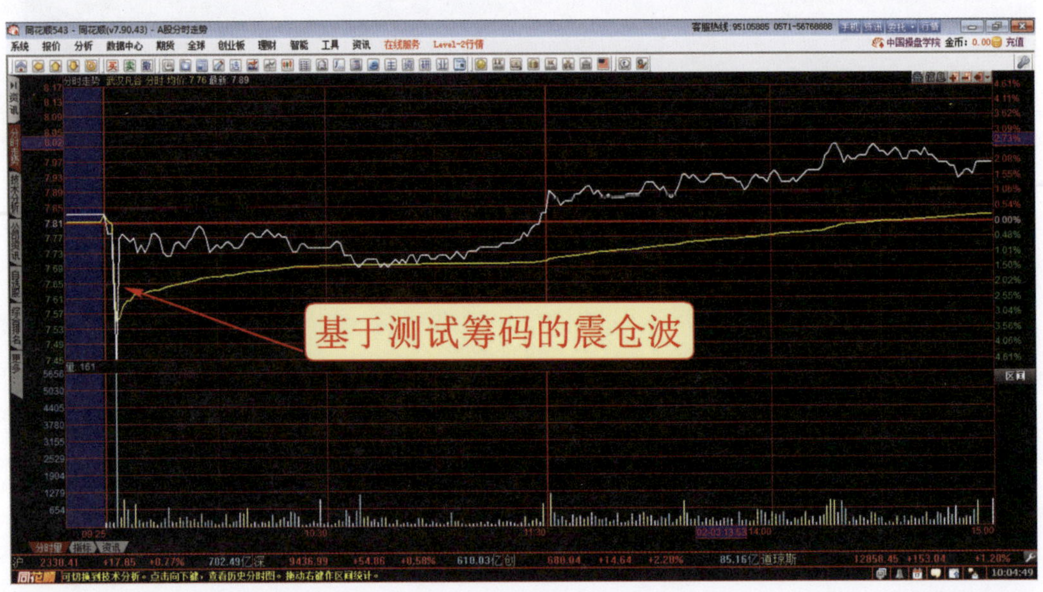

图 29 解说

图 29 介绍的是震仓波。所谓震仓波，就是围绕当日的均价线上下震荡的波形。震仓波可以分为微小型的局部震仓波和巨大型的全息震仓波。前者是围绕均价线，在某一个时间段上下震荡，后者是全天围绕均价线，大幅度上下震荡。

本图要点如下：

一、上边的图形是比较常见的微小型震仓波。

二、不管是微小型的震仓波还是巨大型的震仓波，做盘的目的都是一样的。

三、注意观察成交量柱的变化，典型的震仓波下跌带量，拉升缩量，以达到恐吓目的。

四、临盘实战时，需要结合盘口走单的细微变化来判断主力的操作意图。

五、为了避免落入主力的诱多陷阱，还需要结合空间位置的高低来甄别。

相关阅读 57　早盘震仓波

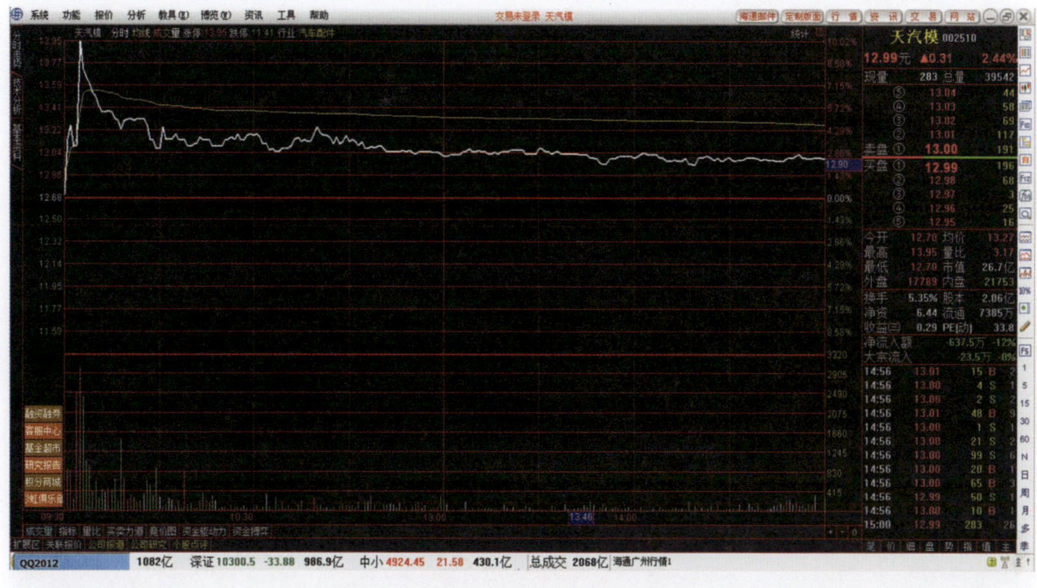

关联图 57　早盘震仓波

相关阅读 58　盘中震仓波

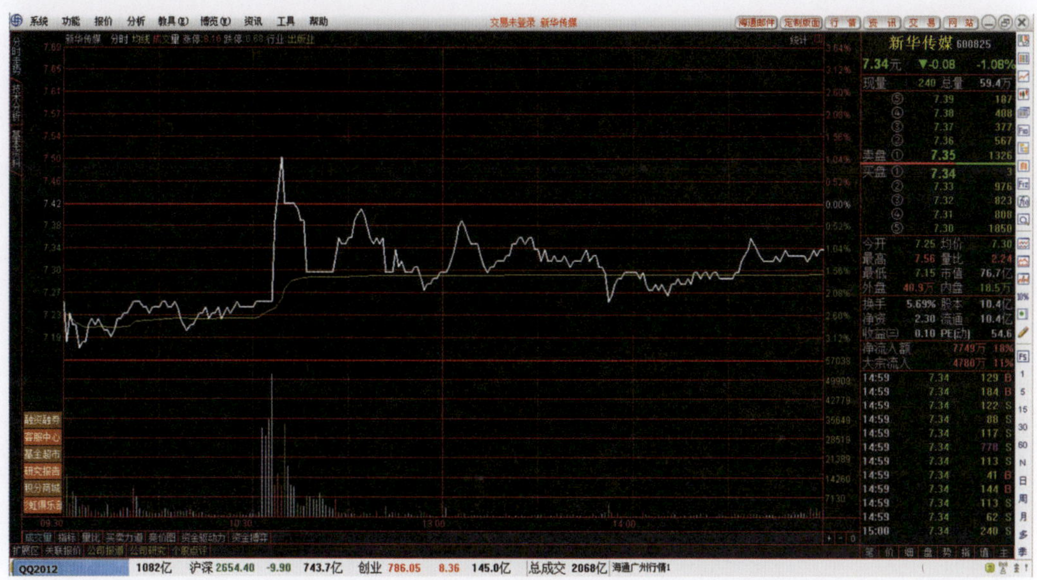

关联图 58　盘中震仓波

图 30　基于诱杀结合的钓鱼波

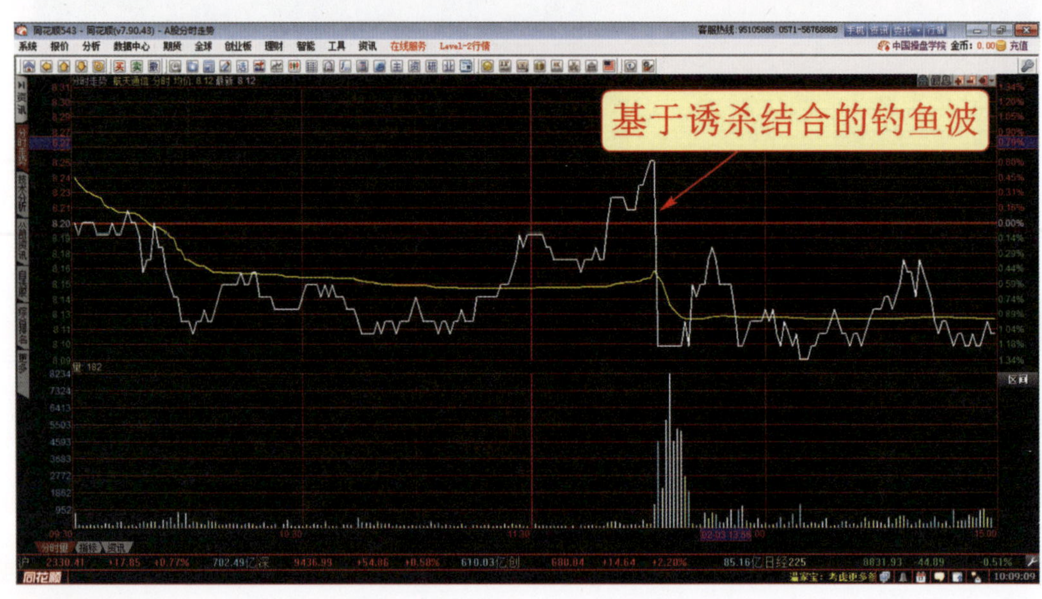

图 30 解说

图 30 介绍的是基于诱杀结合的钓鱼波。所谓钓鱼波，就是指整个波形酷似甩开的钓鱼竿、漂浮的钓鱼线的图形。在这样的图形中，快速拉升的长波构成钓鱼竿图形，随后快速回落、微幅波动的图形，酷似漂浮的钓鱼线，所以称为钓鱼波。

本图要点如下：

一、钓鱼波是控盘主力阶段性出货的经典图形。

二、经典的钓鱼波通常从一大早就开始构建，早盘阶段瞬间大幅度拉升，竖起钓鱼竿。

三、需要注意的是瞬间拉升的突兀性。这样的拉升基本上是无征兆的，突袭的。

四、拉升的时候，一般采取对敲的方式进行，波长很长，很夸张，瞬间成交量很大。

五、在临盘实战中，遇到这样的波形，观望为宜。如果持有这样的品种，应当逢高减仓。

相关阅读 59　盘中钓鱼波

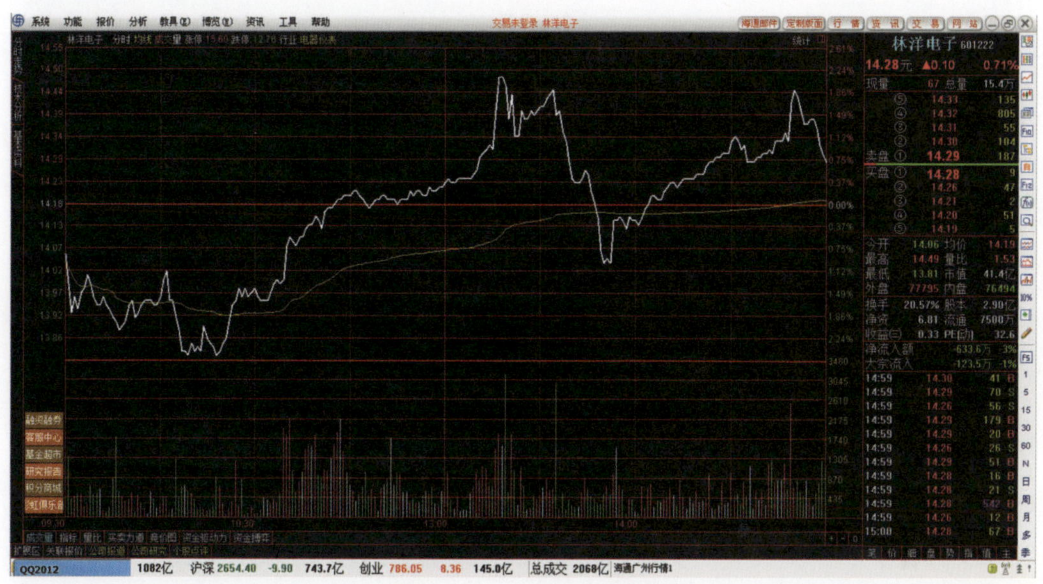

关联图 59　盘中钓鱼波

相关阅读 60　早盘钓鱼波

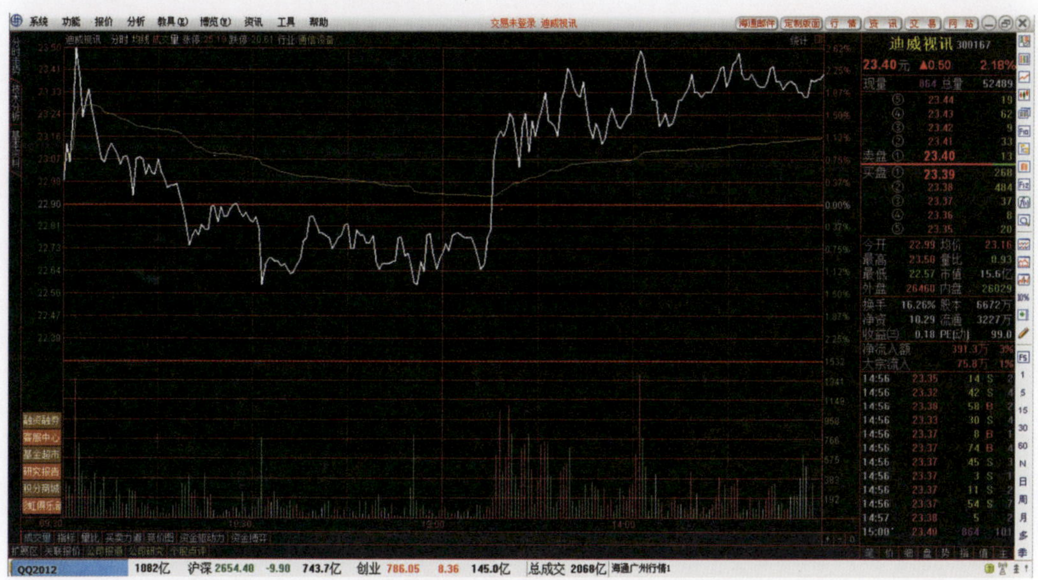

关联图 60　早盘钓鱼波

第四篇
盘口常见量峰解读

盘口量峰就是我们常见的成交量柱。成交量柱由于成交量的大小不同而呈现出高低不同，由于成交的频率不同而呈现为密集的程度不同。我们根据成交量柱的高低不同可以分为不同的类型，根据密集程度的不同又可以分为不同的类型。将二者结合起来，再次划分，就可以分为不同类型的量峰。根据实战的需要，可以把量峰划分为冲击型量峰、攻击型量峰、对倒型量峰、对敲型量峰、密集型量峰和呆滞型量峰等。

盘口量峰是买卖双方妥协的结果，是交易达成的记录。它记录了多空双方在盘面上搏杀的真实过程，是所有投资者在每一个交易日留下的足迹。因此，通过解剖盘口量峰，能够正确解读交易各方的心灵轨迹，破译隐藏于盘口背后的操作意图。

为了显示得更加清晰，这一部分采用同花顺软件 2012 免费版截图，特此说明。

图 31　基于吸筹的冲击型量峰

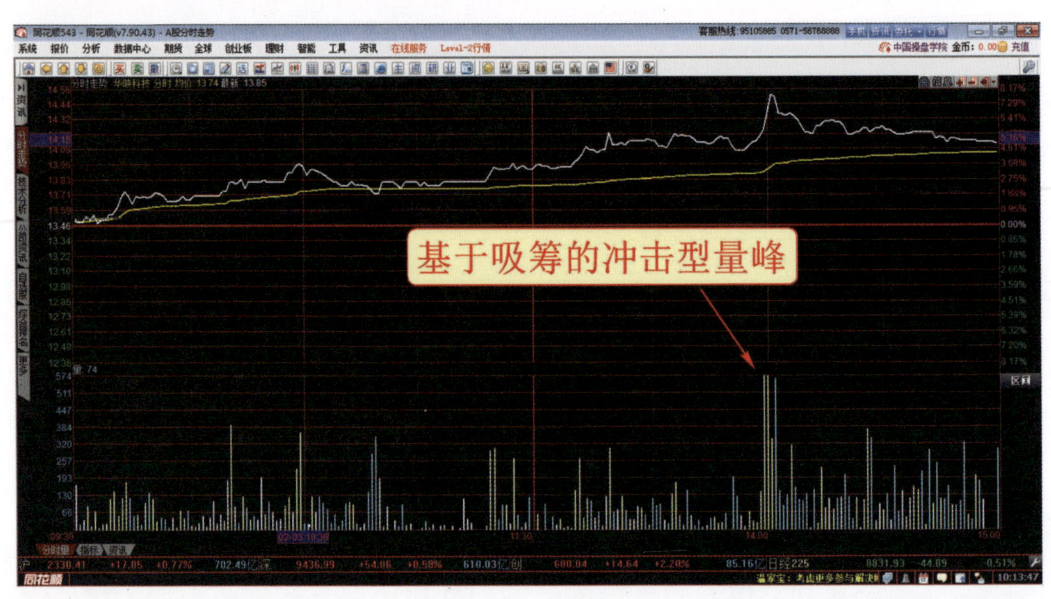

图 31 解说

图 31 介绍的是基于吸筹的冲击型量峰。所谓冲击型量峰，就是指瞬间向上主动吃进筹码时产生的成交量柱。吃进的筹码越多，成交量柱就越长，量峰就越长。

本图要点如下：

一、在分析冲击型量峰的时候，首先要从股价的空间位置来分析，如果股价处于空间位置的低位，那么这样的量峰就比较可信，否则，就需要小心。

二、结合波形来看量峰，比较容易看清楚量峰的特点。

三、冲击型量峰和对敲型量峰不同，前者属于控盘者激发交投热情而进行的自买自卖，后者则是主动向上吃进筹码，属于建仓行为。

四、看盘的时候，可以结合盘口的走单来分析。

五、在实战中，如果在股价处于空间位置低位的时候发现明显的冲击型量峰，可以积极跟踪分析，一旦进入快速拉升的时候，短线交易者可以积极跟进。

相关阅读 61　单一型冲击型量峰

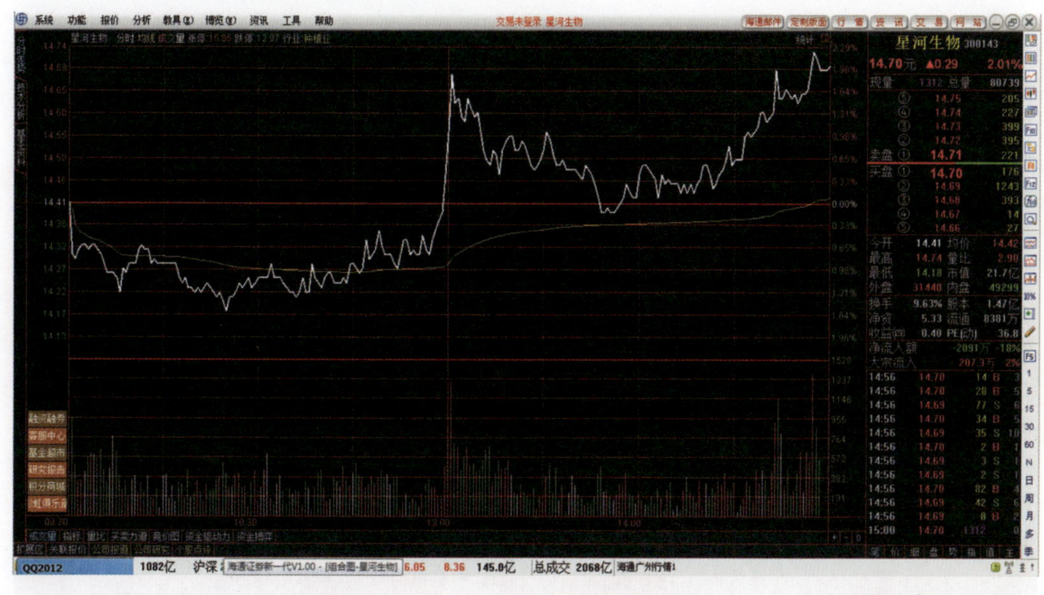

关联图 61　单一型冲击型量峰

相关阅读 62　连环型冲击型量峰

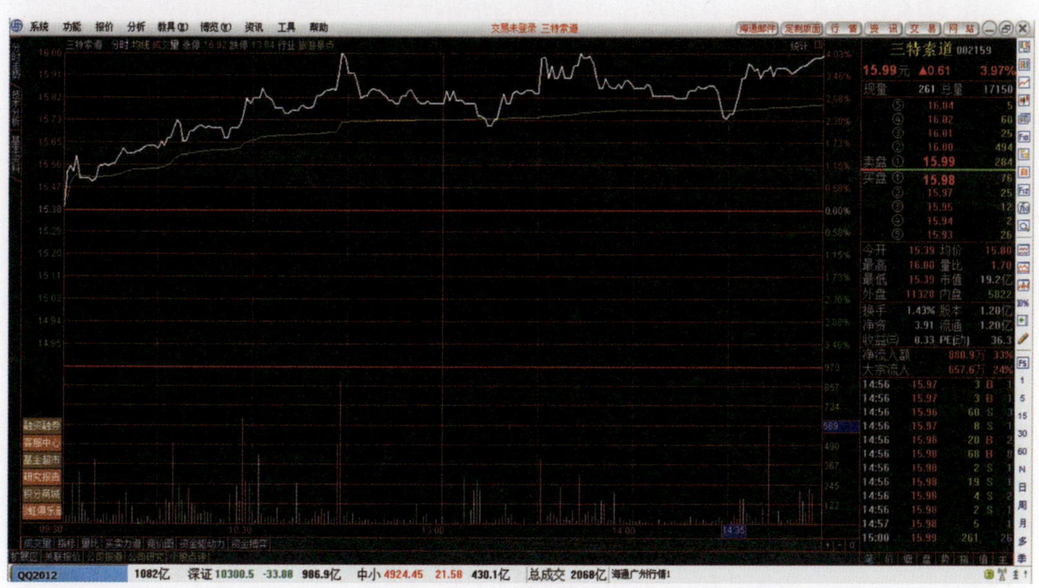

关联图 62　连环型冲击型量峰

图 32　基于拉升的攻击型量峰

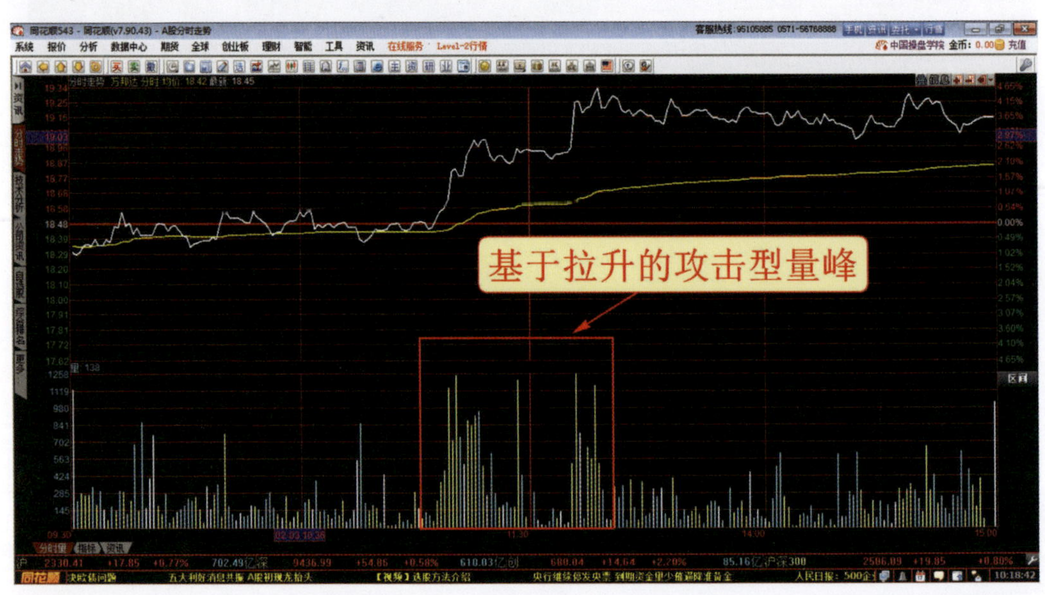

图 32 解说

图 32 介绍的是基于拉升的攻击型量峰。所谓攻击型量峰，就是指向上发起进攻、主动吃进筹码、成交量柱由小到大呈现出梯级变化、间隔性良好，有预谋、有计划、有组织拉升股价而留下的量峰。

本图要点如下：

一、从图形上来看，成交量柱由小到大，呈现出梯队型变化。

二、从相对应的波形来看，呈现为明显的攻击波，而且层次分明。

三、攻击型量峰至少有两组密集的量峰组成，每一组量峰不少于 3 根量柱。

四、攻击型量峰是主力投入资金拉升股价的操盘结果，在盘口上，表现为明显的向上攻击，从走单来看，攻击性明显，同时间隔性良好，富有韵律感。

五、在临盘实战中，要结合股价空间位置的高低来判断主力的操作意图。

相关阅读 63　上半场攻击型量峰

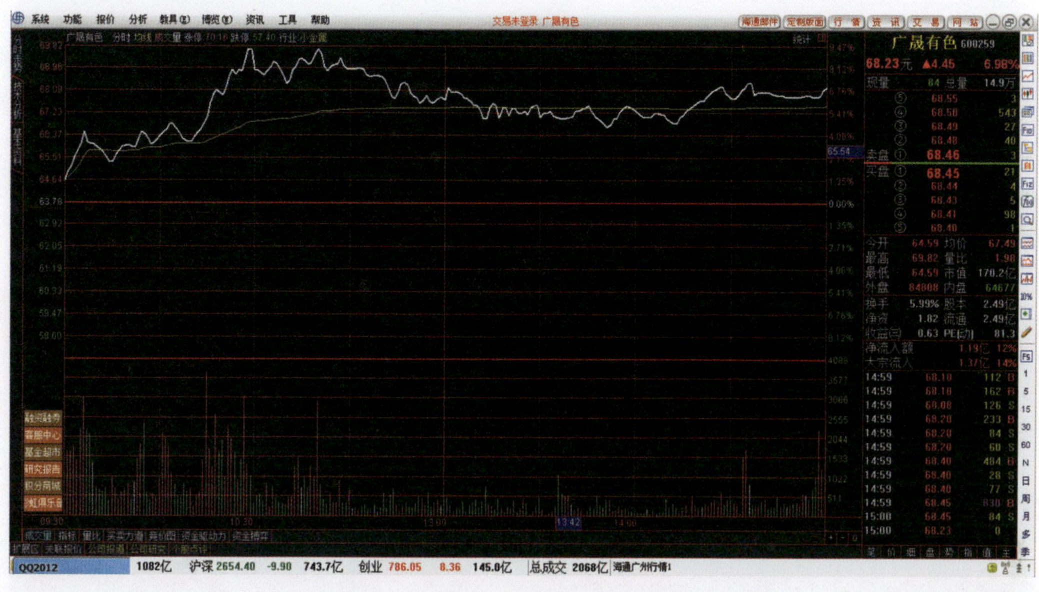

关联图 63　上半场攻击型量峰

相关阅读 64　下半场攻击型量峰

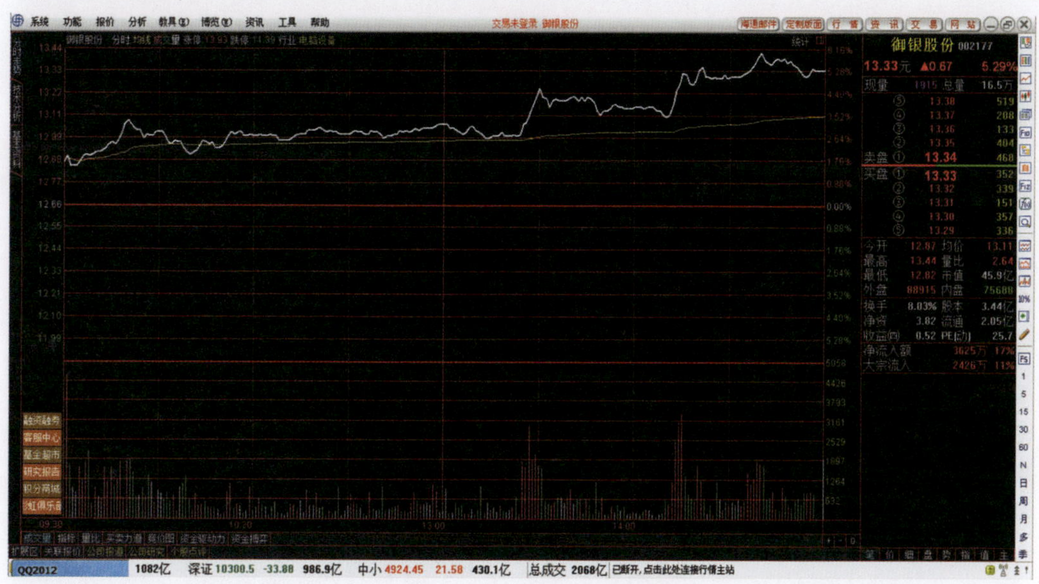

关联图 64　下半场攻击型量峰

图 33　基于诱多的对倒型量峰

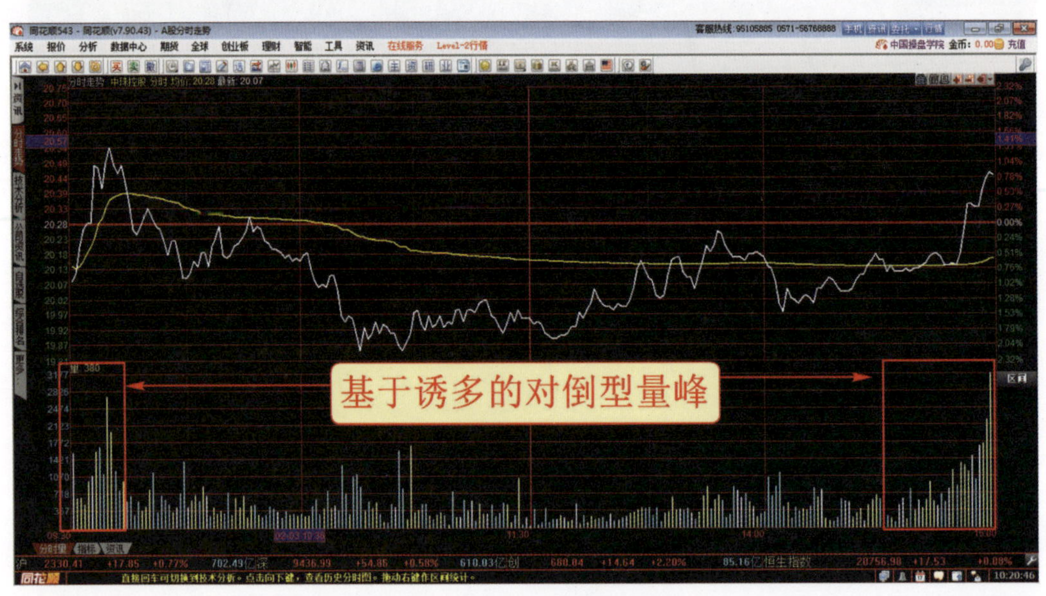

图 33 解说

图 33 介绍的是基于诱多的对倒型量峰，与其相对应的是基于诱空的对倒型量峰。所谓对倒型量峰，就是自买自卖、密集放量、以不间断的方式推高股价而留下的量峰。通常是低位密集堆量、股价拉升不多，成交量却异常放大。

本图要点如下：

一、从波形上来看，呈现为非常明显的攻击性波形，显示出跃跃欲试的上攻态势。

二、从成交的空间位置来看，分时图上相对低位显示为放量攻击，而到了高位却是放量下挫。低位原地密集放量，股价上升不多，目的在于制造成交活跃的氛围。高位放量下挫，才是真正的操盘意图：兑现账面盈利。

三、基于诱多的对倒型量峰是明显的阶段性出货行为，遇到这样的量峰，要百般警惕。

四、因为是诱多，因而在分时图上就经常会出现量价背离的走势。

五、在临盘实战中，一旦遭遇到密集放量之后量价背离，就需要立即减仓，以防不测。

相关阅读 65　上半场密集对倒诱多量峰

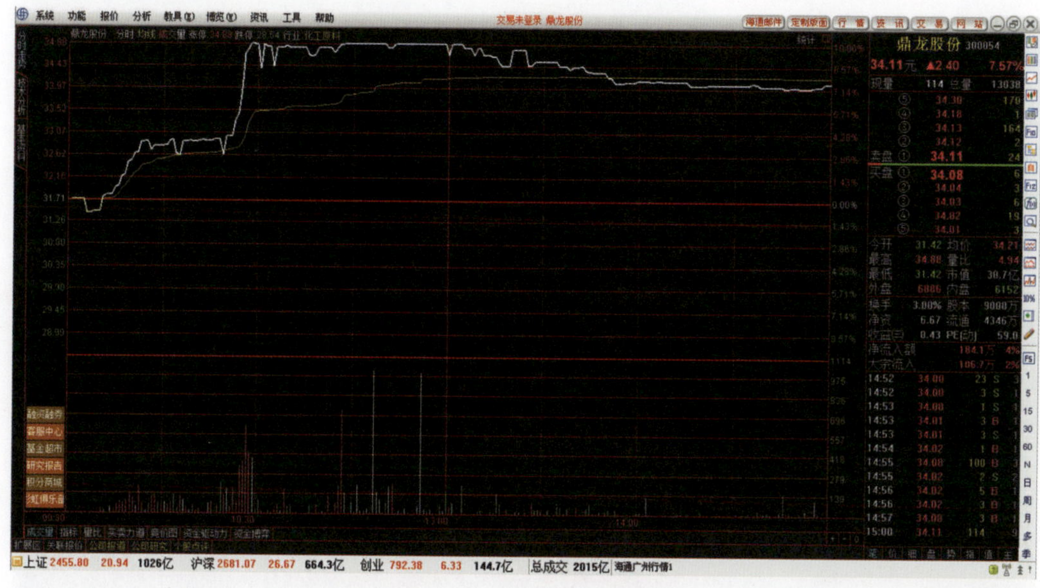

关联图 65　上半场密集对倒诱多量峰

相关阅读 66　下半场密集对倒诱多量峰

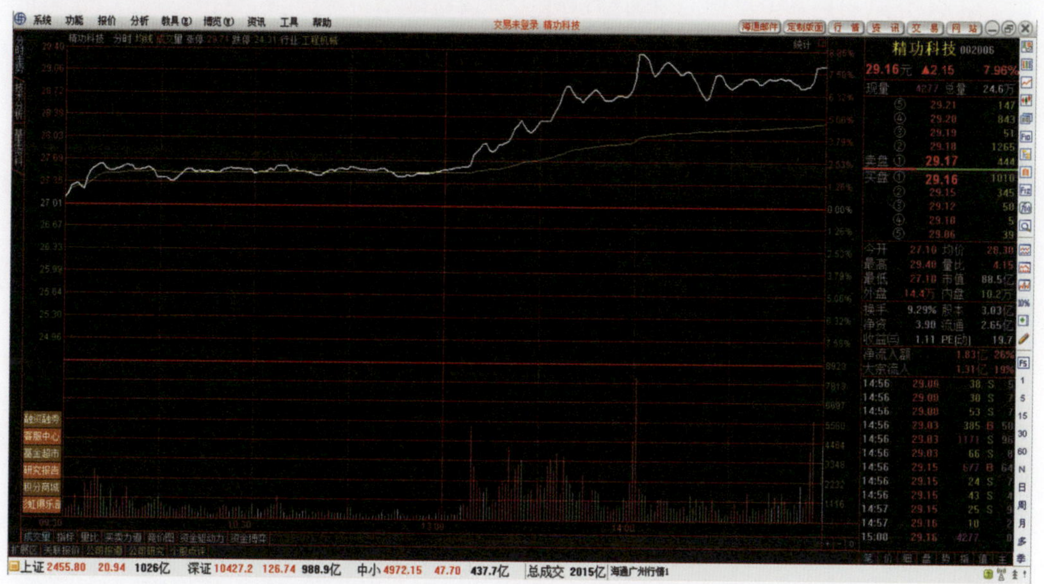

关联图 66　下半场密集对倒诱多量峰

图 34　基于出货的对敲型量峰

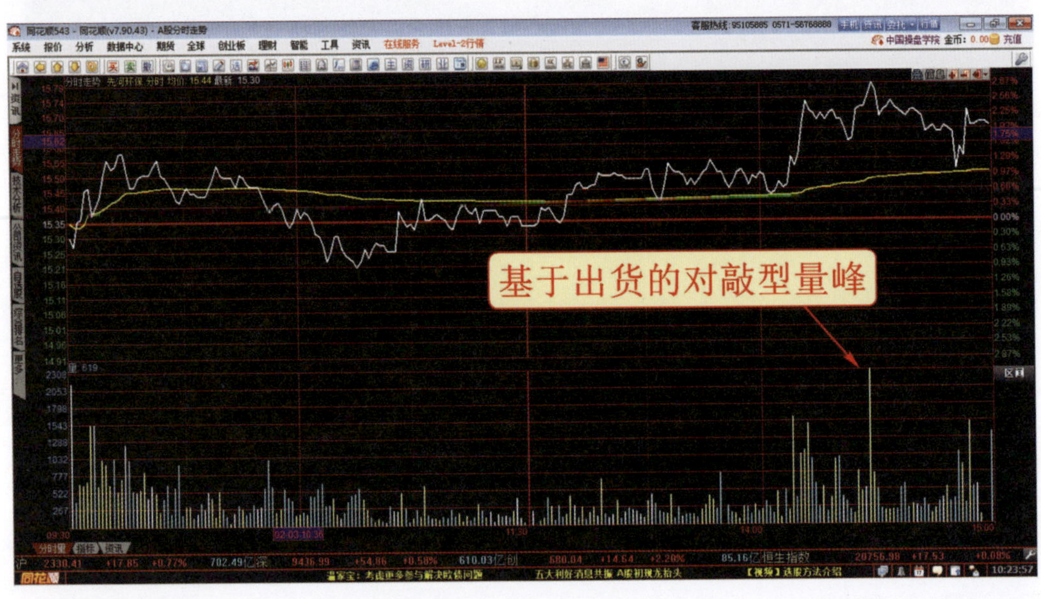

图 34 解说

图 34 介绍的是基于出货的对敲型量峰。所谓对敲型量峰，就是指单一的、自买自卖为主的、前后关联不大的孤独型量峰。这类量峰通常前后关联不大，呈现为孤零零的样子。

本图要点如下：

一、对敲型量峰一般出现在高度控盘的品种中，如果大盘低迷，则表现为孤零零的单一量柱，十分刺眼。相反，大盘热闹的时候，则夹杂在凌乱的跟风盘中。

二、从盘口来看，对敲型量峰突兀感很强，人为的迹象很明显，成交很不自然。

三、分析的时候，结合股价的空间位置来考量，如果在空间位置的高位，则属于明显的诱多行为，目的在于吸引跟风盘，借机出货。

四、对敲型量峰属于自买自卖的行为记录，买卖单不出现在盘口挂单，属于空中对敲。

五、在临盘实战中，一旦遇到这样的情形，应当适当降低仓位，以防不测。

相关阅读 67　上半场对敲出货量峰

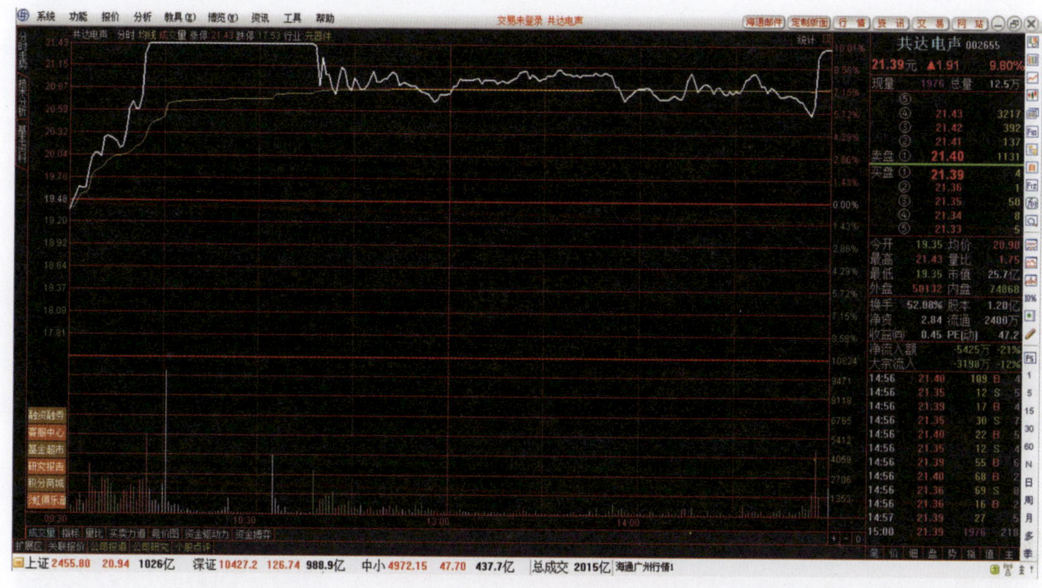

关联图 67　上半场对敲出货量峰

相关阅读 68　下半场对敲出货量峰

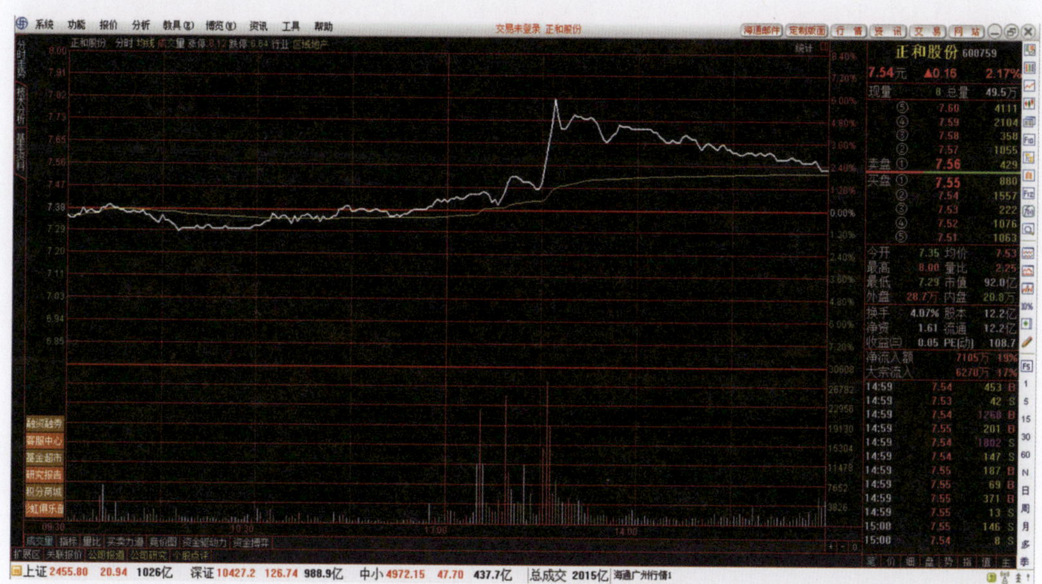

关联图 68　下半场对敲出货量峰

图 35　基于诱空的对倒型量峰

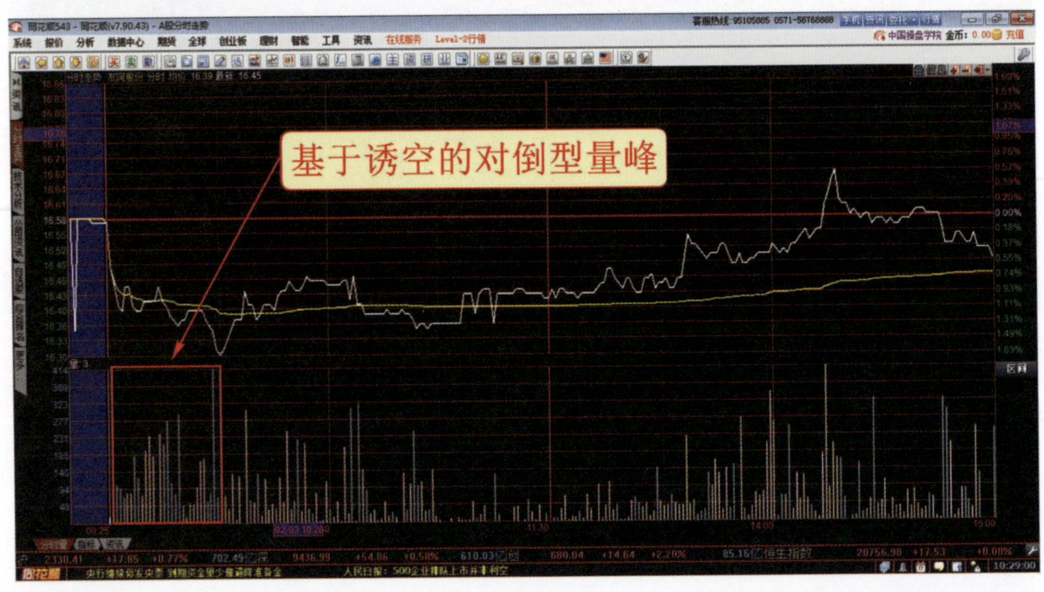

图 35 解说

图 35 介绍的是基于诱空的对倒型量峰。所谓对倒型量峰，就是指大批量的自买自卖形成的量峰，表现在盘口上，就是在短暂的时间内形成密集的堆量。如果在空间位置的低位，密集向下对倒，呈现出价跌量升的态势，这样的量峰，基本上属于诱空型量峰。

本图要点如下：

一、对倒型量峰出现的时间，可以是上午，也可以是下午。如果出于诱空的需要，通常会出现在早盘，趁大家还没集中注意力的时候，率先对倒，诱空的效果更佳。

二、对倒之前，通常是开盘后在前收盘价附近徘徊片刻，成交量不大，手法比较隐蔽。

三、对倒之中，股价开始瞬间大幅度下跌，图形呈现为直线下挫为主，成交量急剧放大。

四、对倒之后，股价有时候会出现快速拉升，有时候则缓慢上行，需要根据主力的仓位判断他们的操盘意图。如果出现缓慢拉升，则洗盘的意图更明显。

五、临盘实战的时候，遇到空间位置低位出现诱空型量峰，可以考虑在成交量柱最长的时间段开始下单，试探性买进。

相关阅读 69 上半场对倒诱空量峰

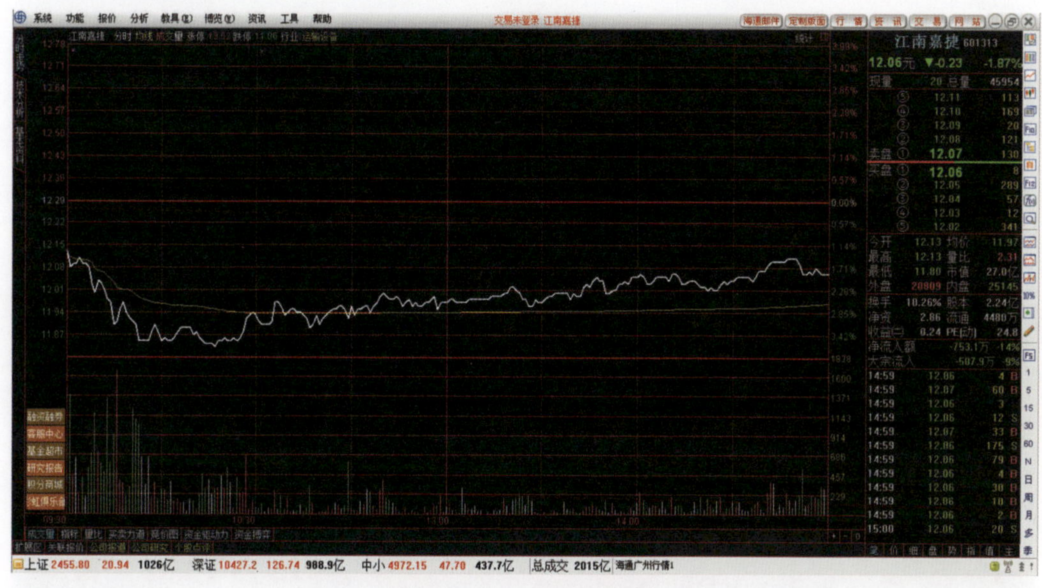

关联图 69 上半场对倒诱空量峰

相关阅读 70 下半场对倒诱空量峰

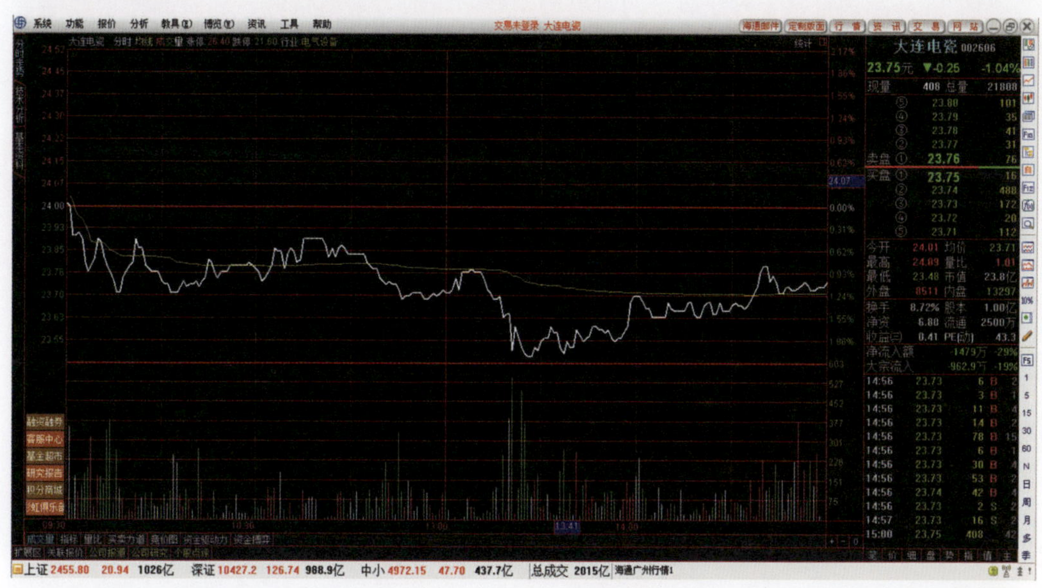

关联图 70 下半场对倒诱空量峰

图 36　基于打压的对敲型量峰

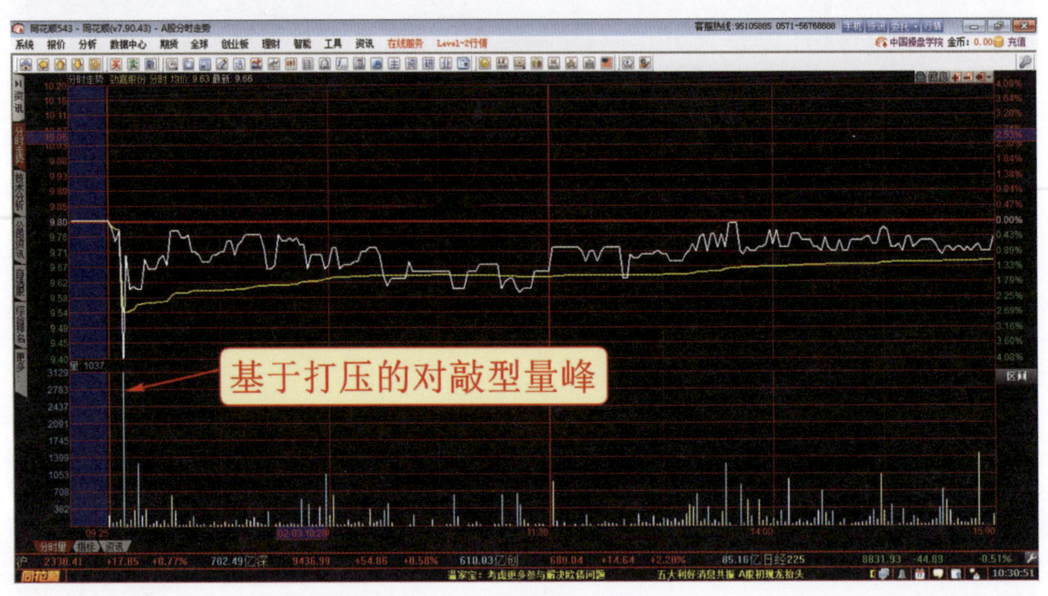

图 36 解说

图 36 介绍的是基于打压股价的对敲型量峰。所谓对敲型量峰，和对倒型量峰的含义基本相同，都是操纵股价时自买自卖的行为留下的成交量柱，所不同的是前者成交量柱稀少、单薄，一般是一根，或者两三根，而且很长；后者则是量峰很多，很密集，至少在三根以上。

本图要点如下：

一、早盘阶段，开盘后在前收盘价附近停留片刻，没有明确的运行方向。

二、随后突然出现猛烈的向下大幅度打压，瞬间的跌幅十分巨大。

三、从成交量柱来看，却是孤单单的一根，或者两三根，没有明显的密集量峰。

四、这是明显的瞬间大幅度打压，目的在于诱空，诱使不坚定的筹码出局。

五、临盘实战中遇到这样的盘口走势，需要结合空间位置的高低来分析主力的操盘意图。

相关阅读 71　上半场对敲打压量峰

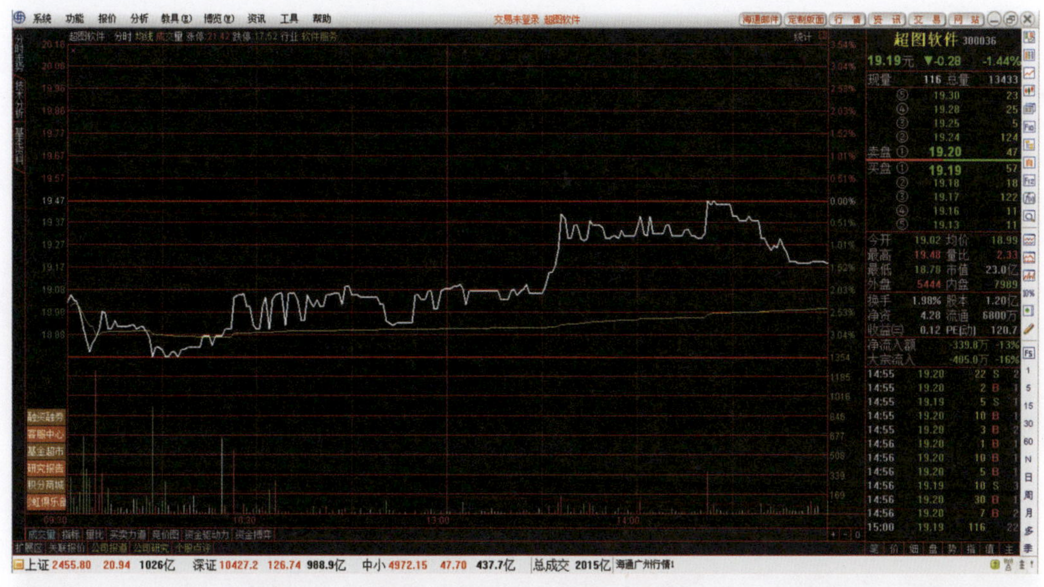

关联图 71　上半场对敲打压量峰

相关阅读 72　下半场对敲打压量峰

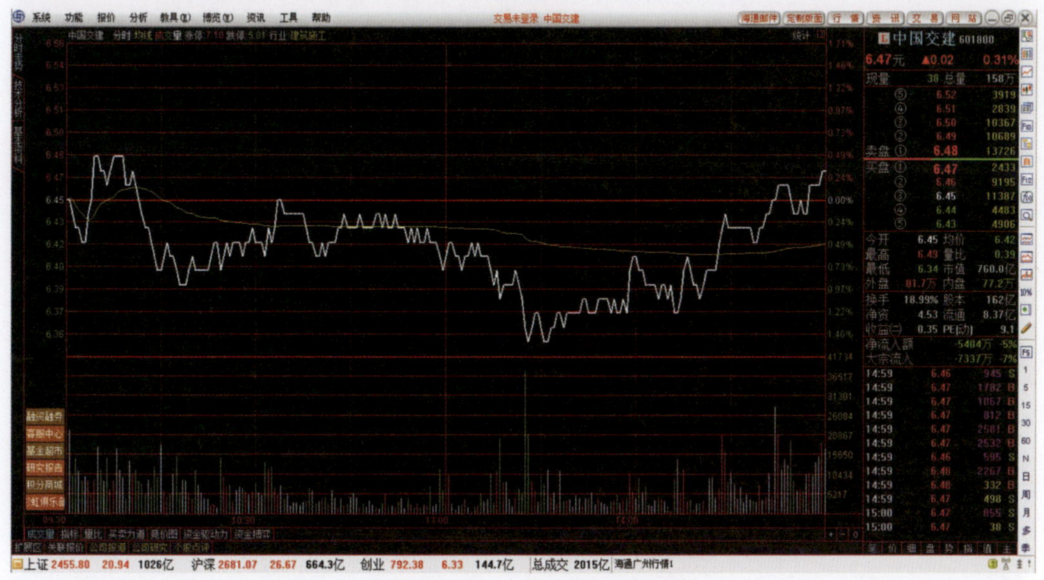

关联图 72　下半场对敲打压量峰

图 37　基于试盘的单一型量峰

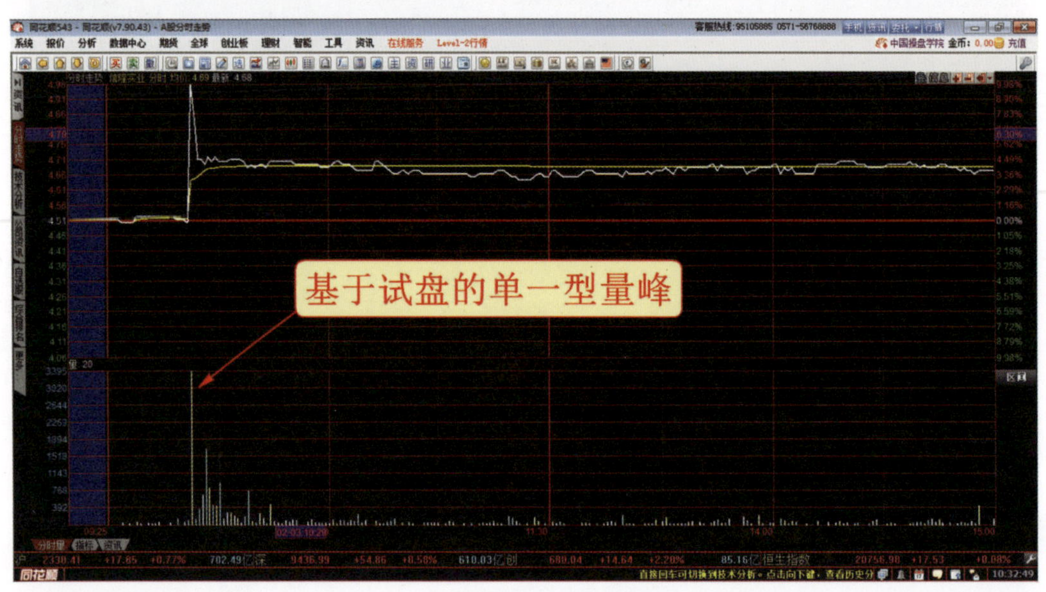

图 37 解说

图 37 介绍的是基于试盘的单一型量峰。所谓试盘，就是测试盘口，通过瞬间的快速拉升或者快速打压，测试盘口的属性。试盘有向上试盘和向下试盘两种，各自的目的不同。

本图要点如下：

一、这是最为常见的向上试盘动作，目的在于测试上方的抛压，鉴别筹码的稳定性。

二、从量峰的角度来看，表现为单一的量峰，前后都没有明显的密集成交量峰。

三、试盘动作出现之前，盘口比较平静，走势呆滞，成交稀少，属于比较真实的成交。

四、出现快速的突袭式拉升之后，很快又回归平静，在波形上，表现为快速回落。

五、临盘实战的时候，遇到这样的盘口，不必急于介入，可以列为自选股跟踪分析。

相关阅读 73　向上试盘动作

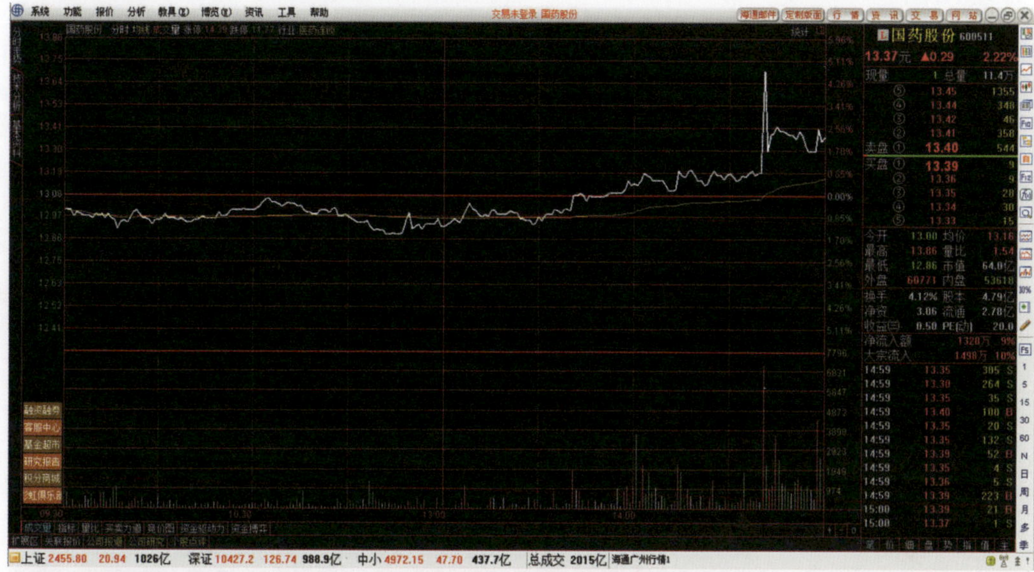

关联图 73　向上试盘动作

相关阅读 74　向下试盘动作

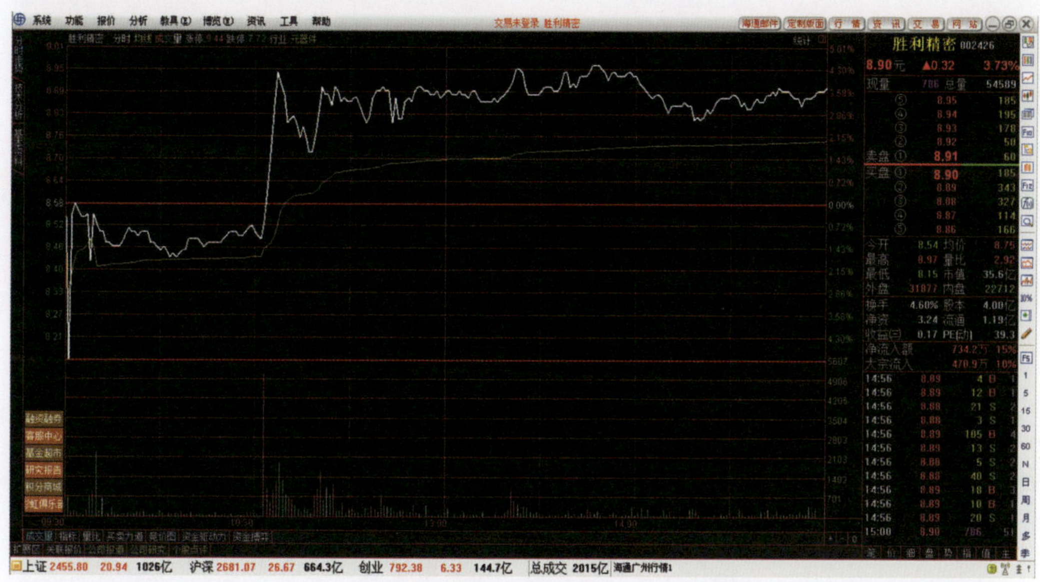

关联图 74　向下试盘动作

图 38　基于造势的密集型量峰

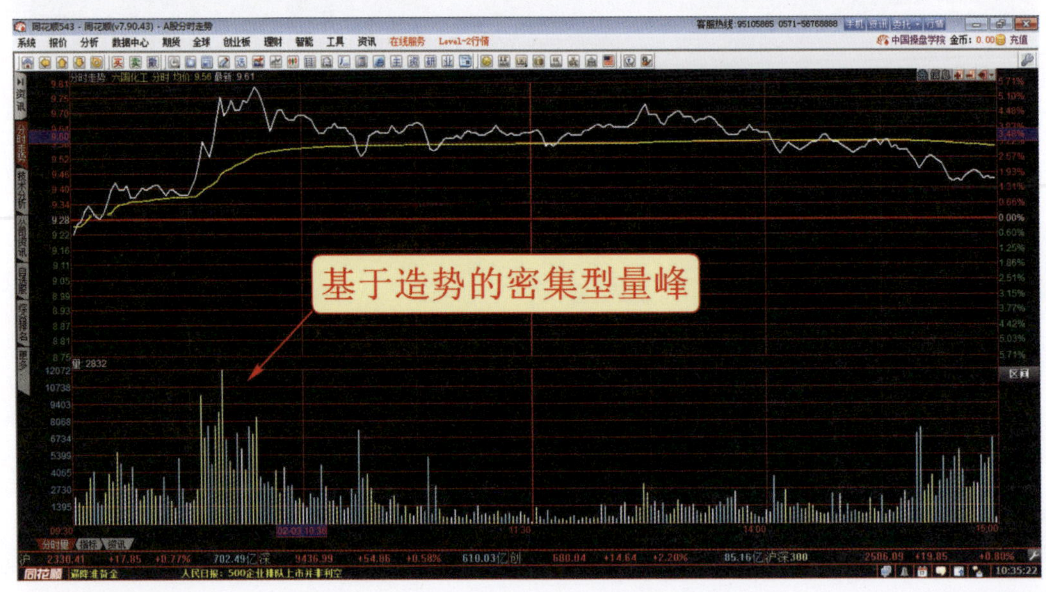

图 38 解说

图 38 介绍的是基于造势的密集型量峰。和单一型量峰正好相反，密集型量峰呈现出交投十分活跃的态势，成交手数多，成交量大，量柱很长，量峰很宽，既有高度又有宽度。

本图要点如下：

一、密集型量峰是主力用来造势的，可以出现在空间位置的低位、中位或者高位，出现的空间位置不同，它的技术含义不尽相同，需要细细甄别。

二、密集型量峰有对倒型和自然型两种，对倒型量峰呈现出明显的操纵痕迹。

三、密集型量峰出现在空间位置的低位，则是股价即将拉升的征兆，目的在于吸引跟风盘抬轿，以便达到借势使力拉升股价的目的。

四、密集型量峰出现在空间位置的高位，则是人为造势的惯用伎俩，为兑现盈利做准备。

五、临盘实战中，无论在什么时候，遇到密集型量峰，都需要高度重视。

相关阅读75　上半场造势

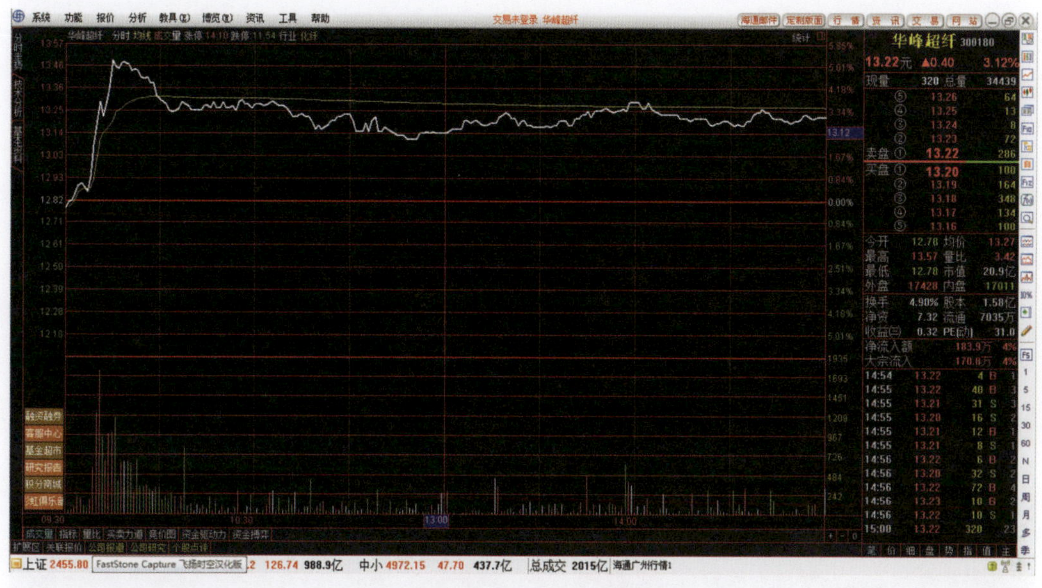

关联图75　上半场造势

相关阅读76　下半场造势

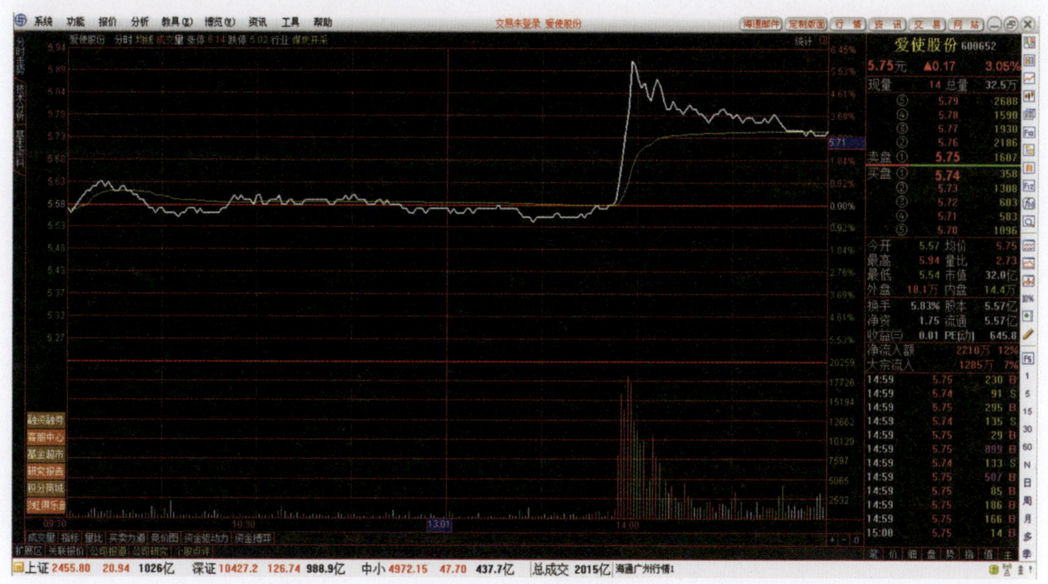

关联图76　下半场造势

图 39　基于控盘的呆滞型量峰

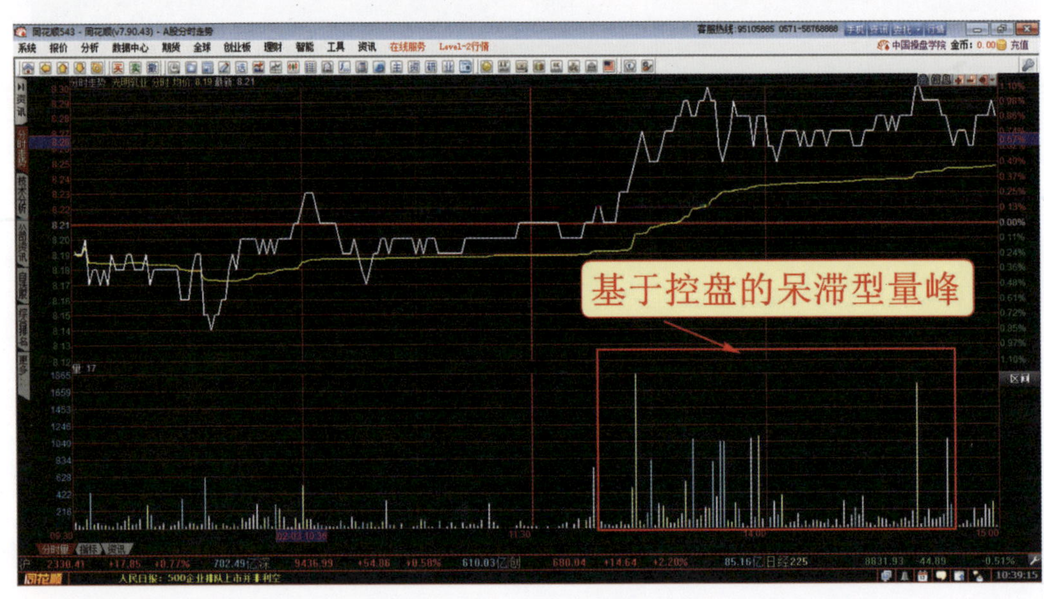

图 39 解说

图 39 介绍的是基于控盘的呆滞型量峰。所谓呆滞型量峰，就是指走势十分呆滞而形成的量峰，表现在分时图上，走势十分滞重，呆板，了无生气。而量峰则表现为间隔性明显。

本图要点如下：

一、从成交量上来看，呆滞而不自然，人为操纵的迹象很明显。

二、从分时图波形来看，走势呆滞，线条不流畅，凹凸起伏，缺少平滑感。

三、从量峰的类型来看，属于呆滞型，对敲的痕迹很突出，而且断断续续，连贯性很差。

四、从分时图的极小趋势来看，虽然走势呆滞，但是高低点的变化显示出明显的节奏感，说明貌似无人看管的盘口，实则有一只无形的手在暗中操纵。

五、在临盘实战中，遇到这样的品种，可以考虑采用伏击的策略狙击。

相关阅读 77　低位呆滞型量峰

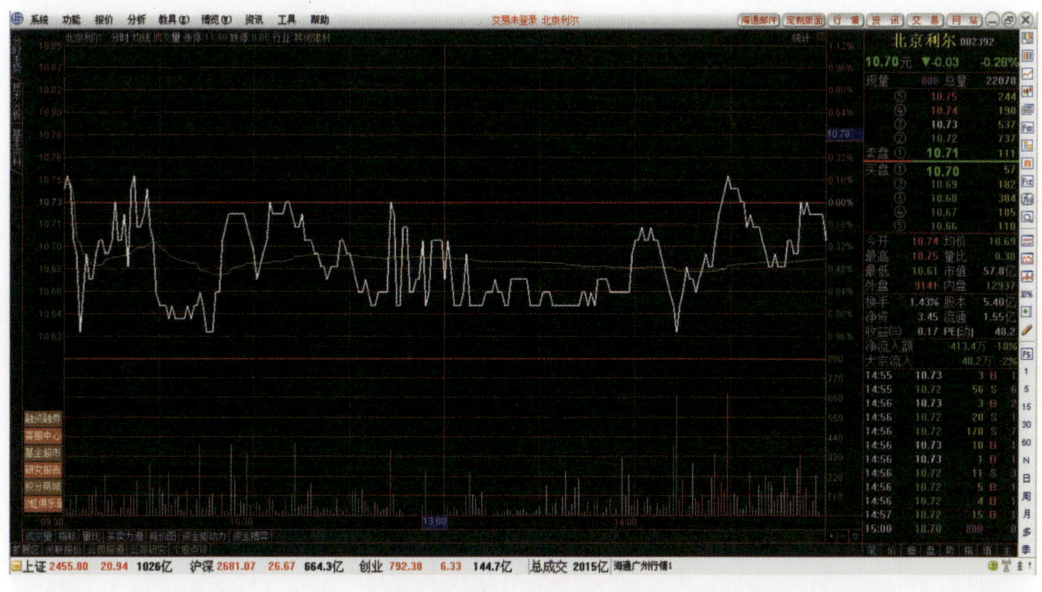

关联图 77　低位呆滞型量峰

相关阅读 78　高位呆滞型量峰

关联图 78　高位呆滞型量峰

图 40　基于无庄的散乱型量峰

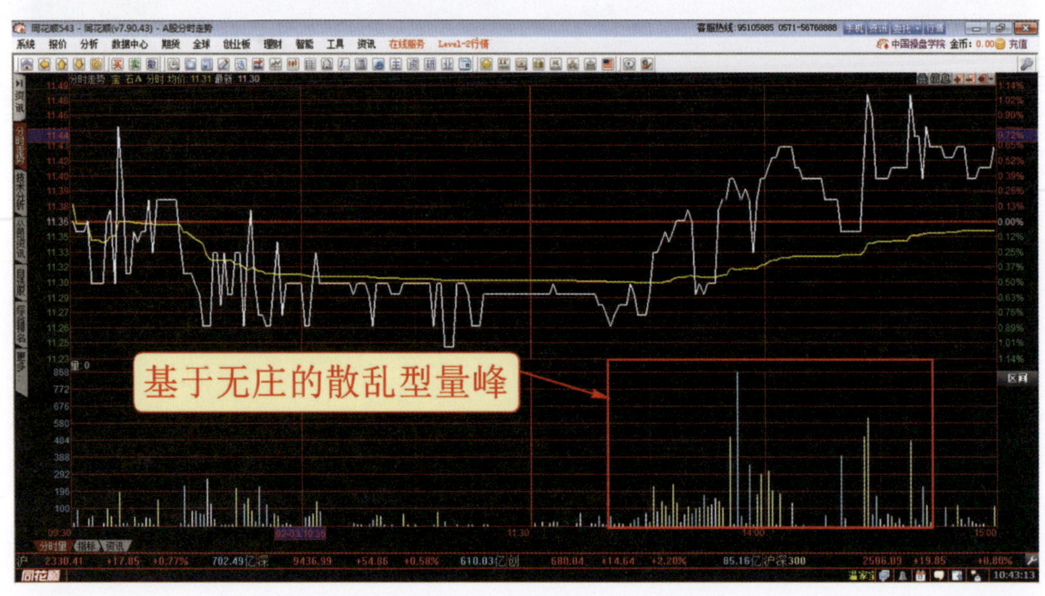

图 40 解说

图 40 介绍的是基于无庄的散乱型量峰。所谓无庄，是指没有庄家或者暂时没有庄家操纵或者庄家暂时没有操纵当下的股价，盘面上显示出散乱的样子。这样形成的量峰，就称为基于无庄的散乱型量峰。

本图要点如下：

一、从分时图上的波形来看，显示出图形毫无规律，凌乱不堪。

二、从成交量柱来看，有很明显的突兀感，而量柱前后缺乏内在的联系。

三、如果结合大盘的走势来看，则明显表现出随波逐流的态势，没有主心骨。

四、结合波形和量峰分析，不难看出整个盘口无序、无韵律、无节奏，散乱为主。

五、这样的品种通常是操纵主力高位出货之后，撒手不管，任由股价随大势飘荡，因此，一旦遇到这样的品种，短线交易者应当坚决回避。

相关阅读 79　完全散户型量峰

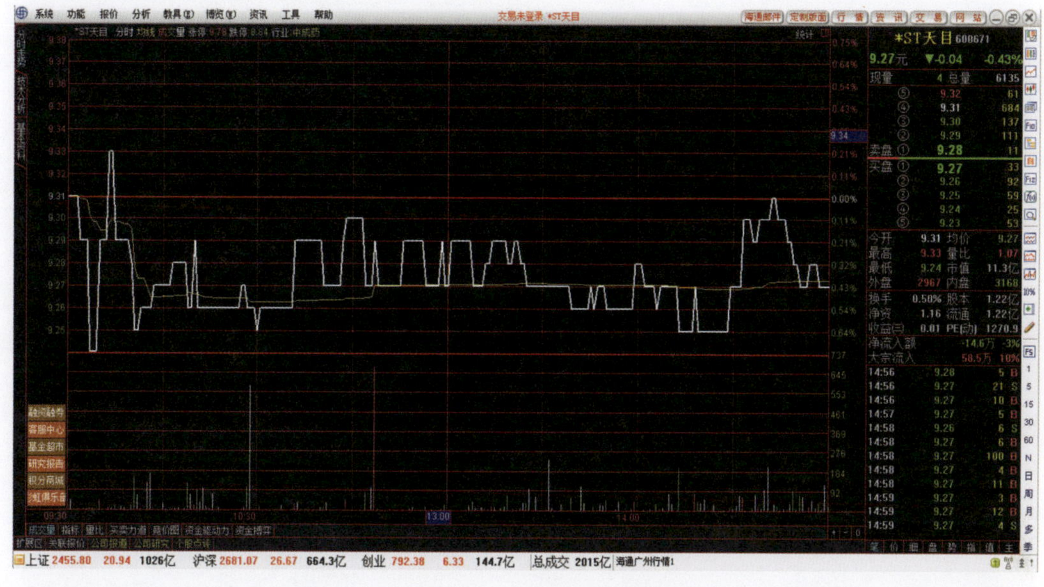

关联图 79　完全散户型量峰

相关阅读 80　混合散户型量峰

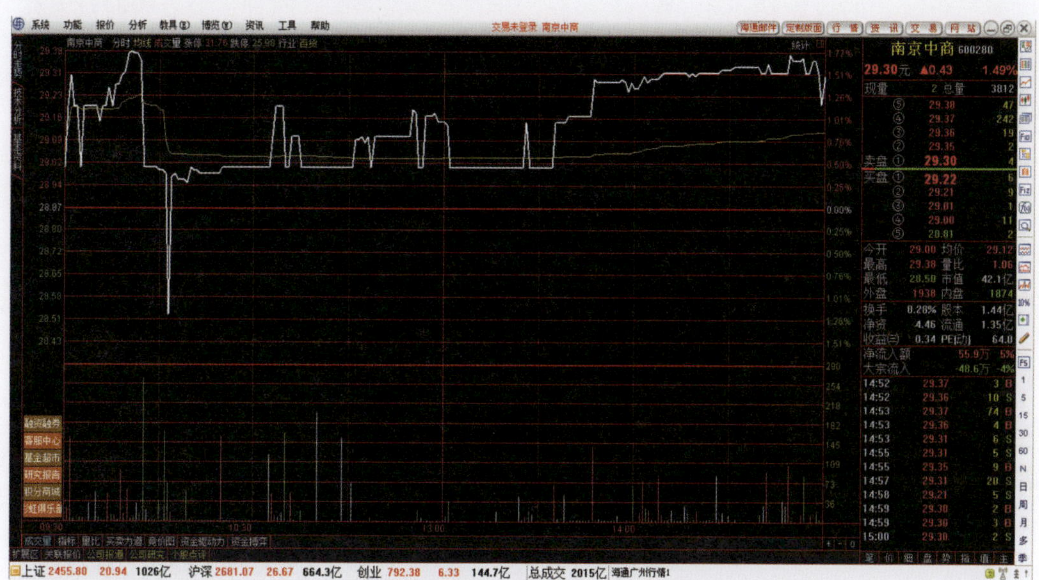

关联图 80　混合散户型量峰

第五篇
常用盘口数据分析

常用盘口数据是我们日常看盘、解盘和复盘经常用到的数据，这些数据一般包括主力增仓排名、资金流向统计、阶段涨幅统计、阶段振幅统计、阶段换手统计、阶段强弱分析、当日成交明细、当日价量分布、当日成交回报和日线成交报表等。作为职业投资者，我们每天都需要认真细致研究这些数据，从中挖掘有助于操盘决策的东西。

目前，大多数免费行情软件都提供这方面数据的查询功能。

在这一部分里，我们以同花顺软件提供的数据为例，特此说明。

图 41　关于主力增仓排名

	代码	名称	星级	现价	今日增仓排名		今日涨幅%	2日增仓排名			3日增仓排名			5日增仓排名		
					增仓占比%	排名		增仓占比%	排名	涨幅%	增仓占比%	排名	涨幅%	增仓占比%	排名	涨幅%
1	002189	利达光电	★	9.98	+51.80	2	-1.96	+51.70	1	-0.70	+50.60	2	-2.63	+50.30	1	+0.81
2	600780	通宝能源	★★	—	+51.80	1	—	+46.00	3	+8.11	+37.00	3	+2.87	+24.90	9	+3.66
3	600222	太龙药业	★★	5.12	+48.30	3	+8.94	+39.60	5	+9.87	+33.60	5	+6.89	+29.90	4	+11.06
4	600263	路桥建设	★★★	14.73	+47.30	4	+1.66	+41.30	4	+2.43	+12.90	67	+0.14	+12.60	68	+1.52
5	600225	天津松江	★★	5.12	+46.30	5	-0.58	+51.20	2	+1.39	+51.40	1	0.39	+47.60	2	+6.89
6	600638	新黄浦	★★★	7.79	+45.10	6	+2.91	+33.00	10	+4.14	+25.50	7	+2.91	+17.70	18	+8.04
7	000525	红太阳	★★	13.75	+41.30	7	+1.70	+33.50	9	+1.85	+21.00	17	+0.36	+20.50	11	+0.44
8	600593	大连圣亚	★★	—	+39.10	8	—	+27.30	16	-0.13	+10.80	105	+3.09	+7.10	175	-1.12
9	000429	粤高速A	★★★	3.32	+37.90	9	+0.61	+22.40	35	+1.22	+14.90	40	+0.00	+13.30	61	+2.79
10	600692	亚通股份	★	5.54	+37.30	10	+0.91	+38.40	7	+1.47	+35.10	4	-1.42	+34.10	3	+1.65
11	601818	光大银行	★★★	3.04	+37.00	11	+2.01	+32.70	11	+3.75	+21.90	13	+2.01	+13.90	52	+3.40
12	600859	王府井	★★★★★	30.81	+36.70	12	+7.31	+25.00	25	+10.51	+16.00	34	+6.61	+2.00	597	+2.84
13	002195	海隆软件	★★★★	16.40	+36.10	13	+0.12	+30.30	13	+0.55	+19.70	22	-3.53	+14.00	49	-0.18
14	600820	隧道股份	★★★	8.13	+35.30	14	+1.25	+20.50	47	+1.58	+12.60	72	-0.73	+13.40	59	+2.01
15	601998	中信银行	★★	4.44	+34.40	15	+1.83	+26.70	18	+3.25	+12.60	71	+1.83	+14.80	40	+4.96
16	600183	生益科技	★★★★	7.66	+33.60	16	+1.46	+22.80	34	+2.13	+25.40	8	+1.05	+26.90	7	+4.08
17	600329	中新药业	★★★	8.90	+33.10	17	+2.89	+26.00	21	+3.73	+12.30	77	+0.34	+7.90	140	-0.45
18	600250	南纺股份	★★	5.60	+32.40	18	+2.38	+29.30	15	+3.51	+23.50	10	+1.82	+17.90	17	+3.32
19	600381	ST贤成	★★★	6.27	+31.90	19	+1.46	+15.60	106	+2.28	-4.70	1840	-0.48	+1.00	780	+2.12
20	600301	ST南化	★★	4.02	+30.50	20	+1.77	+20.90	42	+1.51	+13.80	54	+0.00	+8.70	129	+3.08
21	002497	雅化集团	★★★★★	13.74	+30.40	21	+4.81	+22.20	36	+4.88	+19.90	20	+4.96	+16.50	26	+6.93
22	000533	万家乐	★★	4.98	+29.80	22	+3.32	+17.90	72	+4.62	+15.40	38	+3.53	+9.50	111	+4.84
23	600129	太极集团	★	6.37	+29.80	23	+4.77	+18.50	62	+5.12	+13.90	53	+3.07	+7.00	176	+4.08
24	600660	福耀玻璃	★★★	8.74	+29.20	24	+1.75	+38.70	6	+5.30	+28.50	6	+3.68	+20.90	10	+8.44
25	000625	长安汽车	★★★	4.19	+29.00	25	+1.21	+21.00	41	+1.95	+13.50	59	+0.00	+15.80	31	+6.34
26	002264	新华都	★★★★	10.58	+28.80	26	+2.72	+12.80	183	+0.67	+1.70	631	-3.82	+6.40	196	-2.85

图 41 解说

图 41 介绍的是主力增仓排名，是我们日常看盘必须了解的基本数据之一。基本数据包括今日增仓、2 日增仓、3 日增仓、5 日增仓和 10 日增仓的排名数据。

本图要点如下：

一、及时了解主力仓位变化是日常看盘必须做好的功课，对于职业投资者来说，需要跟踪多方面的增仓数据，包括某一板块、某一时间段的热点、某几个操作品种的仓位变化。而对于个体投资者来说，则至少需要跟踪正在操作的品种一段时间内仓位的变化。

二、主力增仓排名可以帮助我们及时了解主力资金的仓位变化。

三、在查看这些数据的时候，可以从正向顺序查看增仓的情况，也可以从逆序查看减仓的情况，正反对比，仓位增减就一目了然。

四、注意观察增仓占比的数据和涨幅之间的联动关系，如果增仓比例巨大，但是涨幅却没有明显的变化，需要深入分析，寻找其中的原由。

五、临盘实战中，对于主力增仓排名靠前的品种，不必急于介入。

相关阅读 81 钱龙新一代金融平台主力综合评分

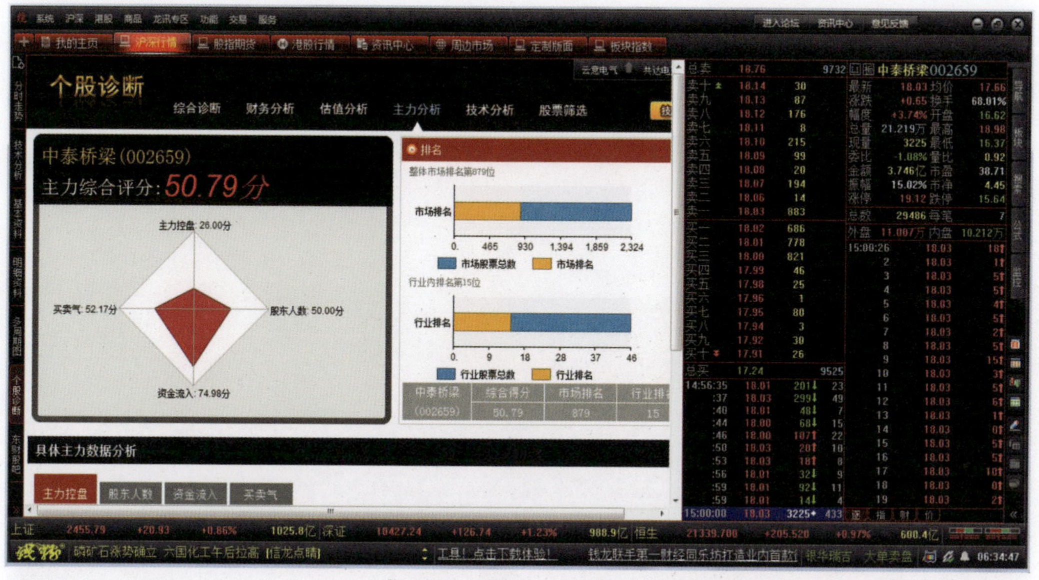

关联图 81 钱龙新一代金融平台主力综合评分

相关阅读 82 平安证券 E 点金金融终端板块资金

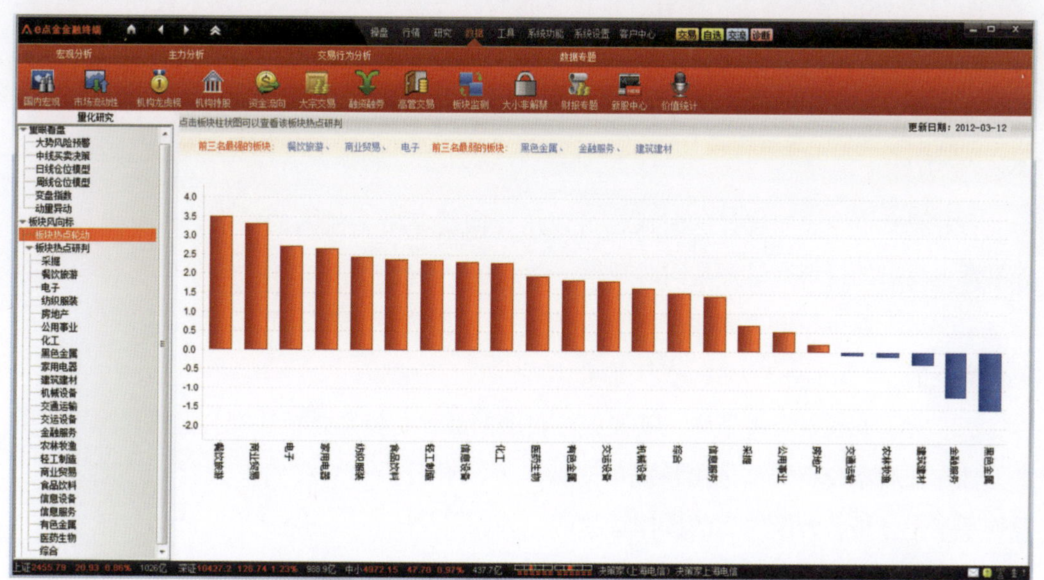

关联图 82 平安证券 E 点金金融终端板块资金

图 42　关于资金流向统计

图 42 解说

图 42 介绍的是资金流向统计，这也是我们日常看盘必须了解的基本数据之一。不同的证券行情软件提供的统计类别各有不同，在同花顺软件里，资金流向数据包括实时大单统计、实时中单统计和实时小单统计等内容。

本图要点如下：

一、观察资金流向统计的时候，可以从正向观察资金流入的情形，也可以从逆向观察资金流出的情形，最好是同时观察，做到心中有数。

二、对于业余投资者来说，最好是在一段时间内跟踪某一只股的资金进出情况，包括当下的、2 天的、3 天的、5 天的和 10 天的。

三、对于职业投资者来说，需要关注更多的品种，特别是板块资金进出情况。

四、在观察分析资金进出情况的时候，要结合股价的涨跌幅来分析，同时结合阶段换手率来分析，判断主力的操作意图。

五、临盘实战中，可以选择软件中的资金流向数据来实时观察资金进出的情况。

相关阅读 83　钱龙新一代金融平台板块统计

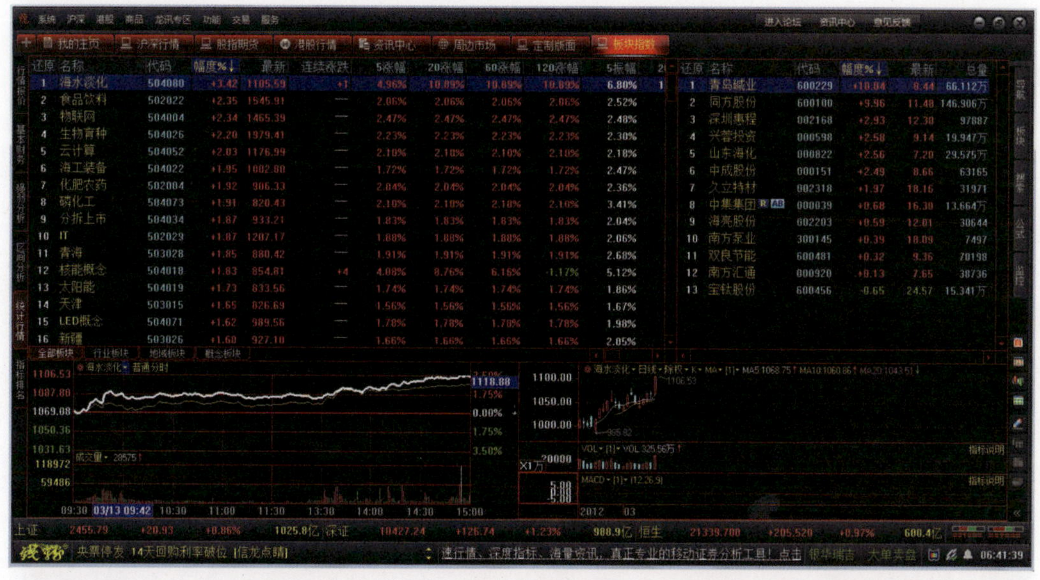

关联图 83　钱龙新一代金融平台板块统计

相关阅读 84　平安证券 E 点金金融终端资金流向统计

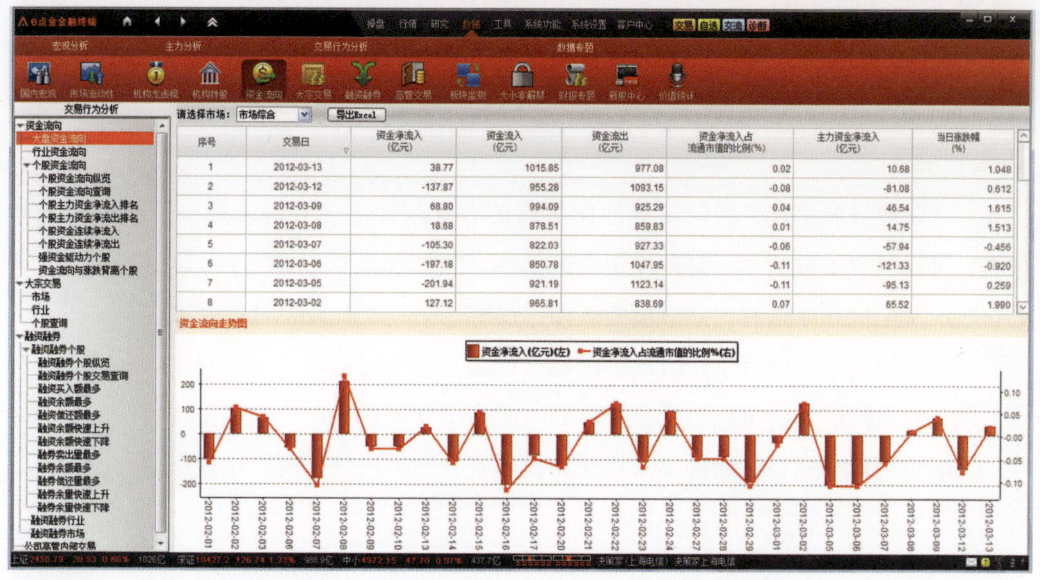

关联图 84　平安证券 E 点金金融终端资金流向统计

图 43　关于阶段涨幅统计

★阶段统计表★ 开始时间:2012-01-04,三 截至时间:2012-01-20,五 提示:此处双击修改时间;单击表头排序。

	代码	名称	收盘	开盘	最高	最低	总手	金额	涨幅%↓	振幅%	换手%	周期数	涨跌
1	000043	中航地产	7.82	6.39	7.82	6.17	393103	27,969	22.38	26.74	–	13	+1.43
2	002058	威尔泰	8.89	7.28	9.30	6.48	366101	30,104	22.12	43.52	–	13	+1.61
3	600111	包钢稀土	45.62	37.90	48.77	34.80	3992102	1,714,988	20.37	40.14	53.97	13	+7.72
4	600702	沱牌舍得	19.18	16.80	19.28	14.60	583250	102,138	14.17	32.05	–	13	+2.38
5	600238	海南椰岛	8.58	7.52	8.95	6.90	490259	38,867	14.10	29.71	–	13	+1.06
6	000537	广宇发展	6.07	5.34	6.07	5.09	1597549	88,448	13.67	10.25	–	13	+0.73
7	002418	康盛股份	7.02	6.20	7.46	5.62	1021057	69,864	13.23	32.74	–	13	+0.82
8	600030	中信证券	11.01	9.79	11.09	9.04	7937975	804,134	12.46	22.68	8.09	13	+1.22
9	601318	中国平安	39.10	34.89	39.47	33.35	3327833	1,209,241	12.07	18.35	6.95	13	+4.21
10	002648	卫星石化	40.03	36.00	40.03	34.10	654441	246,946	11.19	17.39	163.61	13	+4.03
11	600000	浦发银行	9.42	8.54	9.43	8.39	8989556	805,813	10.30	12.40	6.02	13	+0.88
12	601100	恒立油缸	18.54	16.85	19.27	14.91	568602	97,420	10.03	29.24	–	13	+1.69
13	600016	民生银行	6.53	5.95	6.55	5.85	17614260	1,092,860	9.75	11.97	7.80	13	+0.58
14	002473	圣莱达	8.42	7.71	8.45	7.04	84049	6,575	9.21	20.03	–	13	+0.71
15	600557	康缘药业	11.68	10.71	11.78	10.62	69165	7,866	9.06	10.92	0.00	1	+0.97
16	600630	龙头股份	5.39	4.95	5.49	4.53	279535	13,977	8.89	21.19	–	13	+0.44
17	600426	华鲁恒升	8.18	7.54	8.21	7.54	144657	11,496	8.49	8.89	0.00	1	+0.64
18	002477	雏鹰农牧	25.30	23.35	26.00	21.44	303378	72,559	8.35	21.27	26.37	11	+1.95
19	601633	长城汽车	12.99	12.02	13.08	11.50	955881	119,817	8.07	13.74	–	12	+0.97
20	600222	太龙药业	5.12	4.75	5.16	4.34	649035	30,588	7.79	18.89	15.74	13	+0.37
21	002375	亚厦股份	23.60	21.93	23.98	19.11	157034	34,250	7.62	25.48	–	12	+1.67
22	600343	航天动力	12.21	11.35	13.18	9.84	522412	63,195	7.58	33.94	–	13	+0.86
23	000425	徐工机械	16.41	15.35	16.78	15.30	404529	64,706	6.91	9.67	3.91	1	+1.06
24	000837	秦川发展	8.03	7.52	8.12	6.50	472699	35,553	6.78	24.92	–	13	+0.51
25	600079	人福医药	17.58	16.47	17.69	16.47	41389	7,111	6.74	7.41	0.00	1	+1.11
26	600262	北方股份	14.46	13.55	14.87	13.26	16128	2,280	6.72	12.14	0.00	1	+0.91

图 43 解说

图 43 介绍的是阶段涨幅统计。这也是我们在分析盘口的时候需要掌握的背景资料。阶段涨跌幅的数据反映了一段时间内股价的涨跌幅度，揭示出主力对操作品种的态度。

本图要点如下：

一、阶段涨幅统计是揭示阶段炒作热点的有效途径之一，通过查看阶段涨幅统计数据，可以及时了解到某一时间段主流资金炒作的热点。

二、从正向顺序来看，是阶段的涨幅，反映了某一时间段拉升的幅度。

三、从逆向顺序来看，是阶段的跌幅，反映了某一时间段回落的幅度。

四、查看的时候，可以自定义查看的时间，十分灵活，适合大家需要。

五、也可以根据自己的的实战需要，设定查看的板块，了解阶段炒作的情况。

相关阅读 85　钱龙新一代金融平台区间涨幅统计

还原	名称	代码	幅度%	最新	区间涨幅%↓	区间涨跌	期初开盘	期初收盘	期末收盘	期中最高	期中最低	区间振幅%
1	荣之联	002642	+1.70	35.95	43.40%	10.880	35.390[2012/03/13]	35.950[2012/03/13]	35.950[2012/03/13]	35.950[2012/03/13]	34.110[2012/03/13]	7.34%
2	领先科技	000669	-0.81	28.01	33.84%	7.140	28.240[2012/03/13]	28.240[2012/03/13]	28.240[2012/03/13]	28.240[2012/03/13]	28.240[2012/03/13]	0.00%
3	重庆啤酒	600132	+0.46	36.75	25.36%	7.400	36.580[2012/03/13]	36.580[2012/03/13]	36.580[2012/03/13]	36.580[2012/03/13]	36.580[2012/03/13]	0.00%
4	青山纸业	600103	+0.51	3.96	23.51%	0.750	3.940[2012/03/13]	3.940[2012/03/13]	3.940[2012/03/13]	3.940[2012/03/13]	3.940[2012/03/13]	0.00%
5	嘉凯城	000918	-2.39	4.91	22.68%	0.930	5.030[2012/03/13]	5.030[2012/03/13]	5.030[2012/03/13]	5.030[2012/03/13]	5.030[2012/03/13]	0.00%
6	山鹰纸业	600567	-0.60	4.99	21.55%	0.890	5.020[2012/03/13]	5.020[2012/03/13]	5.020[2012/03/13]	5.020[2012/03/13]	5.020[2012/03/13]	0.00%
7	吴通通讯	300292	+0.68	25.31	20.07%	4.230	25.060[2012/03/13]	25.310[2012/03/13]	25.310[2012/03/13]	26.400[2012/03/13]	24.690[2012/03/13]	8.11%
8	莱茵置业	000558	+0.45	4.46	20.00%	0.740	4.440[2012/03/13]	4.440[2012/03/13]	4.440[2012/03/13]	4.440[2012/03/13]	4.440[2012/03/13]	0.00%
9	宇顺电子	002289	-1.79	29.68	19.78%	4.990	30.220[2012/03/13]	30.220[2012/03/13]	30.220[2012/03/13]	30.220[2012/03/13]	30.220[2012/03/13]	0.00%
10	世联地产	002285	+0.48	14.57	18.95%	2.310	14.500[2012/03/13]	14.500[2012/03/13]	14.500[2012/03/13]	14.500[2012/03/13]	14.500[2012/03/13]	0.00%
11	宜华木业	600978	-0.20	4.91	18.84%	0.780	4.920[2012/03/13]	4.920[2012/03/13]	4.920[2012/03/13]	4.920[2012/03/13]	4.920[2012/03/13]	0.00%
12	新湖中宝	600208	0.00	4.24	18.11%	0.650	4.240[2012/03/13]	4.240[2012/03/13]	4.240[2012/03/13]	4.240[2012/03/13]	4.240[2012/03/13]	0.00%
13	顺发恒业	000631	+1.78	5.15	17.40%	0.750	5.060[2012/03/13]	5.060[2012/03/13]	5.060[2012/03/13]	5.060[2012/03/13]	5.060[2012/03/13]	0.00%
14	共达电声	002655	+9.80	21.39	16.82%	3.080	19.350[2012/03/13]	21.390[2012/03/13]	21.390[2012/03/13]	21.430[2012/03/13]	19.350[2012/03/13]	11.36%
15	鑫富药业	002019	-1.46	12.18	15.95%	1.700	12.360[2012/03/13]	12.360[2012/03/13]	12.360[2012/03/13]	12.360[2012/03/13]	12.360[2012/03/13]	0.00%
16	扬子新材	002652	+2.44	15.97	14.23%	1.990	15.550[2012/03/13]	15.970[2012/03/13]	15.970[2012/03/13]	16.180[2012/03/13]	15.410[2012/03/13]	5.51%
17	华泰股份	600308	+0.66	4.56	13.53%	0.540	4.530[2012/03/13]	4.530[2012/03/13]	4.530[2012/03/13]	4.530[2012/03/13]	4.530[2012/03/13]	0.00%
18	丹化科技 AB	600844	+10.03	16.90	13.19%	1.970	14.930[2012/03/13]	16.900[2012/03/13]	16.900[2012/03/13]	16.900[2012/03/13]	14.700[2012/03/13]	14.74%
19	飞利信	300287	+0.80	17.68	13.16%	2.040	17.540[2012/03/13]	17.540[2012/03/13]	17.540[2012/03/13]	17.540[2012/03/13]	17.540[2012/03/13]	0.00%
20	华远地产	600743	+5.24	4.22	12.64%	0.450	4.010[2012/03/13]	4.010[2012/03/13]	4.010[2012/03/13]	4.010[2012/03/13]	4.010[2012/03/13]	0.00%
21	万润科技	002654	+3.75	19.94	12.53%	2.220	19.170[2012/03/13]	19.940[2012/03/13]	19.940[2012/03/13]	20.440[2012/03/13]	19.010[2012/03/13]	8.07%
22	重庆路桥	600106	+0.18	10.92	12.26%	1.190	10.900[2012/03/13]	10.900[2012/03/13]	10.900[2012/03/13]	10.900[2012/03/13]	10.900[2012/03/13]	0.00%
23	象屿股份	600057	+0.86	7.03	11.34%	0.710	6.970[2012/03/13]	6.970[2012/03/13]	6.970[2012/03/13]	6.970[2012/03/13]	6.970[2012/03/13]	0.00%
24	天房发展	600322	+1.52	4.00	11.30%	0.400	3.940[2012/03/13]	3.940[2012/03/13]	3.940[2012/03/13]	3.940[2012/03/13]	3.940[2012/03/13]	0.00%
25	仁智油服	002629	+0.98	19.64	10.96%	1.940	19.400[2012/03/13]	19.640[2012/03/13]	19.640[2012/03/13]	19.710[2012/03/13]	19.250[2012/03/13]	2.60%

关联图 85　钱龙新一代金融平台区间涨幅统计

相关阅读 86　平安证券 E 点金金融终端价值统计

跌破发行价股票

证券代码	证券名称	所属行业	最新收盘价	后复权收盘价	发行价	跌破程度(%)	市净率(MRQ)	市盈率(TTM)	eps(2011E)	eps(2012E)	pe(2011E)	pe(2012E)
002399	海普瑞	化学制药	27.46	56.92	148.00	61.50	2.85	28.63	1.09	1.10	25.31	25.08
601558	华锐风电	电气设备	18.05	37.10	90.00	58.80	2.60	18.08	0.81	0.96	22.38	18.87
300076	宁波GQY	光学光电子	14.75	29.80	65.00	54.10	1.49	33.87	0.54	0.70	27.32	21.07
002521	齐峰股份	造纸	13.57	19.10	41.50	54.00	1.40	37.00	0.57	0.93	23.81	14.54
300082	奥克股份	化工新材料	16.84	41.32	85.00	51.40	1.57	25.36	1.11	1.36	15.17	12.36
601700	风范股份	金属制品	16.96	17.31	35.00	50.50	1.52	36.23	0.89	0.89	19.06	19.06
601688	华泰证券	证券	9.81	9.96	20.00	50.20	1.66	22.95	0.33	0.43	29.95	22.62
002487	大金重工	金属制品	19.57	19.57	38.60	49.30	1.61	44.08	--	--	--	--
002528	英飞拓	计算机设备	17.43	28.19	53.80	47.60	1.84	46.73	0.91	1.34	19.15	13.03
601618	中国中冶	建筑装饰	2.80	2.85	5.42	47.50	1.15	10.10	0.26	0.30	10.96	9.27
002420	毅昌股份	塑料	7.26	7.36	13.80	46.70	1.82	30.49	0.25	0.35	28.66	20.74
300068	南都电源	电气设备	14.61	17.63	33.00	46.60	1.69	72.30	0.27	0.73	53.78	19.94
002540	亚太科技	有色金属冶炼...	16.38	21.49	40.00	46.30	1.59	26.06	0.62	0.94	26.31	17.52
601179	中国西电	电气设备	4.19	4.25	7.90	46.20	1.27	--	0.04	0.15	110.91	28.57
601519	大智慧	计算机应用	12.38	12.53	23.20	46.00	2.67	55.36	0.83	1.10	14.83	11.26
601890	亚星锚链	非汽车交运设备	9.28	12.21	22.50	45.70	1.58	38.07	0.27	0.38	34.06	24.42
002403	爱仕达	白色家电	10.01	10.21	18.80	45.70	1.58	54.33	0.27	0.30	37.35	33.37
300194	福安药业	化学制药	22.92	22.92	41.88	45.30	1.86	26.48	--	--	--	--
300165	天瑞仪器	仪器仪表	22.13	35.71	65.00	45.10	1.91	36.27	0.76	1.05	29.12	21.08
300129	泰胜风能	电气设备	9.39	17.10	31.00	44.80	1.53	30.16	0.28	0.47	33.54	19.98

关联图 86　平安证券 E 点金金融终端价值统计

图 44　关于阶段振幅统计

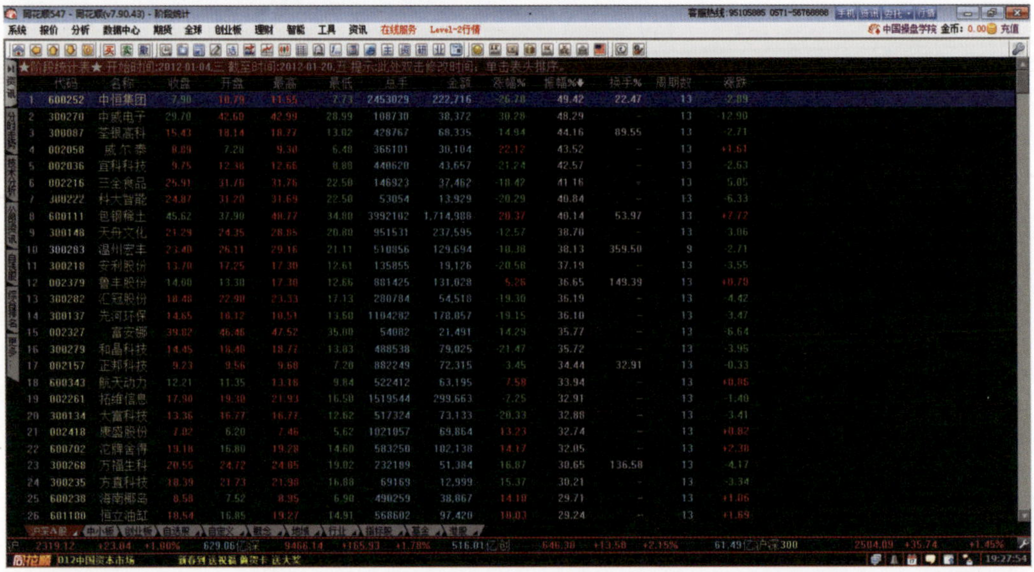

★阶段统计表★ 开始时间:2012-01-04,三 截至时间:2012-01-20,五 提示:此处双击修改时间; 单击表头排序。

	代码	名称	收盘	开盘	最高	最低	总手	金额	涨幅%	振幅%	换手%	周期数	涨跌
1	600252	中恒集团	7.90	10.79	11.55	7.73	2453029	222,716	-26.78	49.42	22.47	13	-2.89
2	300270	中威电子	29.70	42.60	42.99	28.99	108730	38,372	-30.28	48.29	-	13	-12.90
3	300087	荃银高科	15.43	18.14	18.77	13.02	428767	68,335	-14.94	44.16	89.55	13	-2.71
4	002058	威尔泰	8.89	7.28	9.30	6.48	366101	30,104	22.12	43.52	-	13	+1.61
5	002036	宜科科技	9.75	12.38	12.66	8.88	440620	43,657	-21.24	42.57	-	13	-2.63
6	002216	三全食品	25.91	31.76	31.76	22.50	146923	37,462	-18.42	41.16	-	13	-5.05
7	300222	科大智能	24.87	31.20	31.69	22.50	53054	13,929	-20.29	40.84	-	13	-6.33
8	600111	包钢稀土	45.62	37.90	48.77	34.80	3992102	1,714,988	20.37	40.14	53.97	13	+7.72
9	300148	天舟文化	21.29	24.35	28.85	20.80	951531	237,595	-12.57	38.70	-	13	-3.06
10	300283	温州宏丰	23.40	26.11	29.16	21.11	510856	129,694	-10.38	38.13	359.50	9	-2.71
11	300218	安利股份	13.70	17.25	17.30	12.61	135855	19,126	-20.58	37.19	-	13	-3.55
12	002379	鲁丰股份	14.00	13.30	17.30	12.66	881425	131,028	5.26	36.65	149.39	13	+0.70
13	300282	汇冠股份	18.48	22.90	23.33	17.13	280784	54,518	-19.30	36.19	-	13	-4.42
14	300137	先河环保	14.65	18.12	18.51	13.60	1104282	178,057	-19.15	36.10	-	13	-3.47
15	002327	富安娜	39.82	46.46	47.52	35.00	54082	21,491	-14.29	35.77	-	13	-6.64
16	300279	和晶科技	14.45	18.40	18.77	13.83	488538	79,025	-21.47	35.72	-	13	-3.95
17	002157	正邦科技	9.23	9.56	9.68	7.20	882249	72,315	-3.45	34.44	32.91	13	-0.33
18	600343	航天动力	12.21	11.35	13.18	9.84	522412	63,195	7.58	33.94	-	13	+0.86
19	002261	拓维信息	17.90	19.30	21.93	16.50	1519544	299,663	-7.25	32.91	-	13	-1.40
20	300134	大富科技	13.36	16.77	16.77	12.62	517324	73,133	-20.33	32.88	-	13	-3.41
21	002418	康盛股份	7.02	6.20	7.46	5.62	1021057	69,864	13.23	32.74	-	13	+0.82
22	600702	沱牌舍得	19.18	16.80	19.28	14.60	583250	102,138	14.17	32.05	-	13	+2.38
23	300268	万福生科	20.55	24.72	24.85	19.02	232189	51,384	-16.87	30.65	136.58	13	-4.17
24	300235	方直科技	18.39	21.73	21.98	16.88	69169	12,999	-15.37	30.21	-	13	-3.34
25	600238	海南椰岛	8.58	7.52	8.95	6.90	490259	38,867	14.10	29.71	-	13	+1.06
26	601100	恒立油缸	18.54	16.85	19.27	14.91	568602	97,420	10.03	29.24	-	13	+1.69

图 44 解说

图 44 介绍的是阶段振幅统计。阶段振幅是指某股票在一定时期中的最低价与最高价之间的震荡幅度，它在一定程度上表现了股票的活跃程度。如果一只股票的振幅较小，说明该股不够活跃，反之则说明该股比较活跃。阶段振幅统计可以是几日振幅、几周振幅、几月振幅等类型。通过对阶段振幅数据的统计分析，对考察主力的操纵有较大的帮助。

本图要点如下：

一、阶段振幅的统计时间段，可以根据自己的实战需要自行设定，可长可短。

二、如果在一段时间内成交稀少，但振幅却很大，说明主力已经高度控盘。

三、如果在一段时间内经常出现大幅度拉高的行为，很可能是主力在拔高建仓。

四、如果在一段时间内经常出现大幅度杀跌行为，很可能是主力在压低出货。

五、在多空分歧阶段，最容易出现巨大的振幅，这时候是滚动套利的好时机。

在实战过程中，无论是什么时间段出现巨大的振幅，都首先要查看当下股价所处的空间位置高低，然后再做技术分析，否则，容易出现偏差。

相关阅读 87　钱龙新一代金融平台区间振幅统计

还原	名称	代码	幅度%	最新	连续涨跌	5涨幅	20涨幅	60涨幅	120涨幅	5振幅↓	20振幅	60振幅	120振幅	5换手	20换手	60换手	1
1	重庆啤酒	600132	+0.46	36.75	+4	52.55%	29.17%	-43.68%	-43.86%	59.95%	81.45%	312.30%	312.30%	41.24%	167.99%	202.46%	2
2	重庆路桥	600106	+0.18	10.92	+7	34.15%	44.25%	48.17%	2.54%	35.57%	50.97%	63.17%	72.32%	16.42%	34.31%	83.48%	1
3	山鹰纸业	600567	-0.60	4.99	+4	29.95%	52.13%	21.71%	11.14%	32.45%	54.46%	62.99%	62.99%	8.35%	31.72%	49.49%	
4	新湖中宝	600208	0.00	4.24	+4	25.82%	28.48%	16.16%	-20.15%	32.09%	32.09%	39.47%	78.95%	1.86%	4.74%	11.94%	
5	青山纸业	600103	+0.51	3.96	+4	28.16%	31.13%	6.45%	1.80%	30.46%	34.01%	41.73%	61.15%	6.82%	14.78%	36.33%	1
6	中珠控股	600568	-1.66	24.25	+4	18.47%	44.60%	5.71%	67.70%	30.41%	62.88%	86.46%	103.53%	85.20%	203.54%	419.74%	8
7	中恒集团	600252	-0.27	10.94	+8	25.89%	0.55%	-27.21%	-46.94%	29.67%	51.57%	101.57%	183.86%	28.09%	68.37%	101.78%	2
8	华夏幸福	600340	-0.58	25.83	+11	25.02%	42.87%	36.96%	113.12%	28.23%	57.36%	75.54%	120.17%	28.16%	59.16%	124.68%	2
9	象屿股份	600057	+0.86	7.03	+2	23.12%	38.66%	2.63%	85.49%	28.12%	38.84%	79.73%	146.58%	18.21%	61.46%	239.07%	4
10	威远生化	600803	-1.60	12.92	+4	22.58%	22.58%	22.58%	17.56%	26.37%	26.37%	26.37%	31.30%	3.76%	3.76%	3.76%	
11	宜华木业	600978	-0.20	4.91	+2	20.94%	34.52%	2.51%	-5.39%	24.87%	40.57%	45.91%	72.51%	5.37%	15.49%	30.83%	
12	华泰股份	600308	+0.66	4.56	+4	21.60%	28.09%	0.66%	-11.28%	24.45%	30.55%	40.66%	65.66%	4.88%	11.58%	27.00%	
13	红豆股份	600400	+0.64	4.74	+4	18.20%	27.08%	-12.71%	-17.99%	22.66%	30.47%	64.62%	85.67%	10.42%	19.47%	40.49%	1
14	天房发展	600322	+1.52	4.00	+4	19.40%	24.22%	6.38%	-10.71%	20.86%	25.88%	29.18%	54.75%	8.10%	19.38%	37.71%	
15	华远地产	600743	+5.24	4.22	+4	21.61%	14.36%	9.90%	1.20%	20.06%	23.01%	31.48%	47.21%	6.98%	17.65%	37.09%	
16	*ST宝硕	600155	+1.22	4.98	+4	15.01%	30.37%	-4.60%	-10.43%	20.00%	31.90%	55.91%	70.89%	12.29%	26.64%	42.83%	
17	赤天化	600227	+2.67	4.99	+4	15.78%	26.65%	-2.92%	-9.27%	16.55%	23.98%	46.28%	68.04%	8.43%	16.95%	32.81%	
18	皖维高新	600063	-0.41	4.91	+4	11.85%	21.23%	-14.01%	-63.05%	16.27%	26.09%	59.95%	287.90%	7.71%	19.28%	48.89%	1
19	中泰桥梁	002659	+3.74	18.03	+2	3.74%	3.74%	3.74%	3.74%	15.94%	15.94%	15.94%	15.94%	68.01%	68.01%	68.01%	
20	包钢股份	600010	-0.57	5.19	+2	7.68%	15.85%	-0.57%	-23.00%	15.77%	24.36%	54.11%	99.43%	5.90%	20.87%	46.40%	
21	万向德农	600371	+0.52	21.40	+2	12.81%	21.73%	19.75%	89.88%	14.40%	23.78%	44.03%	96.88%	44.77%	150.24%	335.65%	5
22	青岛碱业	600229	+10.04	8.44	—	10.91%	10.91%	10.91%	10.91%	12.38%	12.38%	12.38%	12.38%	17.62%	17.62%	17.62%	
23	四川成渝 AH	601107	+3.21	4.18	+4	11.76%	18.08%	-7.52%	-7.52%	11.88%	16.05%	42.73%	53.03%	3.37%	8.38%	18.66%	
24	新潮实业	600777	+1.95	4.19	+4	10.26%	17.04%	-9.31%	-13.61%	11.68%	19.13%	50.61%	70.25%	2.42%	5.79%	17.90%	
25	青青稞酒	002646	+4.27	26.85	—	5.38%	5.38%	5.38%	5.38%	11.67%	11.67%	11.67%	11.67%	22.22%	22.22%	22.22%	

关联图 87　钱龙新一代金融平台区间振幅统计

相关阅读 88　海通证券新一代行情软件区间振幅统计

还原	名称	代码	幅度%	最新	连续涨跌	5涨幅	20涨幅	60涨幅	120涨幅	5振幅↓	20振幅	60振幅	120振幅	5换手	20换手	60换手	1
1	重庆啤酒	600132	+0.46	36.75	+4	52.55%	29.17%	-43.68%	-43.86%	59.95%	81.45%	312.30%	312.30%	41.24%	167.99%	202.46%	2
2	重庆路桥	600106	+0.18	10.92	+7	34.15%	44.25%	48.17%	2.54%	35.57%	50.97%	63.17%	72.32%	16.42%	34.31%	83.48%	1
3	山鹰纸业	600567	-0.60	4.99	+4	29.95%	52.13%	21.71%	11.14%	32.45%	54.46%	62.99%	62.99%	8.35%	31.72%	49.49%	
4	新湖中宝	600208	0.00	4.24	+4	25.82%	28.48%	16.16%	-20.15%	32.09%	32.09%	39.47%	78.95%	1.86%	4.74%	11.94%	
5	青山纸业	600103	+0.51	3.96	+4	28.16%	31.13%	6.45%	1.80%	30.46%	34.01%	41.73%	61.15%	6.82%	14.78%	36.33%	1
6	中珠控股	600568	-1.66	24.25	+4	18.47%	44.60%	5.71%	67.70%	30.41%	62.88%	86.46%	103.53%	85.20%	203.54%	419.74%	8
7	中恒集团	600252	-0.27	10.94	+8	25.89%	0.55%	-27.21%	-46.94%	29.67%	51.57%	101.57%	183.86%	28.09%	68.37%	101.78%	2
8	华夏幸福	600340	-0.58	25.83	+11	25.02%	42.87%	36.96%	113.12%	28.23%	57.36%	75.54%	120.17%	28.16%	59.16%	124.68%	2
9	象屿股份	600057	+0.86	7.03	+2	23.12%	38.66%	2.63%	85.49%	28.12%	38.84%	79.73%	146.58%	18.21%	61.46%	239.07%	4
10	威远生化	600803	-1.60	12.92	+4	22.58%	22.58%	22.58%	17.56%	26.37%	26.37%	26.37%	31.30%	3.76%	3.76%	3.76%	
11	宜华木业	600978	-0.20	4.91	+2	20.94%	34.52%	2.51%	-5.39%	24.87%	40.57%	45.91%	72.51%	5.37%	15.49%	30.83%	
12	华泰股份	600308	+0.66	4.56	+4	21.60%	28.09%	0.66%	-11.28%	24.45%	30.55%	40.66%	65.66%	4.88%	11.58%	27.00%	
13	红豆股份	600400	+0.64	4.74	+4	18.20%	27.08%	-12.71%	-17.99%	22.66%	30.47%	64.62%	85.67%	10.42%	19.47%	40.49%	1
14	天房发展	600322	+1.52	4.00	+4	19.40%	24.22%	6.38%	-10.71%	20.86%	25.88%	29.18%	54.75%	8.10%	19.38%	37.71%	
15	华远地产	600743	+5.24	4.22	+4	21.61%	14.36%	9.90%	1.20%	20.06%	23.01%	31.48%	47.21%	6.98%	17.65%	37.09%	
16	*ST宝硕	600155	+1.22	4.98	+4	15.01%	30.37%	-4.60%	-10.43%	20.00%	31.90%	55.91%	70.89%	12.29%	26.64%	42.83%	
17	赤天化	600227	+2.67	4.99	+4	15.78%	26.65%	-2.92%	-9.27%	16.55%	23.98%	46.28%	68.04%	8.43%	16.95%	32.81%	
18	皖维高新	600063	-0.41	4.91	+4	11.85%	21.23%	-14.01%	-63.05%	16.27%	26.09%	59.95%	287.90%	7.71%	19.28%	48.89%	1
19	中泰桥梁	002659	+3.74	18.03	+2	3.74%	3.74%	3.74%	3.74%	15.94%	15.94%	15.94%	15.94%	68.01%	68.01%	68.01%	
20	包钢股份	600010	-0.57	5.19	+2	7.68%	15.85%	-0.57%	-23.00%	15.77%	24.36%	54.11%	99.43%	5.90%	20.87%	46.40%	
21	万向德农	600371	+0.52	21.40	+2	12.81%	21.73%	19.75%	89.88%	14.40%	23.78%	44.03%	96.88%	44.77%	150.24%	335.65%	5
22	青岛碱业	600229	+10.04	8.44	—	10.91%	10.91%	10.91%	10.91%	12.38%	12.38%	12.38%	12.38%	17.62%	17.62%	17.62%	
23	四川成渝 AH	601107	+3.21	4.18	+4	11.76%	18.08%	-7.52%	-7.52%	11.88%	16.05%	42.73%	53.03%	3.37%	8.38%	18.66%	
24	新潮实业	600777	+1.95	4.19	+4	10.26%	17.04%	-9.31%	-13.61%	11.68%	19.13%	50.61%	70.25%	2.42%	5.79%	17.90%	
25	青青稞酒	002646	+4.27	26.85	—	5.38%	5.38%	5.38%	5.38%	11.67%	11.67%	11.67%	11.67%	22.22%	22.22%	22.22%	

关联图 88　海通证券新一代行情软件区间振幅统计

图 45 关于阶段换手统计

★阶段统计表★ 开始时间:2012-01-04,三 截至时间:2012-01-20,五 提示:此处双击修改时间，单击表头排序。

	代码	名称	收盘	开盘	最高	最低	总手	金额	涨幅%	振幅%	换手%	周期数	涨跌
1	300283	温州宏丰	23.40	26.11	29.16	21.11	510856	129,694	-10.38	38.13	359.50	9	-2.71
2	002648	卫星石化	40.03	36.00	40.03	34.10	654441	246,946	11.19	17.39	163.61	13	+4.03
3	002379	鲁丰股份	14.00	13.30	17.30	12.66	881425	131,028	5.26	36.65	149.39	13	+0.70
4	300261	雅本化学	15.57	15.49	15.97	12.80	337885	48,789	0.52	24.77	148.85	13	+0.08
5	300268	万福生科	20.55	24.72	24.85	19.02	232189	51,384	-16.87	30.65	136.58	13	-4.17
6	300087	荃银高科	15.43	18.14	18.77	13.02	428767	68,335	-14.94	44.16	89.55	13	-2.71
7	600111	包钢稀土	45.62	37.90	48.77	34.80	3992102	1,714,988	20.37	40.14	53.97	13	+7.72
8	002652	扬子新材	12.58	12.65	13.20	12.16	112644	14,205	-0.55	8.55	52.69	1	-0.07
9	000823	超声电子	8.60	8.14	8.60	6.91	1138828	89,736	5.65	24.46	39.50	13	+0.46
10	002157	正邦科技	9.23	9.56	9.68	7.20	882249	72,315	-3.45	34.44	32.91	13	-0.33
11	002477	雏鹰农牧	25.30	23.35	26.00	21.44	303378	72,559	8.35	21.27	26.37	11	+1.95
12	600252	中恒集团	7.90	10.79	11.55	7.73	2453029	222,716	-26.78	49.42	22.47	13	-2.89
13	002041	登海种业	26.30	28.70	29.26	23.02	676085	174,271	-8.36	27.11	20.59	13	-2.40
14	002607	亚夏汽车	25.00	28.40	28.65	22.67	43624	11,110	-12.22	26.38	19.83	12	-3.48
15	600222	太龙药业	5.12	4.75	5.16	4.34	649035	30,588	7.79	18.89	15.74	13	+0.37
16	600259	广晟有色	52.14	54.44	54.47	49.30	154623	80,294	-4.22	10.49	12.68	1	-2.30
17	600535	天士力	38.25	42.71	42.71	33.30	463612	173,029	-10.44	28.26	8.98	13	-4.46
18	600030	中信证券	11.01	9.79	11.09	9.04	7937975	804,134	12.46	22.68	8.09	13	+1.22
19	600016	民生银行	6.53	5.95	6.55	5.85	17614260	1,092,860	9.75	11.97	7.80	13	+0.58
20	002136	安纳达	15.03	15.05	15.80	14.87	116803	17,701	-0.13	6.25	7.63	1	-0.02
21	002100	天康生物	9.08	10.35	10.63	8.42	195870	18,333	-12.27	26.25	7.37	13	-1.27
22	600859	王府井	30.81	32.11	33.60	26.82	298293	89,427	-4.05	25.28	7.14	13	-1.30
23	300189	神农大丰	16.43	15.68	16.57	15.68	28095	4,571	4.78	5.68	7.02	1	+0.75
24	601318	中国平安	39.10	34.89	39.47	33.35	3327833	1,209,241	12.07	18.35	6.95	13	+4.21
25	000707	双环科技	8.50	8.50	8.60	8.36	309586	26,220	0.00	2.87	6.67	1	+0.00
26	601901	方正证券	4.49	4.53	4.56	4.42	997813	44,704	-0.88	3.17	6.65	1	-0.04

图 45 解说

图 45 介绍的是阶段换手统计。换手率是指在一定的时间和范围内某只股票的累计成交股数与流通股的比率，阶段换手统计就是统计某一时间段内换手率的大小。换手率的高低不仅能表明在特定时间内一只股票换手的充分程度和交投的活跃状况，更重要的是，它还是判断和衡量多空双方分歧大小的一个重要参考指标。换手率高反映资金进出频繁。如果换手率高伴随股价上涨，说明资金进入的意愿强于退出的意愿；换手率高伴随股价下跌，则说明资金退出的意愿强于进入的意愿。

本图要点如下：

一、如果将阶段换手率与股价走势结合分析，可以对未来股价的走势作出一定的预测和判断。因此，在实战看盘中，我们要重视阶段换手统计数据。

二、在一段时间内，如果换手率比较高，则表明这个时间段内多空双方的分歧比较大。

三、在一段时间内，如果换手率比较低，则表明这个时间段多空双方的意见基本一致。

四、在换手率维持在比较高的时间段，股价一般都会呈现出小幅上扬或者震荡的走势。

五、在换手率维持在比较低的时间段，股价一般都会出现小幅下跌或步入横盘整理态势。

因此，在日常实战中，我们需要通过查看阶段换手统计数据，及时准确把握当下股价的走势，以便做出正确的投资决策。

相关阅读 89　海通证券新一代行情软件区间换手统计

区间分析报表-换手率排名 市场: 深沪A股 区间: 2012-02-01,三 - 2012-03-13,二 点右键操作

	代码	名称	换手率%	前收盘	最高	最低	收盘	涨跌幅度	振荡幅度	成交量	总金额	市场比%	5日量变%
1	002652	扬子新材	732.82	13.54	16.20	13.03	15.97	2.43 17.95%	3.17 24.33%	1.57亿	22.6亿	0.09	-72.58
2	300287	飞利信	690.33	16.61	17.90	14.75	17.68	1.07 6.44%	3.15 21.36%	1.16亿	18.9亿	0.08	-27.64
3	300282	汇冠股份	634.42	18.00	25.49	17.71	24.45	6.45 35.83%	7.78 43.93%	5843万	12.8亿	0.05	31.11
4	300148	天舟文化	629.60	22.60	27.79	21.50	26.12	3.52 15.58%	6.29 29.26%	2.04亿	51.1亿	0.21	-17.73
5	002655	共达电声	626.72	16.90	21.43	14.25	21.39	4.49 26.57%	7.18 50.39%	1.50亿	26.5亿	0.11	26.24
6	002642	荣之联	620.00	19.22	38.01	19.09	35.95	16.73 87.04%	18.92 99.11%	1.24亿	37.8亿	0.16	254.96
7	300290	荣科科技	592.73	17.05	20.20	16.65	19.99	2.94 17.24%	3.55 21.32%	8067万	14.9亿	0.06	-22.73
8	300162	雷曼光电	584.13	13.89	20.36	13.50	19.30	5.41 38.95%	6.86 50.81%	1.96亿	34.5亿	0.14	26.60
9	300051	三五互联	554.42	10.01	14.90	9.62	14.22	4.21 42.06%	5.28 54.89%	3.87亿	50.3亿	0.21	149.26
10	002646	青青稞酒	550.72	16.56	28.14	15.91	26.85	10.29 62.14%	12.23 76.87%	2.64亿	53.1亿	0.22	50.87
11	300285	国瓷材料	541.75	25.39	31.90	24.81	31.25	5.86 23.08%	7.09 28.58%	6761万	19.0亿	0.08	-40.75
12	002654	万润科技	528.21	17.20	20.44	16.02	19.94	2.74 15.93%	4.42 27.59%	9297万	17.0亿	0.07	-16.13
13	601231	环旭电子	526.24	11.01	18.49	11.37	17.43	6.42 58.31%	7.12 62.62%	4.50亿	67.5亿	0.26	0.71
14	000719	大地传媒	526.02	11.60	15.49	11.02	15.06	3.46 29.83%	4.47 40.56%	3.91亿	53.7亿	0.22	17.54
15	300271	紫光华宇	522.54	31.09	44.40	31.88	43.60	12.51 40.24%	12.52 39.27%	9667万	36.0亿	0.15	22.32
16	600568	中珠控股	514.01	20.80	27.90	18.91	24.25	3.45 16.59%	8.99 47.54%	4.39亿	102.9亿	0.39	9.65
17	300071	华谊嘉信	511.08	11.79	17.00	11.23	15.97	4.18 35.45%	5.77 51.38%	1.33亿	19.4亿	0.08	33.53
18	300166	东方国信	485.65	26.45	37.60	25.50	34.13	7.68 29.04%	12.09 47.42%	9884万	38.7亿	0.16	97.27
19	300261	雅本化学	467.75	16.91	21.38	16.51	20.66	3.75 22.18%	4.87 29.50%	1.06亿	20.0亿	0.08	-60.02
20	300081	恒信移动	467.27	19.30	25.85	18.50	24.93	5.63 29.17%	7.35 39.73%	1.51亿	34.9亿	0.14	50.80

关联图 89　海通证券新一代行情软件区间换手统计

相关阅读 90　钱龙新一代金融平台区间换手统计

还原	名称	代码	幅度%	最新	连续涨跌	5涨幅	20涨幅	60涨幅	120涨幅	5振幅	20振幅	60振幅	120振幅	5换手	20换手↓	60换手
1	共达电声	002655	+9.80	21.39	+3	16.82%	16.82%	16.82%	16.82%	10.75%	10.75%	10.75%	10.75%	52.08%	52.08%	52.08%
2	环旭电子	601231	+3.57	17.43	—	1.93%	1.93%	1.93%	1.93%	8.19%	8.19%	8.19%	8.19%	48.29%	48.29%	48.29%
3	吴通通讯	300292	+0.68	25.31	+1	20.07%	20.07%	20.07%	20.07%	6.93%	6.93%	6.93%	6.93%	42.34%	42.34%	42.34%
4	万润科技	002654	+3.75	19.94	+1	12.53%	12.53%	12.53%	12.53%	7.52%	7.52%	7.52%	7.52%	27.97%	27.97%	27.97%
5	卡奴迪路	002656	+2.66	37.80	—	1.94%	1.94%	1.94%	1.94%	4.62%	4.62%	4.62%	4.62%	27.85%	27.85%	27.85%
6	汇冠股份	300282	+4.13	24.45	—	4.94%	4.94%	4.94%	4.94%	9.40%	9.40%	9.40%	9.40%	26.59%	26.59%	26.59%
7	中科金财	002657	+0.96	43.01	—	-0.37%	-0.37%	-0.37%	-0.37%	5.32%	5.32%	5.32%	5.32%	25.94%	25.94%	25.94%
8	荣科科技	300290	+2.20	19.99	—	2.25%	2.25%	2.25%	2.25%	4.28%	4.28%	4.28%	4.28%	22.75%	22.75%	22.75%
9	朗玛信息	300288	+0.94	51.68	—	0.84%	0.84%	0.84%	0.84%	5.41%	5.41%	5.41%	5.41%	22.18%	22.18%	22.18%
10	扬子新材	002652	+2.44	15.97	+1	14.23%	14.23%	14.23%	14.23%	5.00%	5.00%	5.00%	5.00%	21.13%	21.13%	21.13%
11	紫光华宇	300271	+6.65	43.60	—	6.73%	6.73%	6.73%	6.73%	9.63%	9.63%	9.63%	9.63%	20.54%	20.54%	20.54%
12	利君股份	002651	+5.78	24.70	—	5.78%	5.78%	5.78%	5.78%	0.00%	0.00%	0.00%	0.00%	19.02%	19.02%	19.02%
13	利德曼	300289	+1.18	18.05	+3	11.49%	11.49%	11.49%	11.49%	0.00%	0.00%	0.00%	0.00%	17.49%	17.49%	17.49%
14	和晶科技	300279	+3.22	18.59	—	3.22%	3.22%	3.22%	3.22%	0.00%	0.00%	0.00%	0.00%	16.52%	16.52%	16.52%
15	吉视传媒	601929	-0.72	12.33	—	-0.72%	-0.72%	-0.72%	-0.72%	0.00%	0.00%	0.00%	0.00%	15.29%	15.29%	15.29%
16	国瓷材料	300285	+2.80	31.25	—	2.80%	2.80%	2.80%	2.80%	0.00%	0.00%	0.00%	0.00%	14.58%	14.58%	14.58%
17	飞利信	300287	+0.80	17.68	+1	14.06%	14.06%	14.06%	14.06%	2.81%	2.81%	2.81%	2.81%	14.38%	14.38%	14.38%
18	东风股份	601515	+0.42	16.57	—	0.42%	0.42%	0.42%	0.42%	0.00%	0.00%	0.00%	0.00%	14.04%	14.04%	14.04%
19	苏交科	300284	-0.63	12.62	—	-0.63%	-0.63%	-0.63%	-0.63%	0.00%	0.00%	0.00%	0.00%	12.41%	12.41%	12.41%
20	安科瑞	300286	+2.13	45.45	—	2.13%	2.13%	2.13%	2.13%	0.00%	0.00%	0.00%	0.00%	10.87%	10.87%	10.87%
21	温州宏丰	300283	+1.82	30.19	—	1.82%	1.82%	1.82%	1.82%	0.00%	0.00%	0.00%	0.00%	10.12%	10.12%	10.12%
22	阳光电源	300274	+1.67	27.38	—	1.67%	1.67%	1.67%	1.67%	0.00%	0.00%	0.00%	0.00%	9.90%	9.90%	9.90%
23	华录百纳	300291	+0.27	60.52	—	0.27%	0.27%	0.27%	0.27%	0.00%	0.00%	0.00%	0.00%	9.84%	9.84%	9.84%
24	海思科	002653	+1.02	19.79	—	1.02%	1.02%	1.02%	1.02%	0.00%	0.00%	0.00%	0.00%	9.38%	9.38%	9.38%
25	南通锻压	300280	+0.36	11.24	—	0.36%	0.36%	0.36%	0.36%	0.00%	0.00%	0.00%	0.00%	7.05%	7.05%	7.05%

关联图 90　钱龙新一代金融平台区间换手统计

图 46　关于阶段强弱分析

	代码	名称	现价	今日强度	3日强度	5日强度	10日强度	20日强度	60日强度	250日强度
1	002205	国统股份	13.39	+9.82	+3.46	+2.86	-1.35	-14.81	-28.35	-
2	002648	卫星石化	40.03	+9.00	+5.50	+3.65	+1.17	-	-	-
3	300240	飞力达	15.18	+9.00	+1.32	+1.15	-8.63	-23.34	-17.17	-
4	002327	富安娜	39.82	+9.00	-0.85	-3.80	-11.71	-19.37	-16.28	-
5	000043	中航地产	7.82	+8.98	+16.16	+17.54	+15.56	+21.88	+14.68	-
6	300087	荃银高科	15.43	+8.97	+0.81	1.47	-8.29	-22.25	+8.78	-
7	000823	超声电子	8.60	+8.97	+7.41	+5.48	+11.42	-1.29	-15.79	-
8	000537	广宇发展	6.07	+8.96	+7.30	+10.56	+3.37	+21.41	+16.17	-
9	601933	永辉超市	30.70	+8.52	-5.02	-6.32	-2.99	8.41	+3.80	-
10	002473	圣莱达	8.42	+8.49	+7.32	+5.75	+8.14	-6.08	-16.47	-
11	600535	天士力	38.25	+8.25	+2.48	-4.71	-7.77	-16.12	-2.22	-
12	002353	杰瑞股份	65.50	+8.07	-1.05	-3.63	-4.05	-12.95	-1.56	-
13	002422	科伦药业	40.55	+7.94	+8.40	+3.36	-0.66	-10.90	-19.24	-
14	600222	太龙药业	5.12	+7.93	+5.99	+7.74	+8.12	+8.70	-2.64	-
15	002099	海翔药业	17.78	+7.74	+2.17	-5.41	-5.01	-19.58	-6.99	-
16	002041	登海种业	26.30	+7.18	+2.23	-0.63	+1.57	-19.04	-8.28	-
17	002036	宜科科技	9.75	+6.97	+0.34	-0.15	-6.79	-31.86	-28.02	-
18	002157	正邦科技	9.23	+6.32	+11.80	+14.26	+14.09	-2.71	+1.62	-
19	600859	王府井	30.81	+6.31	+5.71	-0.48	-4.36	-12.34	-16.15	-
20	002216	三全食品	25.91	+6.28	+0.71	-7.36	-8.98	-29.25	-23.66	-
21	300261	雅本化学	15.57	+6.23	+9.60	+12.10	+5.06	-19.82	-30.88	-
22	600630	龙头股份	5.39	+6.15	+5.62	+6.90	+8.72	-6.03	-15.09	-
23	300230	永利带业	13.45	+5.74	-2.15	-11.13	-12.55	-19.37	-16.84	-
24	300041	回天胶业	17.16	+5.65	+1.73	-3.73	-8.75	-20.89	-27.66	-
25	600702	沱牌舍得	19.18	+5.14	+3.68	+4.55	+18.99	+3.57	+4.15	-
26	000650	仁和药业	10.83	+4.65	+0.98	-6.54	-7.93	-23.23	-16.48	-
27	600373	中文传媒	15.86	+4.52	-0.08	-3.95	-12.46	-26.45	+9.49	-

图 46 解说

图 46 介绍的是阶段强弱分析。所谓阶段强弱，就是指一段时间内的涨跌幅度的大小，行情软件里的强弱分析一般是指个股、板块或指数某一时段的强弱，这些数据一般都是根据涨跌幅计算出来的。在学习盘口技术的时候，需要及时了解和掌握这些知识。

本图要点如下：

一、阶段强弱分析是寻找操作品种的有效途径之一，不同类型的投资者可以选择不同的分析时段，作为选择操作品种的参考。

二、对于超短线投机者来说，可以考虑查看当日强度、3 日强度和 5 日强度的数据。

三、对于短线投资者来说，可以考虑查看当日强度、5 日强度和 10 日强度的数据。

四、对于中线投资者来说，可以考虑查看 10 日强度、20 日强度和 60 日强度的数据。

五、对于波段投资者来说，可以考虑查看 20 日强度、60 日强度和 250 日强度的数据。

在实战过程中，不同类型的投资者还需要结合自身的特点，灵活运用阶段强弱分析数据。需要注意的是，从选择建仓品种的角度而言，强者恒强的说法只适合短线投资者，而不适合中线投资者和波段投资者。请各位明鉴。

相关阅读91 海通证券新一代行情软件区间强弱分析

关联图91 海通证券新一代行情软件区间强弱分析

相关阅读92 钱龙新一代金融平台区间强弱分析

关联图92 钱龙新一代金融平台区间强弱分析

图 47 关于当日成交明细

图 47 解说

图 47 介绍的是当日成交明细。打开行情软件里的任意一只个股的分时走势图，输入“01”之后回车，就是这只个股的当日成交明细。成交明细的作用，是让投资者看到当天大单进出情况。而从当天大单进出情况，可以研判机构的动态。在收费软件里，还有更加细致的逐笔成交明细，详细记录当天的交易过程。

本图要点如下：

一、查看操作品种的成交明细，属于职业投资者研究盘口技术的基本功。

二、研究成交明细，需要结合阻力位、成交明细中的手笔大小、涨跌停板上成交量大小、放量之后有无增量资金跟进、继续放量还是缩量等因素，综合研判。

三、分析成交明细时，如果在空间位置的高位成交明细出现连续大手笔抛单，或者在关键阻力位附近明显放量之后缩量，很有可能是主力的出货行为。

四、相反，如果在空间位置的低位成交明细出现连续大手笔买单，或者在关键支撑位附近明显缩量之后放量，很有可能是主力的建仓行为。

五、在实战看盘的时候，可以结合盘口的波形和量峰来甄别成交明细的市场含义。

相关阅读93　钱龙新一代金融平台成交明细

关联图 93　钱龙新一代金融平台成交明细

相关阅读94　钱龙新一代金融平台逐笔明细

关联图 94　钱龙新一代金融平台逐笔明细

图 48　关于当日价量分布

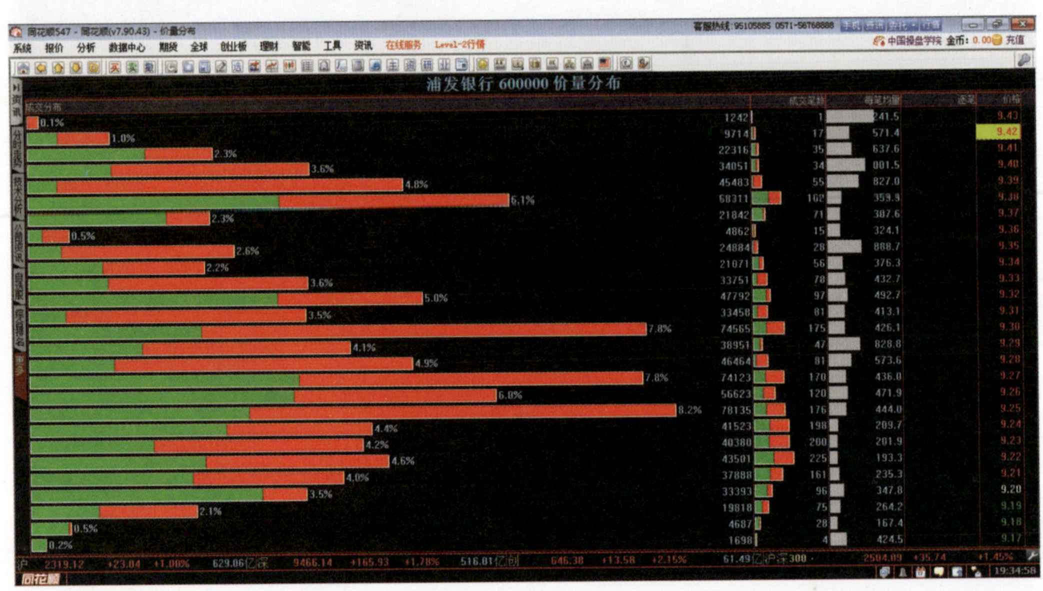

图 48 解说

图 48 介绍的是当日价量分布。从分时图上的分价表来看，就是分价表，它显示的是在各成交价位上分别成交的总手数，各价位成交的笔数，平均每笔手数，各价位上的成交量占总成交量的比例。分价表的主要作用有：（1）判断该股今日交易者持仓成本。（2）判断阻力与支撑的位置。（3）判断该价位成交平均每笔手数大小来分析买卖能量。（4）比较自己的交易成本与市场交易成本的差距。分价表如果是均匀分布，则说明资金大户不在里面，反之则说明已经有资金大户介入。

本图要点如下：

一、在盘口技术中，分价表中的数据是非常重要的，通过它可以看出股票的压力位和支撑位，并且还可以精确计算出资金的流向，需要认真重视。

二、研究分价表，首先要查看竞买率。竞买率就是在 F2 分价表中，某一价位的成交量中主动性买入所占的比率，即在这个价位有多少向上买的。

三、竞买率高说明在此价位主动买入的意愿较强，后市可能继续拉升。

四、虽然每一笔成交的买入数量和卖出数量总是相等的，但有主动被动之别。

五、如买入时按卖一甚至卖三向上追打，则为主动性买入。相反，如果挂单低于卖价等待卖方向下追卖成交，则属于被动性买入。在看盘的时候，需要仔细分辨。

相关阅读 95　钱龙新一代金融平台分价表

关联图 95　钱龙新一代金融平台分价表

相关阅读 96　东方财富通软件分价表

关联图 96　东方财富通软件分价表

图 49　关于当日成交回报

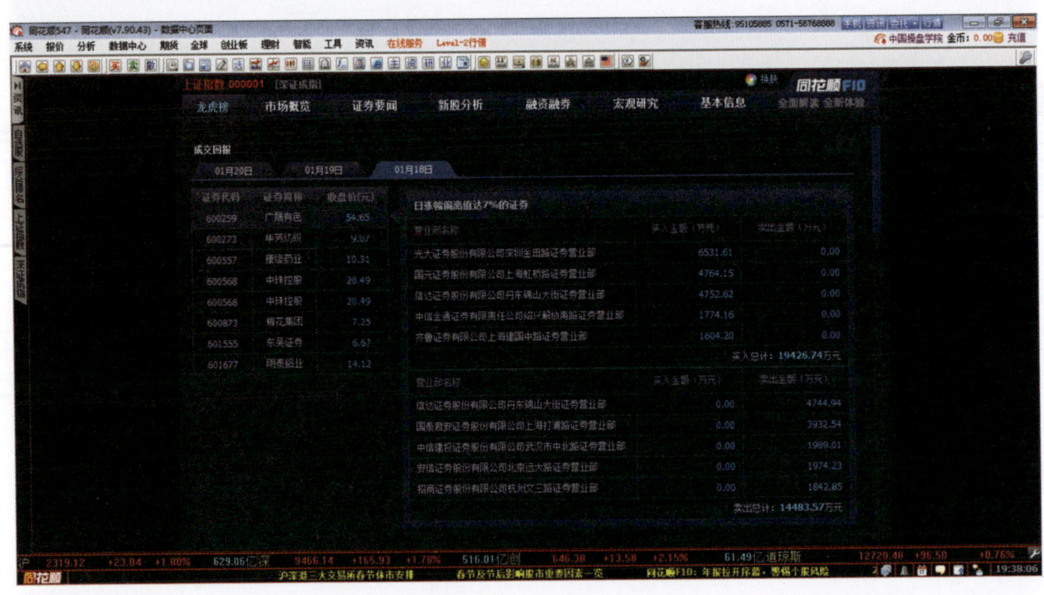

图 49 解说

图 49 介绍的是当日成交回报。所谓成交回报，就是我们经常看到的交易公开信息，大家可以在上交所和深交所的相关栏目中查看。成交回报的详细类别，请看下边的内容。

本图要点如下：

一、日收盘价格涨跌幅偏离值达到 ±7% 的各前三只股票（基金）。收盘价格涨跌幅偏离值的计算公式为：收盘价格涨跌幅偏离值 = 单只股票（基金）涨跌幅 − 对应分类指数涨跌幅。

二、日价格振幅达到 15% 的前三只股票（基金）。价格振幅的计算公式为：价格振幅 =（当日最高价格 − 当日最低价格）/当日最低价格 ×100%。

三、日换手率达到 20% 的前三只股票（基金）。换手率的计算公式为：换手率 = 成交股数（份额）/流通股数（份额）×100%。

四、连续三个交易日内日收盘价格涨跌幅偏离值累计达到 ±20% 的；ST 股票和“*ST”股票连续三个交易日内日收盘价格涨跌幅偏离值累计达到 ±15% 的；连续三个交易日内日均换手率与前五个交易日的日均换手率的比值达到 30 倍，并且该股票、封闭式基金连续三个交易日内的累计换手率达到 20% 的。

五、交易所或证监会认定属于异常波动的其他情形。

相关阅读 97 平安证券 E 点金金融终端龙虎榜数据

请选择：日涨幅偏离值达7%

序号	证券代码	证券简称	所属行业	最新收盘价	异动类型	涨跌幅偏离值(%)	成交量(万)	成交金额(万)	日期
1	300201	海伦哲	专用设备	19.42	日涨跌幅偏离值达7%	7.00	262.00	5310.00	2012-03-13
2	300078	中瑞思创	半导体	17.51	日涨跌幅偏离值达7%	7.20	726.00	13514.00	2012-03-13
3	002601	佰利联	化学原料	96.29	日涨跌幅偏离值达7%	8.90	360.00	37138.00	2012-03-13
4	600844	丹化科技	化学制品	15.36	日涨跌幅偏离值达7%	9.20	2440.68	38445.12	2012-03-13
5	000517	荣安地产	房地产开发	8.41	日涨跌幅偏离值达7%	8.90	1538.00	13758.00	2012-03-13
6	000056	深国商	房地产开发	17.54	日涨跌幅偏离值达7%	8.90	575.00	10751.00	2012-03-13
7	002438	江苏神通	专用设备	28.70	日涨跌幅偏离值达7%	8.90	771.00	23827.00	2012-03-13
8	000043	中航地产	房地产开发	12.55	日涨跌幅偏离值达7%	8.90	2952.00	39226.00	2012-03-13
9	002272	川润股份	通用机械	19.65	日涨跌幅偏离值达7%	8.90	1871.00	38933.00	2012-03-13
10	600229	青岛碱业	化学原料	7.67	日涨跌幅偏离值达7%	9.20	6611.20	54153.53	2012-03-13
11	002325	洪涛股份	建筑装饰	20.56	日涨跌幅偏离值达7%	8.90	495.00	10997.00	2012-03-13
12	300067	安诺其	化学制品	12.45	日涨跌幅偏离值达7%	9.10	871.00	11410.00	2012-03-13
13	600108	亚盛集团	农业综合	5.78	日涨跌幅偏离值达7%	9.20	16939.68	107207.16	2012-03-13

海伦哲(300201)前五名营业部买卖明细

买入前5名营业部			卖出前5名营业部		
序号	营业部名称	买入金额(万)	序号	营业部名称	卖出金额(万)
1	东北证券股份有限公司长春建设街证券营业部	431.19	1	华泰证券股份有限公司徐州中山南路证券营业部	325.60
2	东海证券有限责任公司泉州田安路证券营业部	145.29	2	中信建投证券股份有限公司泰州青年北路证券营业部	168.27
3	招商证券股份有限公司深圳南山南油大道证券营业部	117.73	3	财通证券有限责任公司杭州体育馆证券营业部	160.71
4	齐鲁证券有限公司龙口环城北路证券营业部	103.14	4	安信证券股份有限公司佛山南海罗村证券营业部	122.99
5	中信建投证券股份有限公司南昌北京东路证券营业部	101.65	5	大通证券股份有限公司徐州淮海西路证券营业部	116.25

关联图 97 平安证券 E 点金金融终端龙虎榜数据

相关阅读 98 东方财富通软件龙虎榜数据

2012年沪深两市交易龙虎榜数据一览

一月份 二月份 三月份 四月份 五月份 六月份 七月份 八月份 九月份 十月份 十一月份 十二月份

2012年3月份

星期日	星期一	星期二	星期三	星期四	星期五	星期六
				1	2	3
4	5	6	7	8	9	10
11	12	13	14	15	16	17
18	19	20	21	22	23	24
25	26	27	28	29	30	31

2012年4月份

星期日	星期一	星期二	星期三	星期四	星期五	星期六
1	2	3	4	5	6	7
8	9	10	11	12	13	14
15	16	17	18	19	20	21
22	23	24	25	26	27	28
29	30					

2012年03月13日沪深交易龙虎榜数据一览

股票代码	股票简称	收盘价(元)	涨跌幅(%)	类型	明细
沪市龙虎榜数据一览					
600108	亚盛集团	6.36	10.04%	当日涨幅偏离值达7%的证券	交易明细
600229	青岛碱业	8.44	10.04%	当日涨幅偏离值达7%的证券	交易明细
600844	丹化科技	16.90	10.03%	当日涨幅偏离值达7%的证券	交易明细
601222	林洋电子	14.76	3.36%	当日换手率达到20%的证券	交易明细
601231	环旭电子	17.43	3.57%	当日换手率达到20%的证券	交易明细
900921	丹科B股	0.95	8.20%	当日涨幅偏离值达7%的证券	交易明细
深市龙虎榜数据一览					
000043	中航地产	13.81	10.04%	当日涨幅偏离值达7%的证券	交易明细
000056	深国商	19.29	9.98%	当日涨幅偏离值达7%的证券	交易明细
000517	荣安地产	9.25	9.99%	当日涨幅偏离值达7%的证券	交易明细

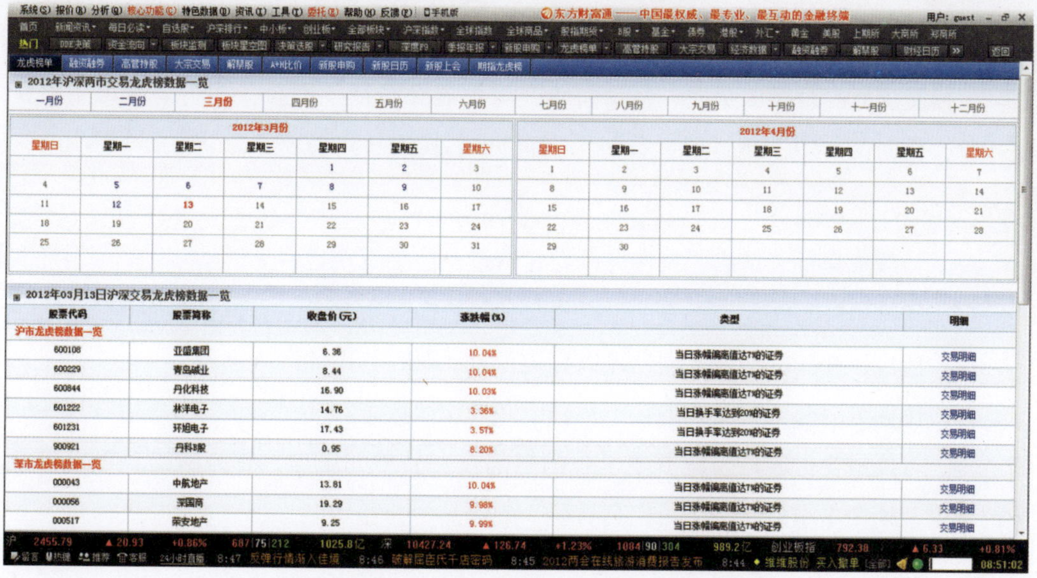

关联图 98 东方财富通软件龙虎榜数据

图 50 关于日线成交报表

日线 北方股份 600262 历史成交

时间	开盘	最高	最低	收盘	涨幅	振幅	总手	金额	换手%	成交次数
2011-12-15,四	15.25	15.25	14.65	15.00	-1.19%	3.95%	6,238	925	0.95	364
2011-12-16,五	15.06	15.45	14.85	15.45	+3.00%	4.00%	5,282	799	0.80	307
2011-12-19,一	15.42	15.90	14.90	15.45	+0.00%	6.47%	8,411	1,300	1.27	506
2011-12-20,二	15.40	15.50	14.91	14.97	-3.11%	3.82%	7,476	1,137	1.13	480
2011-12-21,三	15.23	15.30	14.20	14.22	-5.01%	7.35%	6,847	1,011	1.04	501
2011-12-22,四	14.01	14.23	13.58	13.89	-2.32%	4.57%	7,918	1,104	1.20	513
2011-12-23,五	13.90	14.15	13.74	14.00	+0.79%	2.95%	6,417	901	0.97	330
2011-12-26,一	14.00	14.29	13.93	14.00	+0.00%	2.57%	3,498	495	0.53	302
2011-12-27,二	14.00	14.05	13.69	13.73	-1.93%	2.57%	4,109	567	0.62	288
2011-12-28,三	13.52	13.74	13.22	13.43	-2.18%	3.79%	4,826	645	0.73	324
2011-12-29,四	13.43	13.52	13.30	13.31	-0.89%	1.64%	3,407	457	0.52	230
2011-12-30,五	13.45	13.77	13.31	13.69	+2.85%	3.46%	10,026	1,364	1.52	376
2012-01-04,三	13.79	13.86	13.10	13.14	-4.02%	5.55%	4,890	664	0.74	276
2012-01-05,四	12.95	13.10	11.83	11.92	-9.28%	9.67%	17,017	2,078	2.58	580
2012-01-06,五	11.98	11.98	11.35	11.69	-1.93%	5.29%	8,312	965	1.26	467
2012-01-09,一	11.66	12.37	11.66	12.35	+5.65%	6.07%	10,867	1,313	1.65	537
2012-01-10,二	12.36	13.17	12.12	13.04	+5.59%	8.50%	19,033	2,440	2.88	809
2012-01-11,三	13.09	13.75	13.00	13.41	+2.84%	5.75%	17,353	2,317	2.63	837
2012-01-12,四	13.41	13.50	13.12	13.22	-1.42%	2.83%	11,170	1,488	1.69	605
2012-01-13,五	13.45	13.49	12.61	12.62	-4.54%	6.66%	9,349	1,211	1.42	544
2012-01-16,一	12.61	12.62	12.25	12.33	-2.30%	2.93%	4,547	563	0.69	320
2012-01-17,二	12.37	13.32	12.23	13.26	+7.54%	8.84%	8,636	1,107	1.31	497
2012-01-18,三	13.35	13.73	13.20	13.22	-0.30%	4.00%	12,403	1,674	1.88	670
2012-01-19,四	13.30	13.65	12.96	13.52	+2.27%	5.22%	6,520	874	0.99	432
2012-01-20,五	13.55	14.87	13.26	14.46	+6.95%	11.91%	16,128	2,280	2.44	704

图 50 解说

图 50 介绍的是日线成交报表。日线报表列出了某个商品每个交易日的统计数据，包含当日开盘价、最高价、最低价、收盘价、涨幅、振幅、总成交量、成交金额、换手率、成交次数。日线成交报表是我们研究历史成交的最佳途径，在行情软件中，在技术分析页面按“F1”或“01 + enter”，都可以切换到日线报表。

本图要点如下：

一、日线成交报表是职业投资者研究盘口技术的基本功之一。

二、通过研究日线成交报表，可以了解到目标品种历史上主力做盘的痕迹。

三、通过研究日线报表数据，可以分类汇总，研究其中的明细选项。

四、比如可以分类研究它的换手率，或者成交次数之类。

五、日线成交报表极大地方便了我们解剖投资品种的历史，有心的读者可以慢慢导出数据，使用电子表格的分析汇总功能，破译其中的秘密。

相关阅读 99　行通证券新一代行情软件日线报表

002438 江苏神通　日线报表　Up/PageUp:上翻 Down/PageDown:下翻

时间	开盘	最高	最低	收盘	涨跌	涨幅(%)	振幅(%)	成交量	成交额	换手(%)
2012-02-01,三	22.61	23.42	22.50	22.67	-0.31	-1.35	4.00	7488.1	1720万	2.68
2012-02-02,四	22.76	23.29	22.71	23.28	0.61	2.69	2.56	9495.6	2186万	3.40
2012-02-03,五	23.28	23.46	22.83	23.42	0.14	0.60	2.71	1.06万	2459万	3.78
2012-02-06,一	24.03	24.48	23.55	23.75	0.33	1.41	3.97	1.84万	4425万	6.59
2012-02-07,二	23.55	24.75	23.47	24.09	0.34	1.43	5.39	2.02万	4875万	7.24
2012-02-08,三	23.00	25.00	23.00	25.00	0.91	3.78	8.30	2.93万	7137万	10.48
2012-02-09,四	24.84	24.85	24.22	24.63	-0.37	-1.48	2.52	2.39万	5858万	8.54
2012-02-10,五	24.74	24.96	24.26	24.60	-0.03	-0.12	2.84	1.58万	3868万	5.64
2012-02-13,一	24.40	25.10	24.09	25.10	0.50	2.03	4.11	1.74万	4280万	6.22
2012-02-14,二	24.90	25.27	24.60	24.64	-0.46	-1.83	2.67	1.44万	3596万	5.17
2012-02-15,三	26.49	27.10	25.72	27.10	2.46	9.98	5.60	4.76万	1.26亿	17.04
2012-02-16,四	27.10	27.10	26.12	26.60	-0.50	-1.85	3.62	3.07万	8157万	10.99
2012-02-17,五	26.55	26.84	26.21	26.61	0.01	0.04	2.37	1.66万	4401万	5.93
2012-02-20,一	26.80	26.95	26.40	26.49	-0.12	-0.45	2.07	1.65万	4396万	5.91
2012-02-21,二	26.50	28.79	25.92	27.56	1.07	4.04	10.83	3.62万	9861万	12.94
2012-02-22,三	27.30	27.92	27.06	27.76	0.20	0.73	3.12	2.79万	7676万	9.98
2012-02-23,四	27.46	27.86	27.22	27.27	-0.49	-1.77	2.31	1.55万	4268万	5.55
2012-02-24,五	27.47	27.79	27.30	27.50	0.23	0.84	1.80	1.42万	3903万	5.07
2012-02-27,一	27.43	28.20	27.16	27.19	-0.31	-1.13	3.78	2.09万	5775万	7.47
2012-02-28,二	27.18	27.45	26.61	26.91	-0.28	-1.03	3.09	1.68万	4548万	6.02
2012-02-29,三	26.94	27.25	26.55	26.67	-0.24	-0.89	2.60	1.19万	3205万	4.27
2012-03-01,四	26.69	27.25	26.53	26.98	0.31	1.16	2.70	9845.8	2656万	3.52
2012-03-02,五	26.94	27.60	26.88	27.45	0.47	1.74	2.67	1.20万	3268万	4.28
2012-03-05,一	27.50	28.09	27.33	27.69	0.24	0.87	2.77	2.26万	6263万	8.08
2012-03-06,二	27.63	27.63	26.81	26.97	-0.72	-2.60	2.96	1.34万	3622万	4.78
2012-03-07,三	26.50	27.34	26.30	26.83	-0.14	-0.52	3.86	1.01万	2737万	3.62
2012-03-08,四	27.00	27.49	26.88	27.22	0.39	1.45	2.27	1.08万	2940万	3.86
2012-03-09,五	27.32	27.88	27.06	27.79	0.57	2.09	3.01	1.22万	3347万	4.35
2012-03-12,一	28.71	29.71	28.25	28.70	0.91	3.27	5.25	4.03万	1.17亿	14.41
2012-03-13,二	29.80	31.57	28.88	31.57	2.87	10.00	9.37	7.71万	2.38亿	27.57

上证 2455.80　20.94　1026亿　深证 10427.2　126.74　988.9亿　中小 4972.15　47.70　437.7亿　总成交 2015亿

关联图 99　行通证券新一代行情软件日线报表

相关阅读 100　行通证券新一代行情软件历史行情报表

历史行情报表.指标排序 市场: 深沪A股 日期: 2012-03-12,一 指标: SKDJ(9,3) 点右键操作 F8重新计算

	代码	名称	涨幅%	收盘	成交量	总金额	换手率%	K	D
1	600220	江苏阳光	10.15	3.69	1.07亿	3.87亿	6.02	56.65	42.67
2	601789	宁波建工	10.07	7.98	311万	2485万	3.11	73.41	55.11
3	600265	景谷林业	10.04	8.22	747万	5896万	5.75	62.05	53.21
4	600078	澄星股份	10.03	9.87	7458万	7.08亿	11.26	55.54	36.89
5	600478	科力远	10.03	21.84	1133万	2.41亿	4.34	86.06	80.71
6	600689	上海三毛	10.02	9.22	187万	1697万	1.23	79.14	68.02
7	002272	川润股份	10.02	19.65	1869万	3.57亿	20.04	90.93	86.08
8	002229	鸿博股份	10.02	18.45	904万	1.61亿	11.96	35.69	30.61
9	002252	上海莱士	10.02	28.01	772万	2.11亿	2.84	58.39	48.95
10	600456	宝钛股份	10.01	24.73	3196万	7.79亿	14.05	56.81	44.18
11	601231	环旭电子	10.00	16.83	3661万	5.82亿	42.82	71.90	70.24
12	002659	中泰桥梁	10.00	17.38	2556万	4.32亿	81.92	100.00	-
13	300239	东宝生物	9.99	20.91	487万	9955万	25.65	59.70	40.94
14	000043	中航地产	9.99	12.55	1472万	1.84亿	4.41	92.09	87.10
15	300146	汤臣倍健	9.99	49.10	638万	3.04亿	9.80	63.74	58.00
16	300136	信维通信	9.98	18.51	34879	64.56万	0.05	73.13	57.56
17	002459	天业通联	9.98	11.79	1392万	1.57亿	10.25	71.49	63.24
18	002020	京新药业	9.98	15.87	873万	1.34亿	11.34	54.52	42.38
19	600781	上海辅仁	9.98	15.54	924万	1.43亿	7.49	67.28	56.78
20	600300	维维股份	9.96	5.63	638万	3591万	0.38	86.79	78.99
21	000710	天兴仪表	9.20	11.51	579万	6460万	3.83	77.78	74.38
22	300104	乐视网	8.59	45.88	1154万	5.09亿	13.50	76.11	73.79
23	300288	朗玛信息	7.68	51.20	269万	1.35亿	25.13	68.23	53.13
24	300235	方直科技	7.60	27.19	338万	8990万	30.74	78.96	69.17
25	000868	安凯客车	7.49	10.04	1238万	1.21亿	4.63	89.38	87.41
26	600794	保税科技	7.43	13.02	677万	8711万	3.16	33.67	23.62

上证 2455.80　20.94　1026亿　深证 10427.2　126.74　988.9亿　中小 4972.15　47.70　437.7亿　总成交 2015亿

关联图 100　行通证券新一代行情软件历史行情报表

第六篇
沪深竞价规则解读

沪深交易所竞价规则是我们务必熟知和掌握的游戏规则，这些规则包括两大部分：一是集合竞价规则，二是连续竞价规则。集合竞价的时间设定、撮合成交的原理、开盘价确定的原则、交易者申报的技巧和注意事项，等等，都需要仔细了解。连续竞价的基本原则、应用技巧和注意事项，也是我们必须了解的。在这一部分内容里，我们将详细介绍相关的知识，帮助广大投资者掌握竞价的基本规则和实战技巧。

图 51　什么是集合竞价

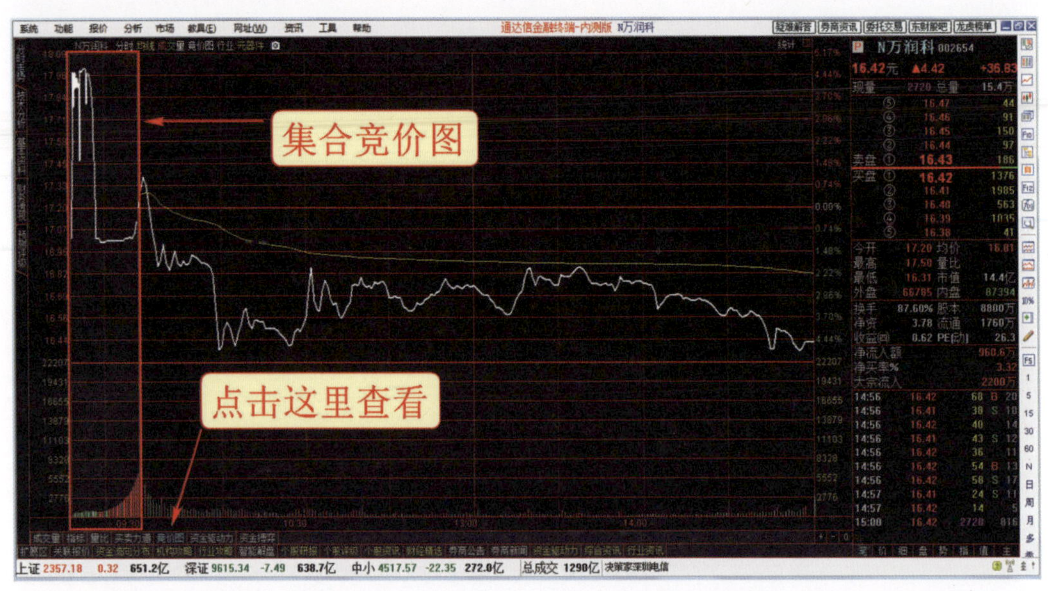

图 51 解说

图 51 介绍的是集合竞价的基本含义。所谓集合竞价，就是指在每个交易日的 9：15至 9：25 之间，交易者可根据股票前一天的收盘价和对当日股票走势的预测来输入委托价格，在这段时间内，输入交易所系统的所有价格都是平等的，不按照时间优先和价格优先的原则进行成交，而是按能使成交量最大化的原则来定出股票的某一成交价位，使符合该价位条件的所有买卖者达成交易。这个价位就被称为集合竞价的价位，而这个过程则被称为集合竞价过程。

本图要点如下：

一、按规定规则，集合竞价有两个特性：其一，成交价格必定产生在最高买价和最低卖价之间，且形成的一个价格能使成交数量达到最大化；其二，遵循“价格优先，同等价格下时间优先”的原则。

二、根据规定，在开盘集合竞价时段的前 5 分钟（9：15 –9：20），交易者可以下单也可以撤单；在集合竞价时段的后 5 分钟（9：20 –9：25），交易者只能下单而不能撤单。

三、按照规定，9：25 系统将公布集合竞价的成交价格和成交数量；9：30 之后，属于连续竞价时段，股票随之展开连续的将近 4 个小时的交易。

四、为了防止收盘价被市场操纵，深交所在每个交易日的 14：57 至 15：00 之间，又会出现三分钟的集合竞价过程，决定当天的收盘价。

五、作为职业投资者，应当高度重视集合竞价，熟悉相关的规定。

相关阅读 101 集合竞价结束后迅速查看板块指数

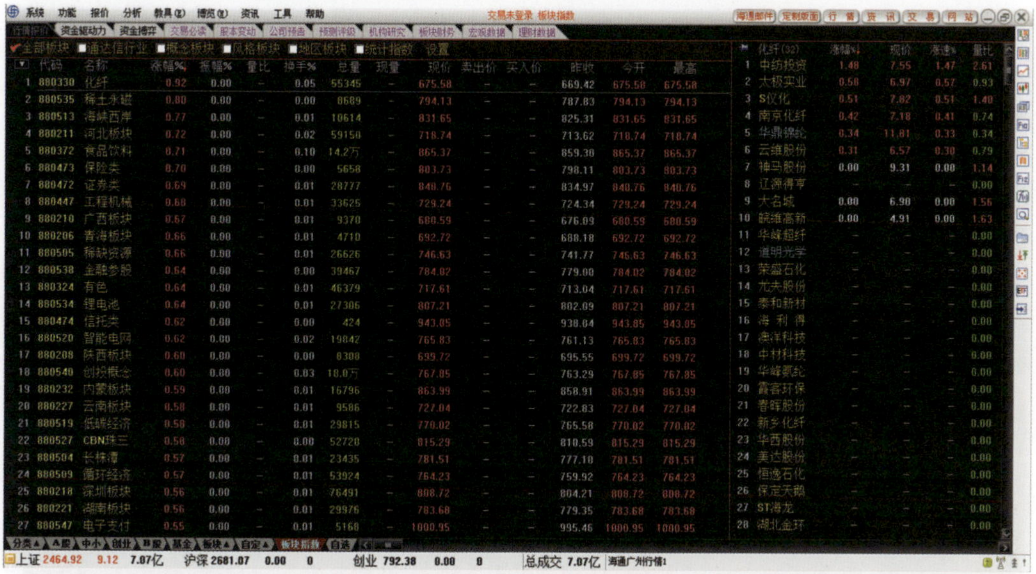

	代码	名称	涨幅%	振幅%	量比	换手%	总量	现量	现价	卖出价	买入价	昨收	今开	最高
1	880330	化纤	0.92	0.00	–	0.05	55345	–	675.58	–	–	669.42	675.58	675.58
2	880535	稀土永磁	0.80	0.00	–	0.00	8689	–	794.13	–	–	787.83	794.13	794.13
3	880513	海峡西岸	0.77	0.00	–	0.01	10614	–	831.65	–	–	825.31	831.65	831.65
4	880211	河北板块	0.72	0.00	–	0.02	59150	–	718.74	–	–	713.62	718.74	718.74
5	880372	食品饮料	0.71	0.00	–	0.10	14.2万	–	865.37	–	–	859.30	865.37	865.37
6	880473	保险类	0.70	0.00	–	0.00	5658	–	803.73	–	–	798.11	803.73	803.73
7	880472	证券类	0.69	0.00	–	0.01	28777	–	840.76	–	–	834.97	840.76	840.76
8	880447	工程机械	0.68	0.00	–	0.01	33625	–	729.24	–	–	724.34	729.24	729.24
9	880210	广西板块	0.67	0.00	–	0.01	9370	–	680.59	–	–	676.09	680.59	680.59
10	880206	青海板块	0.66	0.00	–	0.01	4710	–	692.72	–	–	688.18	692.72	692.72
11	880505	稀缺资源	0.66	0.00	–	0.01	26626	–	746.63	–	–	741.77	746.63	746.63
12	880538	金融参股	0.64	0.00	–	0.00	39467	–	784.02	–	–	779.00	784.02	784.02
13	880324	有色	0.64	0.00	–	0.01	46379	–	717.61	–	–	713.04	717.61	717.61
14	880534	锂电池	0.64	0.00	–	0.01	27306	–	807.21	–	–	802.09	807.21	807.21
15	880474	信托类	0.62	0.00	–	0.00	424	–	943.85	–	–	938.04	943.85	943.85
16	880520	智能电网	0.62	0.00	–	0.02	19842	–	765.83	–	–	761.13	765.83	765.83
17	880208	陕西板块	0.60	0.00	–	0.00	8308	–	699.72	–	–	695.55	699.72	699.72
18	880540	创投概念	0.60	0.00	–	0.03	18.0万	–	767.85	–	–	763.29	767.85	767.85
19	880232	内蒙板块	0.59	0.00	–	0.01	16796	–	863.99	–	–	858.91	863.99	863.99
20	880227	云南板块	0.58	0.00	–	0.01	9586	–	727.04	–	–	722.83	727.04	727.04
21	880519	低碳经济	0.58	0.00	–	0.01	29815	–	770.02	–	–	765.58	770.02	770.02
22	880527	CBN珠三	0.58	0.00	–	0.00	52720	–	815.29	–	–	810.59	815.29	815.29
23	880504	长株潭	0.57	0.00	–	0.01	23435	–	781.51	–	–	777.10	781.51	781.51
24	880509	循环经济	0.57	0.00	–	0.01	53924	–	764.23	–	–	759.92	764.23	764.23
25	880218	深圳板块	0.56	0.00	–	0.01	76491	–	808.72	–	–	804.21	808.72	808.72
26	880221	湖南板块	0.56	0.00	–	0.01	29976	–	783.68	–	–	779.35	783.68	783.68
27	880547	电子支付	0.55	0.00	–	0.01	5168	–	1000.95	–	–	995.46	1000.95	1000.95

	化纤(32)	涨幅%	现价	涨速%	量比
1	中纺投资	1.48	7.55	1.47	2.61
2	太极实业	0.58	6.97	0.57	0.93
3	S仪化	0.51	7.82	0.51	1.40
4	南京化纤	0.42	7.18	0.41	0.74
5	华鼎锦纶	0.34	11.81	0.33	0.34
6	云维股份	0.31	6.57	0.30	0.79
7	神马股份	0.00	9.31	0.00	1.14
8	辽源得亨	–	–	–	0.00
9	大名城	0.00	6.90	0.00	1.56
10	皖维高新	0.00	4.91	0.00	1.63
11	华峰超纤	–	–	–	0.00
12	道明光学	–	–	–	0.00
13	荣盛石化	–	–	–	0.00
14	尤夫股份	–	–	–	0.00
15	泰和新材	–	–	–	0.00
16	海 利 得	–	–	–	0.00
17	奥洋科技	–	–	–	0.00
18	中材科技	–	–	–	0.00
19	华峰氨纶	–	–	–	0.00
20	霞客环保	–	–	–	0.00
21	春晖股份	–	–	–	0.00
22	新乡化纤	–	–	–	0.00
23	华西股份	–	–	–	0.00
24	美达股份	–	–	–	0.00
25	恒逸石化	–	–	–	0.00
26	保定天鹅	–	–	–	0.00
27	ST海龙	–	–	–	0.00
28	湖北金环	–	–	–	0.00

上证 2464.92 9.12 7.07亿 沪深 2681.07 0.00 0 创业 792.38 0.00 0 总成交 7.07亿 海通广州行情1

关联图 101 集合竞价结束后迅速查看板块指数

相关阅读 102 集合竞价结束后迅速查看涨幅排名

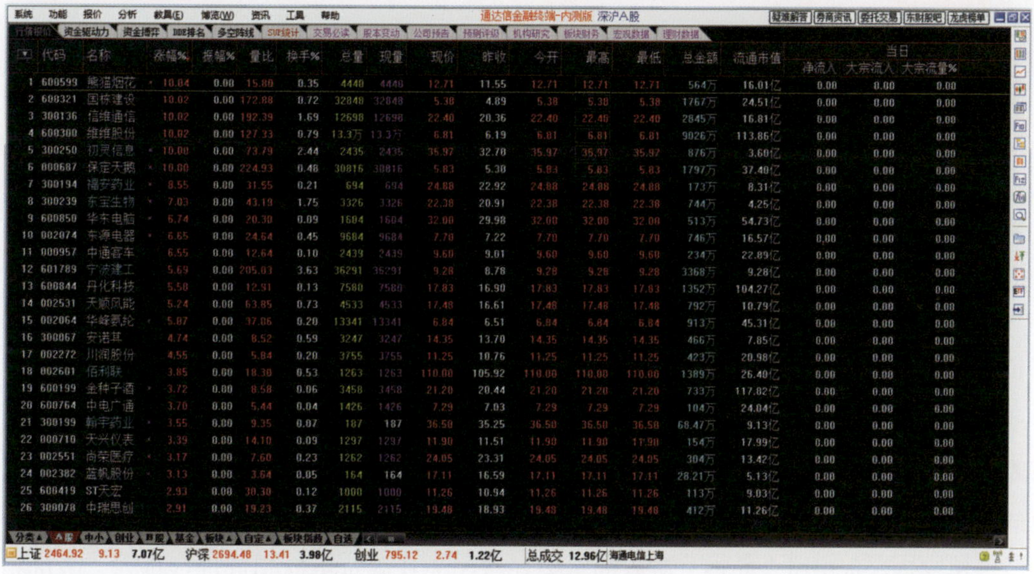

	代码	名称	涨幅%	振幅%	量比	换手%	总量	现量	现价	昨收	今开	最高	最低	总金额	流通市值	当日 净流入	大宗流入	大宗流量%
1	600599	熊猫烟花	10.04	0.00	15.80	0.35	4440	4440	12.71	11.55	12.71	12.71	12.71	564万	16.01亿	0.00	0.00	0.00
2	600321	国栋建设	10.02	0.00	172.88	0.72	32848	32848	5.38	4.89	5.38	5.38	5.38	1767万	24.51亿	0.00	0.00	0.00
3	300136	信维通信	10.02	0.00	192.39	1.69	12698	12698	22.40	20.36	22.40	22.40	22.40	2845万	16.81亿	0.00	0.00	0.00
4	600300	维维股份	10.02	0.00	127.33	0.79	13.3万	13.3万	6.81	6.19	6.81	6.81	6.81	9026万	113.86亿	0.00	0.00	0.00
5	300250	初灵信息	10.00	0.00	73.79	2.44	2435	2435	35.97	32.70	35.97	35.97	35.97	876万	3.60亿	0.00	0.00	0.00
6	000687	保定天鹅	10.00	0.00	224.93	0.48	30816	30816	5.83	5.30	5.83	5.83	5.83	1797万	37.40亿	0.00	0.00	0.00
7	300194	福安药业	8.55	0.00	31.55	0.21	694	694	24.88	22.92	24.88	24.88	24.88	173万	8.31亿	0.00	0.00	0.00
8	300239	东宝生物	7.03	0.00	43.19	1.75	3326	3326	22.38	20.91	22.38	22.38	22.38	744万	4.25亿	0.00	0.00	0.00
9	600850	华东电脑	6.74	0.00	20.30	0.09	1604	1604	32.00	29.98	32.00	32.00	32.00	513万	54.73亿	0.00	0.00	0.00
10	002074	东源电器	6.65	0.00	24.64	0.45	9684	9684	7.70	7.22	7.70	7.70	7.70	746万	16.57亿	0.00	0.00	0.00
11	000957	中通客车	6.55	0.00	12.64	0.10	2439	2439	9.60	9.01	9.60	9.60	9.60	234万	22.89亿	0.00	0.00	0.00
12	601789	宁波建工	5.69	0.00	205.03	3.63	36291	36291	9.28	8.78	9.28	9.28	9.28	3368万	9.28亿	0.00	0.00	0.00
13	600844	丹化科技	5.50	0.00	12.91	0.13	7580	7580	17.83	16.90	17.83	17.83	17.83	1352万	104.27亿	0.00	0.00	0.00
14	002531	天顺风能	5.24	0.00	63.85	0.73	4533	4533	17.48	16.61	17.48	17.48	17.48	792万	10.79亿	0.00	0.00	0.00
15	002064	华峰氨纶	5.07	0.00	37.06	0.20	13341	13341	6.84	6.51	6.84	6.84	6.84	913万	45.31亿	0.00	0.00	0.00
16	300067	安诺其	4.74	0.00	8.52	0.59	3247	3247	14.35	13.70	14.35	14.35	14.35	466万	7.85亿	0.00	0.00	0.00
17	002272	川润股份	4.55	0.00	5.84	0.20	3755	3755	11.25	10.76	11.25	11.25	11.25	423万	20.98亿	0.00	0.00	0.00
18	002601	佰利联	3.85	0.00	18.30	0.53	1263	1263	110.00	105.92	110.00	110.00	110.00	1389万	26.40亿	0.00	0.00	0.00
19	600199	金种子酒	3.72	0.00	8.58	0.06	3458	3458	21.20	20.44	21.20	21.20	21.20	733万	117.02亿	0.00	0.00	0.00
20	600764	中电广通	3.70	0.00	5.44	0.04	1426	1426	7.29	7.03	7.29	7.29	7.29	104万	24.04亿	0.00	0.00	0.00
21	300199	翰宇药业	3.55	0.00	9.35	0.07	187	187	36.50	35.25	36.50	36.50	36.50	68.47万	9.13亿	0.00	0.00	0.00
22	000710	天兴仪表	3.39	0.00	14.10	0.09	1297	1297	11.90	11.51	11.90	11.90	11.90	154万	17.99亿	0.00	0.00	0.00
23	002551	尚荣医疗	3.17	0.00	7.60	0.23	1262	1262	24.05	23.31	24.05	24.05	24.05	304万	13.42亿	0.00	0.00	0.00
24	002382	蓝帆股份	3.13	0.00	3.64	0.05	164	164	17.11	16.59	17.11	17.11	17.11	28.21万	5.13亿	0.00	0.00	0.00
25	600419	ST天宏	2.93	0.00	30.30	0.12	1000	1000	11.26	10.94	11.26	11.26	11.26	113万	9.03亿	0.00	0.00	0.00
26	300078	中瑞思创	2.91	0.00	19.23	0.37	2115	2115	19.48	18.93	19.48	19.48	19.48	412万	11.26亿	0.00	0.00	0.00

上证 2464.92 9.13 7.07亿 沪深 2694.48 13.41 3.98亿 创业 795.12 2.74 1.22亿 总成交 12.96亿 海通电信上海

关联图 102 集合竞价结束后迅速查看涨幅排名

图 52　集合竞价的基本步骤

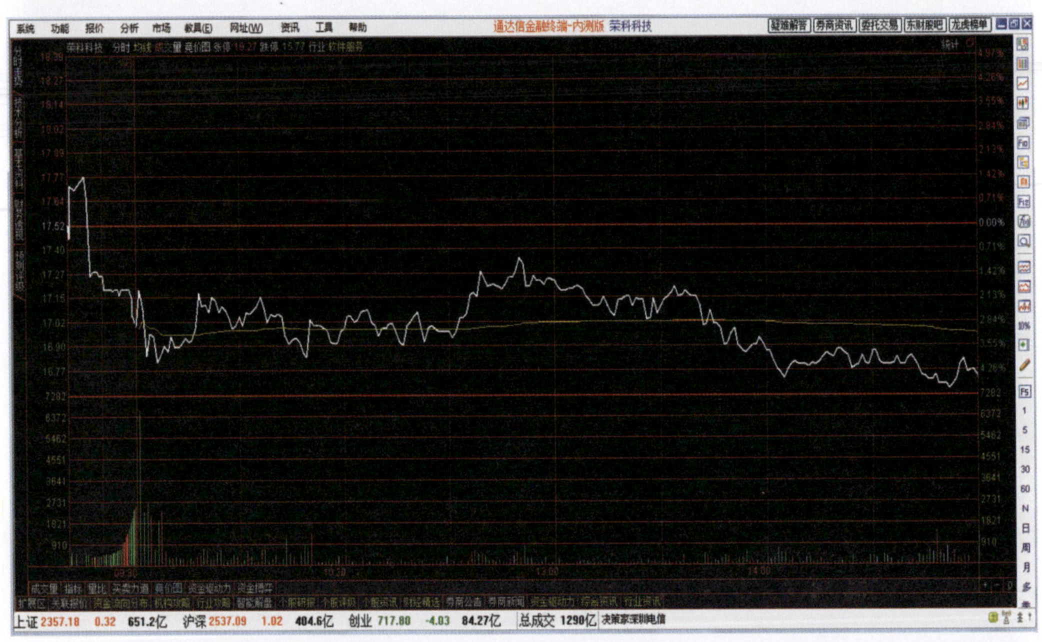

图 52 解说

图 52 介绍的是集合竞价的基本步骤。一般来说，集合竞价的步骤有四步。

本图要点如下：

第一步：确定有效委托。根据该股票上一交易日收盘价以及确定的涨跌幅限制来计算当日的最高限价、最低限价。有效价格范围就是该股票最高限价、最低限价之间的所有价位，限价超出此范围的委托视为无效委托，系统作自动撤单处理。

第二步：选取成交价位。即在有效价格范围内选取使所有委托产生最大成交量的价位。如有两个以上这样的价位，则依以下规则选取成交价位：其一，高于选取价格的所有买委托和低于选取价格的所有卖委托能够全部成交；其二，与选取价格相同的委托一方必须全部成交。如满足以上条件的价位仍有多个，则选取离昨日收盘价最近的价位。

第三步：集中撮合处理。所有的买委托按照委托限价由高到低进行排列，限价相同者按照进入系统的时间先后排列；所有卖委托按委托限价由低到高进行排列，限价相同者按照进入系统的时间先后排列。依序逐笔将排在前面的买委托与卖委托配对成交，即按照“价格优先，同等价格下时间优先”的成交顺序依次成交，直至成交条件不满足为止，即不存在限价高于或等于成交价的叫买委托、不存在限价低于或等于成交价的叫卖委托。所有成交行为都以同一成交价成交，集合竞价中未能成交的委托，自动进入连续竞价阶段。

第四步：行情揭示。股票的开盘价即为集合竞价的成交价。当股票的叫买价低而叫卖价高导致没有成交时，上海股市就将其开盘价空缺，将连续竞价后产生的第一笔价格作为开盘价；而深圳股市则规定：若最高叫买价高于前一交易日的收盘价，就选取该价格为开盘价；若最低叫卖价低于前一交易日的收盘价，就选取该价格为开盘价；若最低叫买价不高于前一交易日的收盘价、最高叫卖价不低于前一交易日的收盘价，则选取前一交易日的收盘价为今日的开盘价。

完成上边四步之后，进入连续竞价阶段。

相关阅读 103　集合竞价结束后迅速查看量比排名

系统 功能 报价 分析 扩展(E) 浏览(W) 资讯 工具 帮助　通达信金融终端-内测版 深沪A股

行情报价 资金驱动力 资金博弈 DDE排名 多空阵线 SUP统计 交易必读 股本变动 公司预告 预测评级 机构研究 板块财务 宏观数据 理财数据

	代码	名称	涨幅%	振幅%	量比	换手%	总量	现量	现价	昨收	今开	最高	最低	总金额	流通市值	当日 净流入	大宗流入	大宗流量%
1	000687	保定天鹅	10.00	0.00	224.93	0.48	30816	30816	5.83	5.30	5.83	5.83	5.83	1797万	37.40亿	0.00	0.00	0.00
2	601789	宁波建工	5.69	0.00	205.03	3.63	36291	36291	9.28	8.78	9.28	9.28	9.28	3368万	9.28亿	0.00	0.00	0.00
3	300136	信维通信	10.02	0.00	192.39	1.69	12698	12698	22.40	20.36	22.40	22.40	22.40	2845万	16.81亿	0.00	0.00	0.00
4	600321	国栋建设	10.02	0.00	172.88	0.72	32848	32848	5.38	4.89	5.38	5.38	5.38	1767万	24.51亿	0.00	0.00	0.00
5	600300	维维股份	10.02	0.00	127.33	0.79	13.3万	13.3万	6.81	6.19	6.81	6.81	6.81	9026万	113.86亿	0.00	0.00	0.00
6	300250	初灵信息	10.00	0.00	73.79	2.44	2435	2435	35.97	32.70	35.97	35.97	35.97	876万	3.60亿	0.00	0.00	0.00
7	002531	天顺风能	5.24	0.00	63.85	0.73	4533	4533	17.48	16.61	17.48	17.48	17.48	792万	10.79亿	0.00	0.00	0.00
8	300239	东宝生物	7.03	0.00	43.19	1.75	3326	3326	22.38	20.91	22.38	22.38	22.38	744万	4.25亿	0.00	0.00	0.00
9	002064	华峰氨纶	5.07	0.00	37.06	0.20	13341	13341	6.84	6.51	6.84	6.84	6.84	913万	45.31亿	0.00	0.00	0.00
10	300194	福安药业	8.55	0.00	31.55	0.21	694	694	24.88	22.92	24.88	24.88	24.88	173万	8.31亿	0.00	0.00	0.00
11	600419	ST天宏	2.93	0.00	30.30	0.12	1000	1000	11.26	10.94	11.26	11.26	11.26	113万	9.03亿	0.00	0.00	0.00
12	002409	雅克科技	0.85	0.00	30.11	0.19	572	572	26.01	25.79	26.01	26.01	26.01	149万	8.03亿	0.00	0.00	0.00
13	600876	洛阳玻璃	2.33	0.00	25.63	0.13	3230	3230	7.90	7.72	7.90	7.90	7.90	255万	19.75亿	0.00	0.00	0.00
14	002074	东源电器	6.65	0.00	24.64	0.45	9684	9684	7.70	7.22	7.70	7.70	7.70	746万	16.57亿	0.00	0.00	0.00
15	600850	华东电脑	6.74	0.00	20.30	0.09	1604	1604	32.00	29.98	32.00	32.00	32.00	513万	54.73亿	0.00	0.00	0.00
16	300078	中瑞思创	2.91	0.00	19.23	0.37	2115	2115	19.48	18.93	19.48	19.48	19.48	412万	11.26亿	0.00	0.00	0.00
17	002601	佰利联	3.85	0.00	18.30	0.53	1263	1263	110.00	105.92	110.00	110.00	110.00	1389万	26.40亿	0.00	0.00	0.00
18	000036	华联控股	1.68	0.00	17.64	0.03	3616	3616	3.03	2.98	3.03	3.03	3.03	110万	34.05亿	0.00	0.00	0.00
19	600108	亚盛集团	0.31	0.00	17.31	0.27	39497	39497	6.38	6.36	6.38	6.38	6.38	2520万	91.95亿	0.00	0.00	0.00
20	600599	熊猫烟花	10.04	0.00	15.80	0.35	4440	4440	12.71	11.55	12.71	12.71	12.71	564万	16.01亿	0.00	0.00	0.00
21	002329	皇氏乳业	1.67	0.00	15.77	0.23	1719	1719	16.47	16.20	16.47	16.47	16.47	283万	12.56亿	0.00	0.00	0.00
22	002325	洪涛股份	0.71	0.00	15.48	0.15	1238	1238	22.78	22.62	22.78	22.78	22.78	282万	18.33亿	0.00	0.00	0.00
23	002193	山东如意	1.74	0.00	15.42	0.15	2437	2437	11.12	10.93	11.12	11.12	11.12	271万	17.78亿	0.00	0.00	0.00
24	600070	浙江富润	2.54	0.00	14.76	0.08	1151	1151	9.70	9.46	9.70	9.70	9.70	112万	13.65亿	0.00	0.00	0.00
25	000710	天兴仪表	3.39	0.00	14.10	0.09	1297	1297	11.90	11.51	11.90	11.90	11.90	154万	17.99亿	0.00	0.00	0.00
26	000541	佛山照明	1.38	0.00	14.01	0.09	5504	5504	11.00	10.85	11.00	11.00	11.00	605万	67.77亿	0.00	0.00	0.00

分类 A股 中小 创业 B股 基金 板块 自定 板块指数 自选

上证 2464.92 9.13 7.07亿 沪深 2694.48 13.41 3.98亿 创业 795.12 2.74 1.22亿 总成交 12.96亿 海通电信上海

关联图 103　集合竞价结束后迅速查看量比排名

相关阅读 104　集合竞价结束后迅速查看换手排名

系统 功能 报价 分析 扩展(E) 浏览(W) 资讯 工具 帮助　通达信金融终端-内测版 深沪A股

行情报价 资金驱动力 资金博弈 DDE排名 多空阵线 SUP统计 交易必读 股本变动 公司预告 预测评级 机构研究 板块财务 宏观数据 理财数据

	代码	名称	涨幅%	振幅%	量比	换手%	总量	现量	现价	昨收	今开	最高	最低	总金额	流通市值	当日 净流入	大宗流入	大宗流量%
1	601789	宁波建工	5.69	0.00	205.03	3.63	36291	36291	9.28	8.78	9.28	9.28	9.28	3368万	9.28亿	0.00	0.00	0.00
2	300250	初灵信息	10.00	0.00	73.79	2.44	2435	2435	35.97	32.70	35.97	35.97	35.97	876万	3.60亿	0.00	0.00	0.00
3	300239	东宝生物	7.03	0.00	43.19	1.75	3326	3326	22.38	20.91	22.38	22.38	22.38	744万	4.25亿	0.00	0.00	0.00
4	300136	信维通信	10.02	0.00	192.39	1.69	12698	12698	22.40	20.36	22.40	22.40	22.40	2845万	16.81亿	0.00	0.00	0.00
5	600300	维维股份	10.02	0.00	127.33	0.79	13.3万	13.3万	6.81	6.19	6.81	6.81	6.81	9026万	113.86亿	0.00	0.00	0.00
6	002531	天顺风能	5.24	0.00	63.85	0.73	4533	4533	17.48	16.61	17.48	17.48	17.48	792万	10.79亿	0.00	0.00	0.00
7	600321	国栋建设	10.02	0.00	172.88	0.72	32848	32848	5.38	4.89	5.38	5.38	5.38	1767万	24.51亿	0.00	0.00	0.00
8	300235	方直科技	2.79	0.00	11.59	0.70	765	765	27.65	26.90	27.65	27.65	27.65	212万	3.04亿	0.00	0.00	0.00
9	300067	安诺其	4.74	0.00	8.52	0.59	3247	3247	14.35	13.70	14.35	14.35	14.35	466万	7.85亿	0.00	0.00	0.00
10	002659	中泰桥梁	-0.94	0.00	1.87	0.56	1752	1752	17.86	18.03	17.86	17.86	17.86	313万	5.57亿	0.00	0.00	0.00
11	002601	佰利联	3.85	0.00	18.30	0.53	1263	1263	110.00	105.92	110.00	110.00	110.00	1389万	26.40亿	0.00	0.00	0.00
12	300261	雅本化学	1.69	0.00	11.59	0.50	1136	1136	21.01	20.66	21.01	21.01	21.01	239万	4.77亿	0.00	0.00	0.00
13	300282	汇冠股份	-1.43	0.00	6.82	0.49	450	450	24.10	24.45	24.10	24.10	24.10	108万	2.22亿	0.00	0.00	0.00
14	000687	保定天鹅	10.00	0.00	224.93	0.48	30816	30816	5.83	5.30	5.83	5.83	5.83	1797万	37.40亿	0.00	0.00	0.00
15	002074	东源电器	6.65	0.00	24.64	0.45	9684	9684	7.70	7.22	7.70	7.70	7.70	746万	16.57亿	0.00	0.00	0.00
16	002662	京威股份	-1.46	0.00	1.88	0.41	2460	2460	22.95	23.29	22.95	22.95	22.95	565万	13.77亿	0.00	0.00	0.00
17	601231	环旭电子	-0.92	0.00	2.99	0.40	3431	3431	17.27	17.43	17.27	17.27	17.27	593万	14.77亿	0.00	0.00	0.00
18	002655	共达电声	-2.66	0.00	2.75	0.39	945	945	20.82	21.39	20.82	20.82	20.82	197万	5.00亿	0.00	0.00	0.00
19	300078	中瑞思创	2.91	0.00	19.23	0.37	2115	2115	19.48	18.93	19.48	19.48	19.48	412万	11.26亿	0.00	0.00	0.00
20	002438	江苏神通	0.10	0.00	8.10	0.36	1013	1013	31.60	31.57	31.60	31.60	31.60	320万	8.83亿	0.00	0.00	0.00
21	300294	博雅生物	-1.32	0.00	1.60	0.35	539	539	43.40	43.98	43.40	43.40	43.40	234万	6.61亿	0.00	0.00	0.00
22	002634	棒杰股份	1.53	0.00	7.47	0.35	590	590	19.88	19.58	19.88	19.88	19.88	117万	3.32亿	0.00	0.00	0.00
23	600599	熊猫烟花	10.04	0.00	15.80	0.35	4440	4440	12.71	11.55	12.71	12.71	12.71	564万	16.01亿	0.00	0.00	0.00
24	300293	蓝英装备	-0.91	0.00	1.48	0.34	405	405	33.58	33.89	33.58	33.58	33.58	136万	4.03亿	0.00	0.00	0.00
25	601908	京运通	2.88	0.00	10.98	0.31	1877	1877	28.20	27.41	28.20	28.20	28.20	530万	16.92亿	0.00	0.00	0.00
26	002558	世纪游轮	0.91	0.00	13.30	0.29	439	439	28.69	28.43	28.69	28.69	28.69	126万	4.33亿	0.00	0.00	0.00

分类 A股 中小 创业 B股 基金 板块 自定 板块指数 自选

上证 2464.92 9.13 7.07亿 沪深 2694.48 13.41 3.98亿 创业 795.12 2.74 1.22亿 总成交 12.96亿 海通电信上海

关联图 104　集合竞价结束后迅速查看换手排名

图 53　什么是连续竞价

图 53 解说

图 53 介绍的是连续竞价。所谓连续竞价，就是指在集合竞价之后，交易所主机对交易者申报的委托进行逐笔连续撮合处理的过程。在连续竞价阶段，买卖双方连续委托买进或卖出股票时，只要彼此符合成交条件，交易即可随时发生，成交价格也不断依买卖供需变化而出现涨跌变化。

连续竞价期间，每一笔买卖委托进入交易所主机自动撮合系统后，系统会当即判断并进行不同的处理，能成交者予以成交，不能成交者等待机会成交，部分成交者让剩余部分继续等待。此外，在无撤单的情况下，买卖委托当日有效；若遇到股票停牌，停牌期间的买卖委托视为无效。

本图要点如下：

一、在连续竞价时间段，看盘的时候，建议采用关联报价的形式看盘。

二、为了结合大盘的走势判断盘口走势的实质，可以采用叠加的方式。

三、如果大盘比较强劲，可以选择分时图启动上升的时候，下单买进。

四、如果大盘处于震荡态势，则可以采取量峰萎缩的时候找低点买进。

五、如果大盘处于下跌趋势，原则上不建议参与连续竞价，保持观望。

相关阅读 105　钱龙新一代金融平台连续竞价分笔成交图

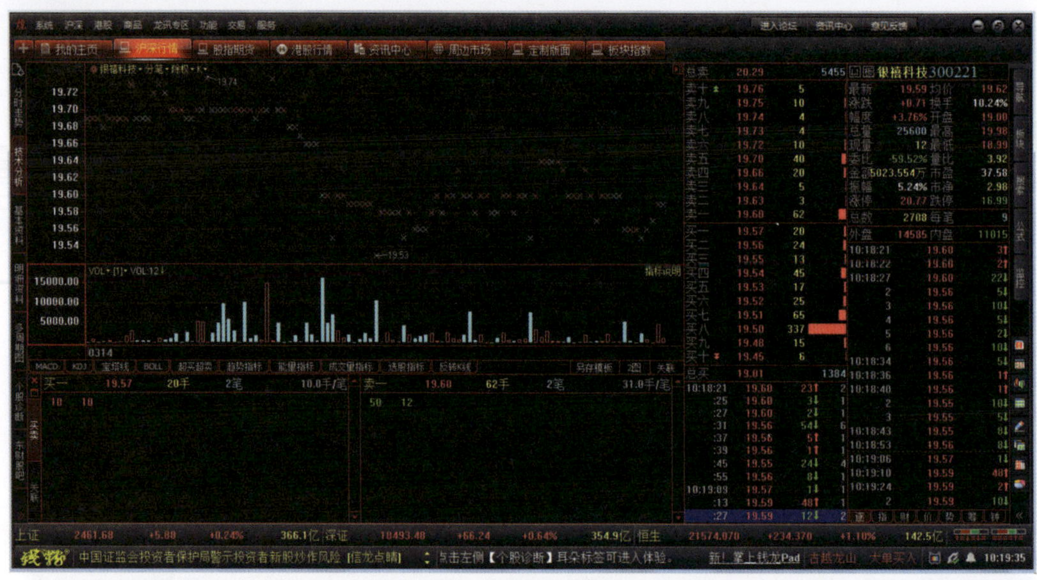

关联图 105　钱龙新一代金融平台连续竞价分笔成交图

相关阅读 106　海通证券新一代行情软件连续竞价闪电走势图

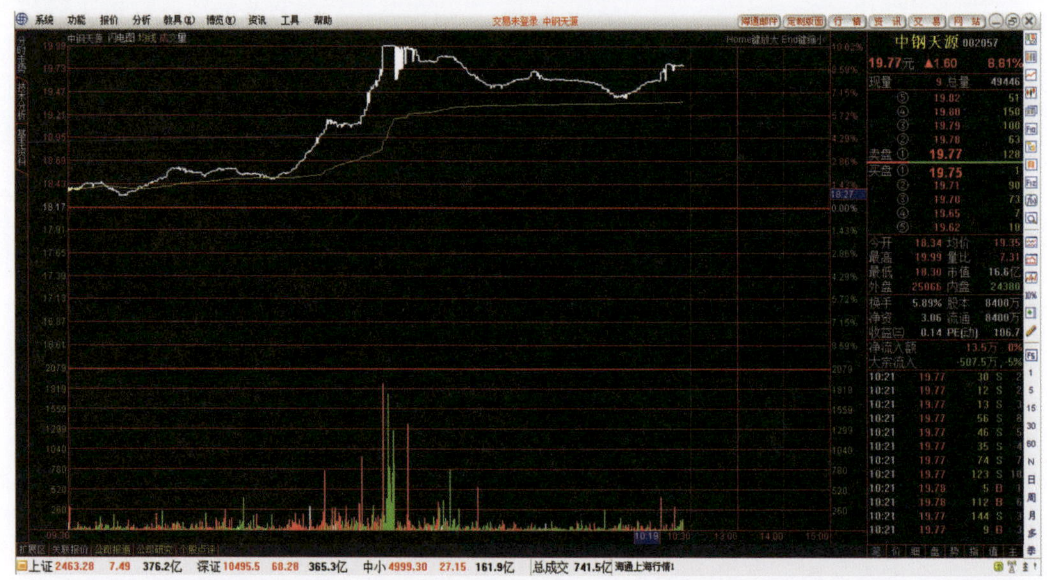

关联图 106　海通证券新一代行情软件连续竞价闪电走势图

图 54　连续竞价的基本原则

图 54 解说

图 54 介绍的是连续竞价的基本原则。一般来说，连续竞价要遵循两个基本原则：

第一个是价格优先原则。即如果最高买进申报价与最低卖出申报价相同，则该价格即为成交价格；如果还有更高的买价或更低的卖价，即使是后来报出的，也优先成交；但如果是同一时刻出现了新的最高买价和最低卖价，且都符合成交条件，则成交价为两者的中间值。

第二个是时间优先原则。即买入申报价高于卖出申报价时可成交，卖出申报价低于买入申报价时也可成交，但申报在先的价格为成交价格；如果申报买价相同或申报卖价相同而又都符合成交条件的，则谁先申报就谁先成交。

由此可见，集合竞价不易受到个别报价的影响，并能反映绝大多数交易者的买卖意愿，产生的价格比较公道合理，可以防止股价操纵行为，也可以防止误报股价行为；而连续竞价则是一对一的撮合行为，根据不同时刻交易者下单的价格不同，其成交价的波动性很大，即使是错误的报价也往往会被迅速成交。

本图要点如下：

一、根据连续竞价的原则，在下注的时候，要结合股价的空间位置来选取下单的方法。

二、如果股价处于空间位置的低位，需要买进的时候，价位可以适当出高一些，确保成交。

三、如果股价处于空间位置的高位，需要卖出的时候，价位务必下得低一点，确保成交。

四、结合分时图来看，如果处于关键的支撑位附近，可以适当提高买入价以确保成交。

五、如果日线图上处于关键的技术压力位附近，可以考虑降低价位下单以便确保成交。

相关阅读 107 集合竞价时间段直接涨停

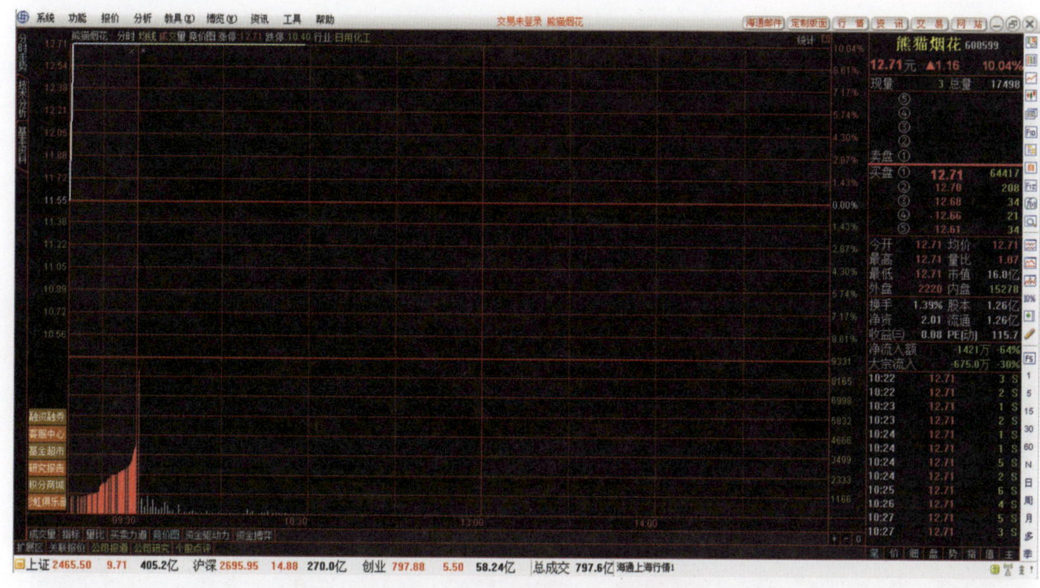

关联图 107 集合竞价时间段直接涨停

相关阅读 108 连续竞价时间段快速涨停

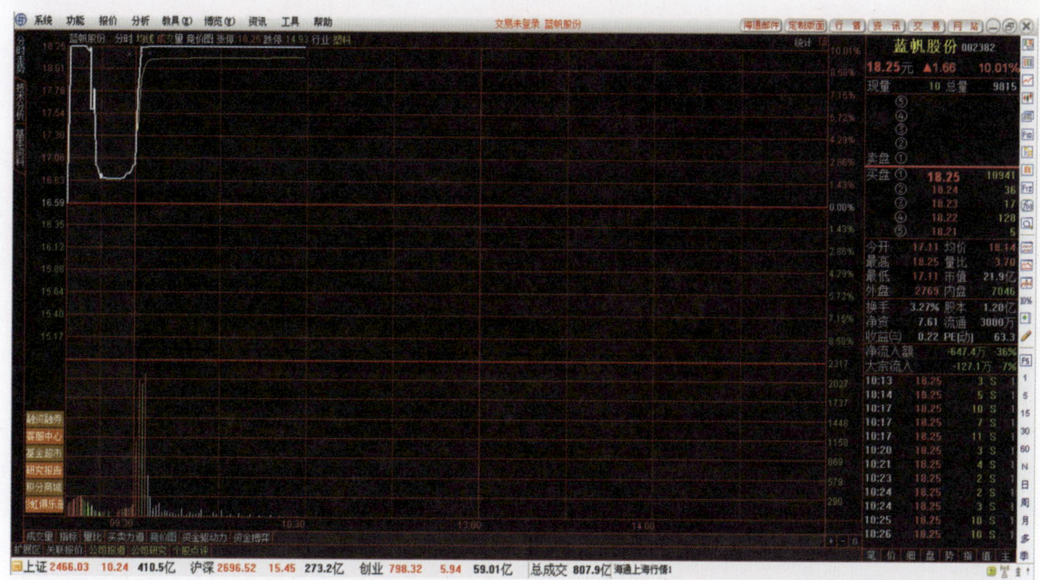

关联图 108 连续竞价时间段快速涨停

图 55　委托报价的基本技巧

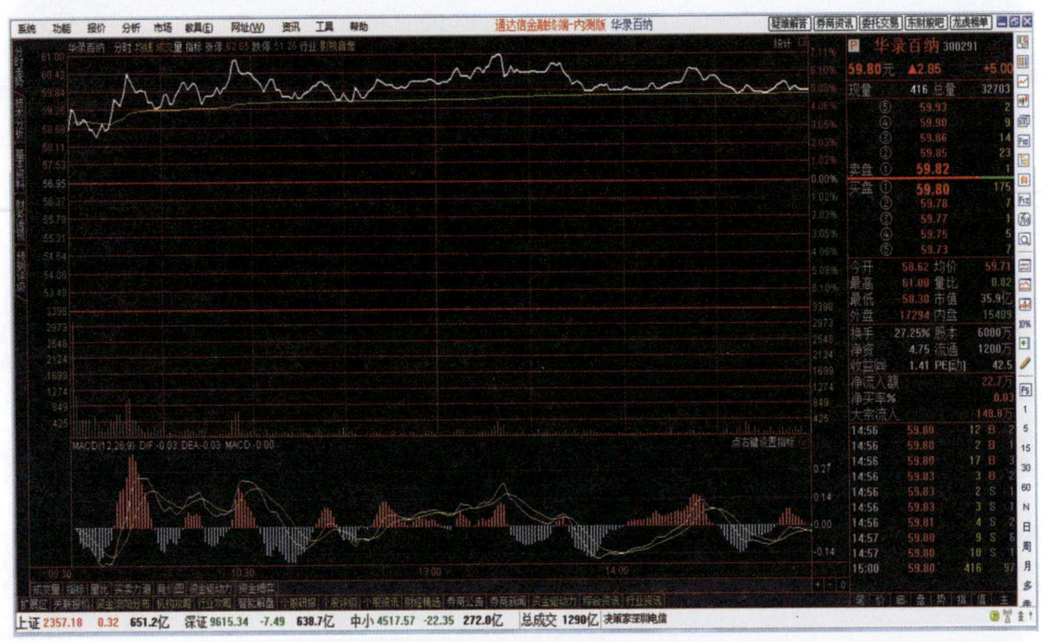

图 55 解说

图 55 介绍的是盘口委托报价的基本技巧。很多交易者在追涨杀跌时之所以没有获得成交的机会，多数是因为没有掌握报价的策略；而职业交易者则拥有丰富的报价策略和娴熟的报价技巧，总是能比普通交易者更早掌握成交的先机。一般来说，报价技巧会体现在两个阶段，即集合竞价阶段和连续竞价阶段。

在集合竞价阶段，一部分股票将按能使成交量最大化的价格成交，低于这个价格的买盘或高于这个价格的卖盘都不能成交。所以，交易者需要把买价报高一些或把卖价报低一些才有机会成交。而实际上，交易者买盘报得再高或卖盘报得再低也无关紧要，因为系统将按能使股票产生最大成交量的那一个价格成交，只要交易者的委托量不大，这个价格是不会与交易者的报价一致的，甚至往往低于交易者的叫买价或高于交易者的叫卖价。

在连续竞价阶段，由于有时间优先的限制，所以交易者同样可以把买价报高些或把卖价报低些，也没有什么风险。因为成交的价格往往不是交易者所报出的价格，而是前面早就报出来的低卖价或高买价，但这样的报价技巧却可以使交易者获得最快成交的机会。所以在报价策略上，交易者需要记住：不要担心报出高买价或低卖价，市场往往会给你更好的成交价。

本图要点如下：

一、盘口委托技巧是短线交易者需要高度重视的下单基本功。

二、为了确保成交，要在委托价位上做一些技巧性的处理。

三、如果是规模比较小的资金，不必过于拘泥下单的价位。

四、如果是规模比较大的资金，不要一下子猛烈下注，要化整为零。

五、在临盘实战中，要充分考虑对手盘的承接能力，否则会吃苦头的。

相关阅读109　隐蔽性很强的集合竞价出场方式

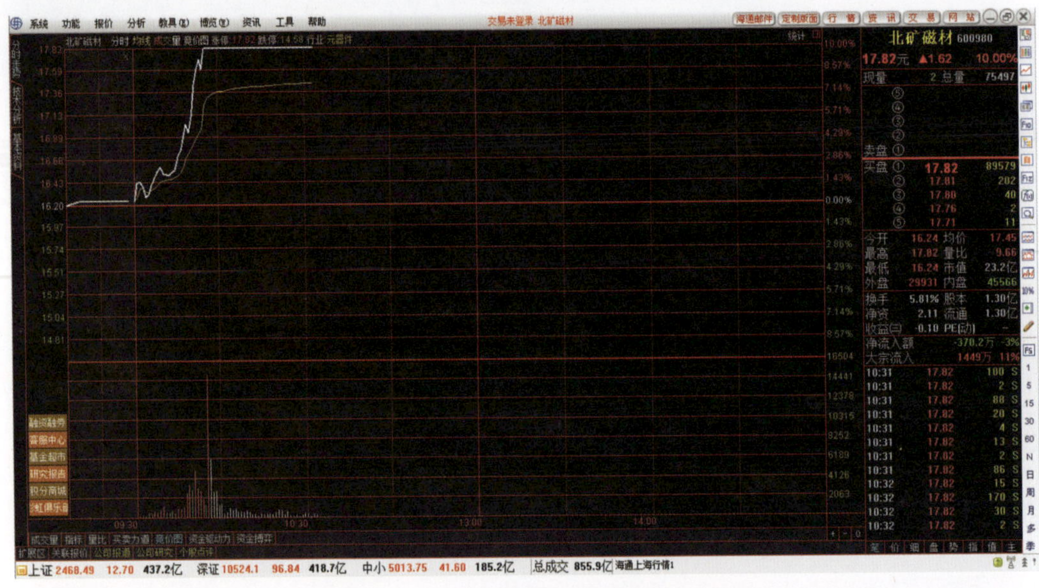

关联图109　隐蔽性很强的集合竞价出场方式

相关阅读110　折腾型集合竞价出场方式

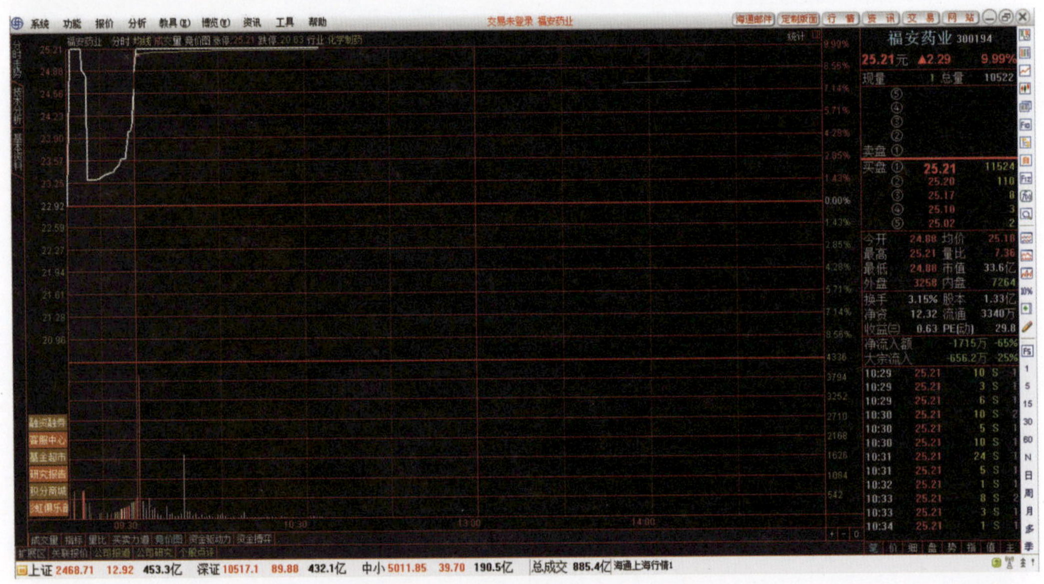

关联图110　折腾型集合竞价出场方式

图 56　集合竞价的诱空战术

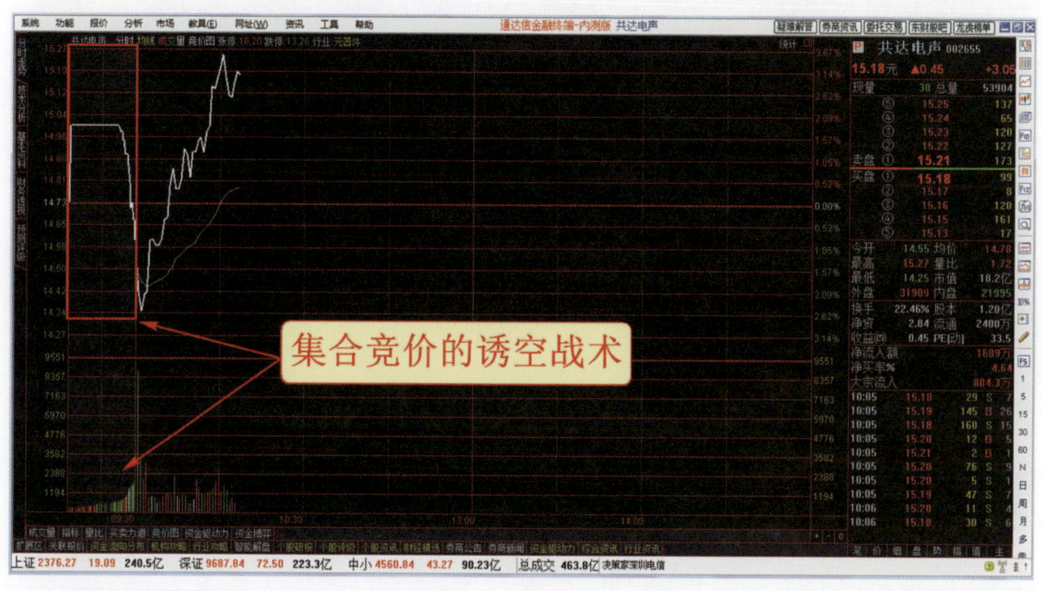

图 56 解说

图 56 介绍的是集合竞价的诱空战术。所谓诱空，就是指在本意做多的情况下，故意引诱别人做出相反的动作，通过别人上当受骗，达成自己的目的。资本市场是逐利的场所，诱空手法十分常见，自从开放集合竞价之后，大家可以从这里窥测到一些诱空的手法。

本图要点如下：

一、集合竞价诱空的手法可以分为前段诱空和后段诱空，前段诱空是在 9：15 开始刻意往下报价，诱使大家产生错觉，以为股价会往下跌，从而报出低价，而到了临近 9：20 的时候，却将原先的报价单全部撤去。大众的报单因为来不及撤单而被吃掉。

二、后段诱空是指在临近 9：25 的时候，原先坚挺的报价单虽然还在，却突然增加更多的足以影响最终开盘价的低价报单，促使价格快速下滑，最终导致开盘价比原先的早期报价低了不少，诱使恐慌盘在竞价结束后极力挂空单卖出。

三、这里介绍的是后段诱空手法，从图上可以看到这一手法的歹毒之处。

四、集合竞价的诱空手法通常延续到开盘后的一段时间，开盘后甚至直接顺势打下来。

五、在临盘实战中，一旦遇到这样的竞价情形，要结合股价当前的空间位置的高低来判断做盘的意图，从而做出正确的决策。

相关阅读 111　明显的诱多型集合竞价

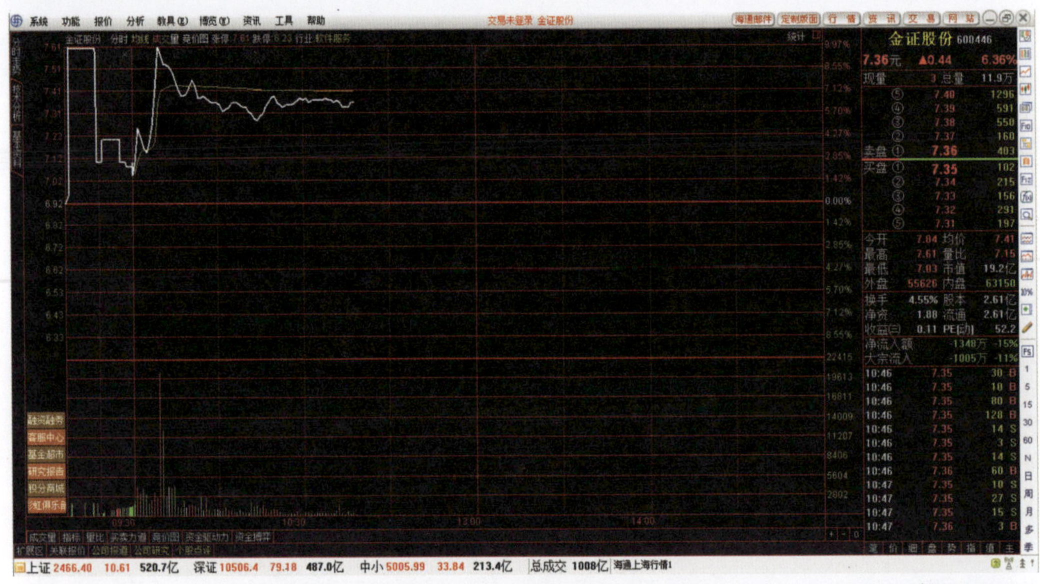

关联图 111　明显的诱多型集合竞价

相关阅读 112　明显的诱空型集合竞价

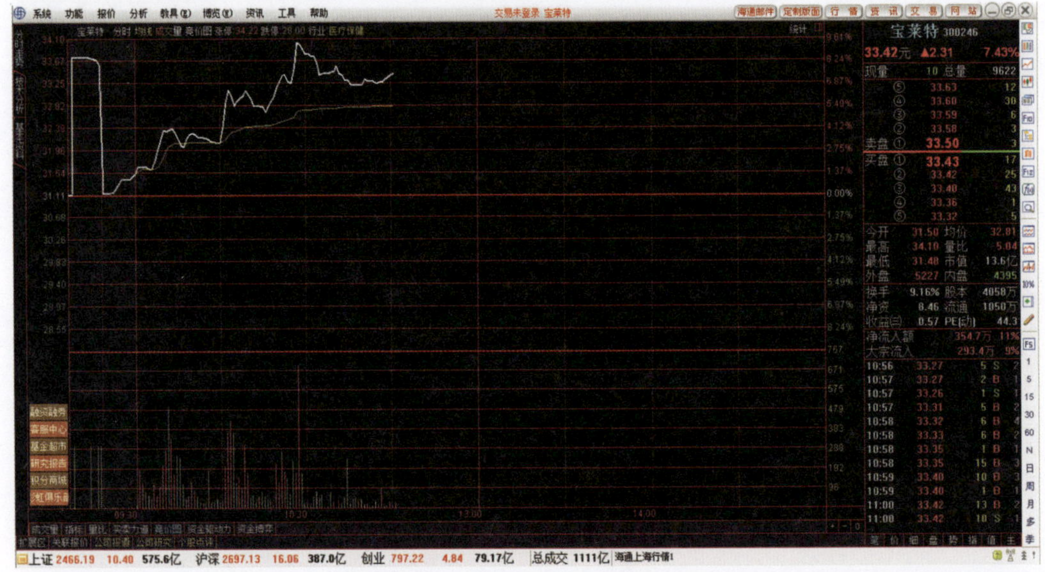

关联图 112　明显的诱空型集合竞价

图 57　集合竞价的诱多战术

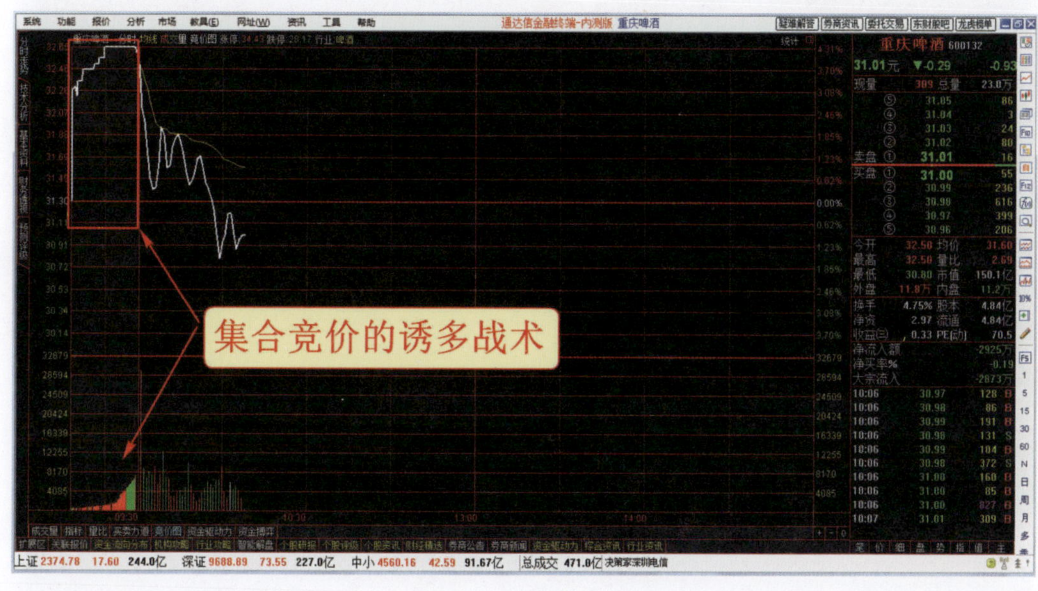

图 57 解说

图 57 介绍的是集合竞价的诱多战术。和上边的诱空战术正好相反，集合竞价的诱多战术是隐瞒自己的做空意图，刻意在集合竞价时摆出一副要上攻的态势，拼命往高处报出买单，推高股价，诱使大家认为股价将要拉升，而开盘后，却猛烈下挫，大肆抛售。这样的诱多战术令人防不胜防，效果极佳。

本图要点如下：

一、常见的集合竞价的诱多战术同样可以分为两种，一种是前段诱多战术，在 9：15开始，拼命往高处报价，不断向上报价以便诱使别人以为当天要大幅度拉升，临近 9：20 时，突然大量撤单，股价一下子哗啦啦下来了，而来不及撤单的跟进者，被锁定而无法撤单，只好乖乖等候处置，成为诱多的牺牲品。

二、第二种是后段诱多战术，在 9：20 之后，不断往高处报价，诱使大家以为股价将会出现大幅度拉升，而在临近 9：25 的时候，猛然挂出巨量的卖单，瞬间将股价摔下来，那些跟风的买盘，全都成了接盘者。

三、这样的诱多战术一般还会延续到正式开盘之后，继续顺势往下打，将来不及撤单的买盘通吃，以便实现更多的出货企图。

四、对于这样的诱多战术，我们要有清醒的认识。

五、在临盘实战中，一旦发现当前的股价已经处于高位，原则上不要参与集合竞价。

相关阅读 113 明显的出货型集合竞价

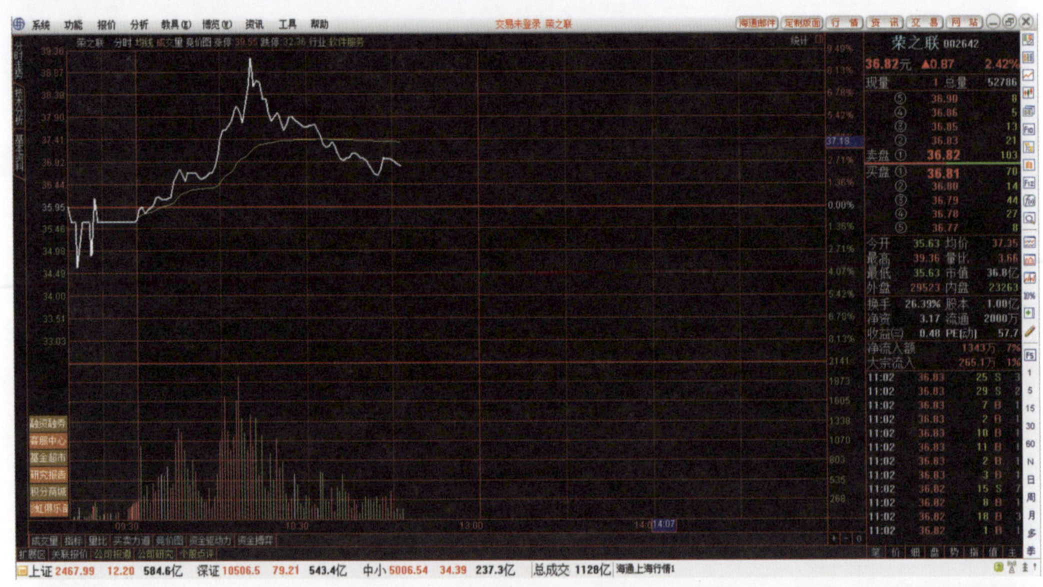

关联图 113 明显的出货型集合竞价

相关阅读 114 明显的震仓型集合竞价

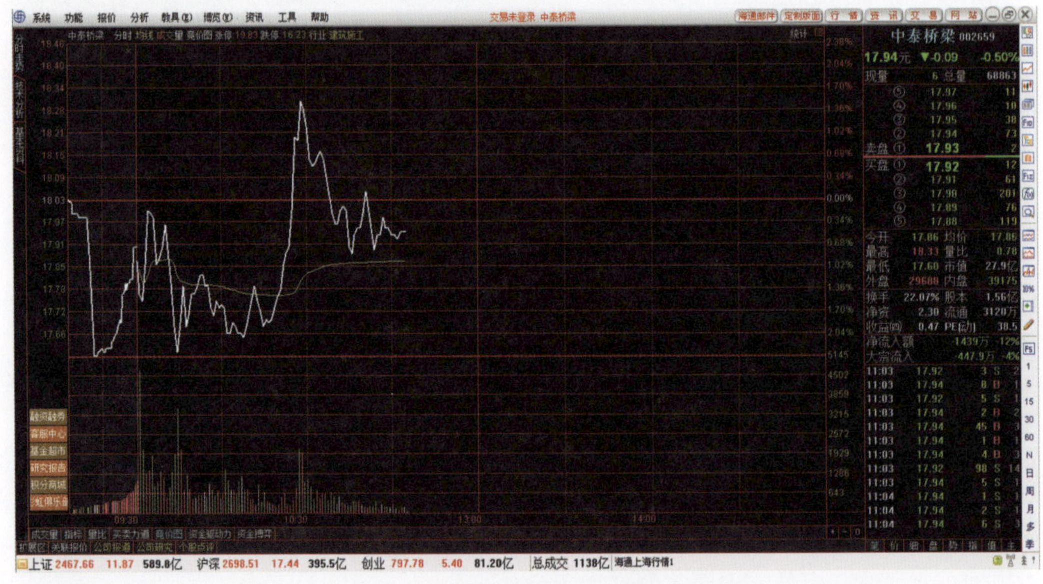

关联图 114 明显的震仓型集合竞价

图 58　集合竞价的示弱战术

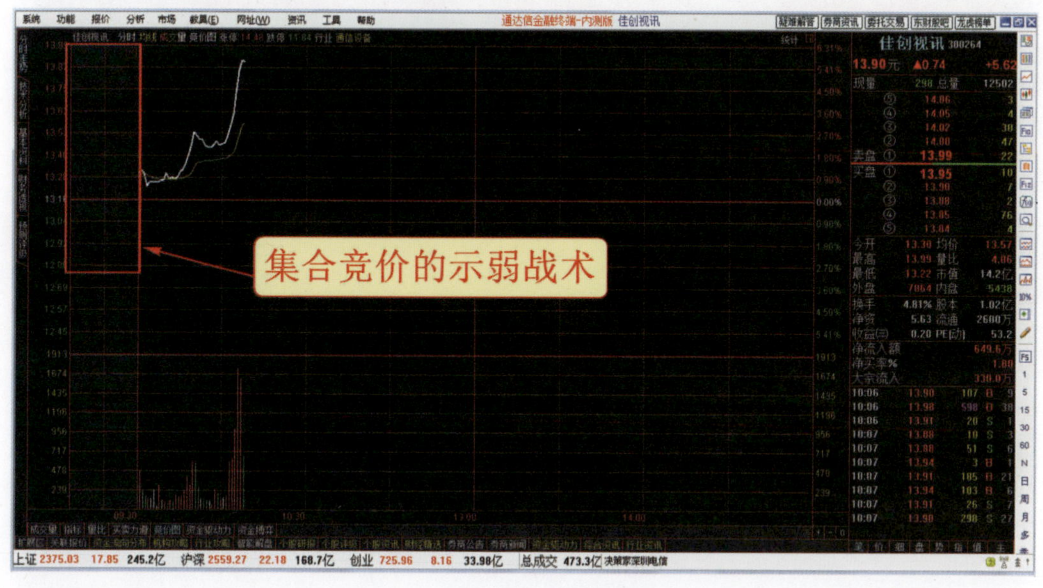

图 58 解说

图 58 介绍的是集合竞价的示弱战术。所谓示弱，就是能而示之不能，可以掩饰自己的拉升意图。示弱的方式有很多类型，比如有小单参与、零星参与甚至干脆不参与等等。不管采用哪一类型的示弱方式，目的都是一样的。

本图要点如下：

一、集合竞价示弱战术的第一种是小单参与，无论是集合竞价的前半段还是后半段，都始终没有出现大单，而只有数量极小的挂单，给人一种实力很弱的印象。

二、第二种是零星参与，挂单散乱，无序，时而挂出，时而撤销，间歇性很长，一副有气无力的样子，到了临近 9：20 的时候，稍微大一点的挂单也全部撤掉，留下来的全是小单，似乎没有大资金参与的样子。

三、第三种是直接隐藏起来，甚至根本就不露脸。最极端的是整个集合竞价阶段，连一个挂单也没有出现，竞价区域一片空白。直到 9：25 的时候，才慢吞吞出现一个报价。

四、集合竞价的示弱战术通常是控盘主力的诡计。

五、临盘实战的时候，一旦发现这样的盘口，要根据开盘三线迅速作出判断。

相关阅读 115　明显的出货型连续竞价

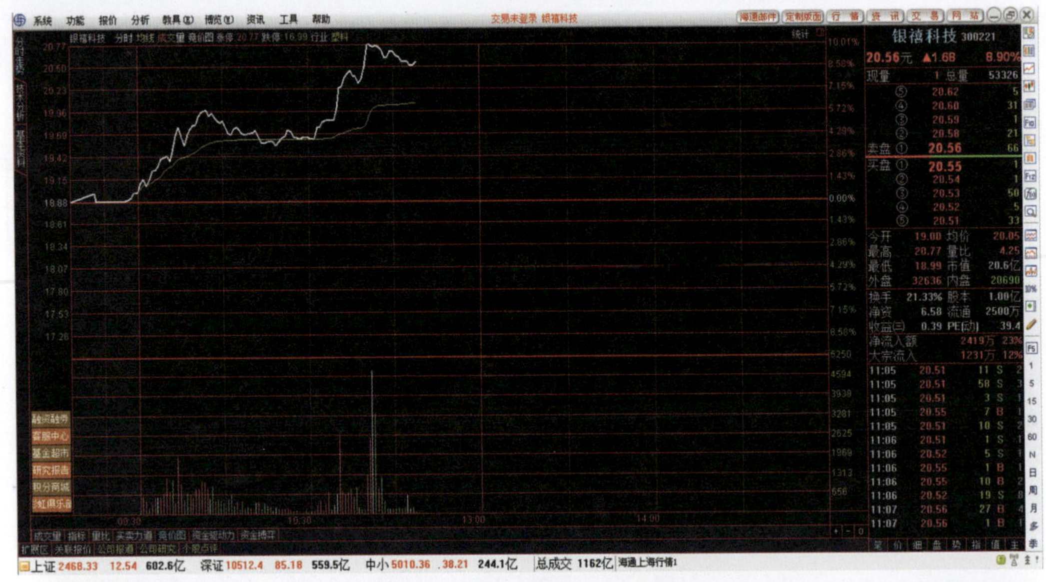

关联图 115　明显的出货型连续竞价

相关阅读 116　明显的洗盘型连续竞价

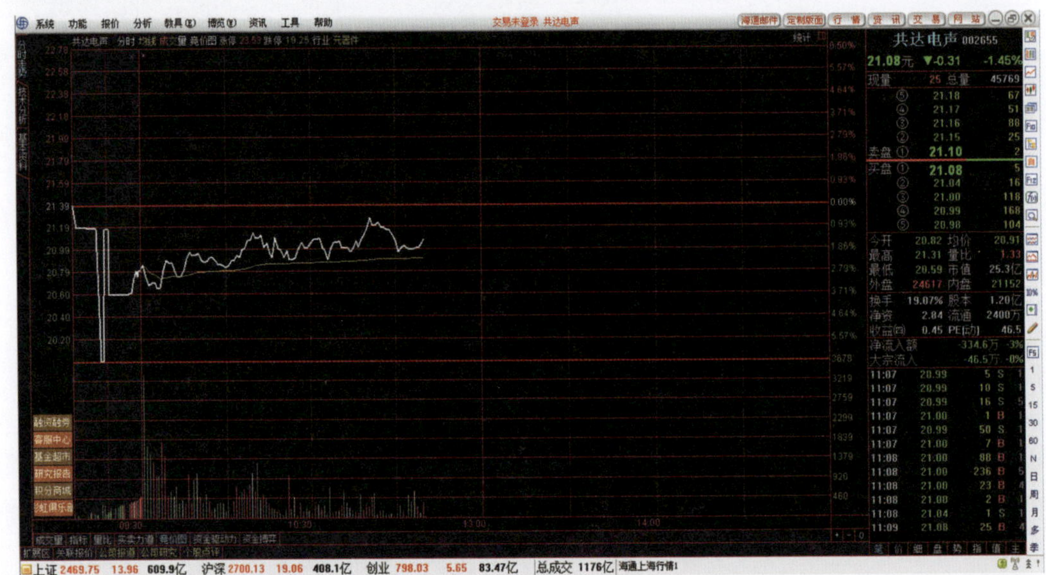

关联图 116　明显的洗盘型连续竞价

图 59　连续竞价的诱多战术

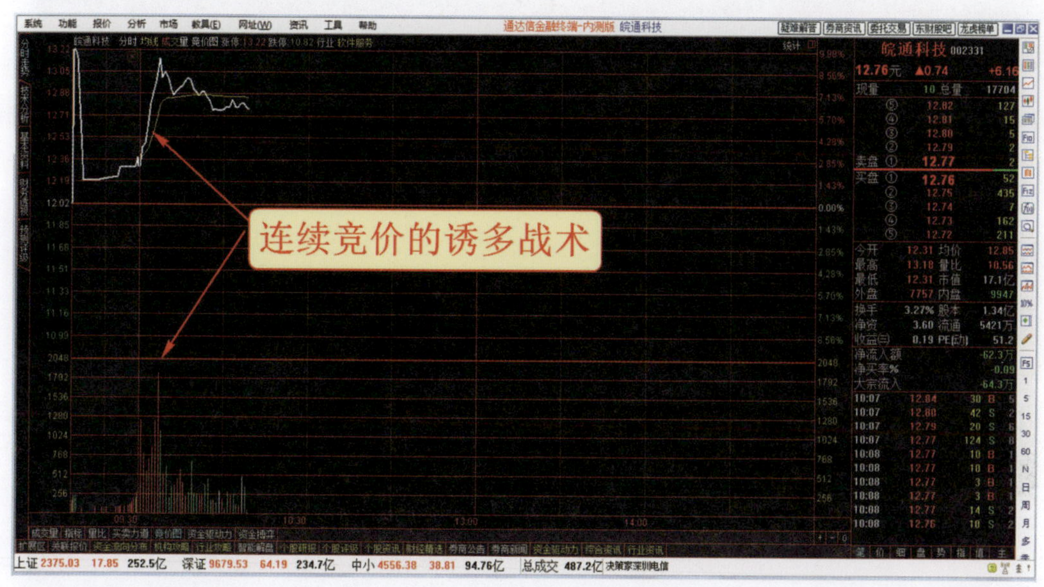

图 59 解说

图 59 介绍的是连续竞价的诱多战术。在连续竞价阶段，如果主力为了实现自己的做盘意图，诱使别人跟风抬轿，或者诱使别人进场接盘，就会使用诱多战术。

本图要点如下：

一、连续竞价的诱多战术，也叫盘中诱多战术。上午半场的诱多称为上诱多，下午半场的诱多称为下诱多。它们各自的做盘目的略有不同，需要认真甄别。

二、上诱多一般出现在早盘居多，有时候也出现在十点半或者十一点。

三、上诱多的主要目的是吸引场外资金进场接盘，以便达到顺利出货的目的。在分时图上，从量峰来看，往往出现极为漂亮的攻击型量峰，既有高度也有宽度，十分醒目。从波形来看，往往出现十分流畅的顺溜波形，相当平滑，富有美感。

四、下诱多的主要目的是吸引跟风盘进场抬轿，协助抬高股价，以便达到借势使力的目的。下诱多一般出现在下午两点或者两点半，有时候也会出现在尾盘阶段。

五、无论是上诱多还是下诱多，都是诱多，临盘实战的时候，需要谨慎对待。

相关阅读117　明显的盘升型连续竞价

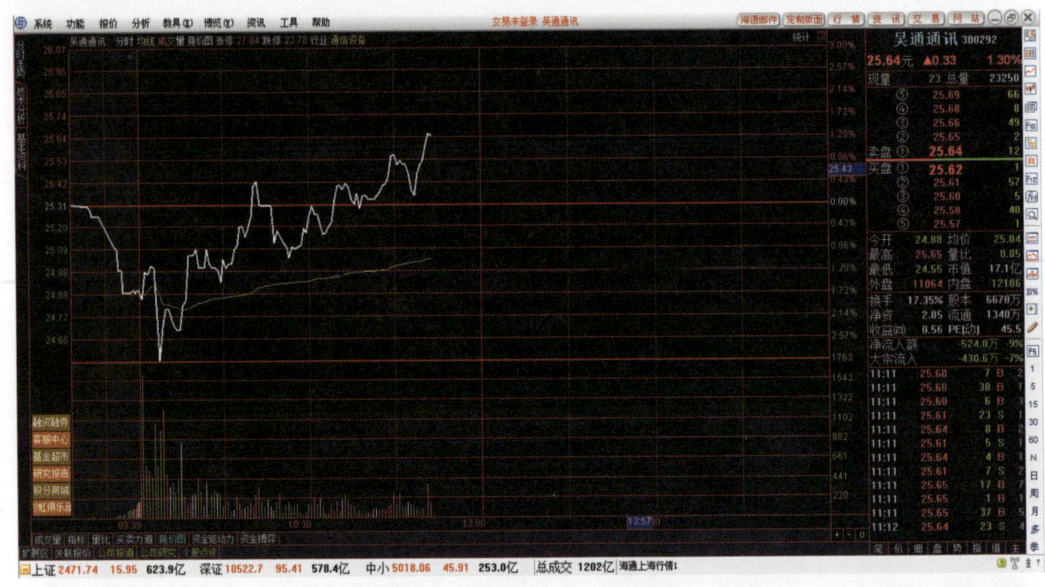

关联图117　明显的盘升型连续竞价

相关阅读118　明显的套利性连续竞价

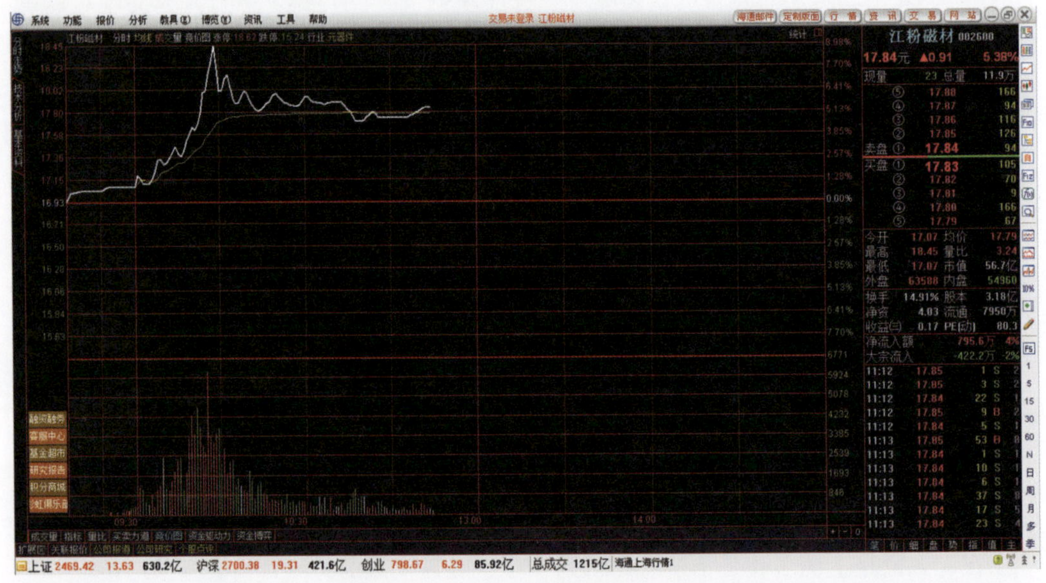

关联图118　明显的套利性连续竞价

图 60　连续竞价的诱空战术

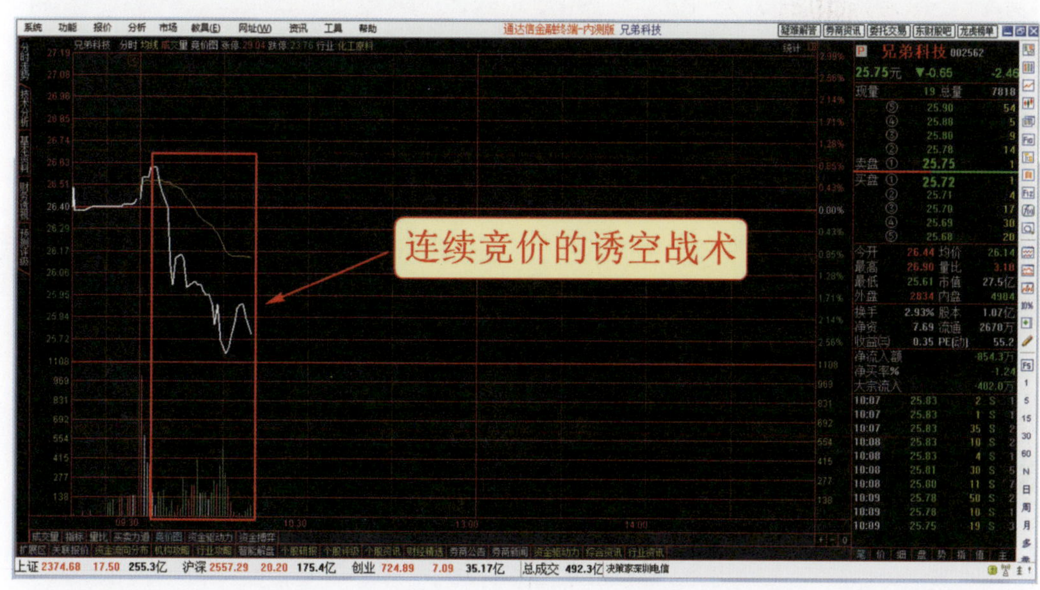

图 60 解说

图 60 介绍的是连续竞价的诱空战术。和上边介绍的诱多战术不同，这里主要是往下诱空，诱使别人交出筹码，达到自己的目的。和所有的诱空战术一样，其根本手段就是折磨、恐吓、砸盘、打压，以便诱使大家乖乖就范。

本图要点如下：

一、连续竞价的诱空按时间段来划分也可以分为上午半场的诱空和下午半场的诱空。由于使用诱空战术的时间段不同，做盘的目的也略有不同。

二、上午半场的诱空，也称为上诱空，一般出现在上午的早盘、十点或者十一点，有时候也会出现在十点半，但比较少。上诱空的主要目的是为了滚动套利，通过对敲打压的手段，诱使大家产生恐慌，从而卖出筹码，而主力却照单接受。

三、下午半场的诱空，也称为下诱空，一般出现在下午两点或者两点半，很少出现在下午一点半。下诱空的主要目的是骗取筹码，通过放量对倒的手段，制造十分恐怖的盘面，恐吓大家，尤其是尾盘阶段，价跌量升，十分吓人。

四、无论是上诱空还是下诱空，其根本目的，都是吓人。

五、临盘实战的时候，遇到这样的盘口，要结合股价的阶段性位置、量峰、波形和走单来分析主力的做盘意图，不必惊慌失措，以免出错。

相关阅读 119　震荡建仓连续竞价方式

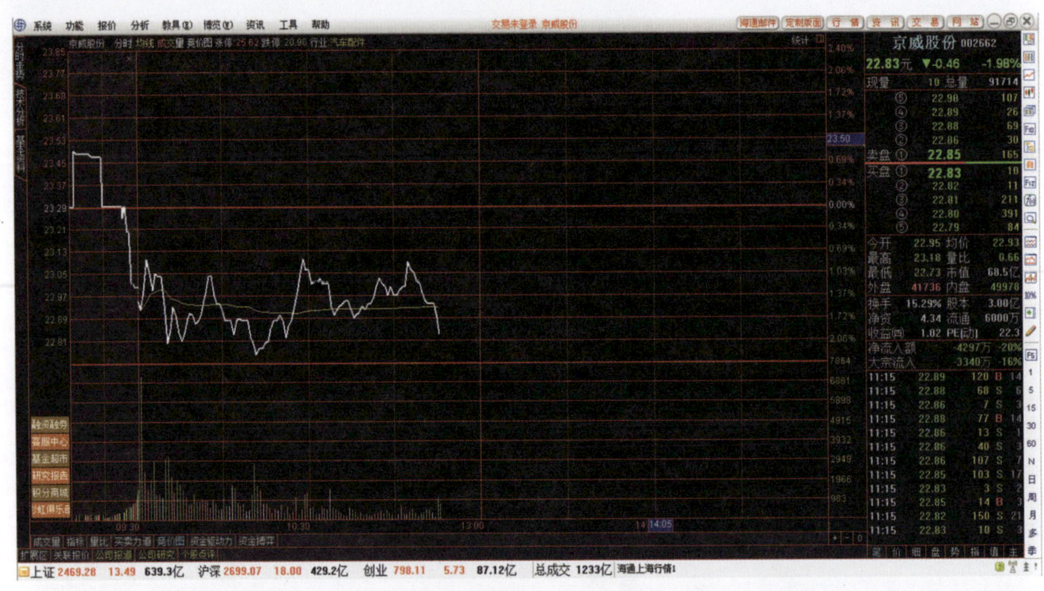

关联图 119　震荡建仓连续竞价方式

相关阅读 120　震荡出货连续竞价方式

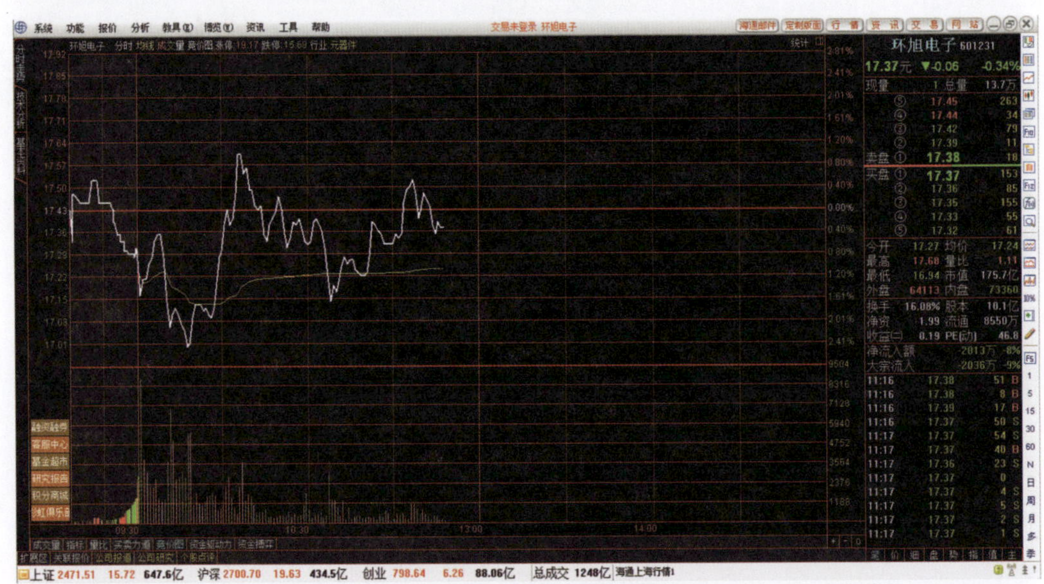

关联图 120　震荡出货连续竞价方式

第七篇
开盘报价数据解读

在每一个交易日，开盘的数据都是十分重要的，需要认真重视。无论是高开、低开还是平开，每一种开盘价都是多空双方经过反复思考、角逐、博弈之后得出的结果。开盘价往往对当天的走势有某种预示作用和引导作用，反映了做盘资金当天的操作意图。因此，我们在实战看盘的时候，要结合当下股价的所在位置，揣摩开盘价的真实含义，力争做到先人一步把握主力的操作意图，从而做出正确的对策。

开盘价的形式有很多种类，按照开盘量来划分，可以分为巨量和常量两大类。从实战的角度来说，巨量开盘最值得高度重视，因此，在这里我们主要是介绍巨量开盘的基本类型。包括普通的巨量开盘和强势的巨量开盘。相关的细节，参见后边的介绍。

图 61　巨量普通高开高走

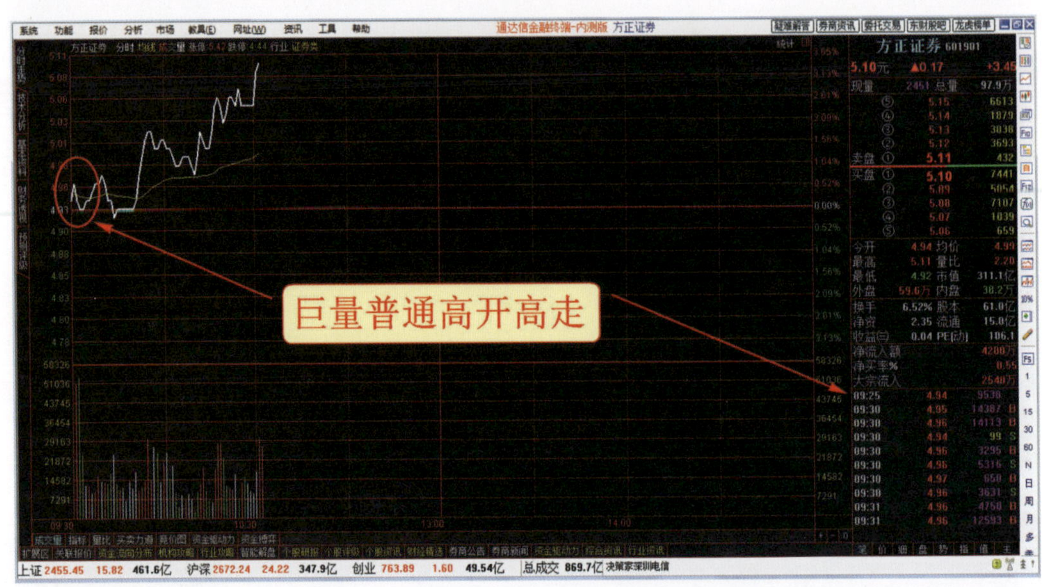

图 61 解说

图 61 介绍的是巨量普通高开高走。所谓巨量，就是指成交量非常之大，比如单笔成交量某一个数值。巨量的含义是动态的，要结合流通股本的大小来界定。而且，大家可以根据自己的偏好自行设定巨量的标准。所谓普通高开，就是指高开的幅度比较小，一般不超过 3% 才叫普通高开。如果高开的幅度很大，就不能称为普通高开了。

本图要点如下：

一、开盘价的数据通常以 9：25 集合竞价结束后第一笔成交的价格为准，开盘价的高低反映了当天主力操盘的基本意图。

二、本图开盘的成交量达到了 9538 手，相对于流通盘而言，可以算是巨量。

三、开盘的高开幅度低于 1%，是最常见的普通高开。如此微小的开盘涨幅，说明当天并不打算一开始就很张扬，以避免过分刺激短线客。

四、开盘之后，先是瞬间小幅度上冲，然后快速下行，击穿均价线，在前收盘价附近止跌上行，量能很小，随后再次下行，击穿均价线，直奔前收盘价而去，成交量略微放大。

五、折腾了一小阵之后，出现了快速大单拉升，返回均价线之上，震荡拉升。如此走势说明早盘的走势属于典型的示弱，诱空。随后的高走体现出主力的操盘意图。

相关阅读 121 巨量普通高开高走之一

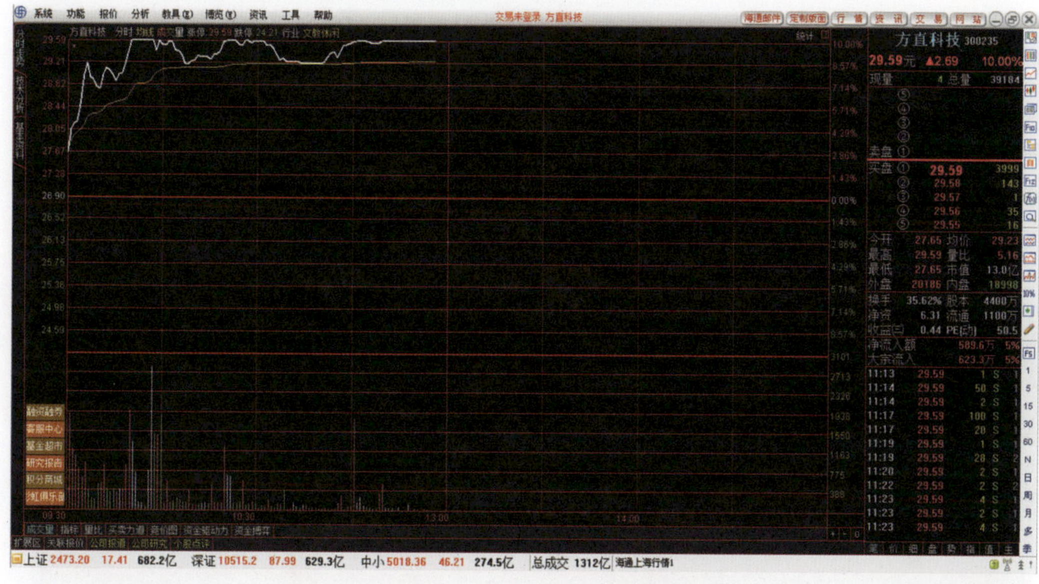

关联图 121 巨量普通高开高走之一

相关阅读 122 巨量普通高开高走之二

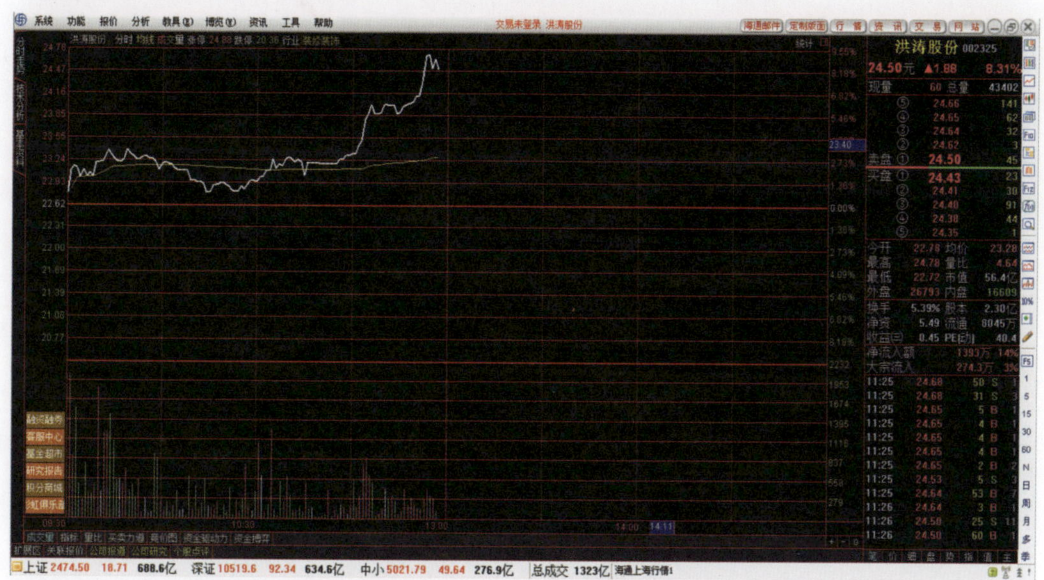

关联图 122 巨量普通高开高走之二

图 62　巨量普通高开低走

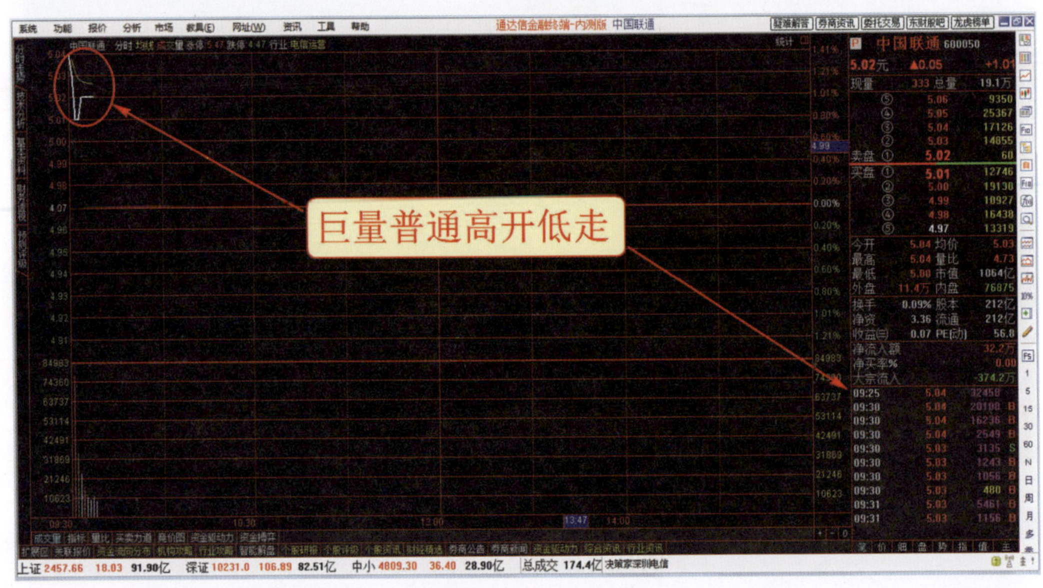

图 62 解说

图 62 介绍的是巨量普通高开低走。开盘的成交量很大，但是开盘的幅度却很小，属于典型的巨量普通高开。这样的开盘通常意味着当天可能是滞涨走势，当下谋求出局的筹码过多，导致了开盘后向下寻找对手盘，如果带量下行，则说明急于出货的人不少，相反，如果下行不带量，则说明筹码比较稳定，高开低走只不过是主力骗人的把戏。

本图要点如下：

一、开盘的成交量达到了 32458 手，属于巨量范畴。如此巨大的开盘量，说明参与竞价的双方存在着大资金持有者，不是小散所为，值得留意。

二、开盘的高开幅度很小，说明并没有猛烈攻击的意图。

三、开盘之后，股价一路下行，成交量出现萎缩，说明主力出货的意图并不明显。

四、巨量普通高开低走通常是主力清洗浮筹的惯用手法，在当下，给人一种放量下跌的感觉，诱使大家看到十分疲软的走势，从而失去持股信心。

五、高开低走的时候，可以观察前收盘价附近的支撑是否成立，如果成立，不跌破前收盘价，则说明如此高开低走有明显的诱空嫌疑，接下来可能出现强势整理态势。

相关阅读 123　巨量普通高开低走之一

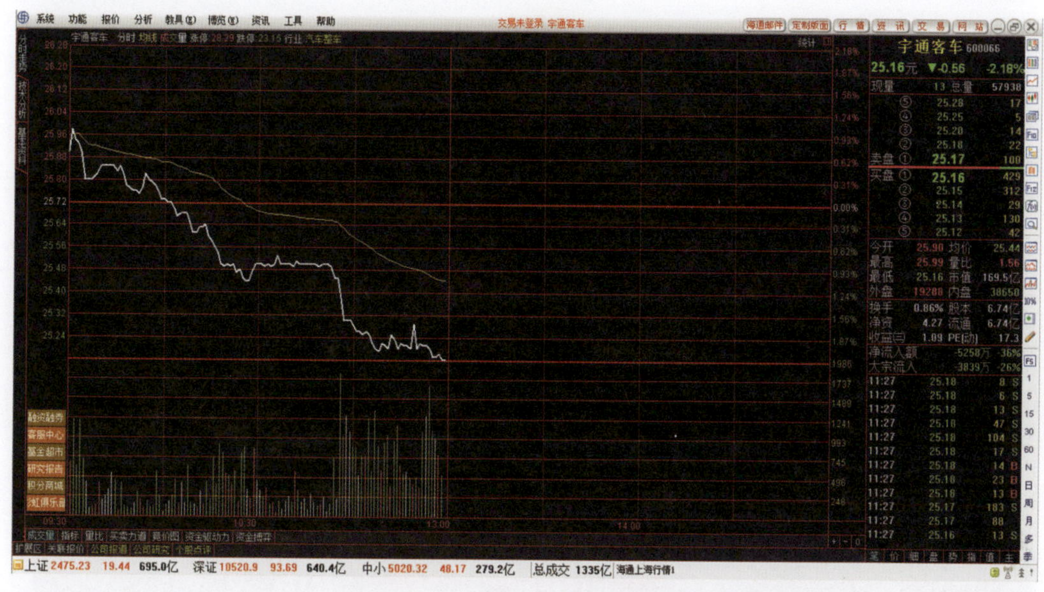

关联图 123　巨量普通高开低走之一

相关阅读 124　巨量普通高开低走之二

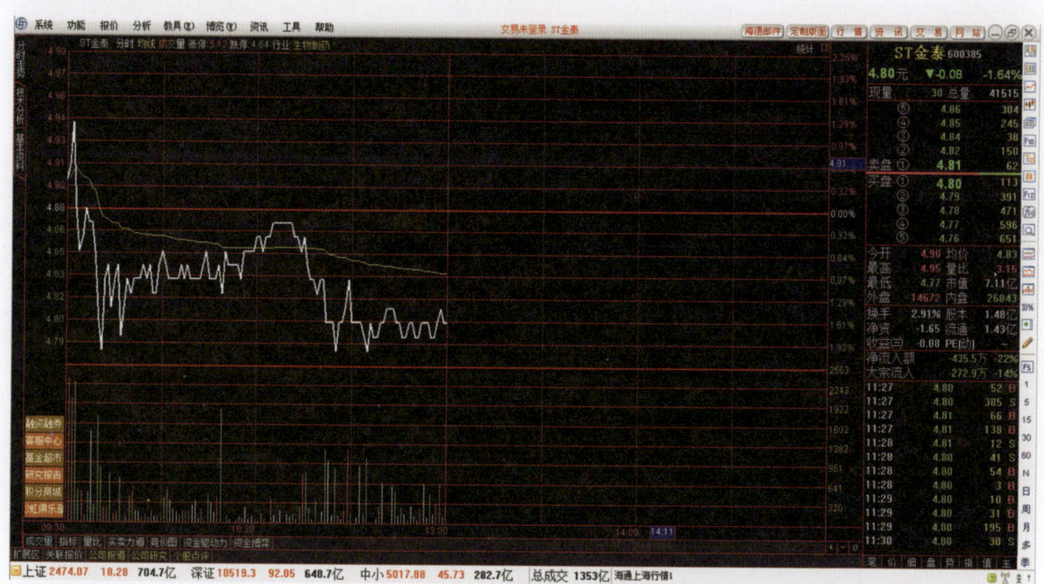

关联图 124　巨量普通高开低走之二

图 63　巨量强势高开高走

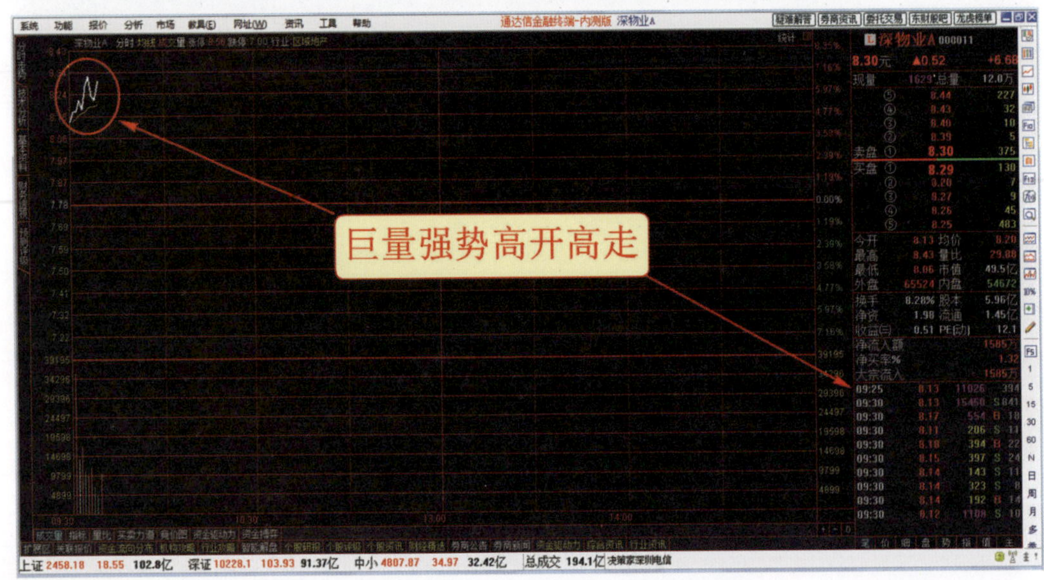

图 63 解说

图 63 介绍的是巨量强势高开高走。关于巨量，请参照前边的叙述。所谓强势高开，通常是指高开的幅度比较大，一般超过了 3%，介于 3% 和 7% 之间，称为强势高开，如果超过了 7%，就称为极限强势高开了。强势高开反映了做盘资金当天的操作意图，要认真研究。

本图要点如下：

一、开盘的第一笔成交量达到 11026 手，相对于这样的流通盘而言，属于巨量。

二、高开的幅度很大，超过了 3%，属于明显的强势高开。

三、开盘之后，瞬间稍微下挫，就立即翻身上攻，再度回落不破均价线，属于明显的强势特征，此时需要观察成交量的配合情况，如果价量关系健康，说明当天可能进一步上攻。

四、相反，如果股价震荡上攻，成交量却出现背离，价量关系不健康，那么上攻的力度就值得怀疑，拉升的持续性也值得怀疑。

五、在临盘实战时，此时不必急于介入，应当观察开盘三线是否构成买入支撑点。

相关阅读 125 巨量强势高开高走之一

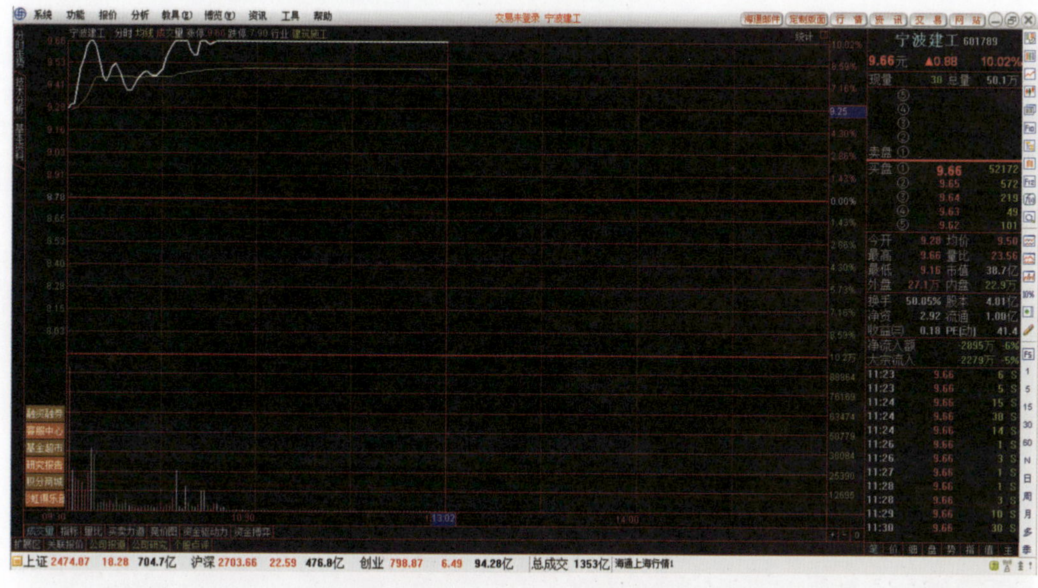

关联图 125 巨量强势高开高走之一

相关阅读 126 巨量强势高开高走之二

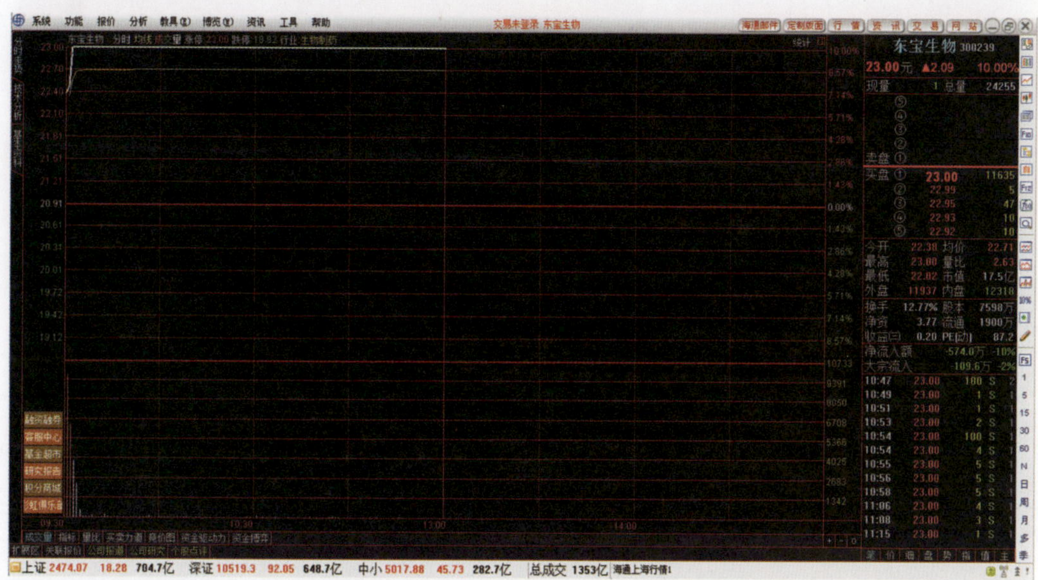

关联图 126 巨量强势高开高走之二

图 64　巨量强势高开低走

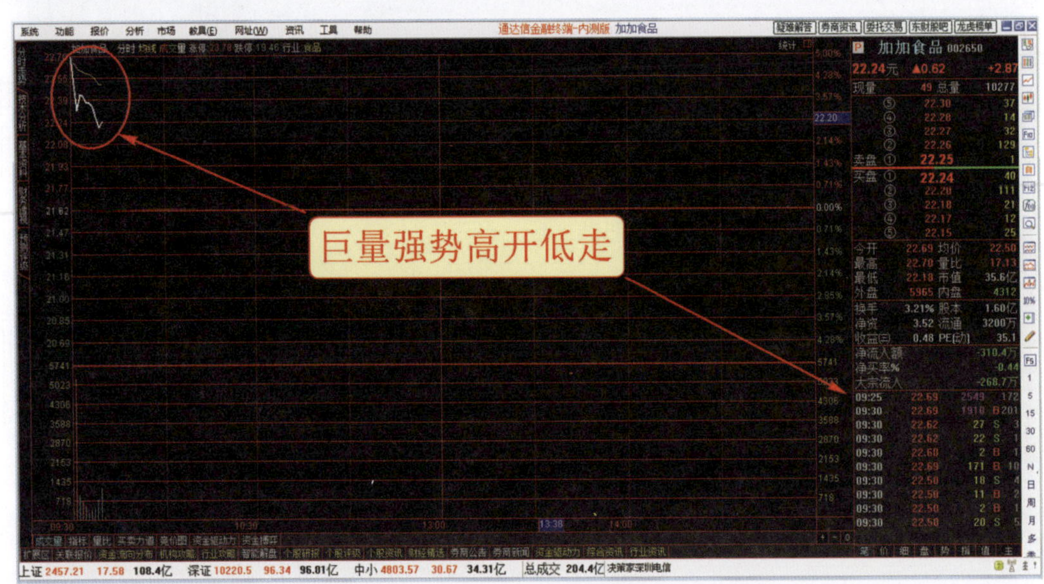

图 64 解说

图 64 介绍的是巨量强势高开低走。开盘的成交量十分巨大，说明参与者出手比较重，高开的幅度比较大，但是却是向下走，就不是健康的攻击走势，此时需要谨慎对待。巨量强势高开低走通常是主力操纵股价的结果，至于操纵的深层次意图是什么，要结合当时股价的空间位置来分析，不要轻易下结论。如果在空间位置的高位，则属于阶段性出货行为，相反，如果处于空间位置的低位，则属于阶段性诱空行为。因此，我们在看盘的时候，不要教条式地理解盘面的走势，而要辩证地分析，理性地解读盘口走势。

本图要点如下：

一、开盘的第一笔成交量达到 2549 手，相对于这样的流通股本而言，属于巨量。

二、高开的幅度超过了 3%，已经属于强势高开，而且，从图形上来看，向上跳空的缺口还比较大，说明有竭尽力气奋力一搏的感觉。

三、开盘之后，不是向上攻击，而是快速下行，同时呈现出阶梯式量峰放大。

四、如此开盘走势，说明此时有操盘资金故意引导大众恐慌性卖出。

五、临盘实战中，遇到这样的走势，如果是短线投机，可以选择快速反抽的时候，止盈出局，保存胜利果实，落袋为安。

相关阅读 127　巨量强势高开低走之一

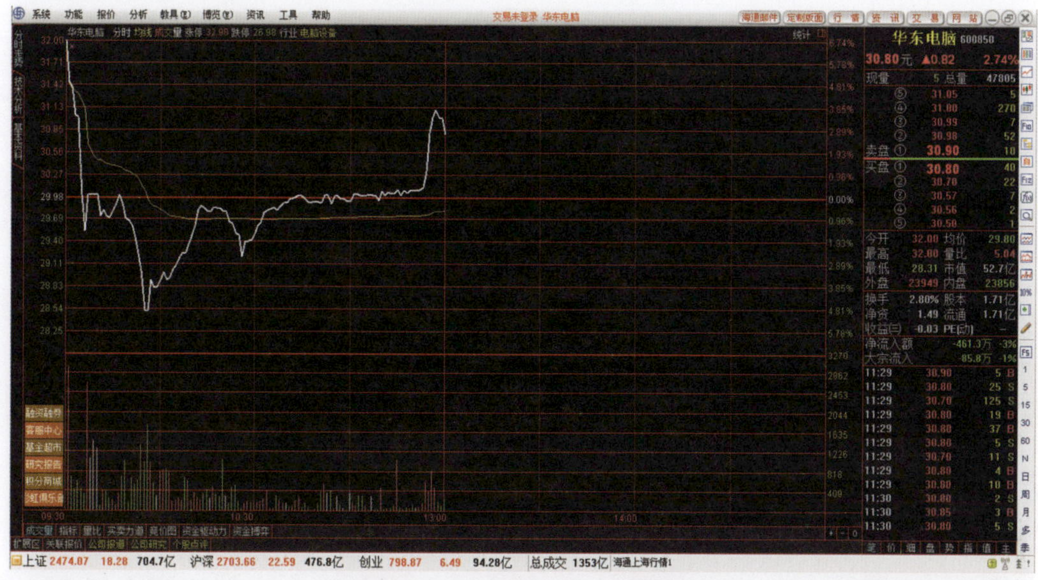

关联图 127　巨量强势高开低走之一

相关阅读 128　巨量强势高开低走之二

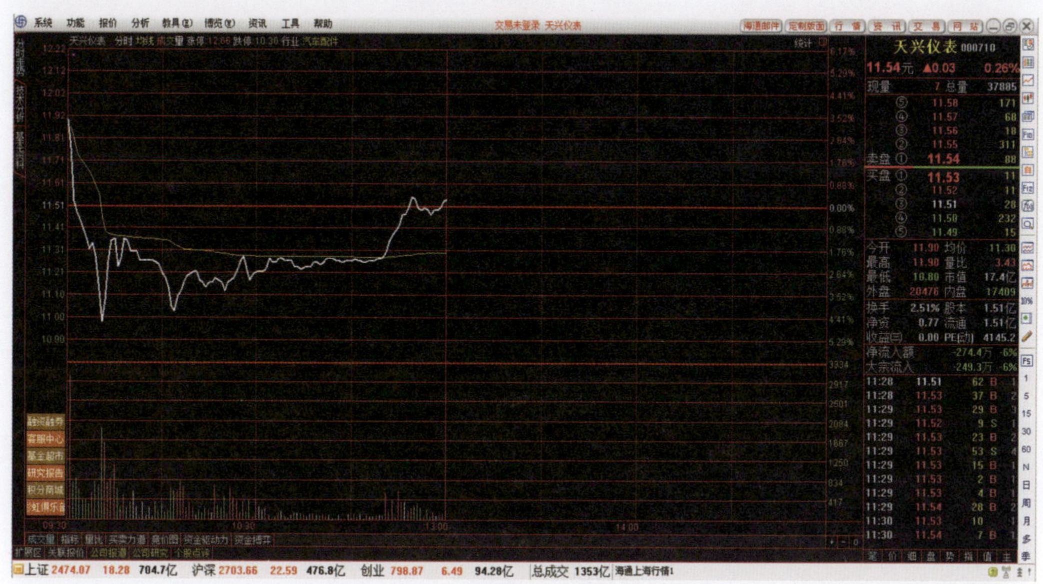

关联图 128　巨量强势高开低走之二

图 65　巨量普通低开高走

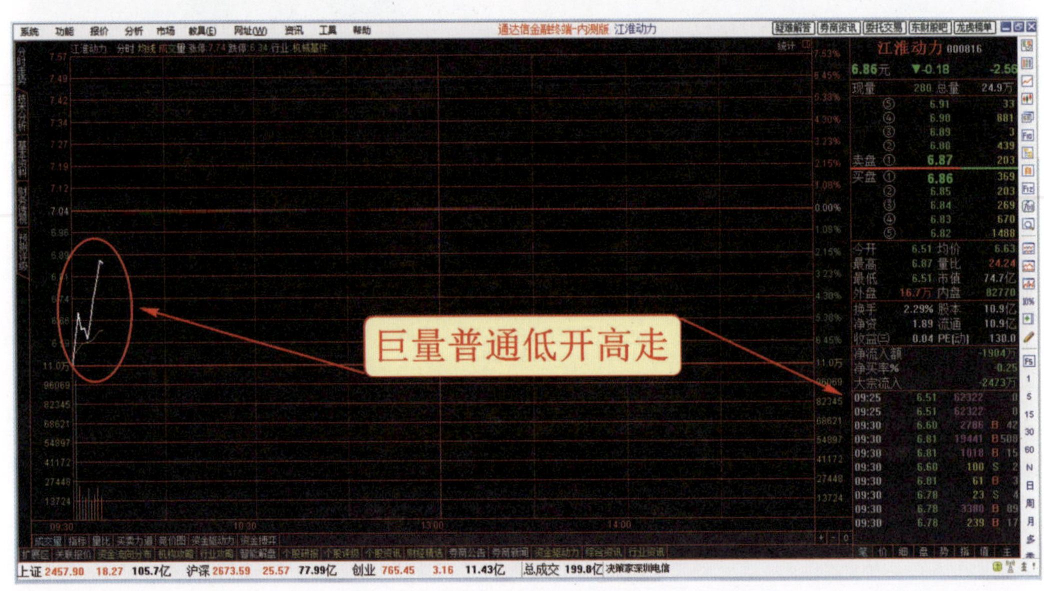

图 65 解说

图 65 介绍的是巨量普通低开高走。巨量普通低开，一般是指开盘的第一笔成交量比较大，而且低开的幅度大于 -3%，介于 -3% 和 -7% 之间。这就是我们常说的普通低开，如果低开的幅度达到 -7% 以上，就不再是普通的低开，而是极为弱势的低开了。普通的低开通常是主力操纵股价的结果，是一种比较常见的示弱行为，目的在于利用集合竞价的低开制造一种恐慌氛围，诱使投资者低位卖出。如果在空间位置的高位，低开的意义就不同了。

本图要点如下：

一、开盘的第一笔成交量达到 62322 手，属于非常典型的巨量开盘。

二、开盘低开的幅度超过了 -5%，属于明显的大幅度低开。

三、大幅度低开而且伴随着巨大的成交量，给人一种强力的震撼。

四、如果当下股价处于空间的低位，或者处于股价启动拉升的初期，出现这样的走势，很明显是一种向下诱空行为，目的在于诱空，骗人出局。

五、临盘实战的时候，遇到这样的低开走势，不要急于下结论，先观察随后的走势再做决定。如果低开高走，回落不再创新低，可以试探性建仓。

相关阅读 129　巨量普通低开高走之一

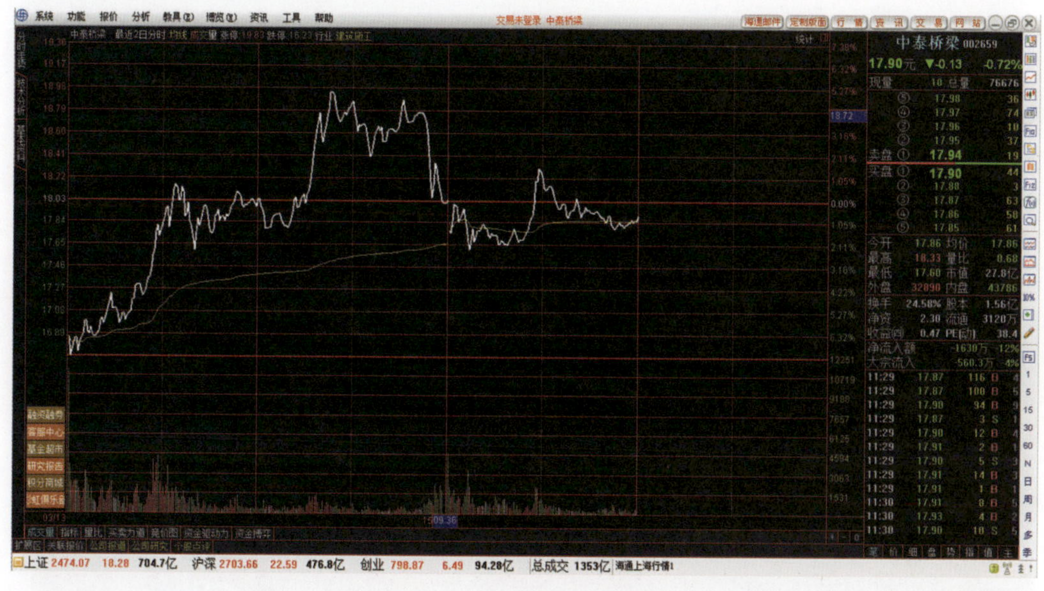

关联图 129　巨量普通低开高走之一

相关阅读 130　巨量普通低开高走之二

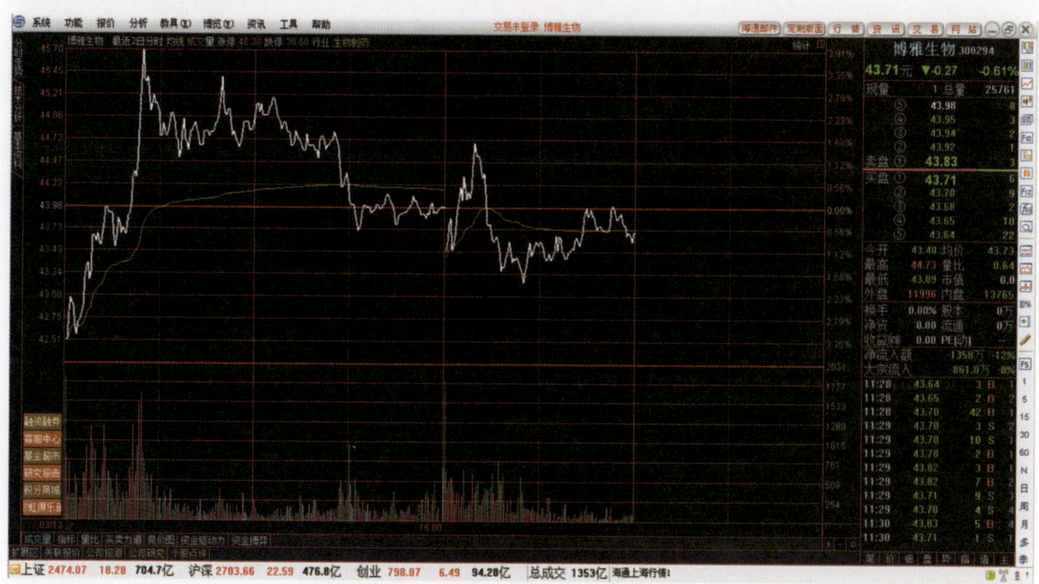

关联图 130　巨量普通低开高走之二

图 66　巨量普通低开低走

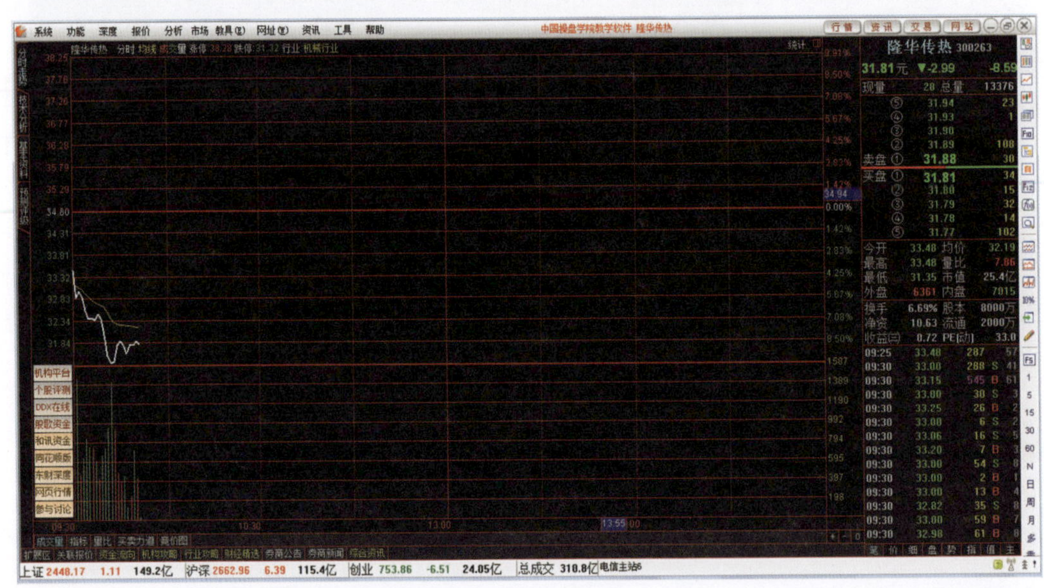

图 66 解说

图 66 介绍的是巨量普通低开低走。所谓巨量普通低开，是指开盘的第一笔成交量比较大，而低开的幅度也比较大，开盘后股价向下运行，早盘时间段一路盘跌，呈现出明显的低开低走态势。如果低走的过程中出现价跌量升的态势，说明有恐慌盘卖出，主力低开的意图得以实现，相反，如果低开低走态势出现了成交量却萎缩，则说明恐吓的效果不佳。

本图要点如下：

一、开盘的第一笔成交量达到了 287 手，对于迷你流通盘的品种来说，也算是巨量。

二、低开的幅度达到了 –3%，符合普通低开的要求，如果超过 –5% 甚至更多，效果更佳。

三、开盘后，直接一路下行，连像样的反弹也没有，直接三波杀跌，成交量急剧放大，说明主力操盘的手法犀利凶狠，也说明恐慌盘开始涌出。

四、对于这样的走势，盘中要结合盘口走单来判断主力的操作意图。

五、临盘实战的时候，不要急于动手，持筹的投资者也不必急于杀跌，耐心等待企稳后，出现反抽时再决定是否出局，过早动手往往会落入诱空陷阱。

相关阅读 131　巨量低开低走之一

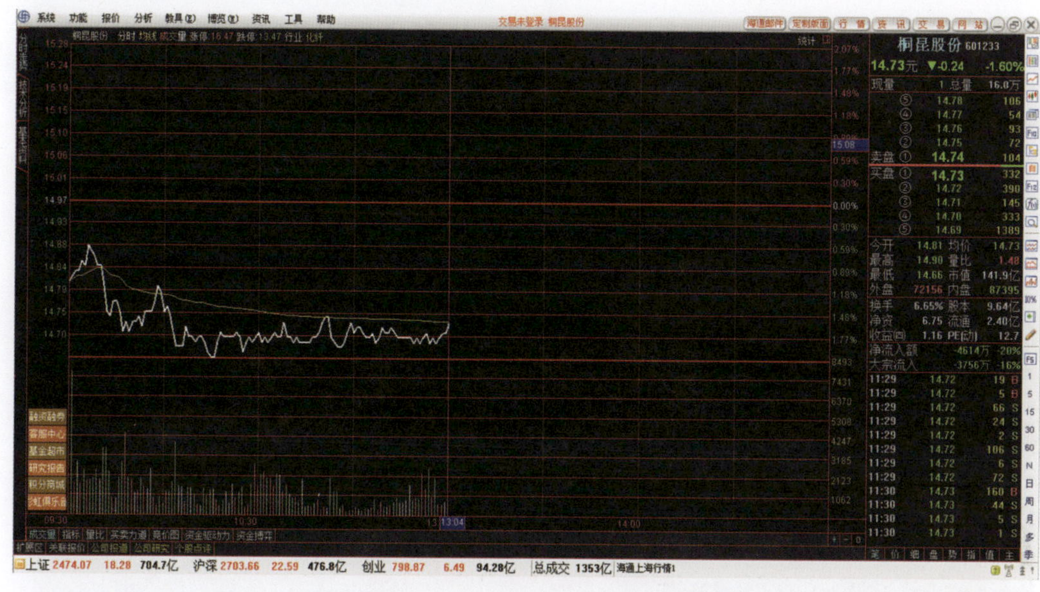

关联图 131　巨量低开低走之一

相关阅读 132　巨量低开低走之二

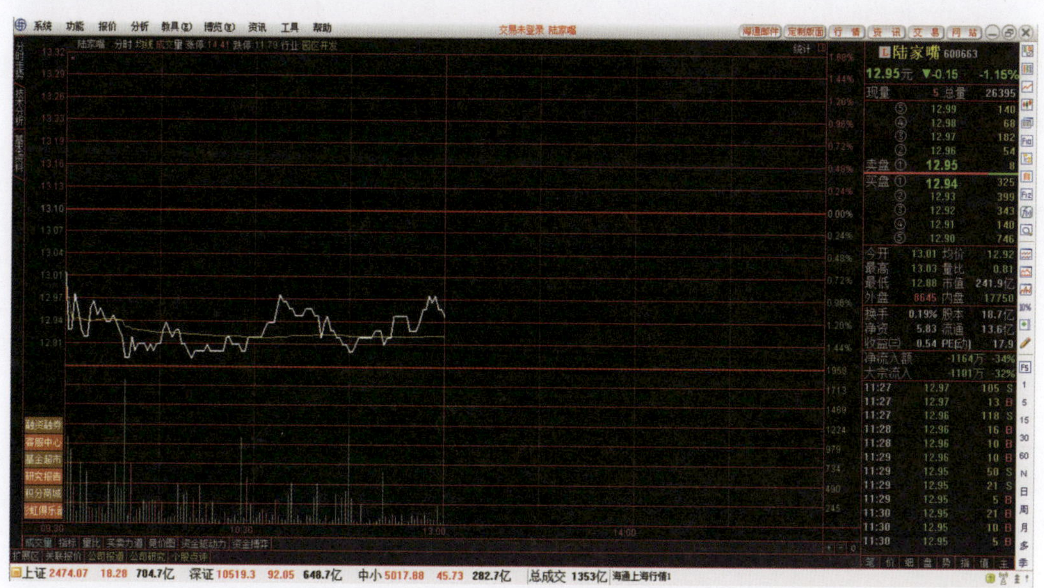

关联图 132　巨量低开低走之二

图 67　巨量强势低开高走

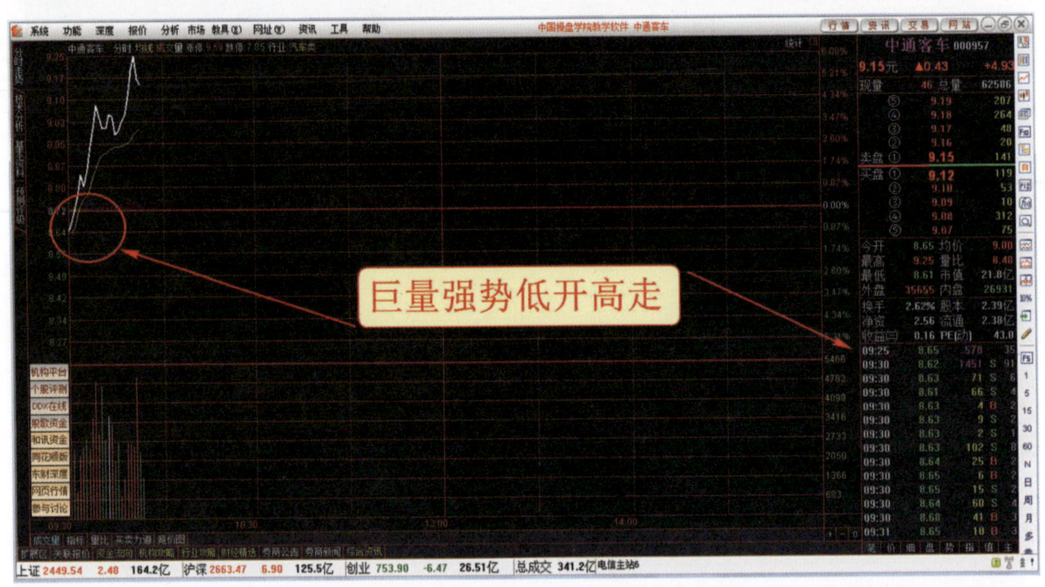

图 67 解说

图 67 介绍的是巨量强势低开高走。所谓强势低开，就是指股价低开的幅度比较小，不超过 -3% 的开盘方式。如果低开的幅度比较大，超过了 -3% 甚至更多，说明参与集合竞价的空方力量过于强大，属于弱势的范围，至少在开盘这个时间节点上已经处于弱势了。

本图要点如下：

一、开盘的第一笔成交量达到了 578 手，属于略微偏小的巨量。

二、低开的幅度小于 -3%，属于强势的范畴之内，强势的特征还在。

三、开盘之后，略微下探就快速掉头向上，三波拉升，第一次回落不触及均价线，再度回落缩量特征明显，也不触及均价线，表现出极为强烈的上攻欲望。

四、强势低开高走属于强大主力操纵股价的结果，如果出现在空间位置的低位，股价处于启动拉升的初期，说明主力利用集合竞价的诱空战术，达到清洗浮筹的目的。

五、临盘实战过程中，一旦遇到这样的盘口走势，不必急于介入。早盘的急跌快攻究竟属于什么性质，当结论还没明确的时候，保持观望比较明智。

相关阅读 133　巨量强势低开高走之一

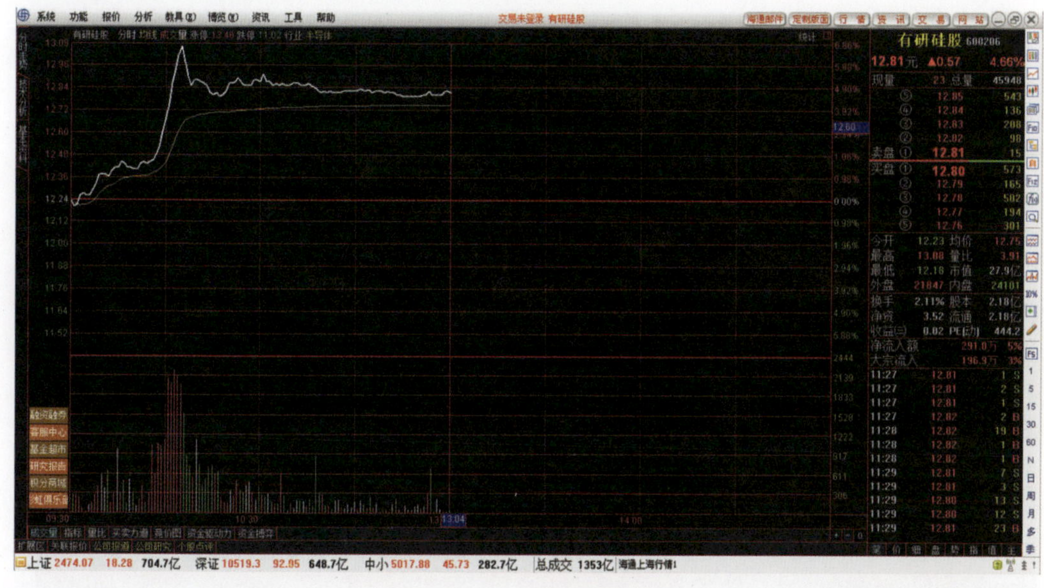

关联图 133　巨量强势低开高走之一

相关阅读 134　巨量强势低开高走之二

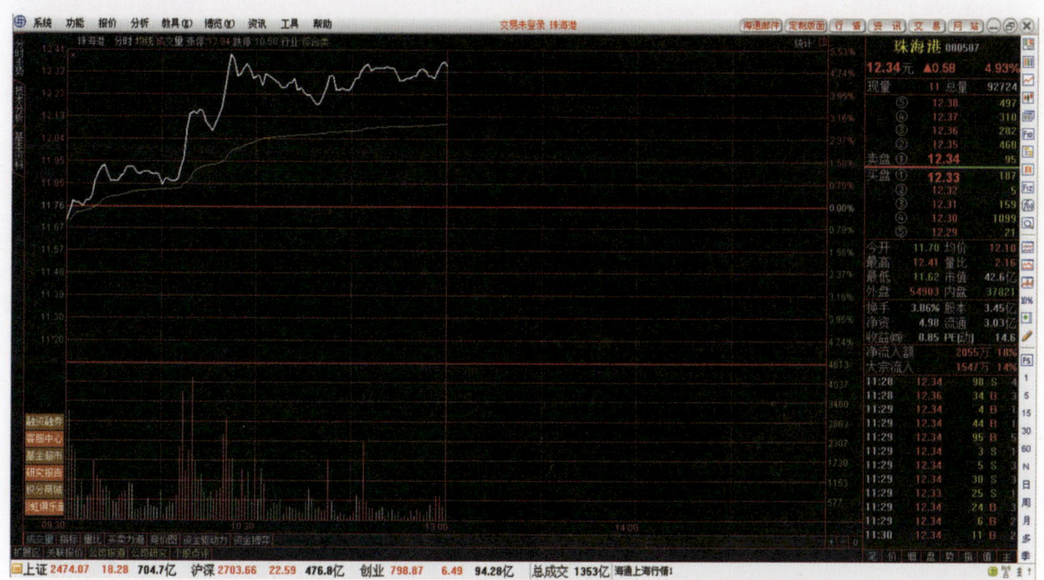

关联图 134　巨量强势低开高走之二

图 68　巨量强势低开低走

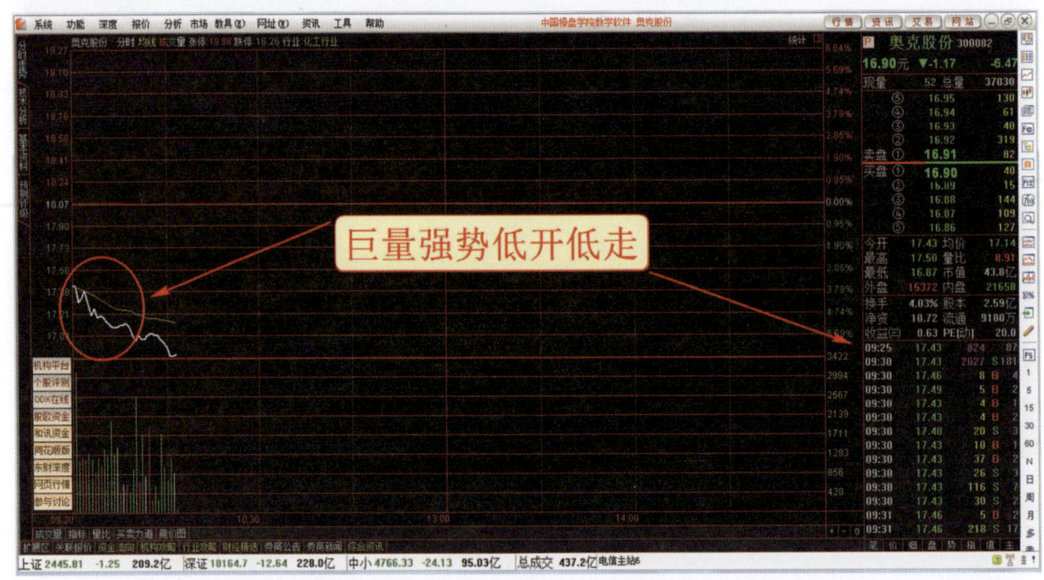

图 68 解说

图 68 介绍的是巨量强势低开低走。和上边介绍的巨量强势低开高走正好相反，股价运行的方向不断向下延伸，在这个过程中，分时图上表现为高点不断下移，同时低点也不断下移，整个态势属于明显的下行，反弹无力，空方的力量过于强大。

本图要点如下：

一、第一笔成交量达到了 824 手，基本上符合巨量开盘的特征。

二、低开的幅度小于 -3%，还处于强势低开的范畴之内。在这里，判断低开的性质时，要特别留意低开的幅度，如果超过了 -3%，那么就属于偏弱了。

三、开盘之后，出现十分短暂的上攻，幅度很小，旋即向下，一路盘跌，弱势的特征十分明显，表明此时空方的力量过大。

四、盘面上出现价跌量升的态势，反弹无力。

五、临盘实战的时候，遇到这样的走势，唯一正确的策略就是保持观望。

相关阅读 135　巨量强势低开低走之一

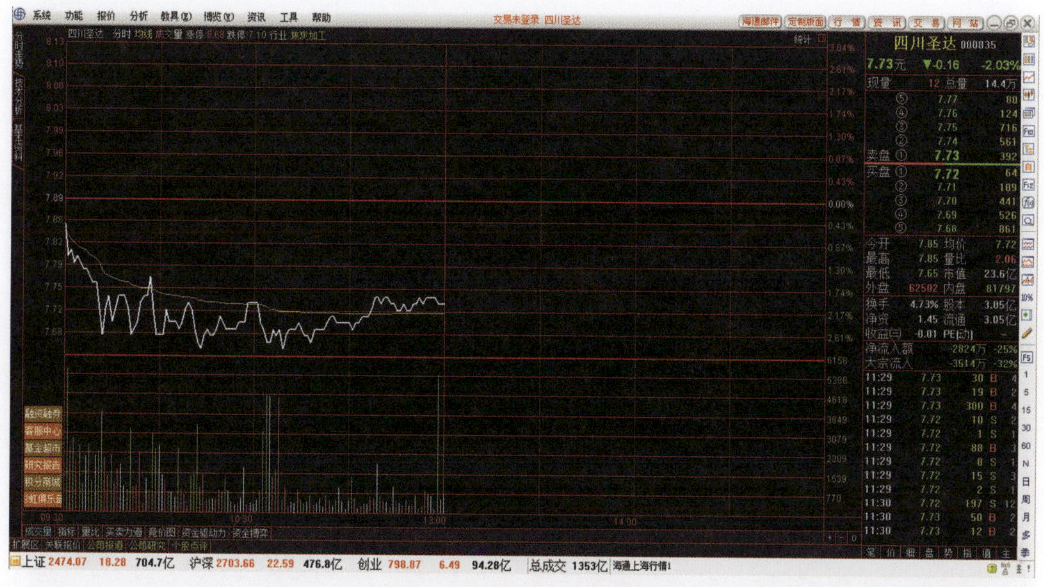

关联图 135　巨量强势低开低走之一

相关阅读 136　巨量强势低开低走之二

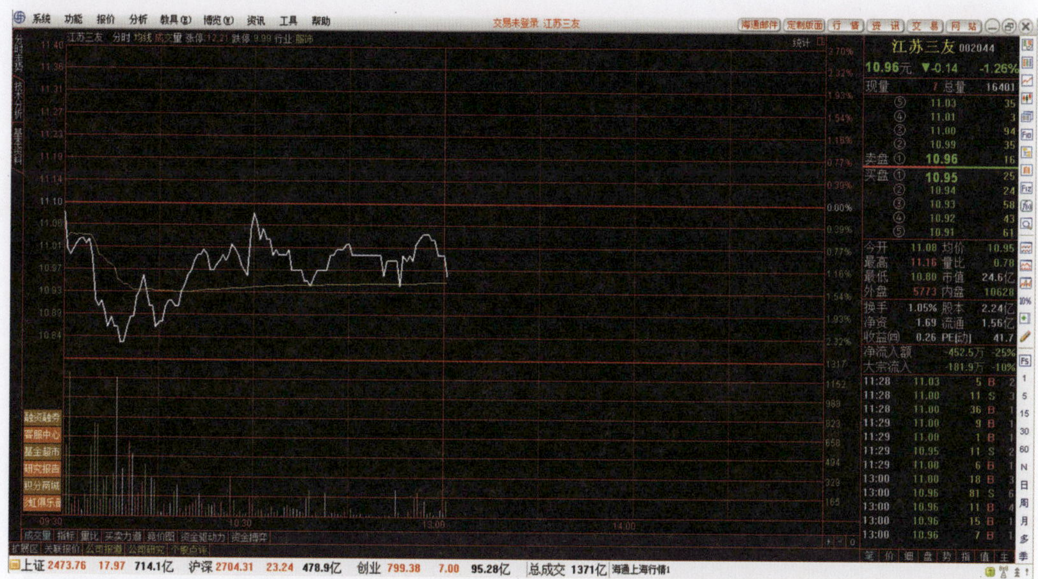

关联图 136　巨量强势低开低走之二

图 69　缩量强势高开高走

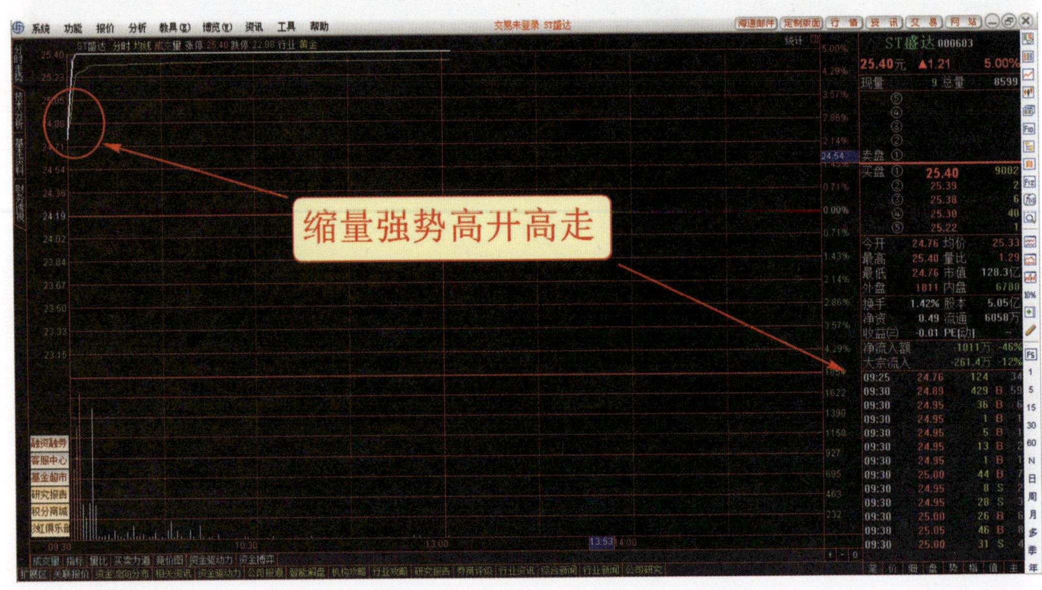

图 69 解说

图 69 介绍的是缩量强势高开高走。所谓缩量，就是指当下的成交量比较小，可以跟上一个交易日的开盘量做比较，也可以结合流通盘的大小，自定义开盘量。缩量强势高开，要求高开的幅度比较大，至少也要大于 3%，如果是 ST 类型，至少也要大于 2%，才算强势高开。如果高开的幅度很大，我们就要认真对待，及时观察后续的走势。

本图要点如下：

一、第一笔成交量仅仅是 124 手，属于偏小的范畴，符合缩量的特征。

二、该股是 ST 品种，高开的幅度超过了 2%，已经属于强势高开。

三、开盘之后，直线拉升，连极小的回档也没有，极短的时间内直奔涨停而去，属于极为强势的高开高走，攻击性拉升的特征十分明显。

四、从拉升的量峰来看，密集程度良好，梯队特征明显，节奏明快，层次清晰。

五、这是非常典型的快速攻击拉升，不给犹豫者任何进场机会，属于非常犀利的短线攻击手法。临盘实战过程中，一旦遇到这样的开盘定式，可以结合空间位置来考量，决策。

相关阅读 137　缩量强势高开高走之一

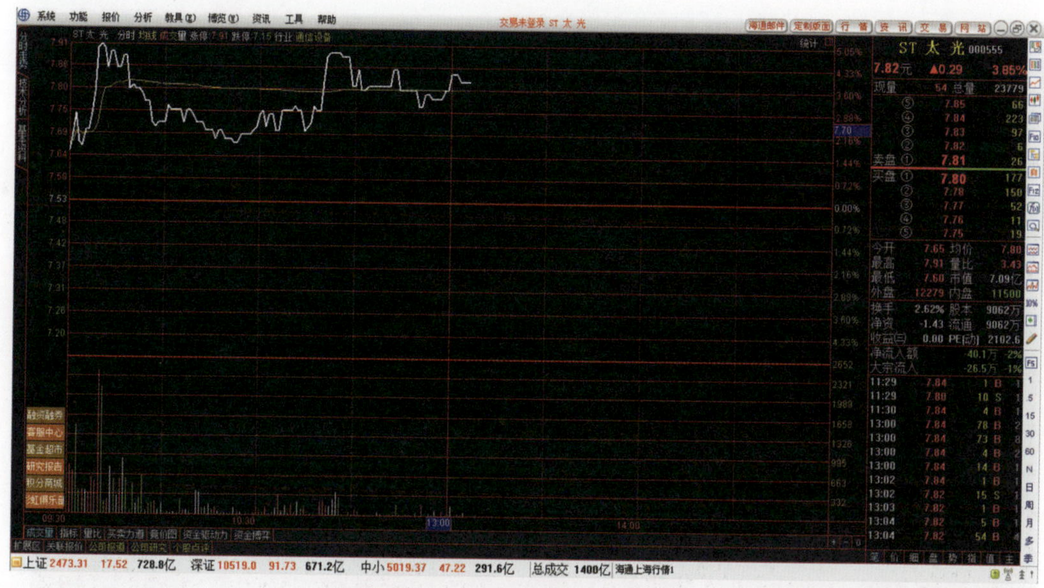

关联图 137　缩量强势高开高走之一

相关阅读 138　缩量强势高开高走之二

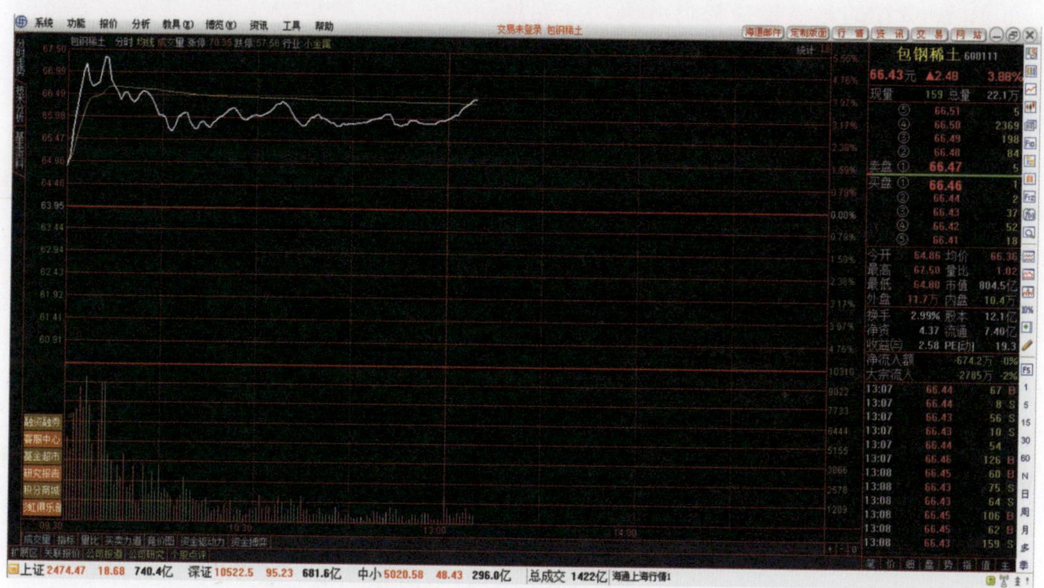

关联图 138　缩量强势高开高走之二

图 70　缩量强势低开高走

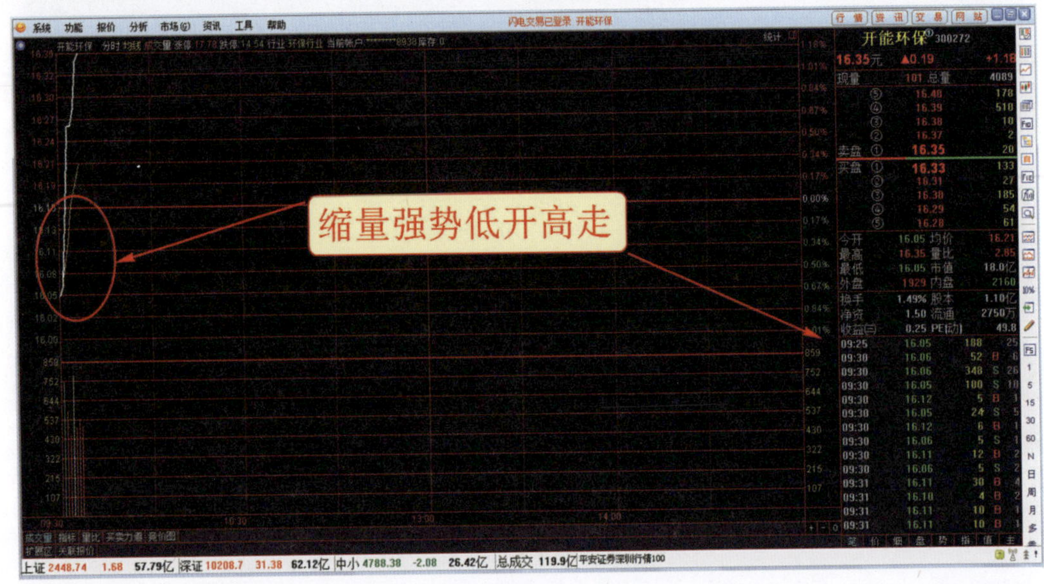

图 70 解说

图 70 介绍的是缩量强势低开高走。缩量强势低开，属于明显的控盘主力示弱特征，可以理解为在集合竞价阶段，参与竞价的力量比较小，甚至是刻意不参与，以便隐藏自己的操作意图。这种示弱带有明显的诱空性质，目的很明显，就是要躲避跟风资金的追击，为日后的拉升减少抛压。而开盘后快速拉升，迅猛，快捷，快速脱离开盘区域，也是这个意图。

本图要点如下：

一、第一笔成交量仅为 188 手，也算是比较小，属于缩量范畴。

二、低开的幅度很小，不到 -1%，属于十分强势的低开，带有象征的性质。

三、开盘价就是当天的最低价，连最微弱的下探也没有，直接上攻，一路拉升不回头，这样的走势已经表明集合竞价的低开属于故意示弱，诱使大家误判。

四、在这样的开盘定式中，要特别注意观察开盘后量峰和股价的配合情形，如果量峰密集，厚实，堆量明显，需要十分小心。如果对敲明显，说明控盘的力度很大，后市拉升的可能性比较大。无论如何，此时的拉升过急，操纵的意图过于明显。

五、临盘实战的时候，一旦遇到这样的盘口，不要急于介入。

相关阅读 139　缩量强势低开高走之一

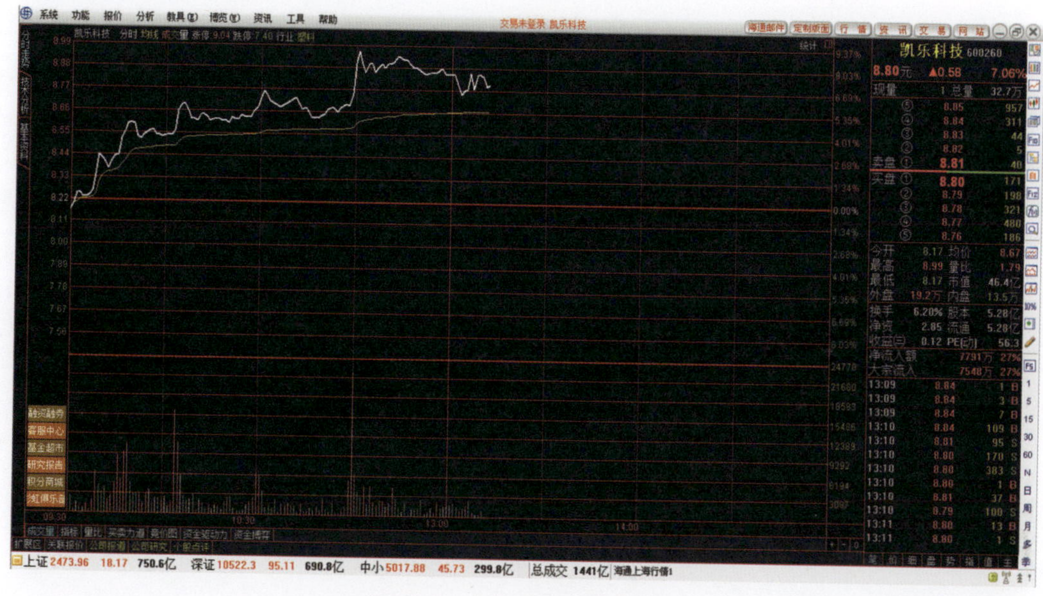

关联图 139　缩量强势低开高走之一

相关阅读 140　缩量强势低开高走之二

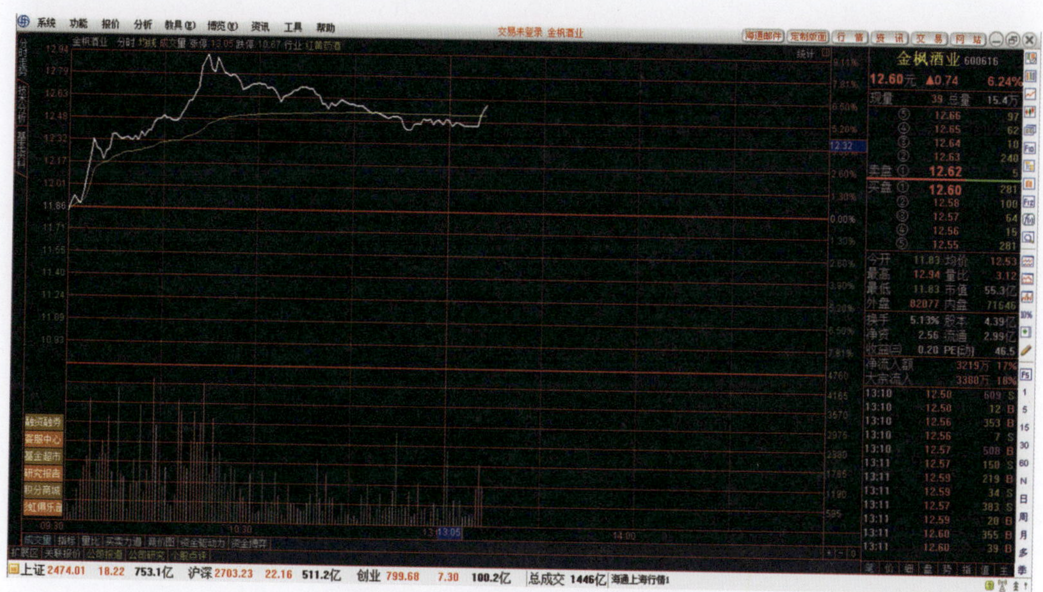

关联图 140　缩量强势低开高走之二

第八篇
盘中异动数据解读

盘中异动反映和记录了主力操纵股价的行为轨迹，通过研究盘中出现的各种异动数据，我们可以及时发现主力的行踪，反过来说，如果我们要及时发现主力的身影，可以从盘中异动入手，监测、监控、跟踪、跟进。因此，在实战看盘中，我们要对盘中异动高度重视。

盘中异动有各种表现，归纳起来，可以分为两大类：一类是量能的异动，一类是价格的异动。量能的异动包括瞬间放量、持续堆量、突然缩量、间歇性放量等等。我们经常提到的对敲，对倒，也属于异动。最新的说法是自买自卖、约定交易，都属于异动范畴。价格的异动包括瞬间大幅度拉升，或者瞬间大幅度压低，这都是人为操纵的结果。

无论是哪一类型的异动，都是人为操纵的结果，都是主力资金根据操盘目标的需要，引导、诱导、恐吓、惊吓，折磨与引诱，以便达到操纵股价的目的。我们要善于识别这些盘口语言，才能趋利避害，规避风险，立于不败之地。

图 71　盘中瞬间大幅度对敲拉升

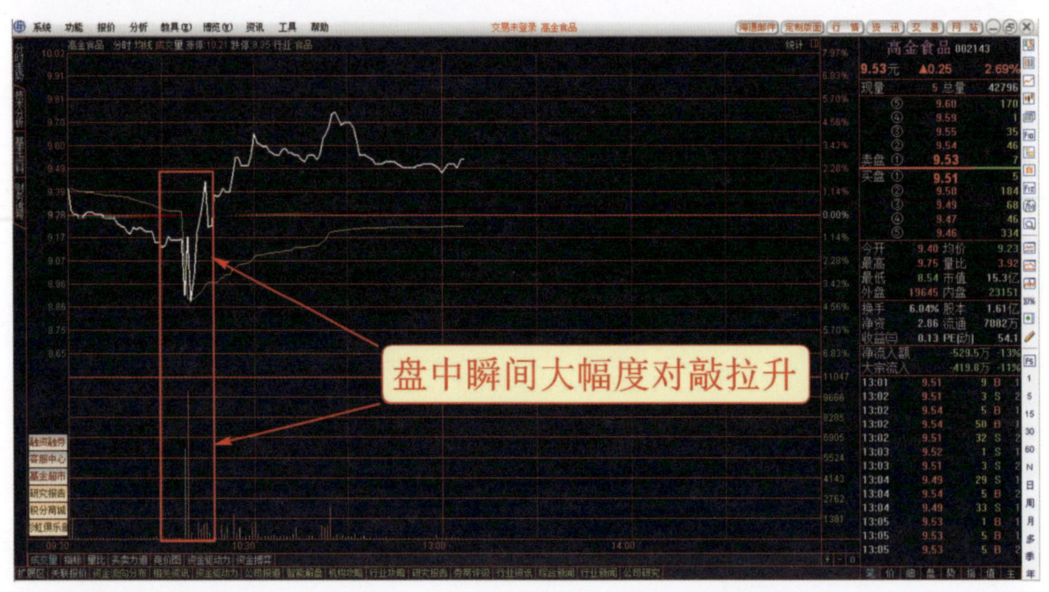

图 71 解说

图 71 介绍的是盘中瞬间大幅度对敲拉升。所谓对敲，就是控盘主力自买自卖，是典型的操纵股价。对敲分为向上对敲和向下对敲两种类型。所谓向上对敲，就是预先在相隔比较远的高价位挂出卖单，与此同时自己快速吃掉这些挂单，从而造成股价在短暂的瞬间拔地而起快速拉升，创造出一定的价格空间，为进一步腾挪创造条件。向下对敲的原理和向上对敲相同，只不过是操纵的方向相反而已。

本图要点如下：

一、集合竞价时间段，股价小幅度高开，开盘量达到 1344 手。属于巨量普通高开。

二、开盘之后，股价缓慢向下运行，成交量极度萎缩，如此缩量下跌，说明筹码锁定良好，下跌属于人为的诱空，并不是真实的交易行为。无量空跌，说明主力已经高度控盘。

三、进入第二时间段之后，盘口突然出现了巨量猛砸，瞬间以 2000 手的大单向下对敲，股价猛然下跌了 -3% 以上，如是者再次出现，分时图上出现了心惊肉跳的一幕。

四、随后，股价被极小的买单轻轻拉起，飘然而上，十分轻盈。

五、这样的瞬间大幅度砸盘，瞬间大幅度拉升，对敲的迹象十分明显。

相关阅读 141　盘中瞬间大幅度拉升之一

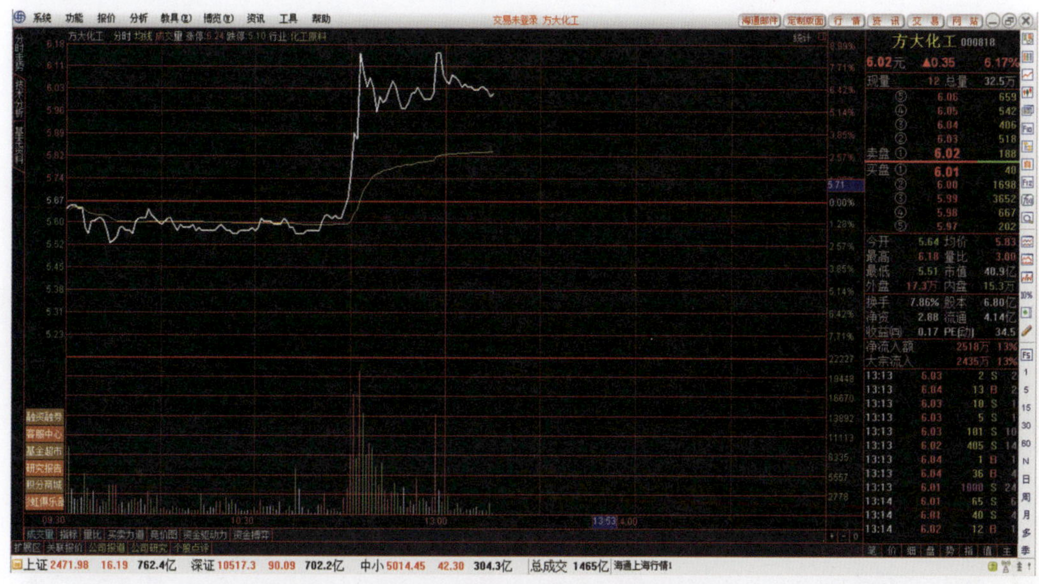

关联图 141　盘中瞬间大幅度拉升之一

相关阅读 142　盘中瞬间大幅度拉升之二

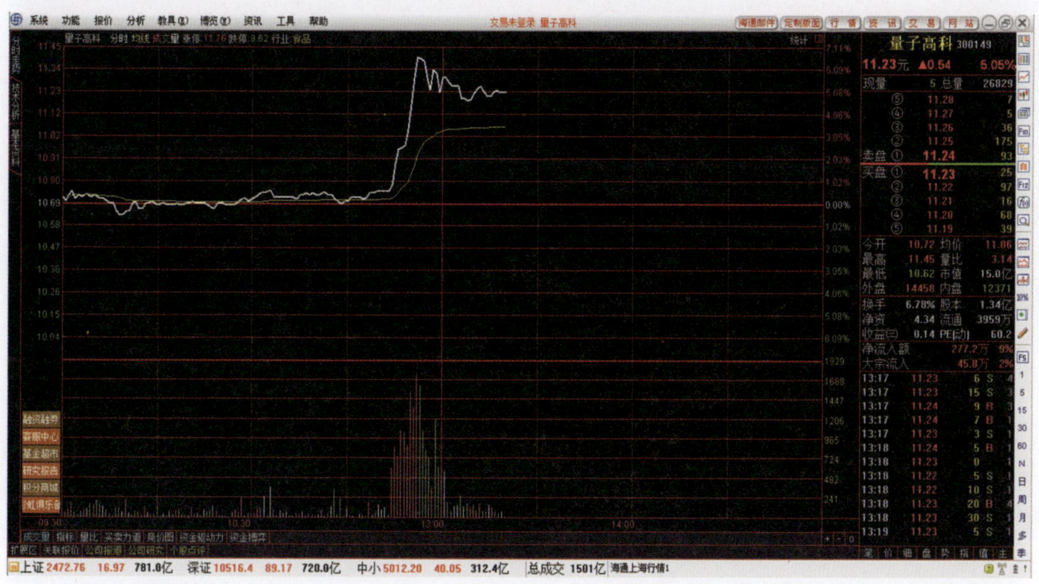

关联图 142　盘中瞬间大幅度拉升之二

图 72　盘中瞬间大幅度对敲打压

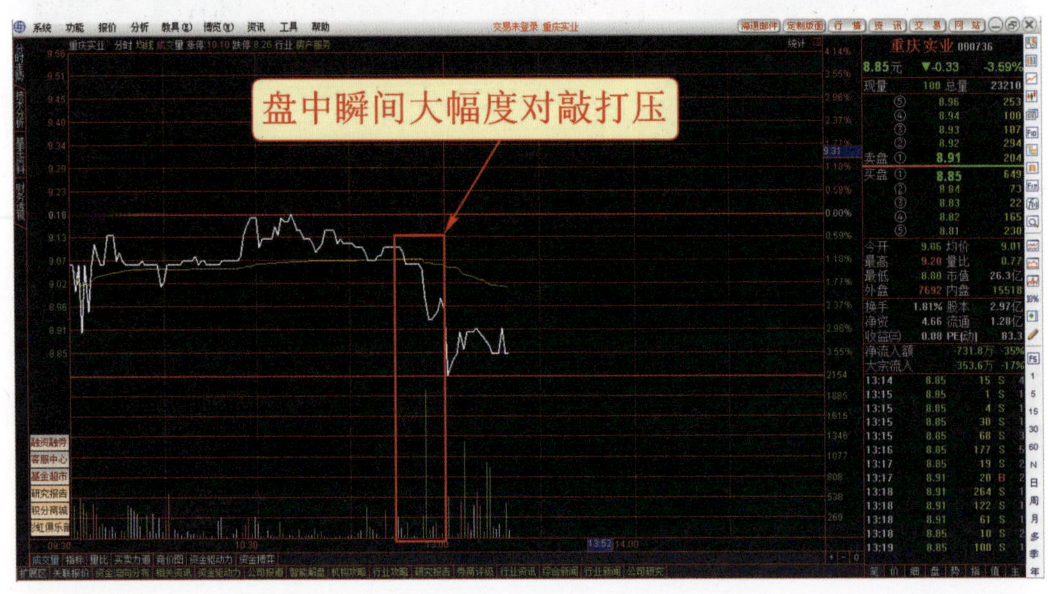

图 72 解说

图 72 介绍的是盘中瞬间大幅度对敲打压。盘中瞬间大幅度向下对敲打压，属于典型的股价操纵行为，在图形上表现为走势平稳的时候突然间出现巨量大单向下砸去，瞬间砸出好几个点的跌幅，从而诱使大家以为主力出逃，恐慌性跟着卖出。这是典型的诱空行为，这样的盘口异动出现在空间位置低位，预示着主力尚未高度控盘，还需要进一步吸筹。

本图要点如下：

一、盘中瞬间大幅度向下对敲，是典型的股价操纵行为，在盘面上，往往是在走势平稳的情况下，突然之间出现莫名其妙的大幅度杀跌，叫人措手不及。

二、从波形来看，往往是直线下行，酷似飞流直下的样子。

三、从量峰来看，往往是单一的、孤独的、前后缺少铺垫的长根量峰。这种前不巴村后不着店的长根量峰，给人一种突兀感，并伴随着股价的快速下挫，有极高的震慑力。

四、主力这样操作的目的，就是要营造一种十分恐怖的氛围，借以恐吓不明就里的投资者，诱使他们内心恐慌，从而在随后的走势中乖乖出局。

五、临盘实战中，遇到这样的走势，不必惊慌失措，可以静观其变，再做决策。

相关阅读 143　盘中瞬间大幅度打压之一

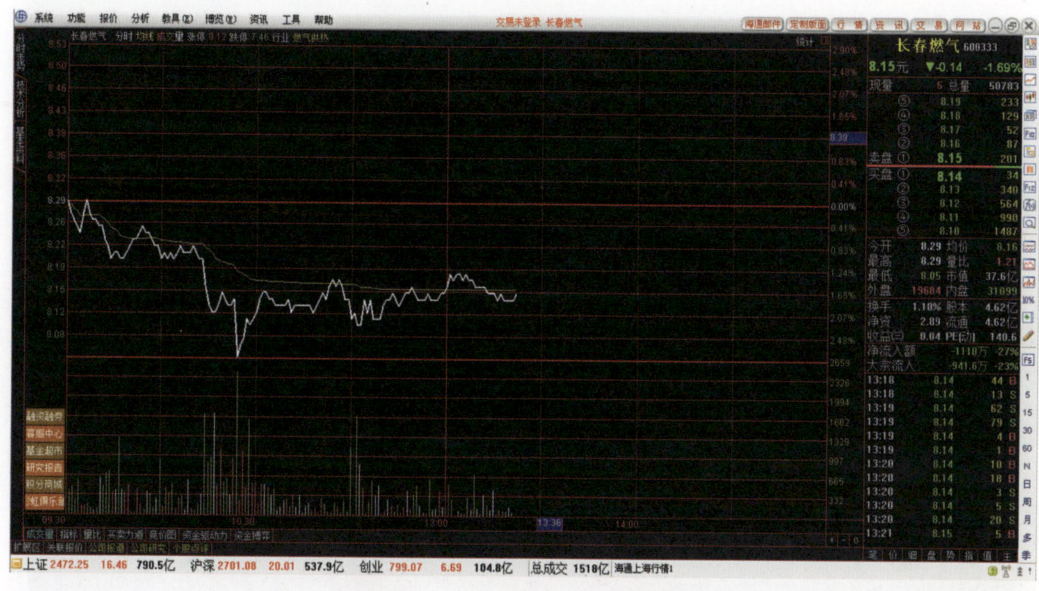

关联图 143　盘中瞬间大幅度打压之一

相关阅读 144　盘中瞬间大幅度打压之二

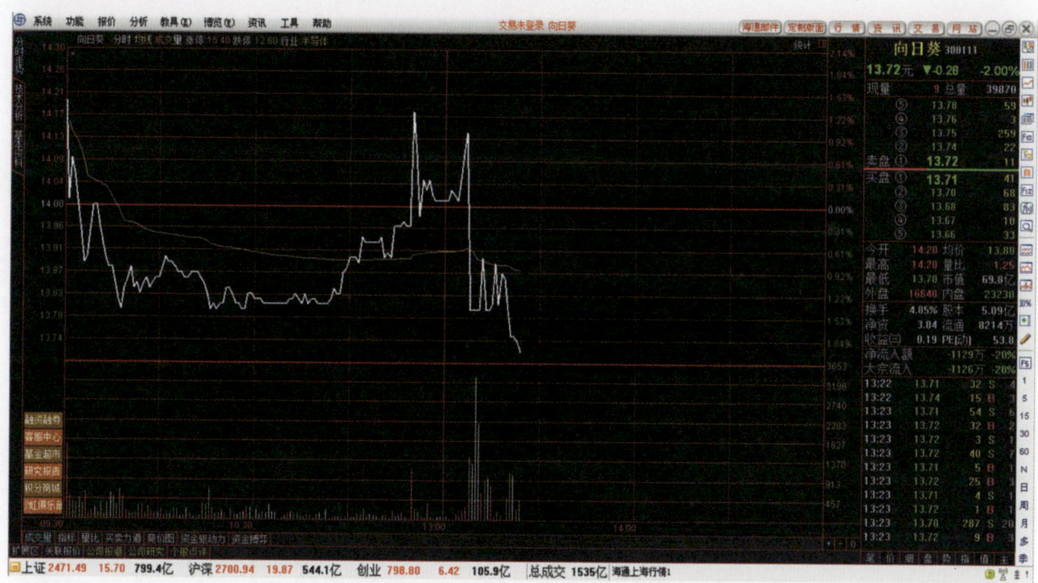

关联图 144　盘中瞬间大幅度打压之二

图 73　盘中密集对倒放量拉升

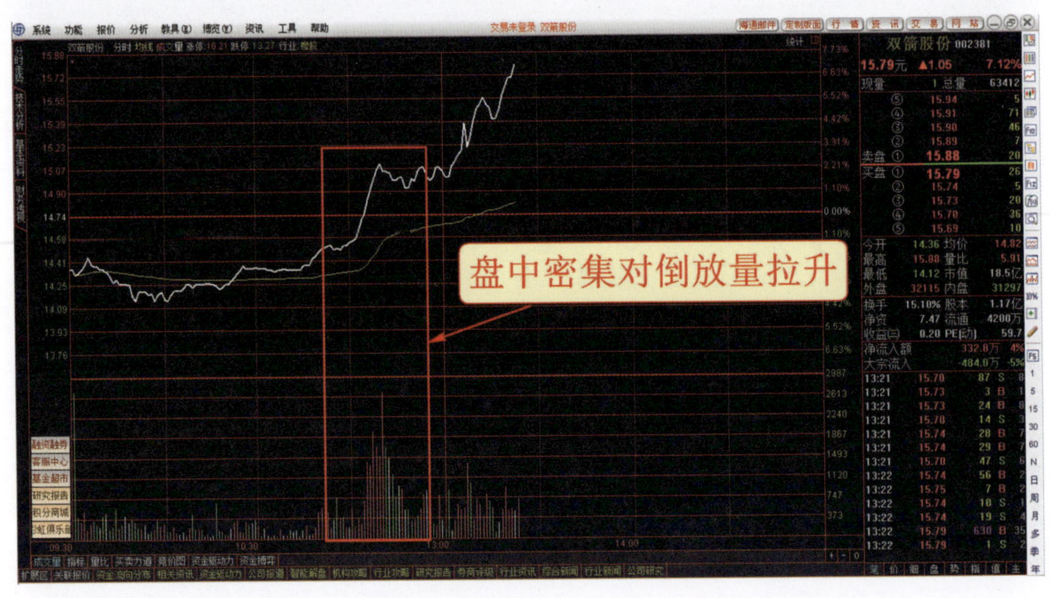

图 73 解说

图 73 介绍的是盘中密集对倒放量拉升。盘中密集对倒放量属于非常典型的量异动，是主力积极做盘的明显征兆。一旦盘中出现明显的量异动，我们就要马上打起精神，密切注意盘口的演变态势。密集对倒放量既可以是拉升股价，也可以是打压股价。密集对倒放量拉升出现的时间节点不同，它的市场含义也就不同，需要细细甄别。

本图要点如下：

一、盘中密集对倒放量拉升可以出现在不同的时间段，如果出现在上半场，尤其是出现在上午 10 点半之前，做盘的积极性比较高。相反，如果出现在下半场，尤其是出现在下午 2 点钟以后，表明做盘的积极性稍差，投机取巧的意味比较浓。

二、如果密集对倒放量拉升出现在空间位置的低位，说明控盘主力有明显的攻击意图，对倒放量的目的在于借势使力，吸引跟风盘抬高股价。

三、如果密集对倒放量拉升出现在空间位置的高位，则说明股价经过大幅度拉升之后，已经到了造势出货阶段，主力通过大肆对倒造量，借以吸引跟风盘接货。

四、从波形上来看，对倒放量拉升的时候，波形比较顺畅、圆润、平滑，富有美感。

五、临盘实战中，遇到量异动，千万别冲动，要冷静分析主力的操盘意图，再做决策。

相关阅读 145　盘中密集对倒放量拉升之一

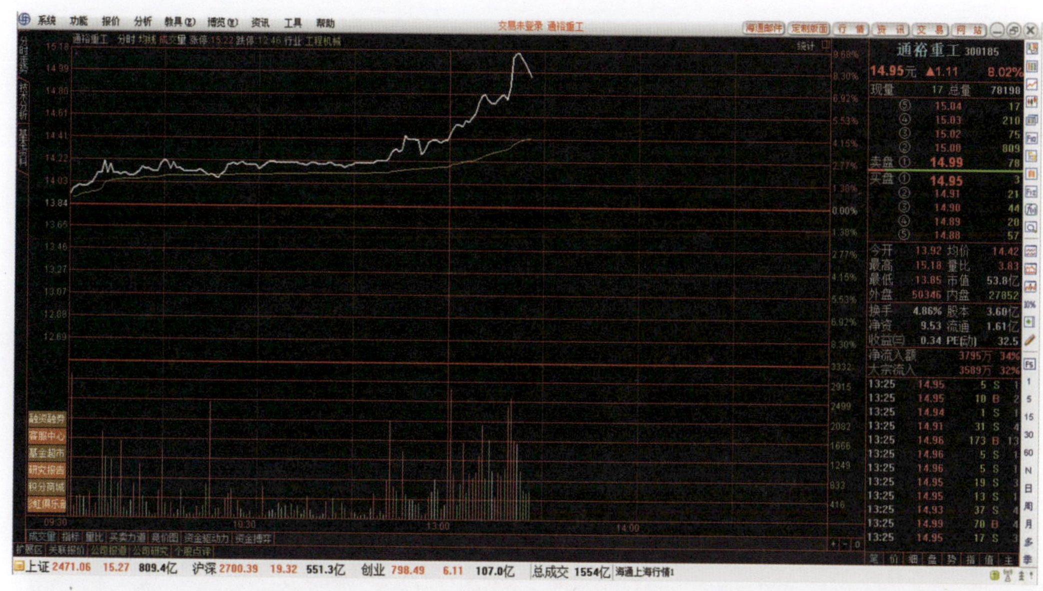

关联图 145　盘中密集对倒放量拉升之一

相关阅读 146　盘中密集对倒放量拉升之二

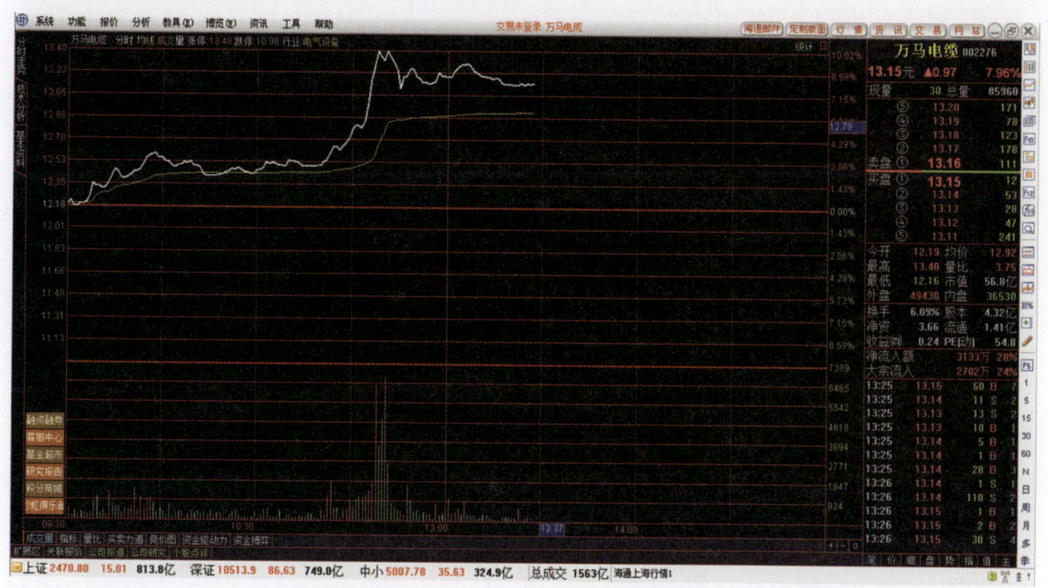

关联图 146　盘中密集对倒放量拉升之二

图 74　盘中密集对倒放量打压

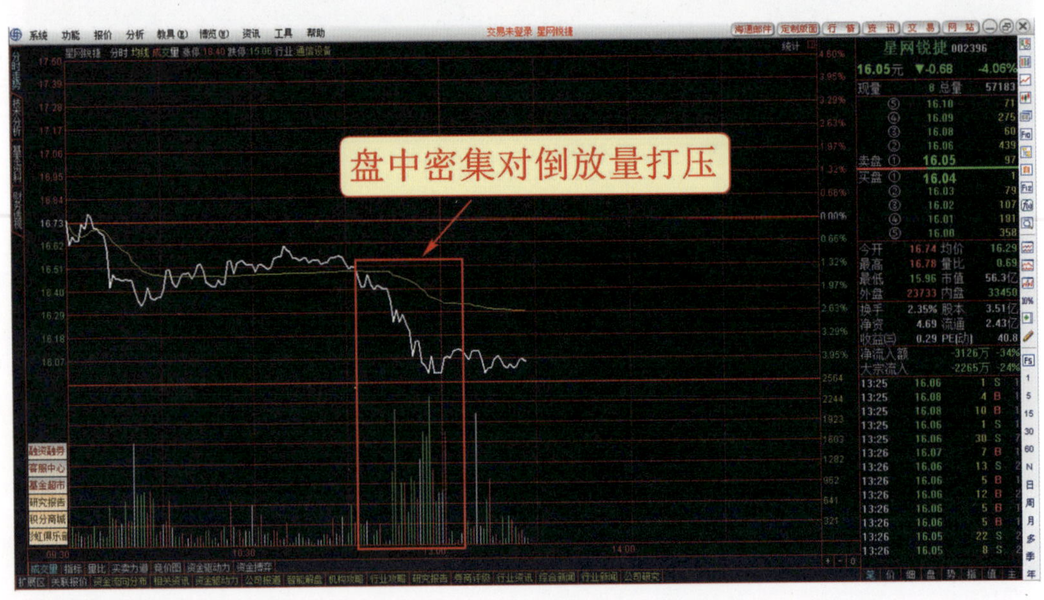

图 74 解说

图 74 介绍的是盘中密集对倒放量打压。和上边介绍的拉升正好相反，出现在盘中密集对倒放量的操盘方向是向下的，在短暂的时间内，股价不断下跌，成交量不断放大。密集对倒放量属于约定交易，是控盘主力操纵股价行为，其背后的操盘意图是什么，则需要结合当下股价的空间位置来分析。

本图要点如下：

一、从盘口来看，早盘走势比较疲软，快速下挫之后，股价在均价线之上小幅度震荡，走势比较平稳，并没有大跌的征兆。

二、随后的走势却是快速下跌，先是快速对敲打压，股价飞流直下，接着是密集对倒放量，成交量急剧放大，多波下跌之后，跌势趋缓。

三、盘中出现莫名其妙的价跌量升的态势，必然是主力操纵股价，制造恐慌氛围。

四、如果处于拉升的初期，如此走势，属于清洗浮筹，为进一步拉升做好铺垫。

五、临盘实战的时候，如果还没有进场，此时不必急于买进，可以静观其变。

相关阅读 147 盘中密集对倒放量打压之一

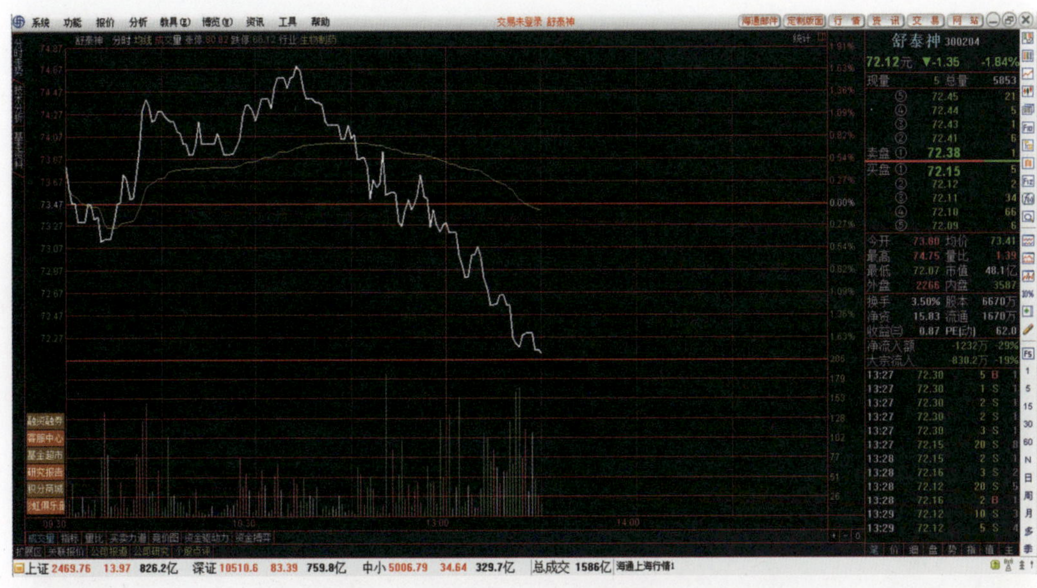

关联图 147 盘中密集对倒放量打压之一

相关阅读 148 盘中密集对倒放量打压之二

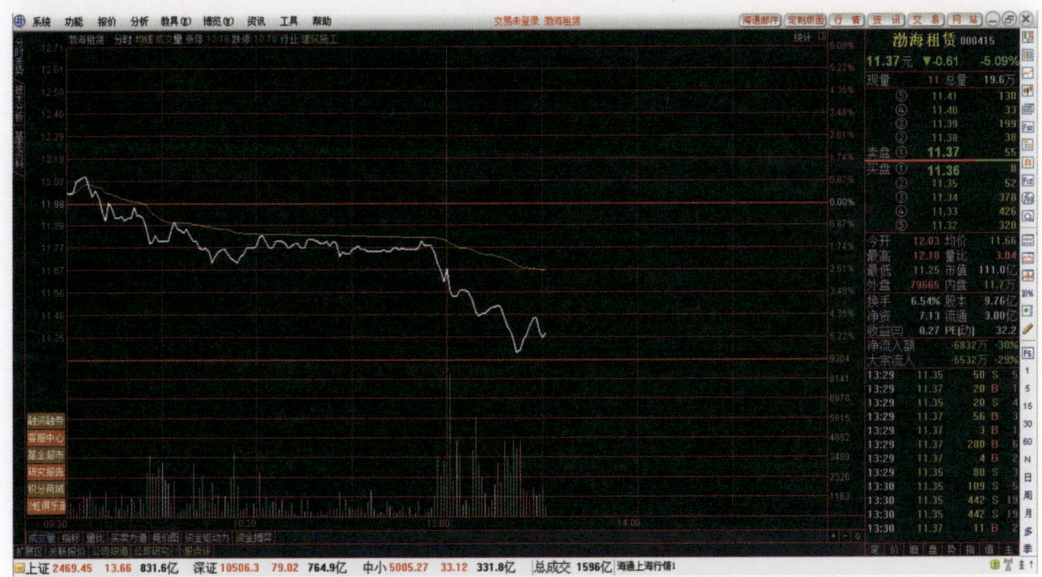

关联图 148 盘中密集对倒放量打压之二

图 75　盘中密集堆量股价滞涨

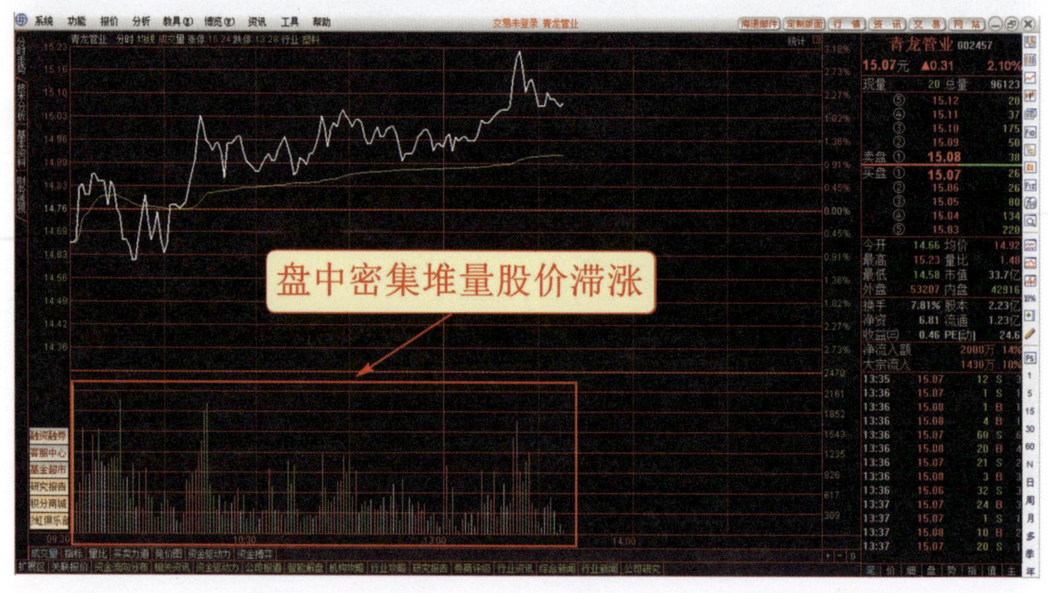

图 75 解说

图 75 介绍的是盘中密集堆量股价滞胀。所谓盘中密集堆量，是指盘中成交十分活跃，量峰密集，说明成交的密度很高，参与交易的人很多。但是，成交很密集股价却上升很少，就有堆量滞涨的嫌疑。堆量滞涨属于原地造量，目的在于吸引跟风盘，股价滞涨说明主力不愿意耗费资金推高股价，只是消极被动地买入，或者躲在背后煽风点火，诱使别人出力。

本图要点如下：

一、量价齐升是健康的量价关系，盘中出现密集堆量而股价滞涨，属于不健康的范畴。

二、成交量密集，说明当前价位多空的分歧很明显，看多的不断买进，看空的不断卖出，成交很活跃，成交量才会不断放大，这是常识。

三、成交量密集而股价上涨不多，其背后必然有推手在刻意压制，阻止股价快速拉升。

四、面对这样的盘口，就需要结合股价的空间位置来分析主力的做盘意图。如果是在空间位置低位出现密集堆量股价滞涨，很可能是建仓行为。

五、如果在空间位置的高位出现堆量滞涨，就需要打醒精神，谨防控盘主力偷偷出货。

相关阅读 149　盘中密集堆量股价滞涨之一

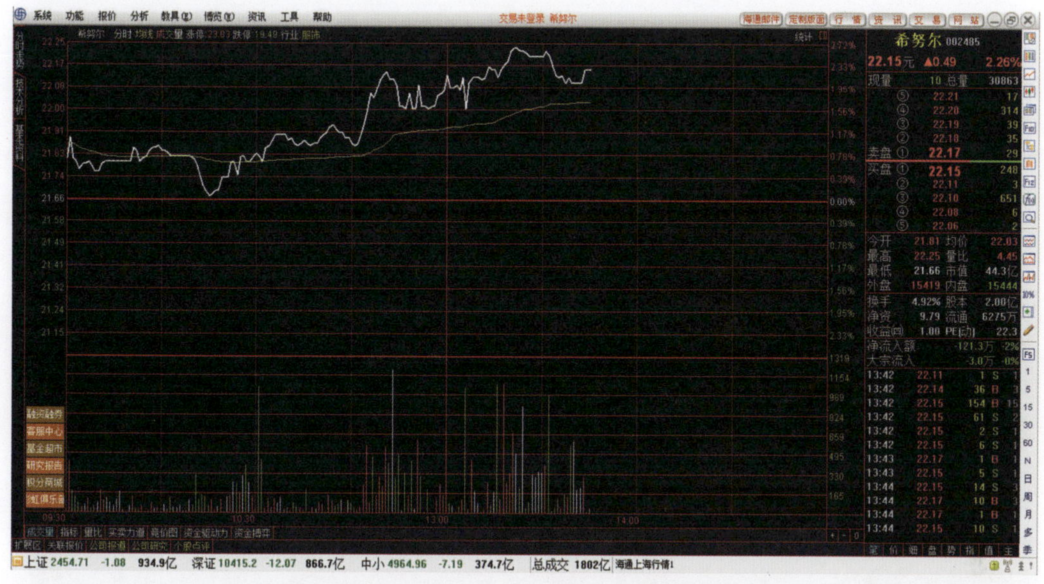

关联图 149　盘中密集堆量股价滞涨之一

相关阅读 150　盘中密集堆量股价滞涨之二

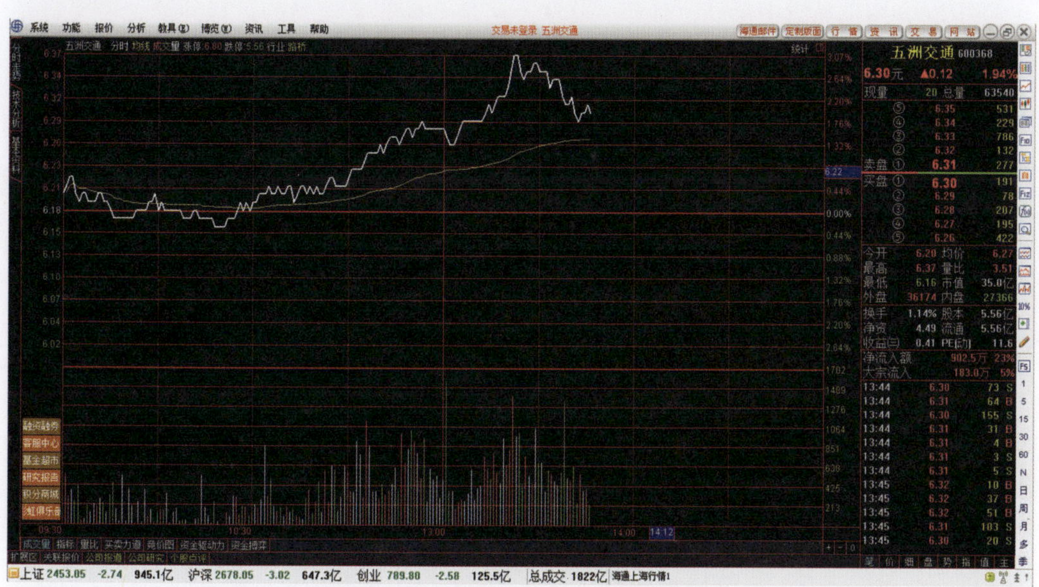

关联图 150　盘中密集堆量股价滞涨之二

图 76 盘中反复拉升却不放量

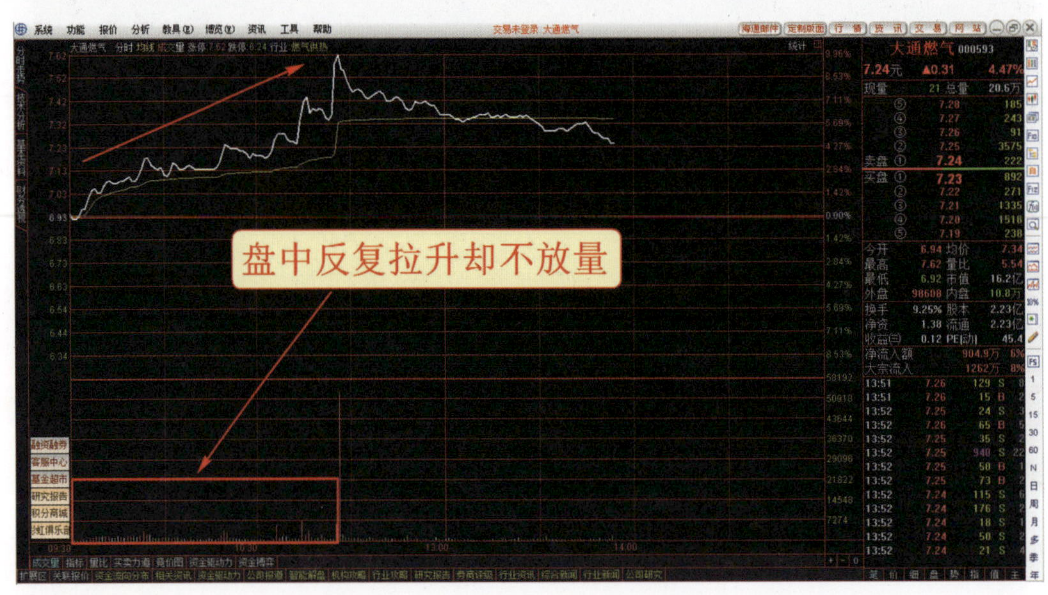

图 76 解说

图 76 介绍的是盘中反复拉升却不放量。这是一种非常怪异的盘口异动，需要特别留意。股价能够反复拉升，必然是有大资金在背后操纵股价，这是毫无疑义的。但是成交量却稀少、单薄，以极少的成交量就能推高股价，说明盘口很轻，抛压很小，筹码被锁定，配合主力拉升。因此，股价不断攀升而成交量迟迟不放大，说明控盘主力在等待时机。

本图要点如下：

一、集合竞价时间段小幅度高开，稍微回落，便被拉起，说明有做盘资金在此护盘。

二、随后的拉升显得不紧不慢，气度从容，徐徐的逐步推高股价，显示出做盘主力颇有计划性，对盘口的进退拿捏得比较到位。

三、从波形上来看，高点不断上移，低点也不断上移，逐波上升的态势很明显。

四、从量峰来看，虽然稍稍放大，但明显的显示出量能不足，缩量的特征很明显。

五、成交量不大，股价却能够轻松拉升，说明盘口抛压很轻，预示着随后将会出现猛烈的对敲，瞬间拉高股价，为滚动套利腾出空间。

相关阅读 151　盘中反复拉升却不放量之一

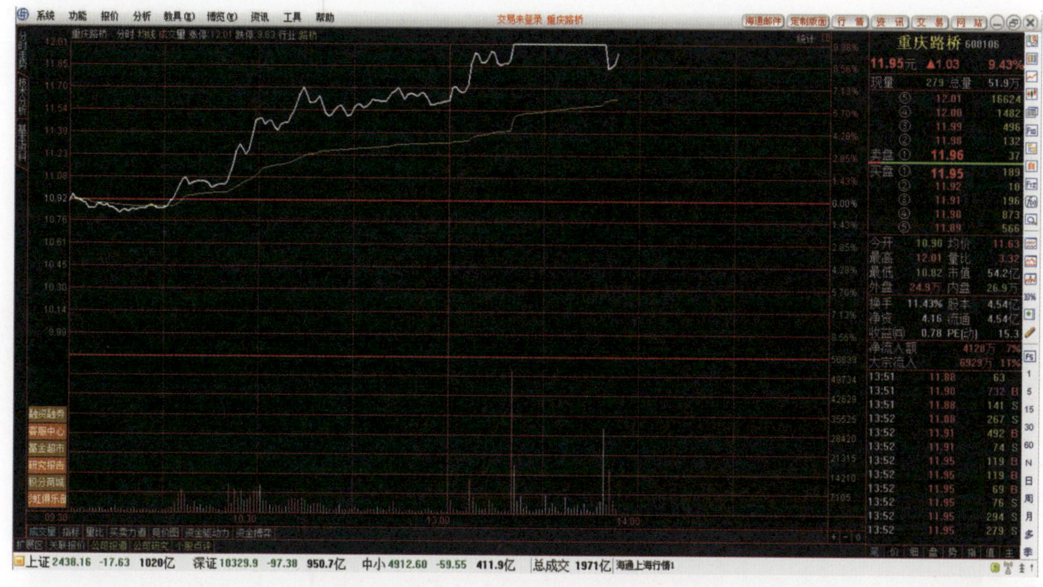

关联图 151　盘中反复拉升却不放量之一

相关阅读 152　盘中反复拉升却不放量之二

关联图 152　盘中反复拉升却不放量之二

图 77　盘中波形有序而量峰凌乱

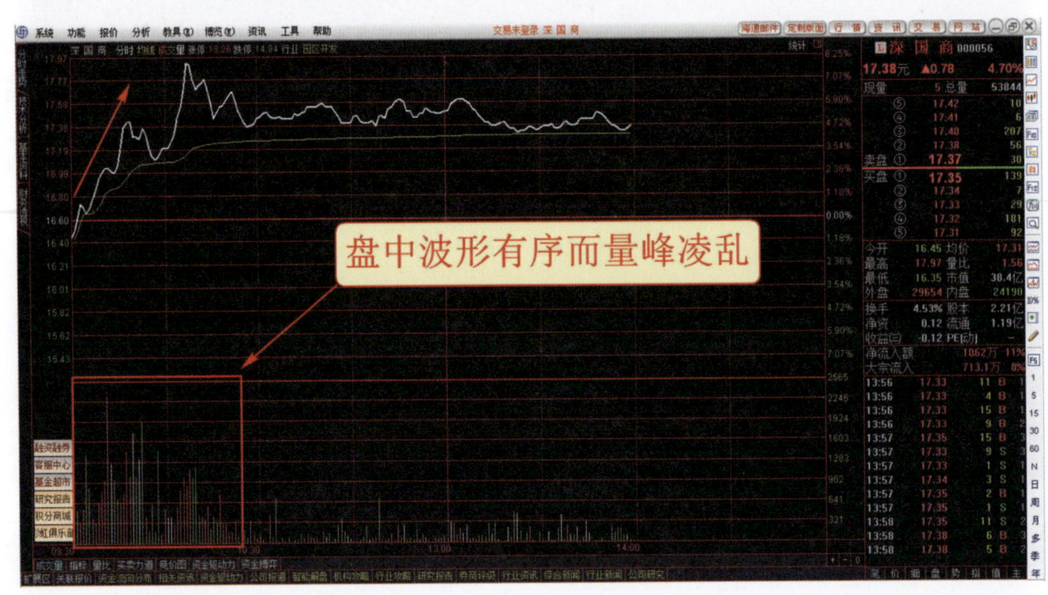

图 77 解说

图 77 介绍的是盘中波形有序而量峰凌乱。这是非常典型的、诡异的异动盘口，所谓波形有序，就是指每一波拉升都富有韵律，节奏分明，波形顺畅、圆润，给人赏心悦目的感觉。这是成熟操盘手的操作特征。所谓量峰凌乱，就是指成交量柱参差不齐，没有节奏感，虽然有引导、有调节，但总是出现莫名其妙的、长短不一的量柱。

本图要点如下：

一、从分时图上来看，波形有序，说明操纵股价的主力在极力维护盘口走势。

二、从成交量柱来看，如果出现凌乱，则说明主力虽然已经控制了不少筹码，但远远没有达到控盘的程度，也没有跟参战的各路神仙协同到位。

三、波形有序而量峰凌乱是一种别扭的盘口走势，说明主力内部协调不到位。

四、出现这样的走势，也可能属于控盘主力刻意使诈，诱使大众出局。

五、临盘实战中，一旦遇到这样的盘口，可以在瞬间冲高的时候，先行减仓。

相关阅读 153　盘中波形有序而量峰凌乱之一

关联图 153　盘中波形有序而量峰凌乱之一

相关阅读 154　盘中波形有序而量峰凌乱之二

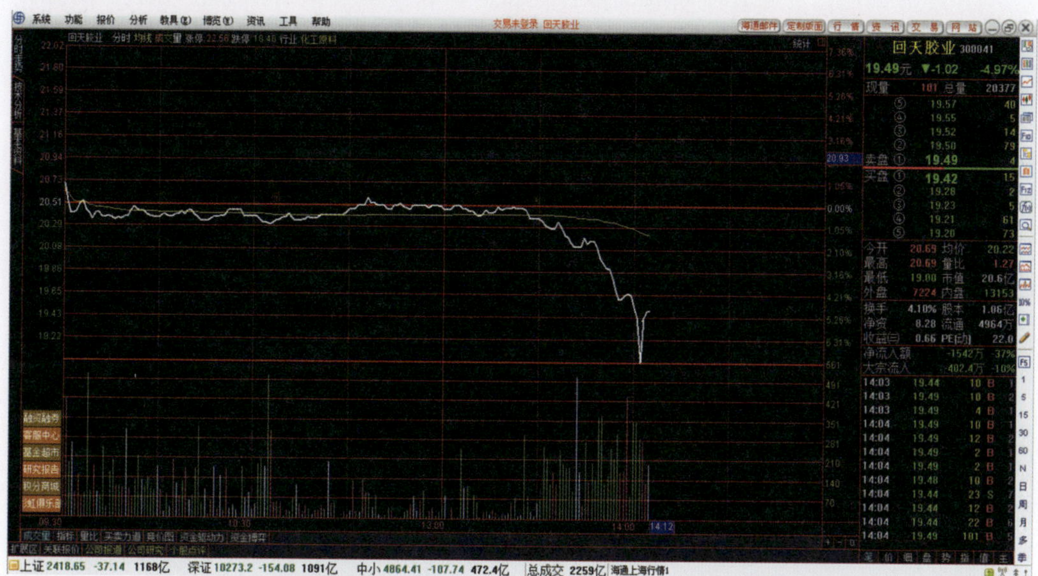

关联图 154　盘中波形有序而量峰凌乱之二

图 78　盘中量峰有序而波形凌乱

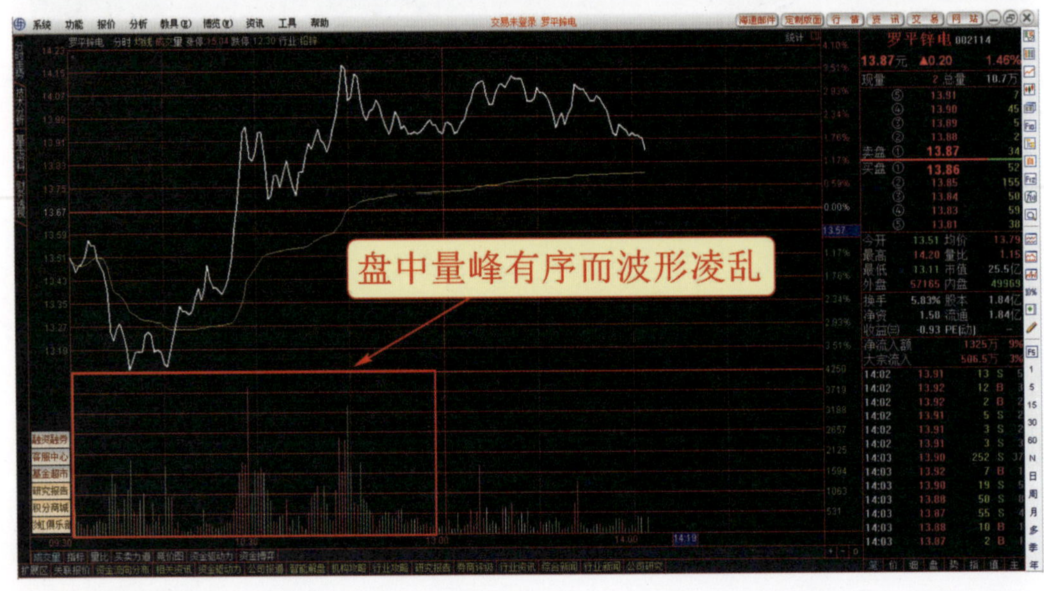

图 78 解说

图 78 介绍的是量峰有序而波形凌乱。和上边介绍的波形有序而量峰凌乱刚好相反，出现在分时图上，量峰表现得井然有序，每一组量峰都显示出梯次分明，层次感很强，宽度和高度比例协调，给人一种优雅的旋律美感。而波形却没有同步配合，显得迟钝、停顿、凹凸，起伏无常，高低无序，好似深秋松树皮，夏夜蛤蟆背，看着难受。

本图要点如下：

一、从量峰来看，在每一波拉升的初期，都明显呈现出非常有秩序，沉稳老练。

二、盘口出现这样的量峰，说明操纵股价的主力在资金调度上从容不迫，计划周密。不断在拉升初期很有层次温和放量，诱导大众的意图十分明显。

三、从波形上来看，一旦到达比较高的位置，就出现凌乱，说明参与操控的各方协调上有问题，没人愿意寂寞锁仓，而总是急于兑现账面盈利。

四、量峰有序而波形凌乱，属于内部协调出了问题，各路神仙一旦到了关键时刻，只顾自己，没有大局观，没有整体意识，是一种短视行为。

五、临盘实战中遇到这样的走势，可以在瞬间拉升的高点套利。

相关阅读 155　盘中量峰有序而波形凌乱之一

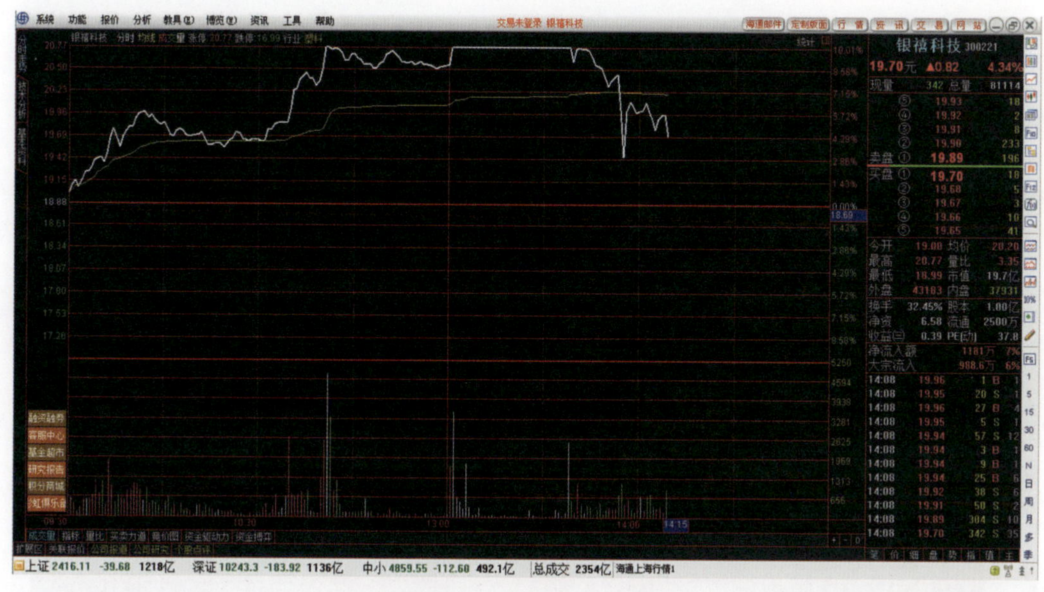

关联图 155　盘中量峰有序而波形凌乱之一

相关阅读 156　盘中量峰有序而波形凌乱之二

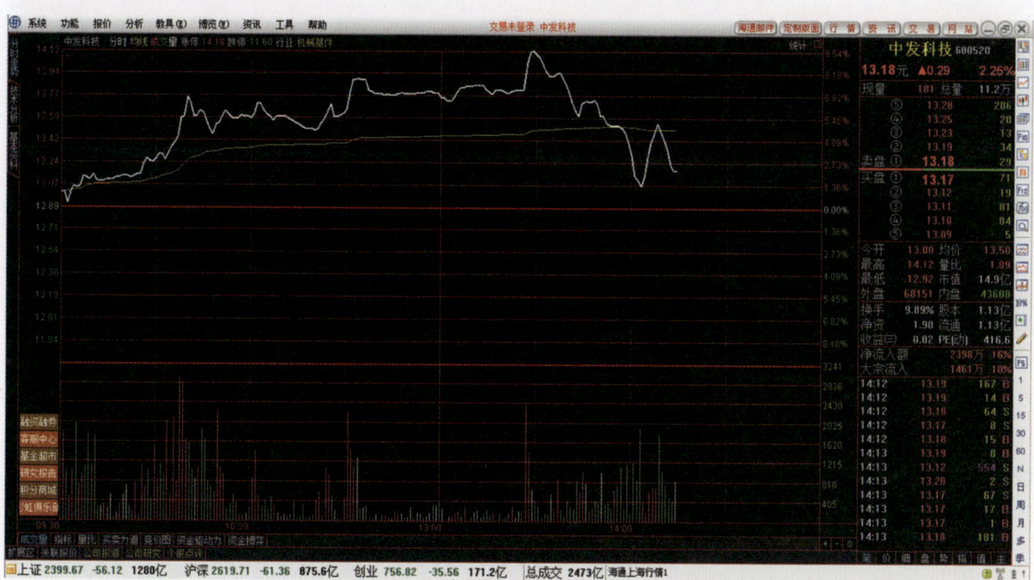

关联图 156　盘中量峰有序而波形凌乱之二

图 79　盘中阶梯式造量引诱

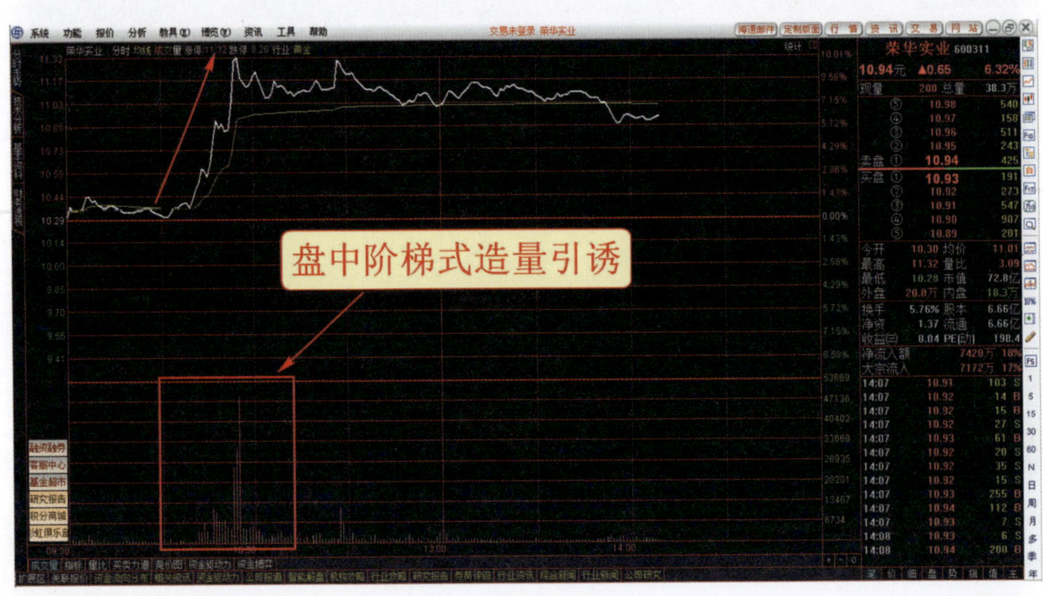

图 79 解说

图 79 介绍的是阶梯式造量引诱。所谓阶梯式造量，就是指分时图上出现明显的梯次较多、层次分明、韵律感很强、层层推进的量峰。这些量峰人工操纵的迹象很明显，而不是比较自然的成交量柱。如此造量的目的，就在于刻意制造价升量增盘口走势，吸引跟风盘推高股价，因此，这是很典型的盘口引诱行为。

本图要点如下：

一、阶梯式造量引诱通常发生在建仓完成之后，主力为了节省资金，提高操盘效率，于是在分时图的相对低点不断的有规律的造量，以期引起大家关注。

二、从分时图波形来看，表现得顺畅圆润，华丽平滑，富有节奏感。

三、从量峰和波形的配合来看，二者之间协调得很到位，拉升放量，回调缩量，韵律感很分明，很是赏心悦目，如此华美的分时盘口，简直是人见人爱。

四、主力如此花费脑筋，构建如此美妙的分时盘口，引诱的意图显而易见。

五、临盘实战中，如果股价还在空间位置的低位，则可以逢低点大胆出击。

相关阅读 157　盘中阶梯式造量引诱之一

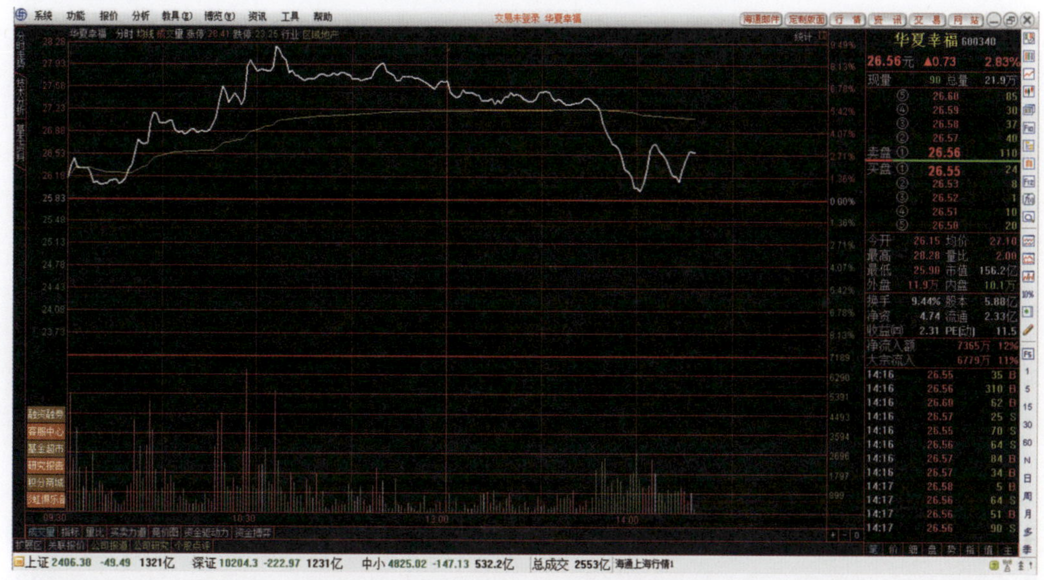

关联图 157　盘中阶梯式造量引诱之一

相关阅读 158　盘中阶梯式造量引诱之二

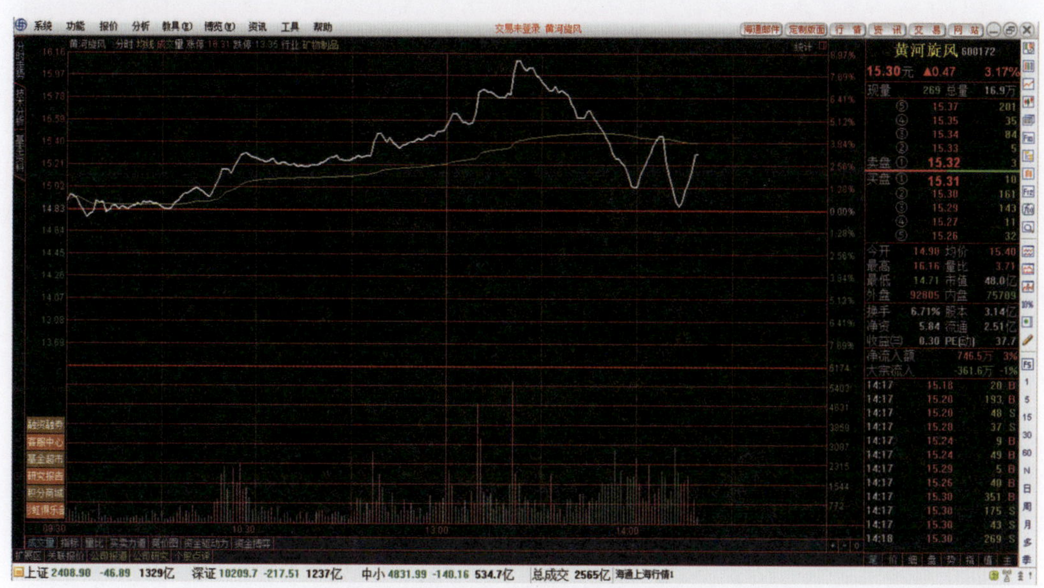

关联图 158　盘中阶梯式造量引诱之二

图 80　盘中阶梯式造量恐吓

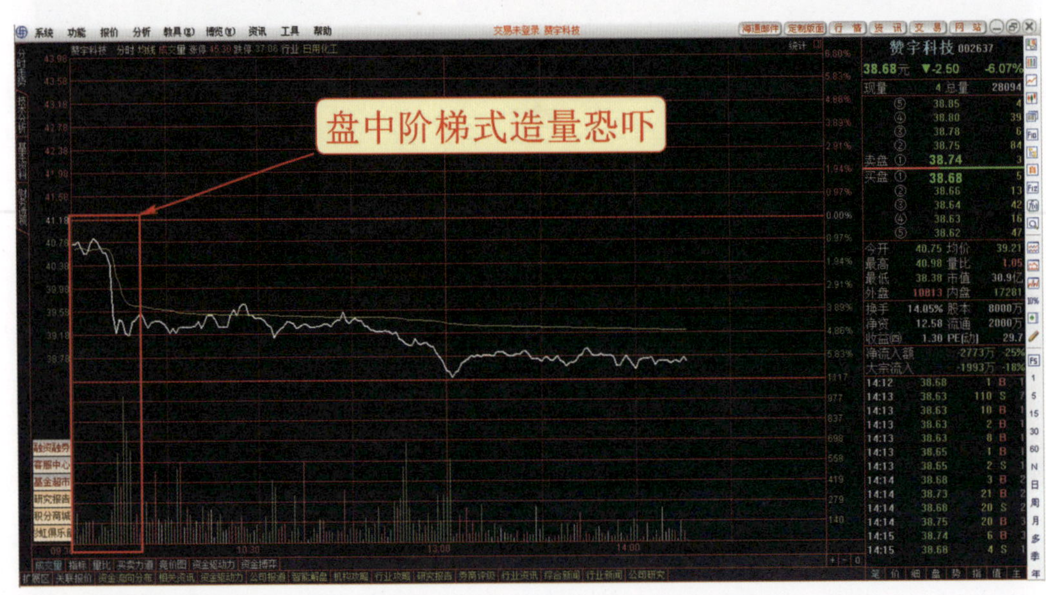

图 80 解说

图 80 介绍的是盘中阶梯式造量恐吓。和上边介绍的阶梯式造量引诱正好相反，在股价运行方向上，恐吓的走势是向下的，这是中国股市的特点，这种盘中阶梯式造量向下打压，也就是通过间歇性的对倒造量，造成价跌量增、主力出货的假象，恐吓大家交出廉价的筹码，以便达到洗盘和吸筹的目的。盘中阶梯式造量恐吓出现的时间节点可以是上半场，也可以是下半场，其技术含义基本相同，但市场意义略有差异。

本图要点如下：

一、集合竞价时间段小幅度低开，股价并没有大幅度杀跌的迹象。说明主力并不想一开始就很张扬，引发恐慌性抛售。

二、早盘阶段走势还算平稳，随后却突然出现快速急跌，向下击穿均价线。

三、从波形来看，几乎是垂直下挫，跌势十分急促。

四、从量峰来看，梯次式放大，造成明显的价跌量增态势。

五、如此走势说明有控盘资金刻意操纵股价，引导大众心生恐慌，抛售筹码。

相关阅读 159　盘中阶梯式造量恐吓之一

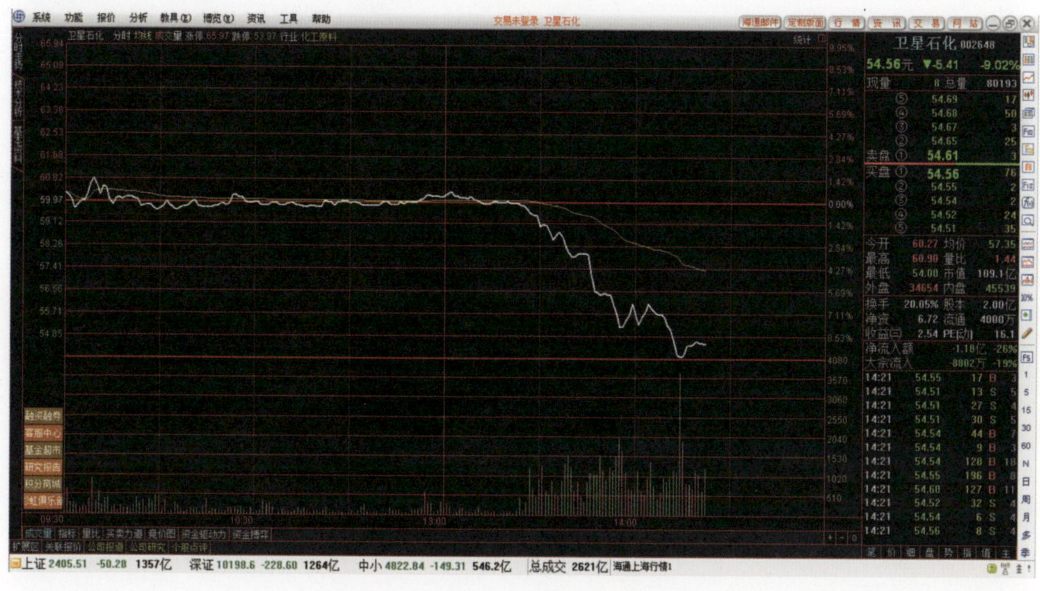

关联图 159　盘中阶梯式造量恐吓之一

相关阅读 160　盘中阶梯式造量恐吓之二

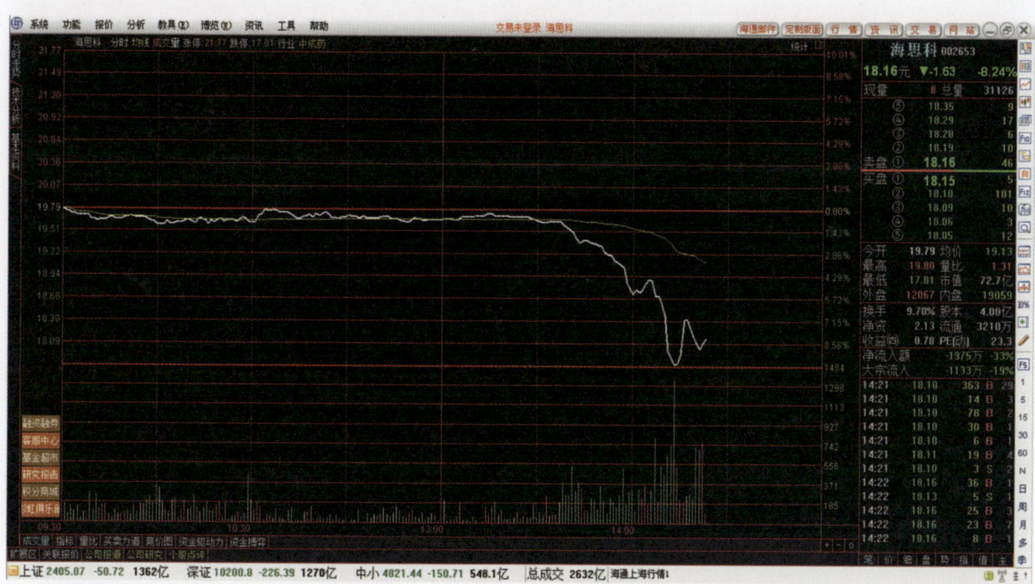

关联图 160　盘中阶梯式造量恐吓之二

第九篇 收盘报价数据解读

收盘价是多空双方经过一天的博弈之后得出的结果，它反映了当天交易的胜负，记录了盘面上反复厮杀的短暂结论。同时，预示着下一个交易日可能发生的情况。因此，研读每一天的收盘数据，对短线投资者有着极其重要的现实意义。

研究收盘数据，不能简单地只查看最后收盘的价格数字，而是要查看全天的走势，尤其是尾盘的走势，因为尾盘的走势更能反映出多空双方的根本态度，更加真实地反映当前市场的真实面目，以及接下来可能发生的故事。

对于在深交所上市的品种，除了研究收盘价之外，还要仔细研究收盘竞价的报价情况。

在这一部分里，我们结合尾盘的走势，详细分析收盘价的主要征候，帮助大家更好地了解和掌握盘口技术，更好地做好投资决策。

图 81　尾盘瞬间大幅度对敲拉升

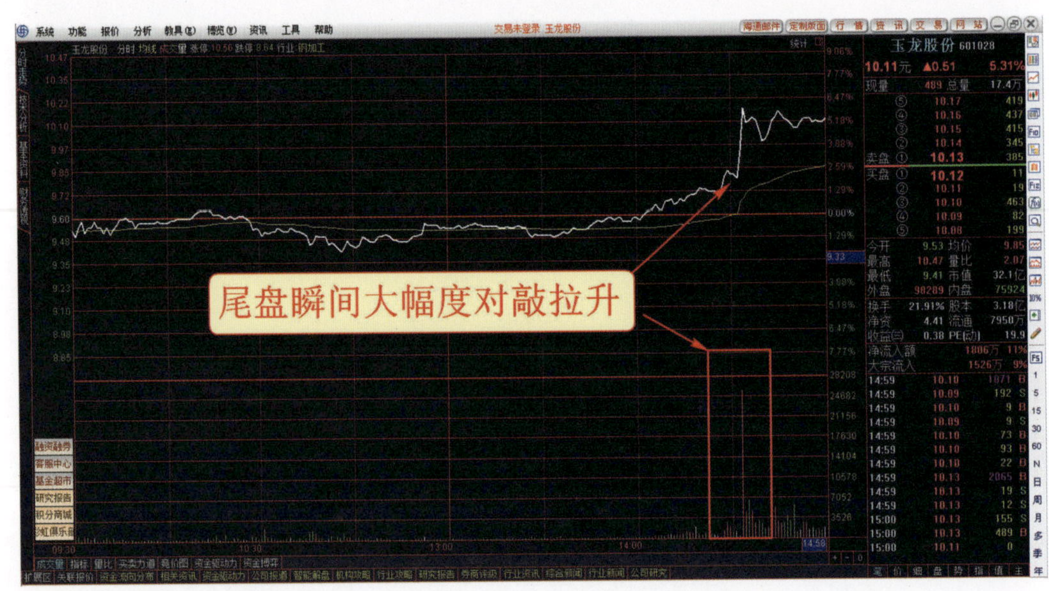

图 81 解说

图 81 介绍的是尾盘瞬间大幅度对敲拉升。为了更好地研究收盘数据，我们在这一部分里主要是从尾盘开始切入。按照约定俗成的说法，每个交易日下午的 2 点半之后至收盘这段时间，称为尾盘。尾盘阶段是多空双方博弈进入白热化的阶段，并最终分出分胜负。因此，无论是多方还是空方，都会在这个阶段下足功夫。尾盘大幅度对敲拉升，是最常见的做盘手法之一，通常情况下，这种操纵股价行为属于控盘主力所为。

本图要点如下：

一、上半场和下半场的大部分时间走势疲弱，围绕均价线和前收盘价附近上下震荡。

二、从波形来看，进入尾盘之前，比较呆滞，不时显示出尖角状的冲击波。

三、从量峰来看，比较温和，零散，没有明显的密集型量峰，成交比较稀少。

四、尾盘阶段，波形突然隆起，出现直线拉抬，股价飞升，而成交量柱出现瞬间孤独的单一形状，既缺少铺垫，也缺少后续，属于明显的对敲拉升。

五、尾盘对敲拉抬股价属于典型的投机行为，临盘实战的时候，遇到这样的盘口，观望为宜，不必急于介入，静待股价出现合理买点时再动手也不迟。

相关阅读 161　尾盘瞬间大幅度对敲拉升之一

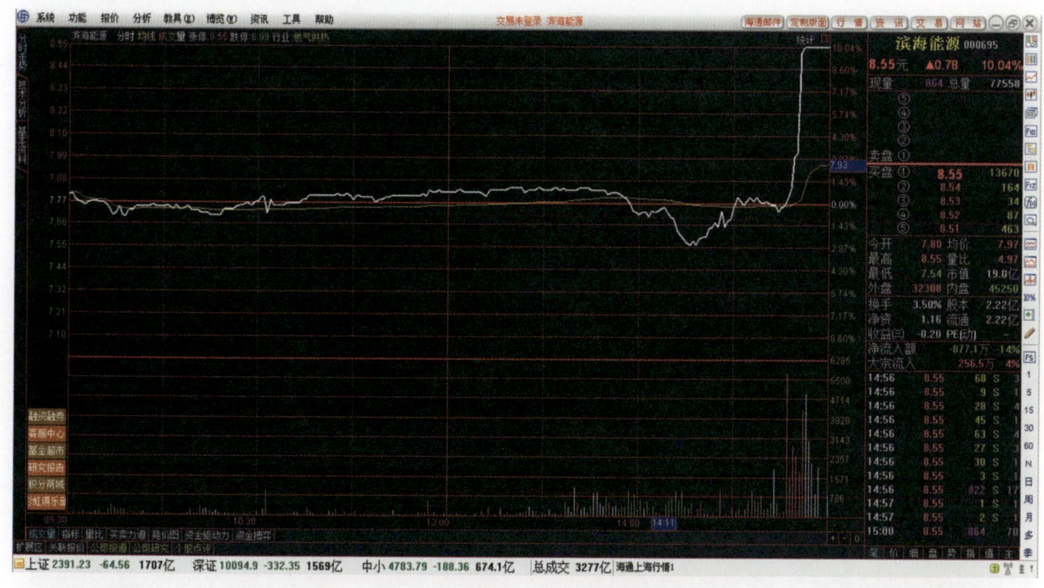

关联图 161　尾盘瞬间大幅度对敲拉升之一

相关阅读 162　尾盘瞬间大幅度对敲拉升之二

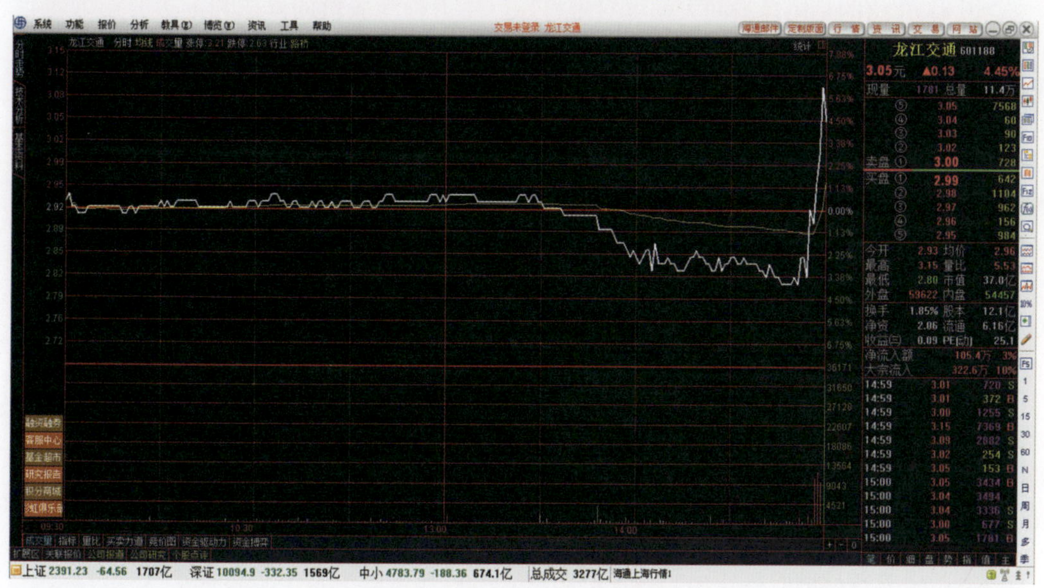

关联图 162　尾盘瞬间大幅度对敲拉升之二

图 82　尾盘瞬间大幅度对敲打压

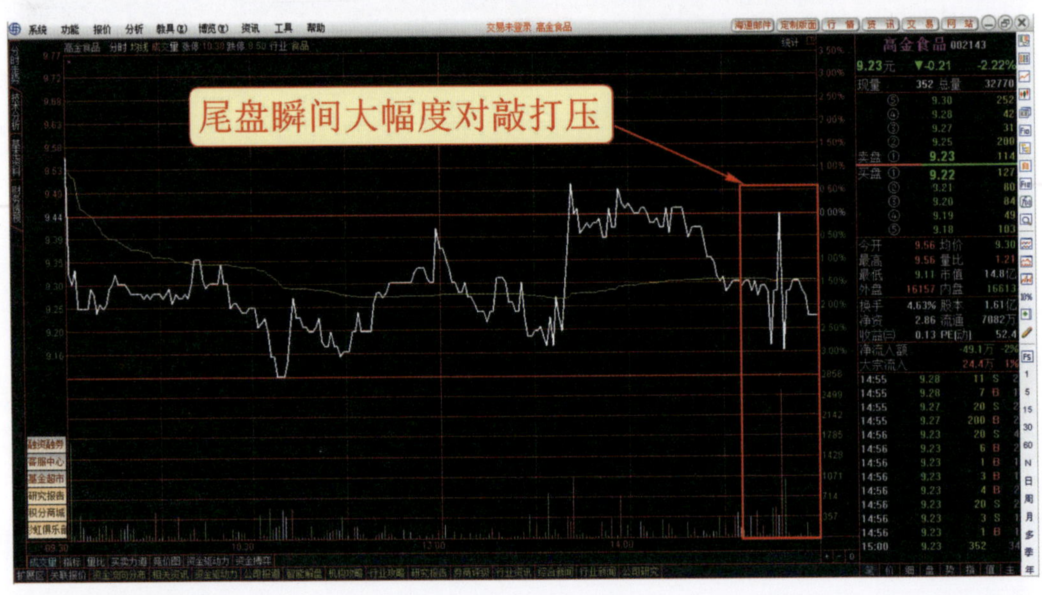

图 82 解说

图 82 介绍的是尾盘瞬间大幅度对敲打压。主力操纵股价的意图和上边介绍的尾盘瞬间大幅度对敲拉升正好相反，向下大幅度对敲打压，瞬间跌幅巨大，造成一种极度恐怖的氛围，震慑大众持筹者，迫使他们乖乖交出筹码。因此，这种操盘手法可以理解为控盘主力的极端洗盘行为，这样做的目的很明确，就是要为进一步拉升做好准备。

本图要点如下：

一、从分时图波形来看，在走势比较平稳的情况下突然大幅度对敲打压，瞬间再度拉起，再次下挫，手法十分诡异，其中必有猫腻。

二、从量峰来看，出现大幅度打压的前后，量峰比较单薄，成交并不活跃。

三、从操盘意图来看，选择尾盘阶段瞬间大幅度对敲打压，造势的效果更佳。

四、尾盘阶段多空双方争夺激烈，能够在尾盘阶段快速打压的品种，必然是筹码高度集中的品种，说明主力控盘程度已经很高，后市需要密切关注它的动向。

五、临盘实战的时候，遇到这样的走势，可以保持观望，不必急于介入。

相关阅读 163　尾盘瞬间大幅度对敲打压之一

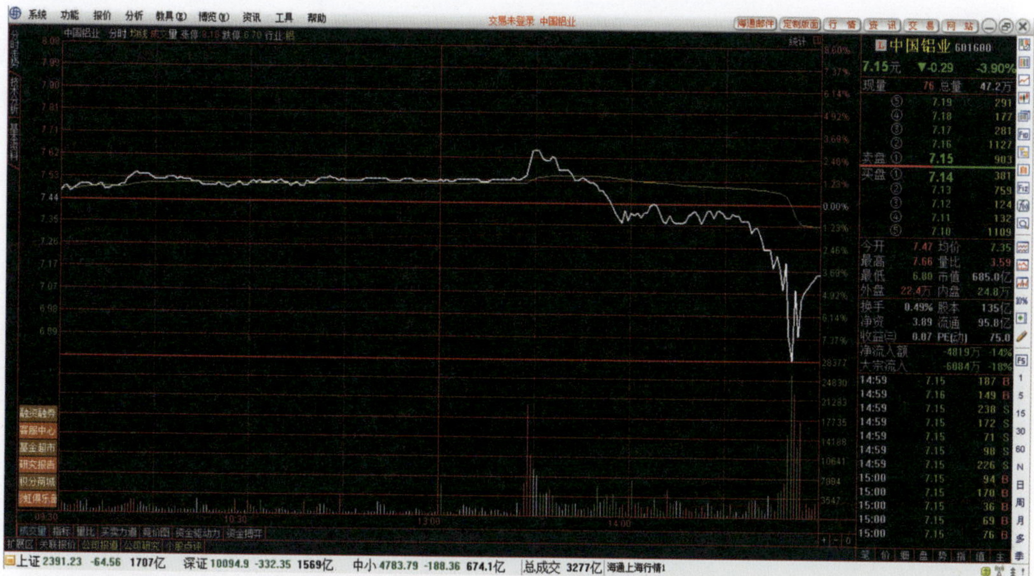

关联图 163　尾盘瞬间大幅度对敲打压之一

相关阅读 164　尾盘瞬间大幅度对敲打压之二

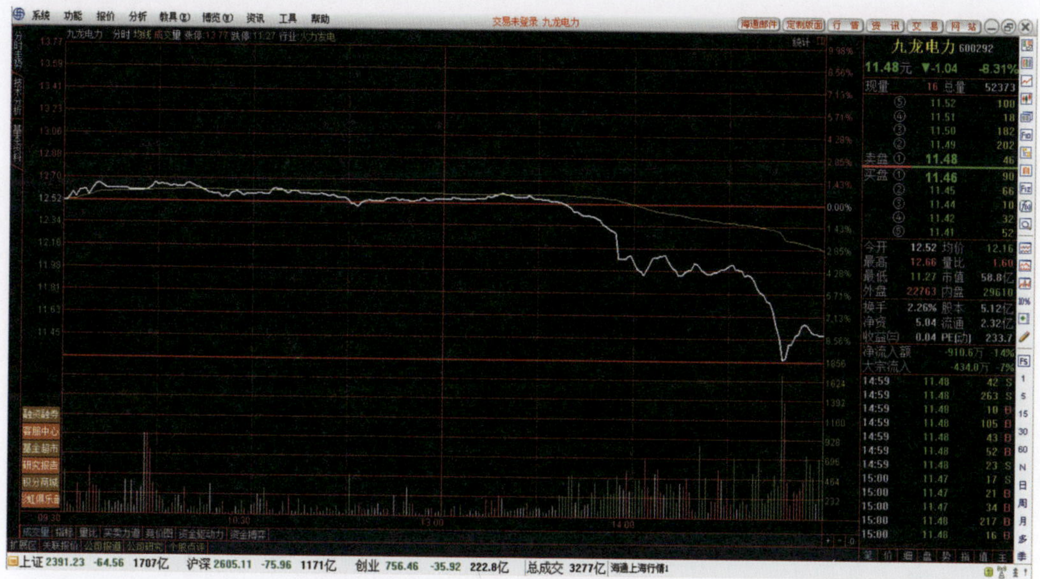

关联图 164　尾盘瞬间大幅度对敲打压之二

图 83　尾盘密集对倒放量拉升

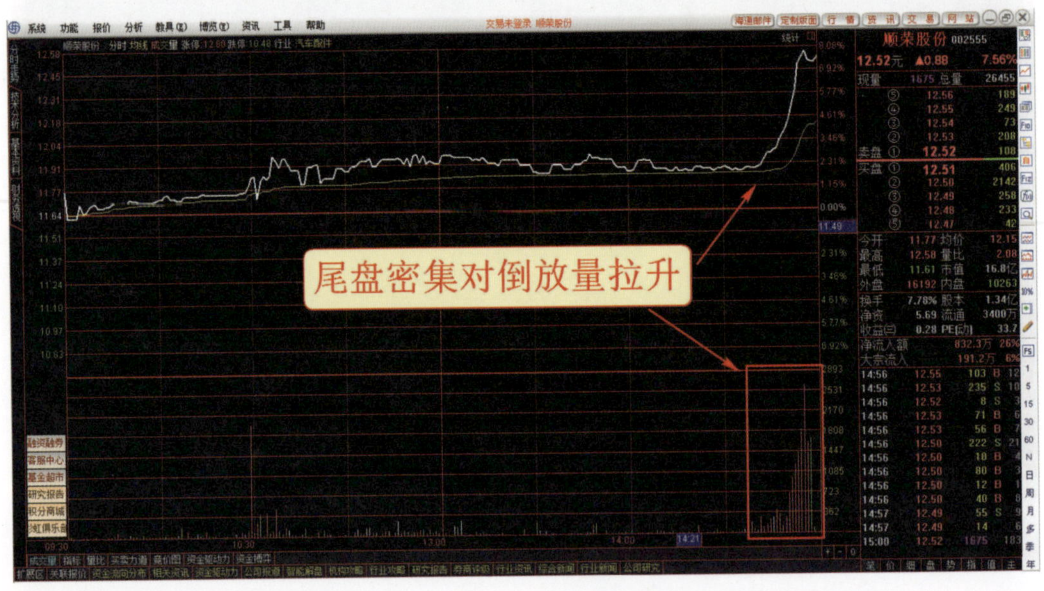

图 83 解说

图 83 介绍的是尾盘密集对倒放量拉升。所谓尾盘密集对倒放量拉升，就是指在尾盘阶段，以约定交易的方式，密集放量，快速推高股价，在盘面上出现价升量增的态势。这是控盘主力操纵股价的结果，至于尾盘如此做高股价的意图是什么，则需要结合当前股价的空间位置来分析，不要妄下结论，以免误入歧途。

本图要点如下：

一、从分时图的波形上来看，尾盘阶段的波形十分顺畅、润滑，人为操纵的迹象很明显。

二、从量峰来看，呈现出从小到大依次紧密堆砌的形状，梯次式递升，对倒迹象十分突出，很显然，这不是自然的交易，而是人为引导的结果。

三、再从全天的波形来看，大部分时间都呈现出停滞的、呆板的、凹凸不平的起伏特征，这些极不顺畅的波形说明，主力控盘的程度比较高。

四、尾盘密集对倒放量拉升如果出现在空间位置的高位，是主力即将大幅度甩货的前兆。

五、如果出现在空间位置的低位或者相对低位，则是洗盘结束的信号，属于典型的关门动作，宣告主力即将进入拉升阶段。

相关阅读 165　尾盘密集对倒放量拉升之一

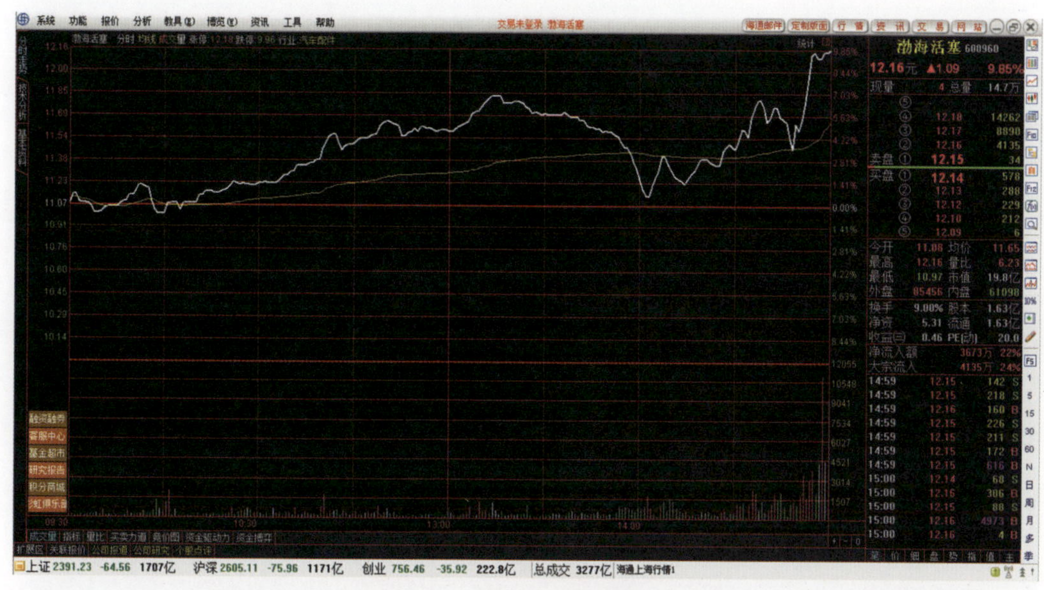

关联图 165　尾盘密集对倒放量拉升之一

相关阅读 166　尾盘密集对倒放量拉升之二

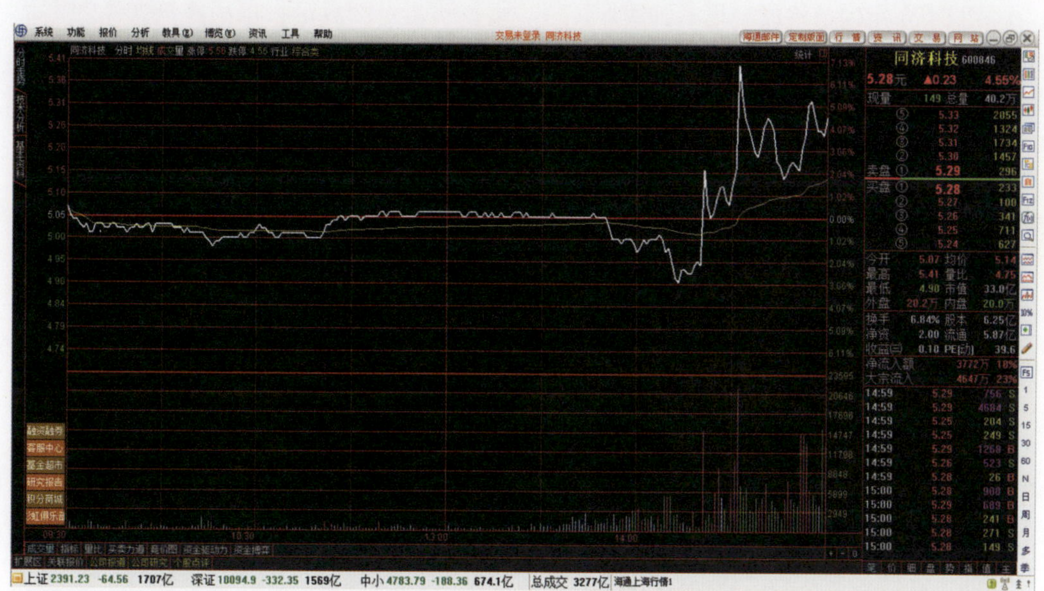

关联图 166　尾盘密集对倒放量拉升之二

图 84　尾盘密集对倒放量打压

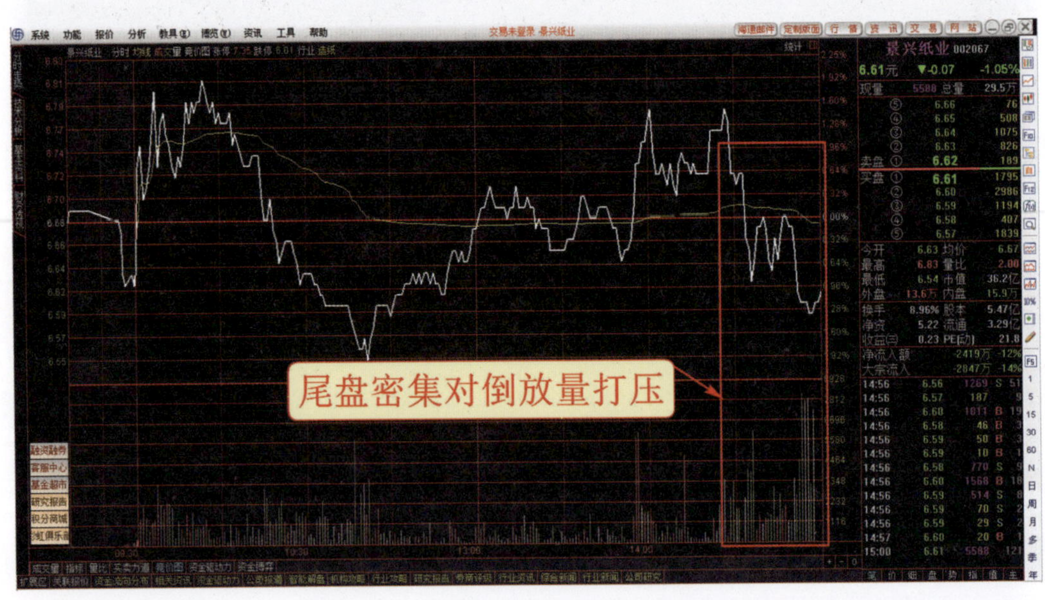

图 84 解说

图 84 介绍的是尾盘密集对倒放量打压。尾盘密集对倒放量打压的操盘意图和上边介绍的尾盘密集对倒放量拉升正好相反，如果出现在空间位置的低位，属于主力的诱空行为，目的在于恐吓投资者，诱使他们割肉出局。如果出现在空间位置的高位，则是主力阶段性出货的结果。如果在走势平稳的情况下突然出现莫名其妙的杀跌，则可能背后隐藏着巨大利空。

本图要点如下：

一、从分时图的波形上来看，尾盘阶段出现了直线向下打压的特征。

二、从成交量柱来看，尾盘阶段，量柱密集，说明成交的密度很高。

三、尾盘阶段本来走势比较平稳，却出现突然的密集对倒放量下跌，属于明显的股价操纵行为，价跌量升的态势说明有人在这里想搞点名堂。

四、至于主力的操盘意图是什么，不要妄下结论。

五、在临盘实战中，遇到尾盘密集对倒放量打压的盘口，首先要沉住气，不要惊慌，然后结合当前股价的空间位置作出判断，分析主力的操盘意图。

相关阅读 167　尾盘密集对倒放量打压之一

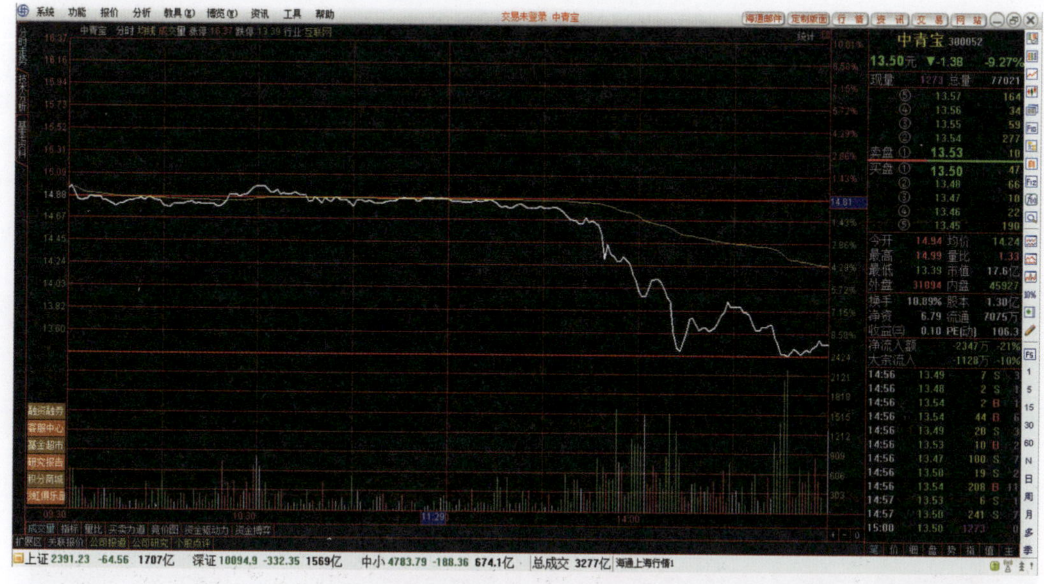

关联图 167　尾盘密集对倒放量打压之一

相关阅读 168　尾盘密集对倒放量打压之二

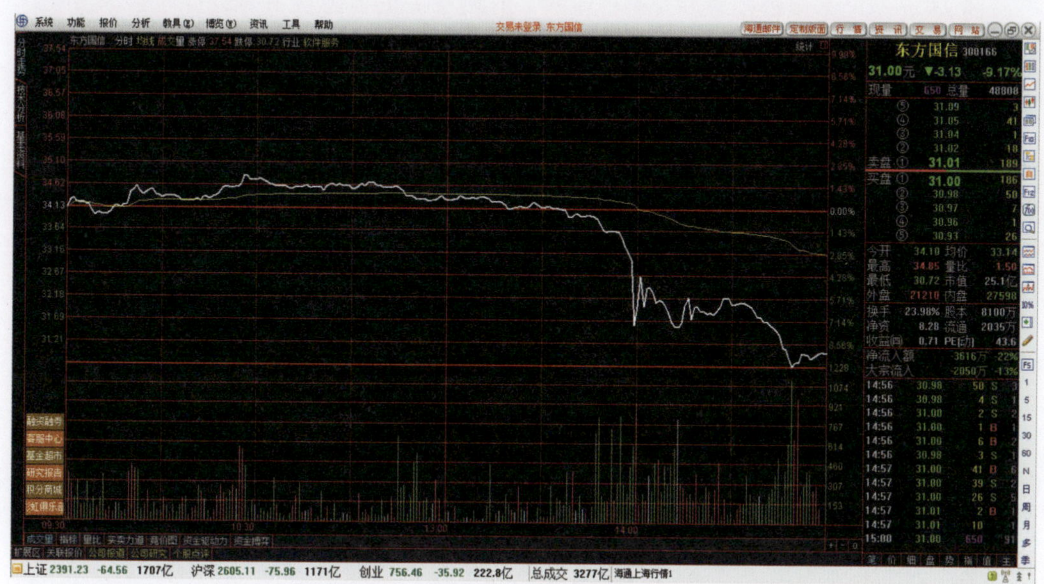

关联图 168　尾盘密集对倒放量打压之二

图 85　尾盘密集堆量股价滞涨

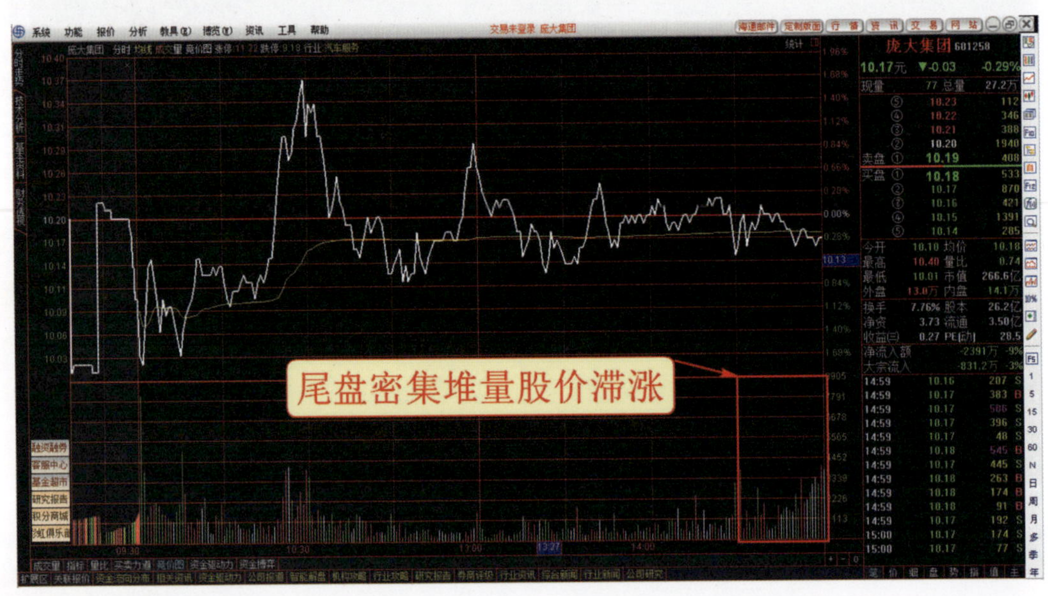

图 85 解说

图 85 介绍的是尾盘密集堆量股价滞涨。股价全天出现震荡走势，成交量不大，尾盘阶段却出现密集堆量股价滞涨，这样的走势背后必有蹊跷。如果出现在空间位置的低位，放量而滞涨预示着主力在刻意诱空，随后的交易日将会出现顺势低开，诱使大家因为恐慌而卖出筹码。这是典型的尾盘诱空战术。如果在空间位置的高位，则是攻击乏力的表现，说明主力已经没有心思继续做高股价，接下来很可能向下甩货，甚至大幅度下跌。

本图要点如下：

一、从全天的波形来看，前半场起伏较大，震荡很激烈，有清洗浮筹的迹象。

二、尾盘阶段波动变小，股价拉升发力，成交量反而急剧放大，有对倒的成分。

三、从尾盘的量峰来看，成交密集，堆砌感很强，属于约定交易。

四、尾盘对倒，非奸即盗。很明显，这样的盘口属于可以操纵股价。

五、在临盘实战中，遇到这样的盘口，不要急于介入，稳健的投资者可以等下一个交易日出现低点时，再考虑是否建仓。

相关阅读 169　尾盘密集对倒放量股价滞涨之一

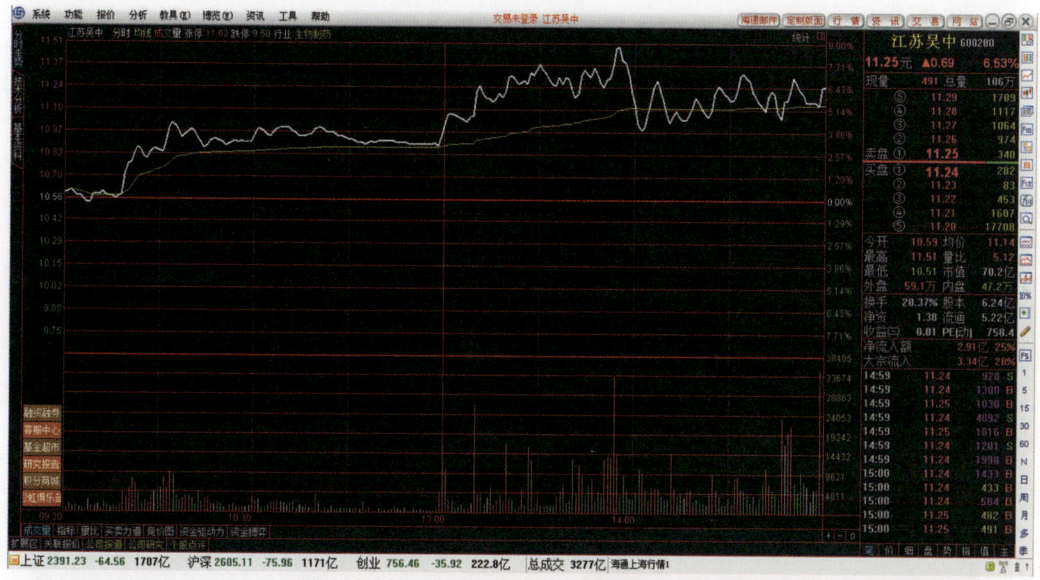

关联图 169　尾盘密集对倒放量股价滞涨之一

相关阅读 170　尾盘密集对倒放量股价滞涨之二

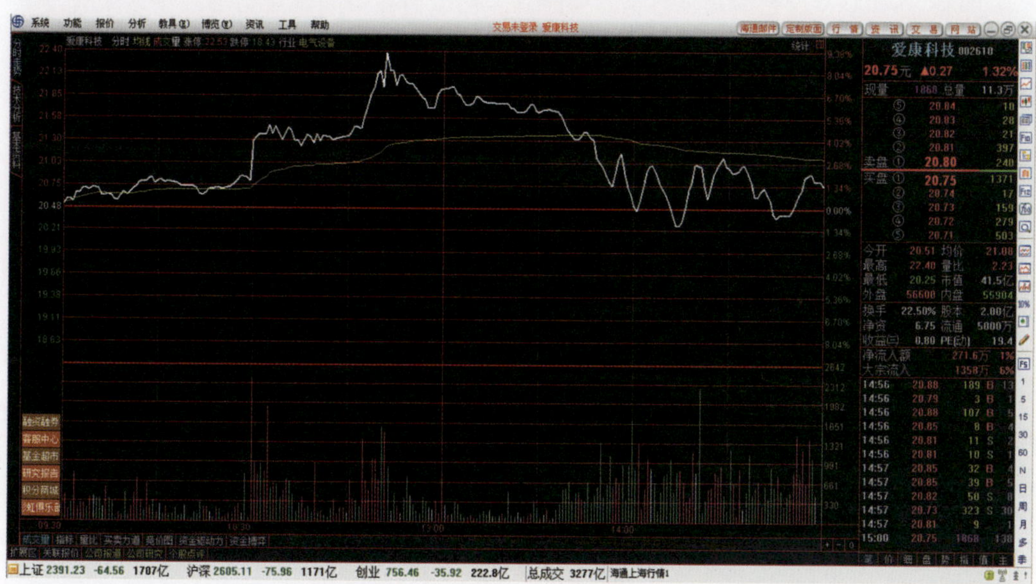

关联图 170　尾盘密集对倒放量股价滞涨之二

图 86　尾盘密集堆量最高价收盘

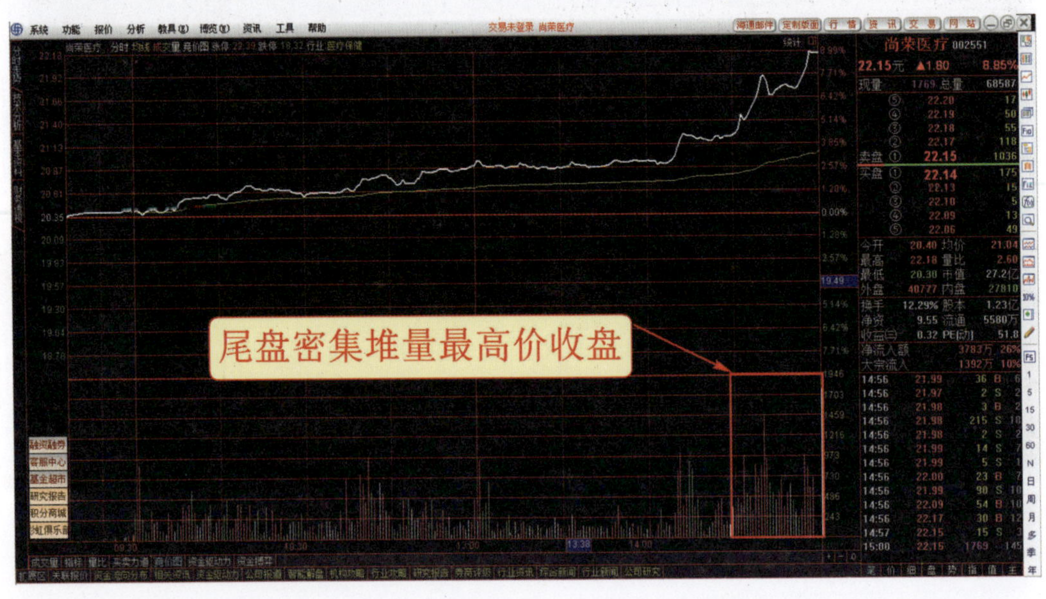

图 86 解说

图 86 介绍的是尾盘密集堆量最高价收盘。和前边介绍的尾盘密集堆量技术含义基本相同，尾盘密集堆量，属于控盘主力为了更好操纵股价而刻意造势，刻意做出跟风踊跃、成交量巨大、后市将会大幅度拉升的态势。尾盘以最高价或者接近最高价收盘，则表面上说明主力的攻击力度很强大，做多的动能很充足，实际上是不是这样，需要进一步观察。

本图要点如下：

一、从全天的走势来看，一直比较强劲，股价一直运行在均价线之上。

二、从量峰来看，上半场出现过比较密集的量峰，量价关系比较健康。

三、下半场的前半段走势比较平淡，成交量呈现为萎缩状态，洗盘的特征比较明显。

四、尾盘阶段股价波动的幅度加大，出现了急剧拉升，成交量密集，对倒迹象明显。

五、如果当前股价处于空间位置的低位，可以适当建仓，相反，则可以适当减仓。

相关阅读 171　尾盘密集堆量最高价收盘之一

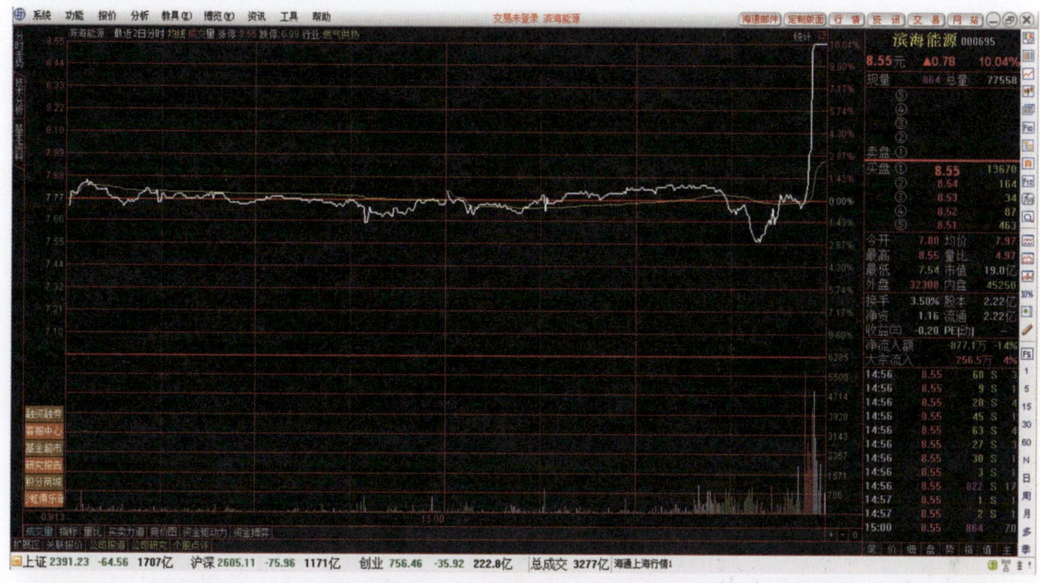

关联图 171　尾盘密集堆量最高价收盘之一

相关阅读 172　尾盘密集堆量最高价收盘之二

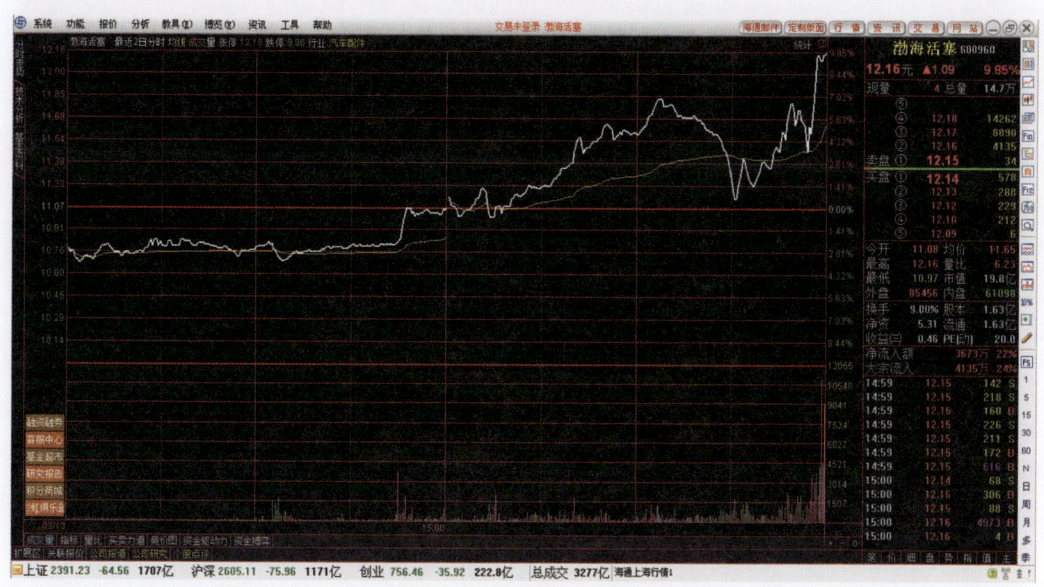

关联图 172　尾盘密集堆量最高价收盘之二

图 87　尾盘密集堆量最低价收盘

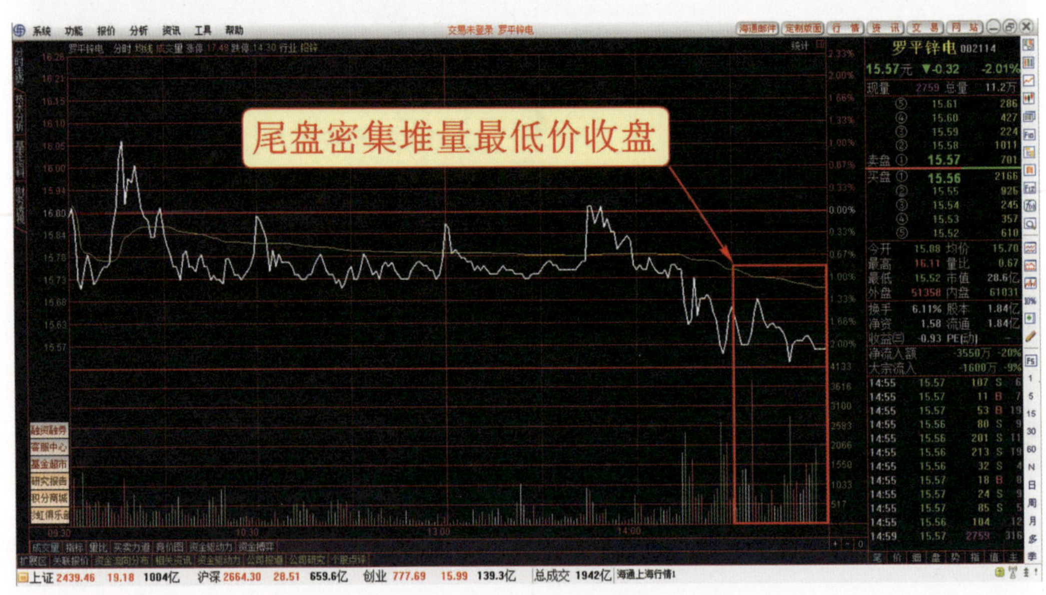

图 87 解说

图 87 介绍的是尾盘密集堆量最低价收盘。和上边介绍的异动盘口正好相反，在尾盘阶段，成交量密集放大，股价不断创出新低，最终以最低价或者接近最低点收盘，出现明显的尾盘价跌量升的态势。这是控盘主力尾盘刻意操纵股价的结果，至于如此堆量操纵的目的是什么，则需要结合股价的空间位置来分析，不要教条地理解。

本图要点如下：

一、从分时图上来看，全天的走势相对平稳，低点并没有明显的下行。

二、从量峰来看，大部分时间成交量比较温和，筹码并没有明显的松动。

三、尾盘阶段，股价出现了快速下行，有刻意砸盘的嫌疑，进而操纵收盘价。

四、尾盘阶段，成交量不断放大，低位堆量，并以比较低的价格收盘，有刻意打压的操盘意图，如果此时股价处于相对低位，则可以理解为诱空。

五、临盘实战中遇到这样的走势，可以在最后 5 分钟寻找低点试探性建仓。

相关阅读 173　尾盘密集堆量最低价收盘之一

关联图 173　尾盘密集堆量最低价收盘之一

相关阅读 174　尾盘密集堆量最低价收盘之二

关联图 174　尾盘密集堆量最低价收盘之二

图 88　尾盘波形有序而量峰凌乱

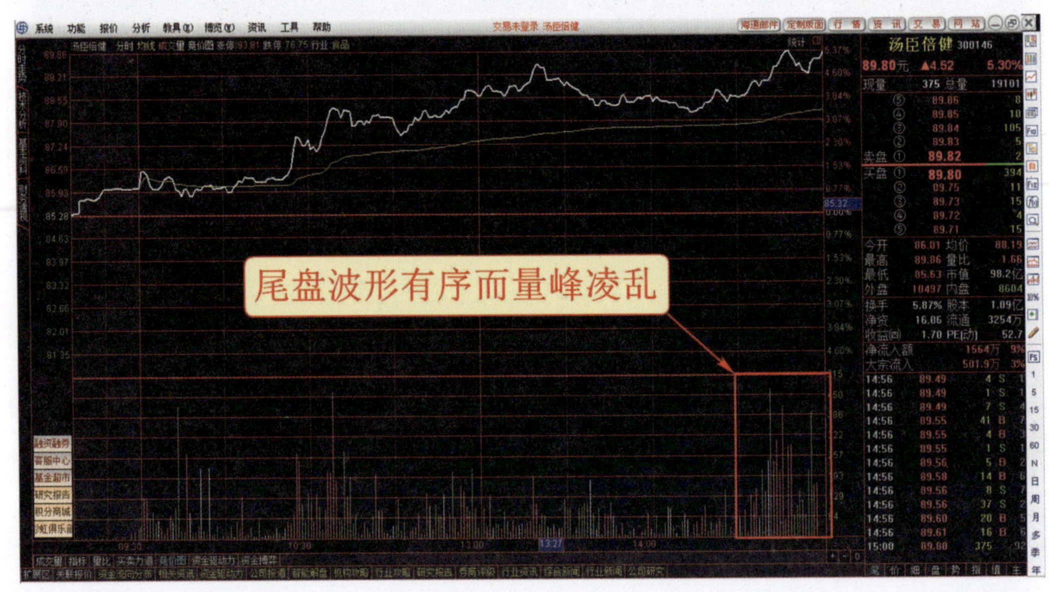

图 88 解说

图 88 介绍的是尾盘波形有序而量峰凌乱。所谓波形有序，是指波形的结构显示出明显的节奏和韵律，舒展有致，进退得当，拉升和回落有规律。所谓量峰凌乱，是指量峰和波形的对应不同步，拉升不放量，回落不缩量，量柱显得毫无秩序。

本图要点如下：

一、从分时图上来看，波形比较有秩序，说明主力操盘的水平比较高。

二、从全天的走势来看，大部分时间运行在均价线之上，强势的特征比较明显。

三、从量峰来看，尾盘出现了对敲引导、高位滚动套利、盲目跟风追高等行为组成的成交量柱，而且显得有些凌乱、无序。

四、尾盘波形有序而量峰凌乱，属于操控股价的主力刻意画线而协同作战的盟军不守军规，借拉升的时机滚动套利，这样的走势预示着将要下跌。

五、临盘实战的时候，遇到这样的走势，可以适当减仓。

相关阅读 175　尾盘波形有序而量峰凌乱之一

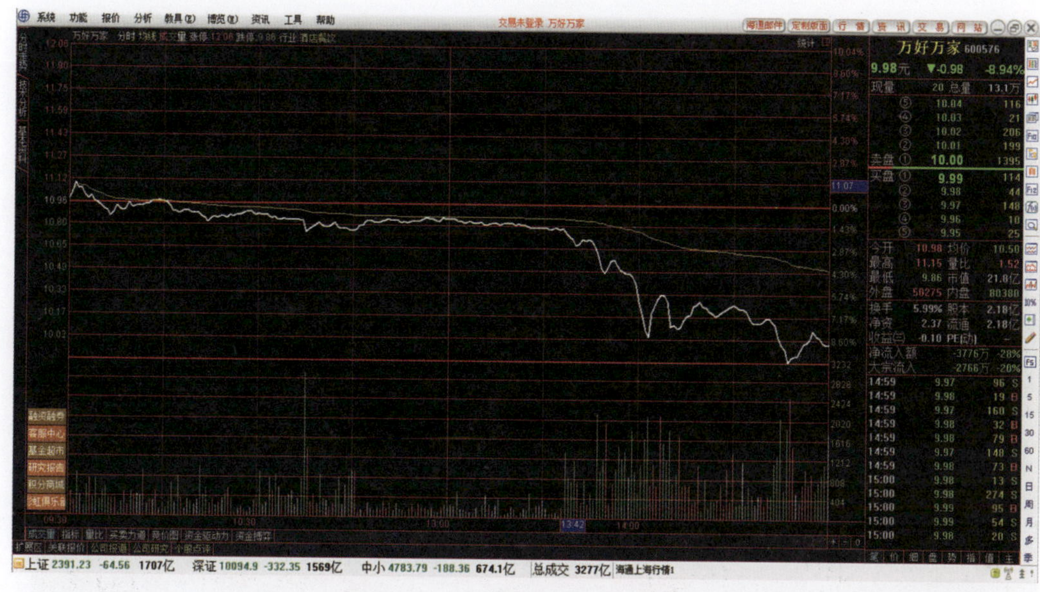

关联图 175　尾盘波形有序而量峰凌乱之一

相关阅读 176　尾盘波形有序而量峰凌乱之二

关联图 176　尾盘波形有序而量峰凌乱之二

图 89　尾盘阶梯式造量引诱

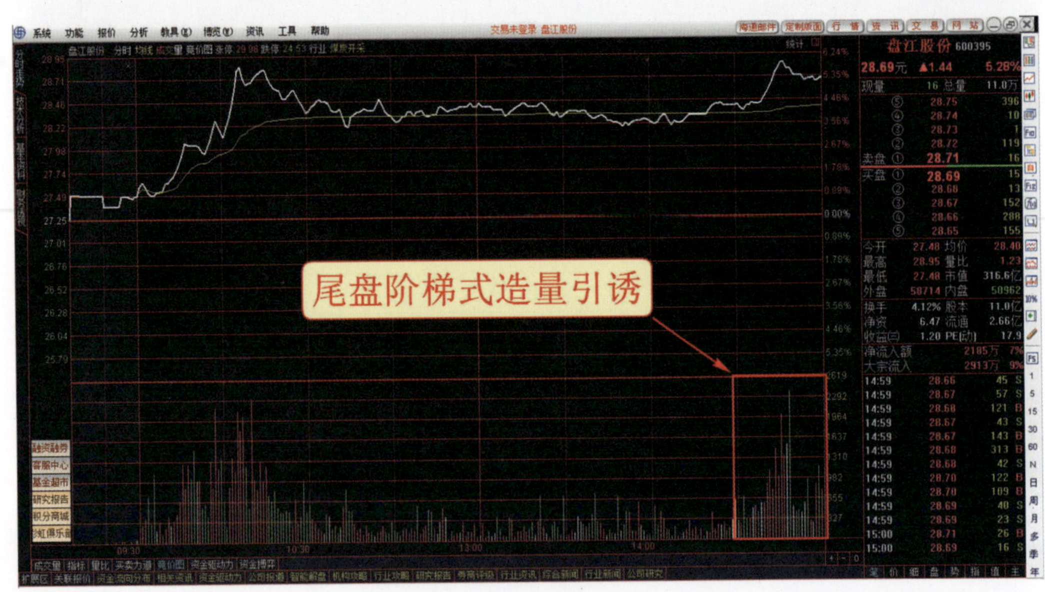

图 89 解说

图 89 介绍的是尾盘阶梯式造量引诱。在操盘手法上，这和前边介绍的盘中阶梯式造量引诱在技术特征上基本相同，技术意义和市场含义也基本相同，只是它们出现的时间节点不同而已。但是，从操纵股价的意图来看，主力的造量目的就有一些差异，需要细细甄别。

本图要点如下：

一、从分时图上来看，上午半场出现了明显的攻击性拉升，攻击的波形十分明显。

二、从量峰来看，出现了明显的攻击型量峰，而且量峰的宽度比较大，厚实有力。

三、多波攻击之后，并没有延续拉升的态势，而是出现了横盘放量，减仓迹象明显。

四、尾盘阶段的阶梯式造量，属于明显的作秀，目的在于引诱跟风盘进场接盘。

五、临盘实战的时候，遇到这样的盘口，应当保持观望，或者适当减仓。

相关阅读 177 尾盘阶梯式造量引诱之一

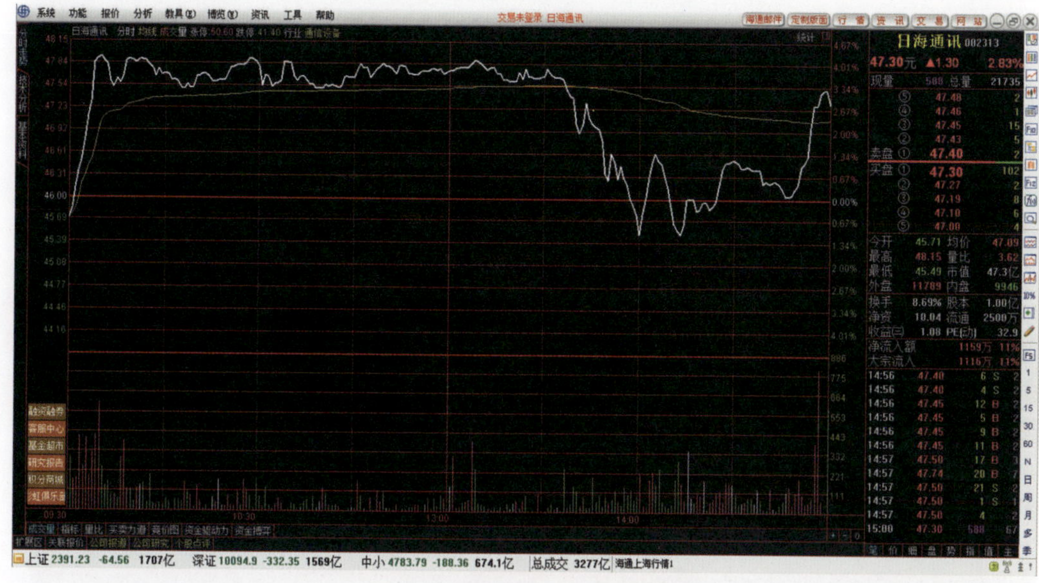

关联图 177 尾盘阶梯式造量引诱之一

相关阅读 178 尾盘阶梯式造量引诱之二

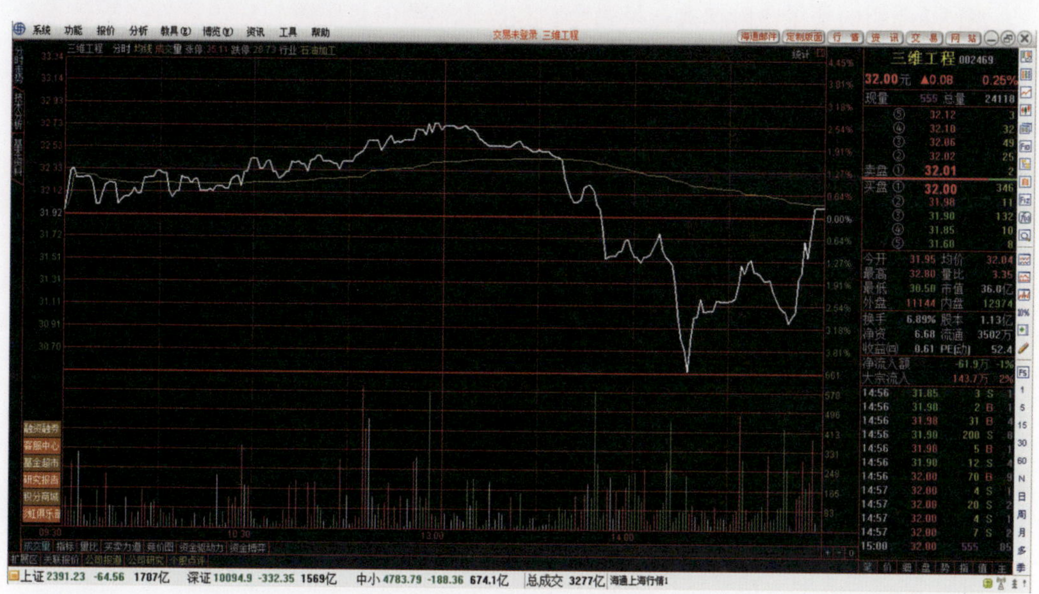

关联图 178 尾盘阶梯式造量引诱之二

图 90 尾盘阶梯式造量恐吓

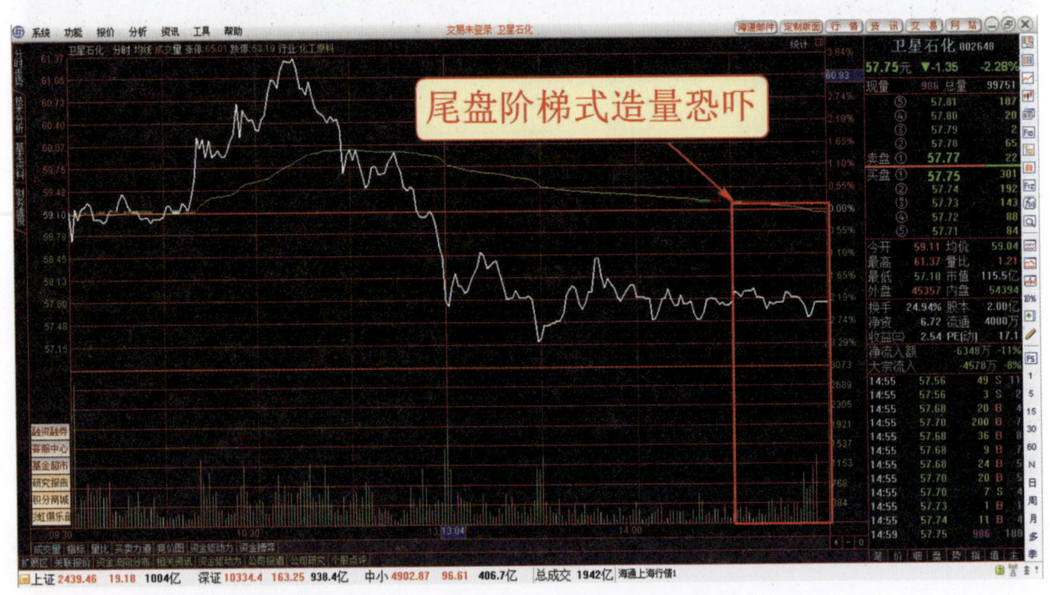

图 90 解说

图 90 介绍的是尾盘阶梯式造量恐吓。和前边介绍的盘中阶梯式造量恐吓的技术特征基本相同，只是出现的时间节点稍稍往后了一些。从市场意义来说，尾盘堆量，股价同步下跌，属于比较明显的诱空方式。如果这样的走势出现在空间位置的低位，则属于主力的砸盘行为，目的在于骗取筹码。如果在拉升的途中，则属于阶段性的洗盘。

本图要点如下：

一、从分时图上来看，上半场出现了明显的攻击性波形，貌似拉升，但成交量并没有同步配合，说明量价关系并不健康，因此这样的拉升比较虚假，属于诱多性质。

二、在分时图的高位出现了明显的减仓动作，说明主力在滚动套利。

三、从量峰来看，尾盘的阶梯式造量属于恐吓，诱使投资者交出筹码。

四、从全天的分时图来看，主力在高抛低吸，尾盘恐吓的目的明显是为了实现低位回补。

五、临盘实战中，遇到这样的走势，可以踩准节奏，跟随主力一道滚动套利。

相关阅读 179 尾盘阶梯式造量恐吓之一

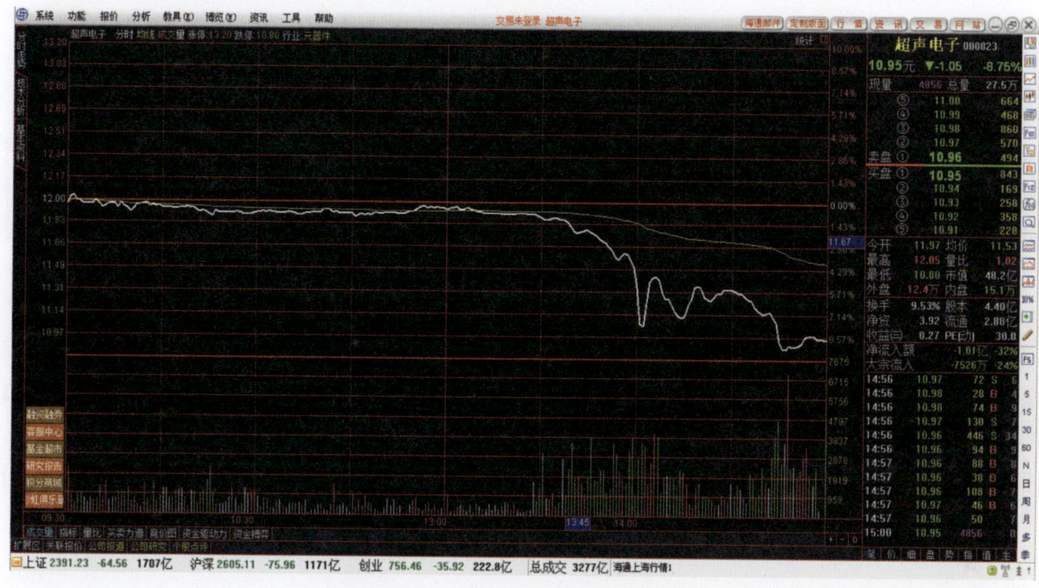

关联图 179 尾盘阶梯式造量恐吓之一

相关阅读 180 尾盘阶梯式造量恐吓之二

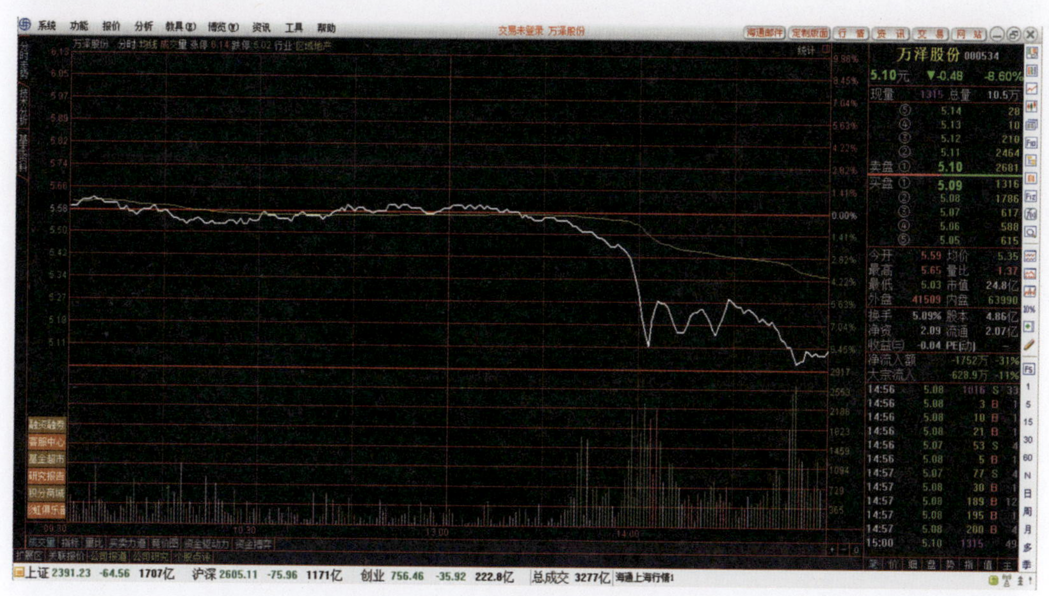

关联图 180 尾盘阶梯式造量恐吓之二

第十篇
复盘作业数据解读

复盘作业是盘口技术的重要组成部分，是每一位职业投资者必须及时做好的基本功。完整的复盘作业包括研究当日的涨跌幅排名榜、振幅排名榜、量比排名榜、换手率排名榜、每笔均量排名榜、当日主力增减仓数据、当日主力净流入流出数据、当日大宗交易数据和当日的交易公开信息（俗称龙虎榜单）。研究这些数据，对投资者做出正确的决策大有帮助。

复盘作业并没有什么高深之处，只要按部就班去做好就行。

成功的投资者之所以成功，是因为他们善于坚持。

贵在坚持，你愿意坚持每天做好复盘作业吗？

图 91　研究当日涨幅榜数据

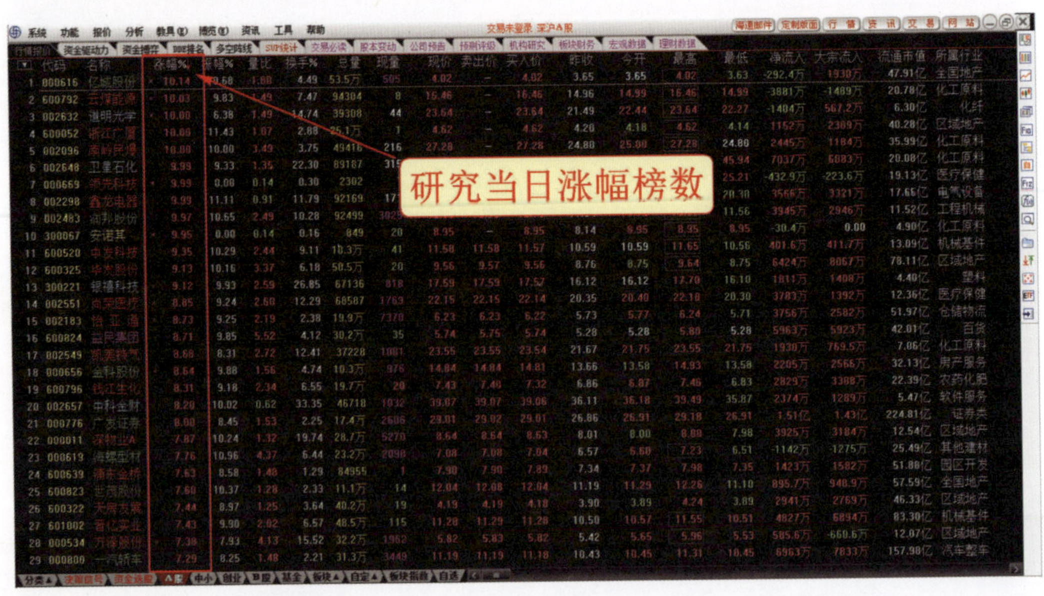

图 91 解说

图 91 介绍的是研究当日涨幅榜数据。这是每一个交易日结束之后，必须做好的最基础的复盘作业，是职业投资者的基本功，是成功投资的基本修炼。研究每一个交易日的涨幅榜，总结当天的盘面特点，发现当天的交易特点，跟踪正在发生的市场热点，挖掘将要爆发的未来热点，从而制定出科学合理的投资策略，这样坚持下去，距离投资成功就不远了。

本图要点如下：

一、每一个交易日的涨幅榜排名数据反映了当天主力出没的踪迹，是发现主力行踪的最佳途径之一，每一位投资者务必高度重视。

二、研究涨幅榜的时候，首先要查看当天联袂上涨的每一只股票，并把它们调出来分析。

三、对于近期第一次出现在涨幅榜前 30 名的品种，要列入自选股，跟踪分析。

四、对于涨幅榜上股价处于空间低位的品种，要结合它们的波形结构重点分析。

五、对于近期连续上榜的的三低品种，要重点跟踪，并列为常备股票池高度重视。

相关阅读 181　每日涨幅榜数据

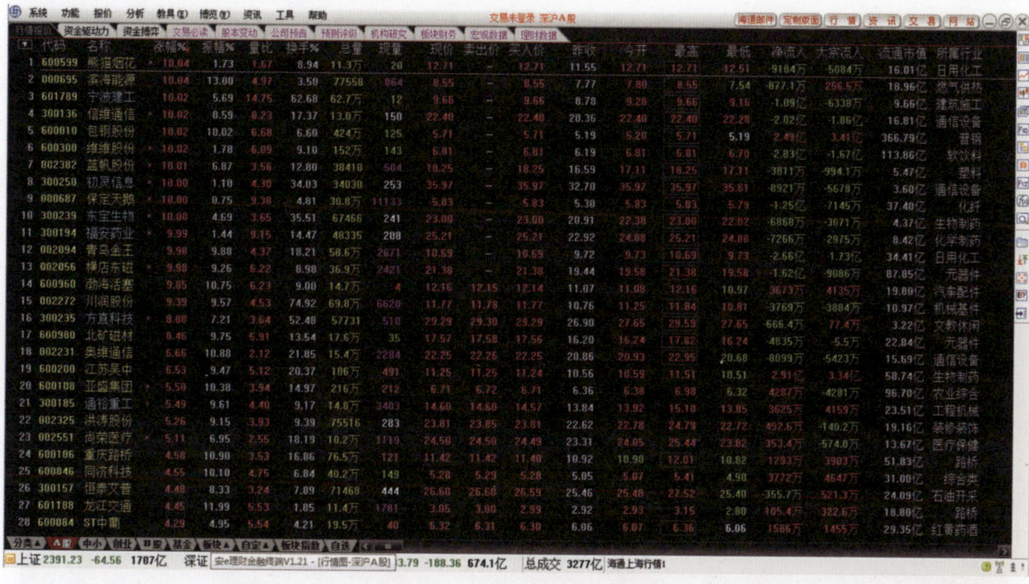

	代码	名称	涨幅%	振幅%	量比	换手%	总量	现量	现价	卖出价	买入价	昨收	今开	最高	最低	净流入	大宗流入	流通市值	所属行业
1	600599	熊猫烟花	10.04	1.73	1.67	8.94	11.3万	20	12.71	–	12.71	11.55	12.71	12.71	12.51	-9184万	-5084万	16.01亿	日用化工
2	000695	滨海能源	10.04	13.00	4.97	3.50	77558	864	8.55	–	8.55	7.77	7.80	8.55	7.54	-877.1万	256.5万	18.96亿	燃气供热
3	601789	宁波建工	10.02	5.69	14.75	62.68	62.7万	12	9.66	–	9.66	8.78	9.28	9.66	9.16	-1.09亿	-6338万	9.66亿	建筑施工
4	300136	信维通信	10.02	0.59	8.23	17.37	13.0万	150	22.40	–	22.40	20.36	22.40	22.40	22.28	-2.02亿	-1.86亿	16.81亿	通信设备
5	600010	包钢股份	10.02	10.02	6.68	6.60	424万	125	5.71	–	5.71	5.19	5.20	5.71	5.19	2.49亿	3.41亿	366.79亿	普钢
6	600300	维维股份	10.02	1.78	6.09	9.10	152万	143	6.81	–	6.81	6.19	6.81	6.81	6.70	-2.83亿	-1.67亿	113.86亿	软饮料
7	002382	蓝帆股份	10.01	6.87	3.56	12.80	38410	504	18.25	–	18.25	16.59	17.11	18.25	17.11	-3811万	-994.1万	5.47亿	塑料
8	300250	初灵信息	10.00	1.10	4.30	34.03	34030	253	35.97	–	35.97	32.70	35.97	35.97	35.61	-8921万	-5678万	3.60亿	通信设备
9	000687	保定天鹅	10.00	0.75	9.38	4.81	30.8万	11133	5.83	–	5.83	5.30	5.83	5.83	5.79	-1.25亿	-7145万	37.40亿	化纤
10	300239	东宝生物	10.00	4.69	3.65	35.51	67466	241	23.00	–	23.00	20.91	22.38	23.00	22.02	-6868万	-3671万	4.37亿	生物制药
11	300194	福安药业	9.99	1.44	9.15	14.47	48335	208	25.21	–	25.21	22.92	24.88	25.21	24.88	-7266万	-2975万	8.42亿	化学制药
12	002094	青岛金王	9.98	9.88	4.37	18.21	58.6万	2671	10.69	–	10.69	9.72	9.73	10.69	9.73	-2.66亿	-1.73亿	34.41亿	日用化工
13	002056	横店东磁	9.98	9.26	6.22	8.98	36.9万	2421	21.38	–	21.38	19.44	19.58	21.38	19.58	-1.62亿	-9086万	87.85亿	元器件
14	600960	渤海活塞	9.85	10.75	6.23	9.00	14.7万	4	12.16	12.15	12.14	11.07	11.08	12.16	10.97	3673万	4135万	19.80亿	汽车配件
15	002272	川润股份	9.39	9.57	4.53	74.92	69.8万	6620	11.77	11.78	11.77	10.76	11.25	11.84	10.81	-3769万	-3884万	10.97亿	机械基件
16	300235	方直科技	8.88	7.21	3.64	52.48	57731	510	29.29	29.30	29.29	26.90	27.65	29.59	27.65	-666.4万	77.4万	3.22亿	文教休闲
17	600980	北矿磁材	8.46	9.75	5.91	13.54	17.6万	35	17.57	17.58	17.56	16.20	16.24	17.82	16.24	-4835万	-5.5万	22.84亿	元器件
18	002231	奥维通信	6.66	10.88	2.12	21.85	15.4万	2284	22.25	22.26	22.25	20.86	20.93	22.95	20.68	-8099万	-5423万	15.69亿	通信设备
19	600200	江苏吴中	6.53	9.47	5.12	20.37	106万	491	11.25	11.25	11.24	10.56	10.59	11.51	10.51	2.91亿	3.34亿	58.74亿	生物制药
20	600108	亚盛集团	5.50	10.38	3.94	14.97	216万	212	6.71	6.72	6.71	6.36	6.38	6.98	6.32	4287万	4281万	96.70亿	农业综合
21	300185	通裕重工	5.49	9.61	4.40	9.17	14.8万	3403	14.60	14.60	14.57	13.84	13.92	15.18	13.85	3625万	4159万	23.51亿	工程机械
22	002325	洪涛股份	5.26	9.15	3.93	9.39	75516	283	23.81	23.85	23.81	22.62	22.78	24.79	22.72	492.6万	-140.2万	19.16亿	装修装饰
23	002551	尚荣医疗	5.11	6.95	2.55	18.19	10.2万	1119	24.50	24.50	24.49	23.31	24.05	25.44	23.82	353.4万	-574.0万	13.67亿	医疗保健
24	600106	重庆路桥	4.58	10.90	3.53	16.86	76.5万	121	11.42	11.42	11.40	10.92	10.90	12.01	10.82	1293万	3903万	51.83亿	路桥
25	600846	同济科技	4.55	10.10	4.75	6.84	40.2万	149	5.28	5.29	5.28	5.05	5.07	5.41	4.90	3772万	4647万	31.00亿	综合类
26	300157	恒泰艾普	4.48	8.33	3.24	7.89	71468	444	26.60	26.60	26.59	25.46	25.48	27.52	25.40	-355.7万	521.3万	24.09亿	石油开采
27	601188	龙江交通	4.45	11.99	5.53	1.85	11.4万	1781	3.05	3.00	2.99	2.92	2.93	3.15	2.80	105.4万	322.6万	18.80亿	路桥
28	600084	ST中葡	4.29	4.95	5.54	4.21	19.5万	40	6.32	6.31	6.30	6.06	6.07	6.36	6.06	1586万	1455万	29.35亿	红黄药酒

上证 2391.23 -64.56 1707亿　深证 安e理财金融终端V1.21 - [行情图-深沪A股] 3.79 -188.36 674.1亿　总成交 3277亿　海通上海行情1

关联图 181　每日涨幅榜数据

相关阅读 182　每日跌幅榜数据

	代码	名称	涨幅%	振幅%	量比	换手%	总量	现量	现价	卖出价	买入价	昨收	今开	最高	最低	净流入	大宗流入	流通市值	所属行业
1	002464	金利科技	-10.01	13.22	1.03	18.23	66534	2221	20.49	20.49	–	22.77	22.61	23.50	20.49	-1480万	-1632万	7.48亿	塑料
2	300167	迪威视讯	-9.98	11.63	1.35	18.02	58149	210	20.75	20.75	–	23.05	23.08	23.43	20.75	-1754万	-1455万	6.70亿	通信设备
3	000719	大地传媒	-9.96	10.62	1.53	20.49	15.2万	1017	13.56	13.57	13.56	15.06	15.02	15.15	13.55	-5421万	-3887万	10.07亿	出版业
4	000517	荣安地产	-9.95	13.51	2.36	17.27	26.8万	3072	8.33	8.33	–	9.25	9.47	9.58	8.33	-4410万	-4475万	12.91亿	区域地产
5	600711	盛屯矿业	-9.83	10.91	1.52	9.68	76907	1	20.91	20.90	20.89	23.19	23.11	23.40	20.87	-1513万	-1361万	16.62亿	小金属
6	002208	合肥城建	-9.82	11.13	1.92	3.62	11.4万	853	6.89	6.90	6.89	7.64	7.66	7.73	6.88	-2272万	-1201万	21.77亿	区域地产
7	002298	鑫龙电器	-9.81	13.06	1.51	15.43	12.1万	1357	21.41	21.41	21.40	23.74	23.50	24.47	21.37	-4077万	-2573万	16.73亿	电气设备
8	600746	江苏索普	-9.75	11.23	1.60	2.86	87124	247	6.11	6.14	6.13	6.77	6.77	6.85	6.09	-983.8万	-442.0万	18.61亿	化工原料
9	600745	中茵股份	-9.64	10.30	1.92	2.28	74765	3	6.84	6.87	6.86	7.57	7.57	7.59	6.81	-1083万	-597.9万	22.39亿	区域地产
10	000558	莱茵置业	-9.64	10.54	1.83	3.33	21.0万	2598	4.03	4.04	4.03	4.46	4.46	4.48	4.01	-2358万	-1681万	25.32亿	区域地产
11	002265	西仪股份	-9.57	11.23	1.30	4.14	11.8万	365	8.13	8.16	8.13	8.99	8.98	9.10	8.09	-2542万	-1394万	23.07亿	机械基件
12	601258	庞大集团	-9.55	11.60	1.61	6.67	23.4万	76	9.28	9.26	9.25	10.26	10.25	10.42	9.23	-5202万	-4078万	32.48亿	汽车服务
13	002605	姚记扑克	-9.55	11.14	1.32	19.08	44828	535	23.88	23.88	23.84	26.40	26.18	26.70	23.76	-3043万	-1753万	5.61亿	文教休闲
14	300264	佳创视讯	-9.47	11.17	1.46	22.70	59028	864	14.92	14.95	14.92	16.48	16.60	16.68	14.84	-2039万	-989.4万	3.88亿	通信设备
15	600389	江山股份	-9.40	11.24	2.65	2.00	39506	50	7.90	7.91	7.90	8.72	8.75	8.83	7.85	-547.4万	-666.1万	15.64亿	农药化肥
16	002114	罗平锌电	-9.38	9.64	1.01	7.89	14.5万	1832	13.91	13.92	13.91	15.35	15.26	15.30	13.82	-4913万	-1931万	25.57亿	铅锌
17	600213	亚星客车	-9.34	11.28	2.04	3.27	71924	115	8.44	8.45	8.42	9.31	9.40	9.43	8.38	-1012万	-451.8万	18.57亿	汽车整车
18	002637	赞宇科技	-9.32	13.43	1.94	25.84	51673	741	42.62	42.62	42.61	47.00	46.70	48.56	42.35	-5331万	-3885万	8.52亿	日用化工
19	300052	中青宝	-9.27	10.75	1.33	10.89	77021	1273	13.50	13.53	13.50	14.88	14.94	14.99	13.39	-2347万	-1128万	9.55亿	互联网
20	600171	上海贝岭	-9.26	10.11	1.56	5.33	35.9万	30	6.37	6.38	6.37	7.02	7.00	7.03	6.32	-4989万	-4105万	42.92亿	半导体
21	002371	七星电子	-9.22	9.75	2.27	6.27	15251	61	54.65	54.69	54.65	60.20	60.05	60.05	54.10	436.3万	-190.5万	13.30亿	半导体
22	300166	东方国信	-9.17	12.10	1.50	23.98	48808	650	31.00	31.01	31.00	34.13	34.10	34.85	30.72	-3616万	-2050万	6.31亿	软件服务
23	600225	天津松江	-9.12	10.53	2.05	6.25	10.7万	105	5.18	5.20	5.19	5.70	5.71	5.73	5.13	-1624万	-1154万	8.87亿	区域地产
24	000415	渤海租赁	-9.10	11.02	3.75	12.80	38.4万	1341	10.89	10.90	10.89	11.98	12.03	12.10	10.78	-6559万	-8293万	32.70亿	建筑施工
25	000923	河北宣工	-9.08	10.81	1.41	1.79	35420	323	6.81	6.82	6.81	7.49	7.50	7.55	6.74	-793.4万	-162.2万	13.48亿	工程机械
26	002229	鸿博股份	-9.04	11.50	2.06	17.53	13.3万	1286	17.00	17.01	17.00	18.69	18.52	18.97	16.82	-2702万	-2334万	12.85亿	广告包装
27	600060	海信电器	-9.01	11.42	1.63	4.78	41.5万	92	19.29	19.25	19.23	21.20	21.18	21.50	19.08	-8406万	-8335万	167.61亿	家用电器
28	000046	泛海建设	-9.01	13.32	2.39	2.57	117万	11659	4.85	4.85	4.84	5.33	5.32	5.51	4.80	-2162万	-3488万	219.74亿	全国地产

上证 2391.23 -64.56 1707亿　深证 10094.9 -332.35 1569亿　中小 4783.79 -188.36 674.1亿　总成交 3277亿　海通上海行情1

关联图 182　每日跌幅榜数据

第十篇　复盘作业数据解读

图 92　研究当日振幅榜数据

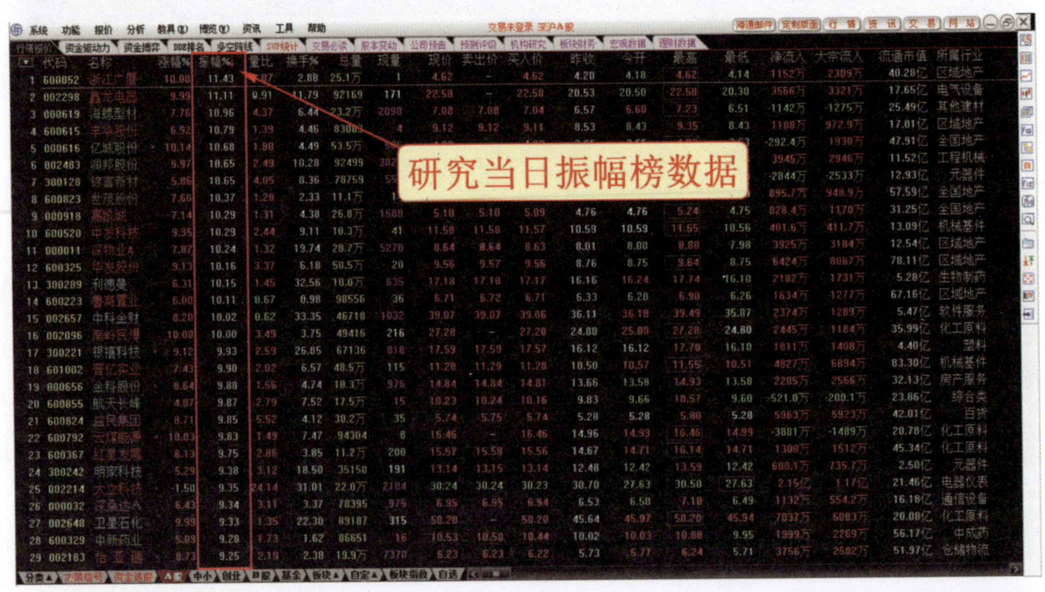

	代码	名称	涨幅%	振幅%	量比	换手%	总量	现量	现价	卖出价	买入价	昨收	今开	最高	最低	净流入	大宗流入	流通市值	所属行业
1	600052	浙江广厦	10.00	11.43	[illegible]	2.88	25.1万	1	4.62	–	4.62	4.20	4.18	4.62	4.14	1152万	2309万	40.28亿	区域地产
2	002298	鑫龙电器	9.99	11.11	0.91	11.79	92169	171	22.58	–	22.58	20.53	20.50	22.58	20.30	3566万	3321万	17.65亿	电气设备
3	000619	海螺型材	7.76	10.96	4.37	6.44	23.2万	2090	7.08	7.08	7.04	6.57	6.60	7.23	6.51	-1142万	-1275万	25.49亿	其他建材
4	600615	丰华股份	6.92	10.79	1.39	4.46	[illegible]	4	9.12	9.12	9.11	8.53	8.43	9.35	8.43	1108万	972.9万	17.01亿	区域地产
5	000616	亿城股份	10.14	10.68	1.98	4.49	53.5万	[illegible]	[illegible]	[illegible]	[illegible]	[illegible]	[illegible]	[illegible]	[illegible]	-292.4万	1930万	47.91亿	全国地产
6	002483	润邦股份	9.97	10.65	2.49	10.28	92499	[illegible]	[illegible]	[illegible]	[illegible]	[illegible]	[illegible]	[illegible]	[illegible]	3945万	2946万	11.52亿	工程机械
7	300128	锦富新材	5.86	10.65	4.05	8.36	78759	[illegible]	[illegible]	[illegible]	[illegible]	[illegible]	[illegible]	[illegible]	[illegible]	-2844万	-2533万	12.93亿	元器件
8	600823	世茂股份	7.60	10.37	1.28	2.33	11.1万	[illegible]	[illegible]	[illegible]	[illegible]	[illegible]	[illegible]	[illegible]	[illegible]	895.7万	948.9万	57.59亿	全国地产
9	000918	嘉凯城	7.14	10.29	1.31	4.38	26.8万	1680	5.10	5.10	5.09	4.76	4.76	5.24	4.75	828.4万	1170万	31.25亿	全国地产
10	600520	中发科技	9.35	10.29	2.44	9.11	10.3万	41	11.58	11.58	11.57	10.59	10.59	11.65	10.56	401.6万	411.7万	13.09亿	机械基件
11	000011	深物业A	7.87	10.24	1.32	19.74	28.7万	5270	8.64	8.64	8.63	8.01	8.00	8.88	7.98	3925万	3184万	12.54亿	区域地产
12	600325	华发股份	9.13	10.16	3.37	6.18	50.5万	20	9.56	9.57	9.56	8.76	8.75	9.64	8.75	6424万	8067万	78.11亿	区域地产
13	300289	利德曼	6.31	10.15	1.45	32.56	10.8万	635	17.18	17.18	17.17	16.16	16.24	17.74	16.10	2182万	1731万	5.28亿	生物制药
14	600223	鲁商置业	6.00	10.11	0.67	0.98	98556	36	6.71	6.72	6.71	6.33	6.28	6.90	6.26	1634万	1277万	67.16亿	区域地产
15	002657	中科金财	8.20	10.02	0.62	33.35	46718	1032	39.07	39.07	39.06	36.11	36.18	39.49	35.87	2374万	1289万	5.47亿	软件服务
16	002096	南岭民爆	10.00	10.00	3.49	3.75	49416	216	27.28	–	27.28	24.80	25.00	27.28	24.80	2445万	1184万	35.99亿	化工原料
17	300221	银禧科技	9.12	9.93	2.59	26.85	67136	818	17.59	17.59	17.57	16.12	16.12	17.70	16.10	1811万	1408万	4.40亿	塑料
18	601002	晋亿实业	7.43	9.90	2.02	6.57	48.5万	115	11.28	11.29	11.28	10.50	10.57	11.55	10.51	4827万	6894万	83.30亿	机械基件
19	000656	金科股份	8.64	9.88	1.56	4.74	10.3万	976	14.84	14.84	14.81	13.66	13.58	14.93	13.58	2205万	2566万	32.13亿	房产服务
20	600855	航天长峰	4.07	9.87	2.79	7.52	17.5万	15	10.23	10.24	10.16	9.83	9.66	10.57	9.60	-521.0万	-200.1万	23.86亿	综合类
21	600824	益民集团	8.71	9.85	5.52	4.12	30.2万	35	5.74	5.75	5.74	5.28	5.28	5.80	5.28	5963万	5923万	42.01亿	百货
22	600792	云煤能源	10.03	9.83	1.49	7.47	94304	8	16.46	–	16.46	14.96	14.99	16.46	14.99	-3881万	-1489万	20.78亿	化工原料
23	600367	红星发展	6.13	9.75	2.86	3.85	11.2万	200	15.57	15.58	15.56	14.67	14.71	16.14	14.71	1300万	1512万	45.34亿	化工原料
24	300242	明家科技	5.29	9.38	3.12	18.50	35150	191	13.14	13.15	13.14	12.48	12.42	13.59	12.42	600.1万	735.7万	2.50亿	元器件
25	002214	大立科技	-1.50	9.35	24.14	31.01	22.0万	2104	30.24	30.24	30.23	30.70	27.63	30.50	27.63	2.15亿	1.17亿	21.46亿	电器仪表
26	000032	深桑达A	6.43	9.34	3.11	3.37	78395	975	6.95	6.95	6.94	6.53	6.50	7.10	6.49	1132万	554.2万	16.18亿	通信设备
27	002648	卫星石化	9.99	9.33	1.35	22.30	89187	315	50.20	–	50.20	45.64	45.97	50.20	45.94	7037万	6083万	20.08亿	化工原料
28	600329	中新药业	5.09	9.28	1.73	1.62	86651	16	10.53	10.50	10.44	10.02	10.03	10.88	9.95	1999万	2269万	56.17亿	中成药
29	002183	怡亚通	8.73	9.25	2.19	2.38	19.9万	7370	6.23	6.23	6.22	5.73	5.77	6.24	5.71	3756万	2502万	51.97亿	仓储物流

图 92 解说

图 92 介绍的是研究当日的振幅榜数据。振幅榜记录了当天股价波动的幅度，真实反映了主力操纵股价的行踪，通过研究振幅榜，可以迅速及时发现主力操盘的蛛丝马迹，及时跟进。因此，凡是出现在振幅榜第一版的品种，振幅越大的，越需要深入研究。

本图要点如下：

一、振幅榜是主力操纵股价的档案榜，它们真实的记录了每一个交易日主力是如何操纵股价的，通过研究振幅排名榜，可以了解到主力操纵股价的力度。

二、一般而言，振幅越大，主力当前操纵股价的力度就越大。

三、相反，振幅很小的品种，主力当前操纵的力度就很小。

四、研究振幅榜的时候，要结合当时的大盘环境来分析，如果来自大盘的外力越大，股价波动的幅度也就可能越大，受此影响振幅也就越大。

五、投资者选择操作品种的时候，要结合自己的交易模型来衡量振幅榜数据的适用性。

相关阅读 183 每日振幅榜正向排序

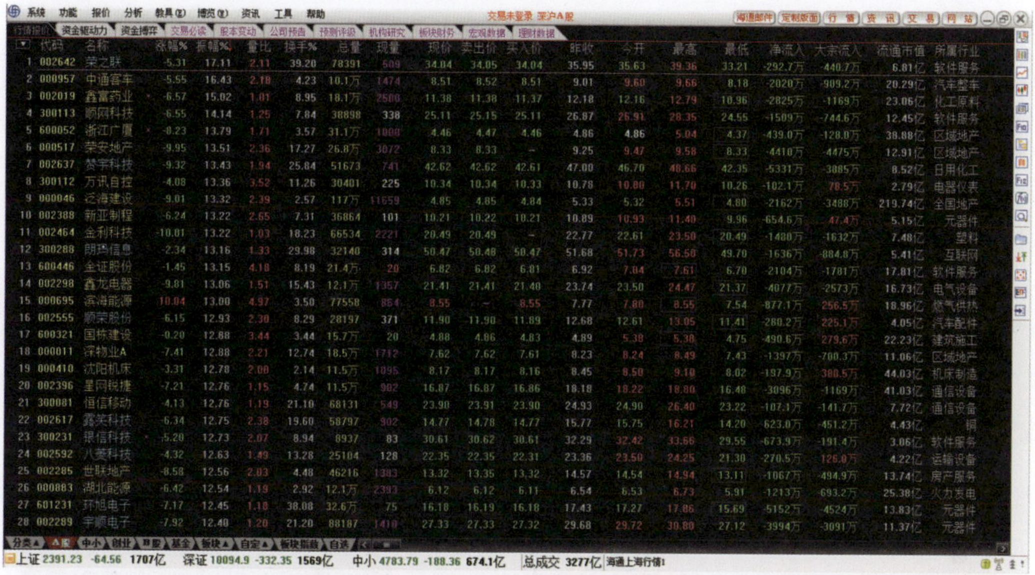

系统 功能 报价 分析 教具(Z) 博览(W) 资讯 工具 帮助 交易未登录 深沪A股 海通邮件 定制版面 行情 资讯 交易 网站

行情报价 资金驱动力 资金博弈 交易必读 股本变动 公司预告 预测评级 机构研究 板块财务 宏观数据 理财数据

	代码	名称	涨幅%	振幅%	量比	换手%	总量	现量	现价	卖出价	买入价	昨收	今开	最高	最低	净流入	大宗流入	流通市值	所属行业
1	002642	荣之联	-5.31	17.11	2.11	39.20	78391	509	34.04	34.05	34.04	35.95	35.63	39.36	33.21	-292.7万	-440.7万	6.81亿	软件服务
2	000957	中通客车	-5.55	16.43	2.18	4.23	10.1万	1474	8.51	8.52	8.51	9.01	9.60	9.66	8.18	-2020万	-909.2万	20.29亿	汽车整车
3	002019	鑫富药业	-6.57	15.02	1.01	8.95	18.1万	2500	11.38	11.38	11.37	12.18	12.16	12.79	10.96	-2825万	-1169万	23.06亿	化工原料
4	300113	顺网科技	-6.55	14.14	1.25	7.84	38898	338	25.11	25.15	25.11	26.87	26.91	28.35	24.55	-1509万	-744.6万	12.45亿	软件服务
5	600052	浙江广厦	-8.23	13.79	1.71	3.57	31.1万	1000	4.46	4.47	4.46	4.86	4.86	5.04	4.37	-439.0万	-128.0万	38.88亿	区域地产
6	000517	荣安地产	-9.95	13.51	2.36	17.27	26.8万	3072	8.33	8.33	–	9.25	9.47	9.58	8.33	-4410万	-4475万	12.91亿	区域地产
7	002637	赞宇科技	-9.32	13.43	1.94	25.84	51673	741	42.62	42.62	42.61	47.00	46.70	48.66	42.35	-5331万	-3885万	8.52亿	日用化工
8	300112	万讯自控	-4.08	13.36	3.52	11.26	30401	225	10.34	10.34	10.33	10.78	10.80	11.70	10.26	-102.1万	78.5万	2.79亿	电器仪表
9	000046	泛海建设	-9.01	13.32	2.39	2.57	117万	11659	4.85	4.85	4.84	5.33	5.32	5.51	4.80	-2162万	-3488万	219.74亿	全国地产
10	002388	新亚制程	-6.24	13.22	2.65	7.31	36864	101	10.21	10.22	10.21	10.89	10.93	11.40	9.96	-654.6万	47.4万	5.15亿	元器件
11	002464	金利科技	-10.01	13.22	1.03	18.23	66534	2221	20.49	20.49	–	22.77	22.61	23.50	20.49	-1480万	-1632万	7.48亿	塑料
12	300288	朗玛信息	-2.34	13.16	1.33	29.98	32140	314	50.47	50.48	50.47	51.68	51.73	56.50	49.70	-1636万	-884.8万	5.41亿	互联网
13	600446	金证股份	-1.45	13.15	4.18	8.19	21.4万	20	6.82	6.82	6.81	6.92	7.04	7.61	6.70	-2104万	-1781万	17.81亿	软件服务
14	002298	鑫龙电器	-9.81	13.06	1.51	15.43	12.1万	1357	21.41	21.41	21.40	23.74	23.50	24.47	21.37	-4077万	-2573万	16.73亿	电气设备
15	000695	滨海能源	10.04	13.00	4.97	3.50	77558	864	8.55	–	8.55	7.77	7.80	8.55	7.54	-877.1万	256.5万	18.96亿	燃气供热
16	002555	顺荣股份	-6.15	12.93	2.30	8.29	28197	371	11.90	11.90	11.89	12.68	12.61	13.05	11.41	-280.2万	225.1万	4.05亿	汽车配件
17	600321	国栋建设	-0.20	12.88	3.44	3.44	15.7万	20	4.88	4.86	4.83	4.89	5.38	5.38	4.75	-490.6万	279.6万	22.23亿	建筑施工
18	000011	深物业A	-7.41	12.88	2.21	12.74	18.5万	1712	7.62	7.62	7.61	8.23	8.24	8.49	7.43	-1397万	-700.3万	11.06亿	区域地产
19	000410	沈阳机床	-3.31	12.78	2.08	2.14	11.5万	1095	8.17	8.17	8.16	8.45	8.50	9.10	8.02	-197.9万	380.5万	44.03亿	机床制造
20	002396	星网锐捷	-7.21	12.76	1.15	4.74	11.5万	902	16.87	16.87	16.86	18.18	18.22	18.80	16.48	-3096万	-1169万	41.03亿	通信设备
21	300081	恒信移动	-4.13	12.76	1.19	21.10	68131	549	23.90	23.91	23.90	24.93	24.90	26.40	23.22	-107.1万	-141.7万	7.72亿	通信设备
22	002617	露笑科技	-6.34	12.75	2.38	19.60	58797	902	14.77	14.78	14.77	15.77	15.75	16.21	14.20	-623.0万	-451.2万	4.43亿	铜
23	300231	银信科技	-5.20	12.73	2.07	8.94	8937	83	30.61	30.62	30.61	32.29	32.42	33.66	29.55	-673.9万	-191.4万	3.06亿	软件服务
24	002592	八菱科技	-4.32	12.63	1.49	13.28	25104	128	22.35	22.35	22.31	23.36	23.50	24.25	21.30	-270.5万	126.0万	4.22亿	运输设备
25	002285	世联地产	-8.58	12.56	2.03	4.48	46216	1383	13.32	13.35	13.32	14.57	14.54	14.94	13.11	-1067万	-494.9万	13.74亿	房产服务
26	000883	湖北能源	-6.42	12.54	1.19	2.92	12.1万	2393	6.12	6.12	6.11	6.54	6.53	6.73	5.91	-1213万	-693.2万	25.38亿	火力发电
27	601231	环旭电子	-7.17	12.45	1.18	38.08	32.6万	75	16.18	16.19	16.18	17.43	17.27	17.86	15.69	-5152万	-4524万	13.83亿	元器件
28	002289	宇顺电子	-7.92	12.40	1.20	21.20	88187	1410	27.33	27.33	27.32	29.68	29.72	30.80	27.12	-3994万	-3091万	11.37亿	元器件

分类▲ A股 中小 创业 B股 基金 板块▲ 自定▲ 板块指数 自选

上证 2391.23 -64.56 1707亿 深证 10094.9 -332.35 1569亿 中小 4783.79 -188.36 674.1亿 总成交 3277亿 海通上海行情1

关联图 183 每日振幅榜正向排序

相关阅读 184 每日振幅榜反向排序

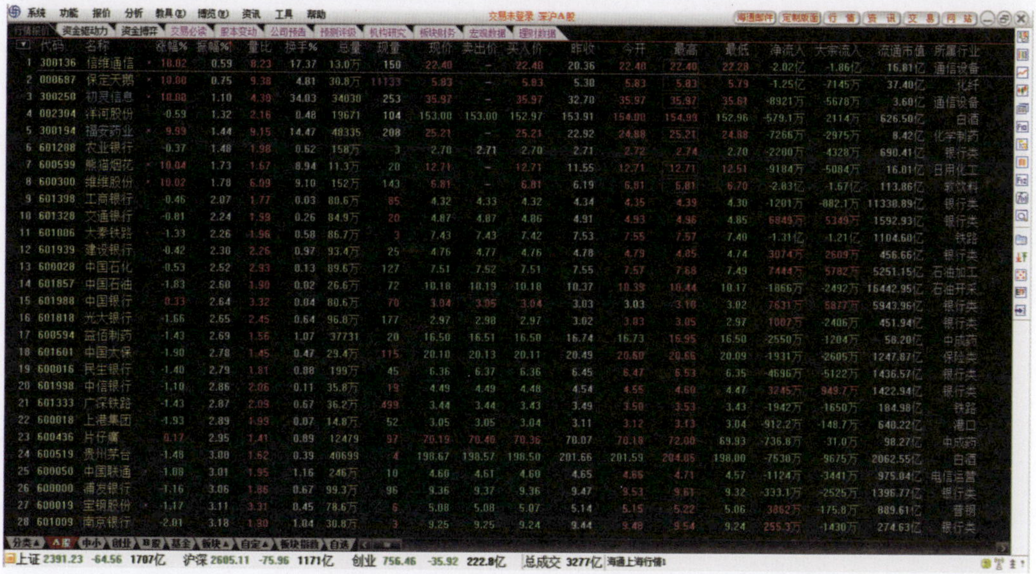

系统 功能 报价 分析 教具(Z) 博览(W) 资讯 工具 帮助 交易未登录 深沪A股 海通邮件 定制版面 行情 资讯 交易 网站

行情报价 资金驱动力 资金博弈 交易必读 股本变动 公司预告 预测评级 机构研究 板块财务 宏观数据 理财数据

	代码	名称	涨幅%	振幅%	量比	换手%	总量	现量	现价	卖出价	买入价	昨收	今开	最高	最低	净流入	大宗流入	流通市值	所属行业
1	300136	信维通信	10.02	0.59	8.23	17.37	13.0万	150	22.40	–	22.40	20.36	22.40	22.40	22.28	-2.02亿	-1.86亿	16.81亿	通信设备
2	000687	保定天鹅	10.00	0.75	9.38	4.81	30.8万	11133	5.83	–	5.83	5.30	5.83	5.83	5.79	-1.25亿	-7145万	37.40亿	化纤
3	300250	初灵信息	10.00	1.10	4.30	34.03	34030	253	35.97	–	35.97	32.70	35.97	35.97	35.61	-8921万	-5678万	3.60亿	通信设备
4	002304	洋河股份	-0.59	1.32	2.16	0.48	19671	104	153.00	153.00	152.97	153.91	154.00	154.99	152.96	-579.1万	2114万	626.50亿	白酒
5	300194	福安药业	9.99	1.44	9.15	14.47	48335	208	25.21	–	25.21	22.92	24.88	25.21	24.88	-7266万	-2975万	8.42亿	化学制药
6	601288	农业银行	-0.37	1.48	1.98	0.62	158万	3	2.70	2.71	2.70	2.71	2.72	2.74	2.70	-2200万	-4328万	690.41亿	银行类
7	600599	熊猫烟花	10.04	1.73	1.67	8.94	11.3万	20	12.71	–	12.71	11.55	12.71	12.71	12.51	-9184万	-5084万	16.01亿	日用化工
8	600300	维维股份	10.02	1.78	6.09	9.10	152万	143	6.81	–	6.81	6.19	6.81	6.81	6.70	-2.83亿	-1.67亿	113.86亿	软饮料
9	601398	工商银行	-0.46	2.07	1.77	0.03	80.6万	85	4.32	4.33	4.32	4.34	4.35	4.39	4.30	-1201万	-882.1万	11330.89亿	银行类
10	601328	交通银行	-0.81	2.24	1.59	0.26	84.9万	20	4.87	4.87	4.86	4.91	4.93	4.96	4.85	6849万	5349万	1592.93亿	银行类
11	601006	大秦铁路	-1.33	2.26	1.96	0.58	86.7万	3	7.43	7.43	7.42	7.53	7.55	7.57	7.40	-1.31亿	-1.21亿	1104.60亿	铁路
12	601939	建设银行	-0.42	2.30	2.26	0.97	93.4万	25	4.76	4.77	4.76	4.78	4.79	4.85	4.74	3074万	2609万	456.66亿	银行类
13	600028	中国石化	-0.53	2.52	2.93	0.13	89.6万	127	7.51	7.52	7.51	7.55	7.57	7.68	7.49	7444万	5782万	5251.15亿	石油加工
14	601857	中国石油	-1.83	2.60	1.90	0.02	26.6万	72	10.18	10.19	10.18	10.37	10.39	10.44	10.17	-1866万	-2492万	16442.95亿	石油开采
15	601988	中国银行	0.33	2.64	3.32	0.04	80.6万	70	3.04	3.05	3.04	3.03	3.03	3.10	3.02	7631万	5877万	5943.96亿	银行类
16	601818	光大银行	-1.66	2.65	2.45	0.64	96.8万	177	2.97	2.98	2.97	3.02	3.03	3.05	2.97	1007万	-2406万	451.94亿	银行类
17	600594	益佰制药	-1.43	2.69	1.56	1.07	37731	20	16.50	16.51	16.50	16.74	16.73	16.95	16.50	-2550万	-1204万	58.20亿	中成药
18	601601	中国太保	-1.90	2.78	1.45	0.47	29.4万	115	20.10	20.13	20.11	20.49	20.60	20.66	20.09	-1931万	-2605万	1247.87亿	保险类
19	600016	民生银行	-1.40	2.79	1.81	0.88	199万	45	6.36	6.37	6.36	6.45	6.47	6.53	6.35	-4696万	-5122万	1436.57亿	银行类
20	601998	中信银行	-1.10	2.86	2.06	0.11	35.8万	19	4.49	4.49	4.48	4.54	4.55	4.60	4.47	3245万	949.7万	1422.94亿	银行类
21	601333	广深铁路	-1.43	2.87	2.09	0.67	36.2万	499	3.44	3.44	3.43	3.49	3.50	3.53	3.43	-1942万	-1650万	184.98亿	铁路
22	600018	上港集团	-1.93	2.89	1.99	0.07	14.8万	52	3.05	3.05	3.04	3.11	3.12	3.13	3.04	-912.2万	-148.7万	640.22亿	港口
23	600436	片仔癀	0.17	2.95	1.41	0.89	12479	97	70.19	70.40	70.36	70.07	70.18	72.00	69.93	-736.8万	-31.0万	98.27亿	中成药
24	600519	贵州茅台	-1.48	3.00	1.62	0.39	40699	4	198.67	198.57	198.50	201.66	201.59	204.05	198.00	-7530万	-9675万	2062.55亿	白酒
25	600050	中国联通	-1.08	3.01	1.95	1.16	246万	10	4.60	4.61	4.60	4.65	4.66	4.71	4.57	-1124万	-3441万	975.04亿	电信运营
26	600000	浦发银行	-1.16	3.06	1.86	0.67	99.3万	96	9.36	9.37	9.36	9.47	9.53	9.61	9.32	-333.1万	-2525万	1396.77亿	银行类
27	600019	宝钢股份	-1.17	3.11	3.31	0.45	78.6万	6	5.08	5.08	5.07	5.14	5.15	5.22	5.06	3862万	-175.8万	889.61亿	普钢
28	601009	南京银行	-2.01	3.18	1.30	1.04	30.8万	3	9.25	9.25	9.24	9.44	9.48	9.54	9.24	255.3万	-1430万	274.63亿	银行类

分类▲ A股 中小 创业 B股 基金 板块▲ 自定▲ 板块指数 自选

上证 2391.23 -64.56 1707亿 沪深 2605.11 -75.96 1171亿 创业 756.46 -35.92 222.8亿 总成交 3277亿 海通上海行情1

关联图 184 每日振幅榜反向排序

图 93　研究当日量比榜数据

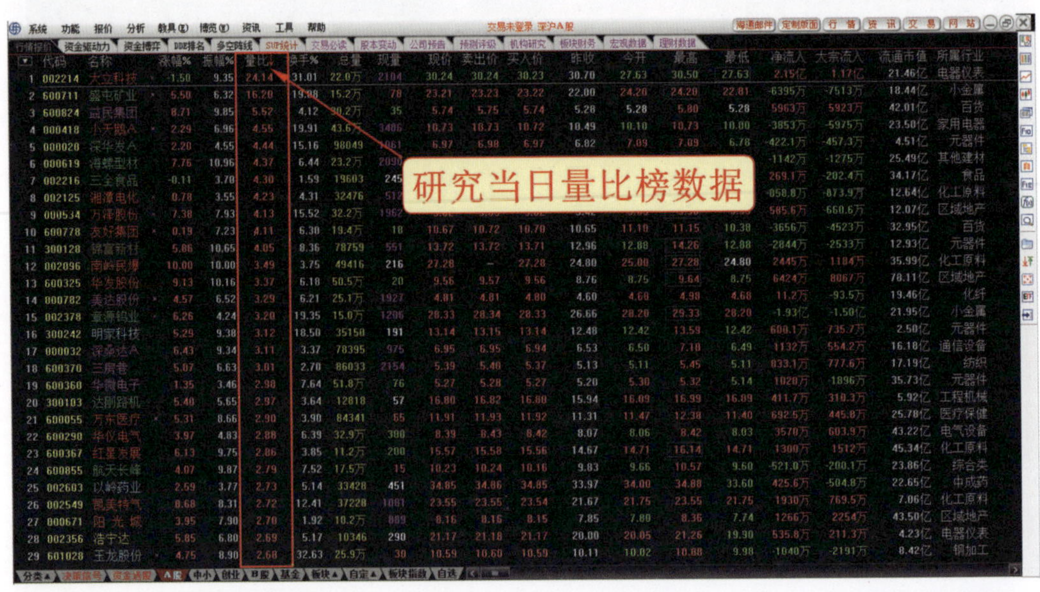

图 93 解说

图 93 介绍的是研究当日的量比榜数据。量比排名榜是极其重要的盘口数据，是揭示主力操纵股价力度的有效途径之一，量比数值的大小，反映了当日主力投入做盘资金的大小。因此，通过研究量比排名榜，就可以发现当日主力操控股价的动能数据，以及操盘资金的变化趋势，从而为我们的投资决策寻找出有效的决策依据。

本图要点如下：

一、研究量比排名榜可以从三个重要的时间段入手，分别是集合竞价结束后的第一个时间节点、上午收盘后的第二个时间节点和全天交易收盘后的第三个时间节点。

二、第一个时间节点研究的是当天主力出场的意愿，了解主力当天的操盘意图。

三、第二个时间节点研究的是上半场多空角逐的结果，以便及时调整交易策略。

四、第三个时间节点研究的是全天交易结束后多空双方博弈的结果，为制定下一个交易日的交易策略提供决策依据，并根据当天量比数据的变化修正原来的交易计划。

五、临盘实战的时候，职业投资者也可以每隔半个小时查看一次量比数据。

相关阅读 185　每日量比榜正向排序

	代码	名称	涨幅%	振幅%	量比↓	换手%	总量	现量	现价	卖出价	买入价	昨收	今开	最高	最低	净流入	大宗流入	流通市值	所属行业
1	601789	宁波建工	10.02	5.69	14.75	62.68	62.7万	12	9.66	—	9.66	8.78	9.20	9.66	9.16	-1.09亿	-6338万	9.66亿	建筑施工
2	000687	保定天鹅	10.00	0.75	9.38	4.81	30.8万	11133	5.83	—	5.83	5.30	5.83	5.83	5.79	-1.25亿	-7145万	37.40亿	化纤
3	300194	福安药业	9.99	1.44	9.15	14.47	48335	208	25.21	—	25.21	22.92	24.88	25.21	24.88	-7266万	-2975万	8.42亿	化学制药
4	300136	信维通信	10.02	0.59	8.23	17.37	13.0万	150	22.40	—	22.40	20.36	22.40	22.40	22.28	-2.02亿	-1.86亿	16.81亿	通信设备
5	002531	天顺风能	1.26	7.16	8.18	22.57	13.9万	1233	16.82	16.83	16.82	16.61	17.48	17.79	16.60	49.6万	-25.7万	10.39亿	电气设备
6	600358	国旅联合	3.30	7.25	7.40	4.69	20.3万	40	4.70	4.70	4.69	4.55	4.55	4.87	4.54	566.1万	190.7万	20.30亿	旅游服务
7	600010	包钢股份	10.02	10.02	6.68	6.60	424万	125	5.71	—	5.71	5.19	5.20	5.71	5.19	2.49亿	3.41亿	366.79亿	普钢
8	600960	渤海活塞	9.85	10.75	6.23	9.00	14.7万	4	12.16	12.15	12.14	11.07	11.08	12.16	10.97	3673万	4135万	19.80亿	汽车配件
9	002056	横店东磁	9.98	9.26	6.22	8.98	36.9万	2421	21.38	—	21.38	19.44	19.58	21.38	19.58	-1.62亿	-9086万	87.85亿	元器件
10	600300	维维股份	10.02	1.78	6.09	9.10	152万	143	6.81	—	6.81	6.19	6.81	6.81	6.70	-2.83亿	-1.67亿	113.86亿	软饮料
11	600980	北矿磁材	8.46	9.75	5.91	13.54	17.6万	35	17.57	17.58	17.56	16.20	16.24	17.82	16.24	-4835万	-5.5万	22.84亿	元器件
12	600084	ST中葡	4.29	4.95	5.54	4.21	19.5万	40	6.32	6.31	6.30	6.06	6.07	6.36	6.06	1586万	1455万	29.35亿	红黄药酒
13	601188	龙江交通	4.45	11.99	5.53	1.85	11.4万	1781	3.05	3.00	2.99	2.92	2.93	3.15	2.80	105.4万	322.6万	18.80亿	路桥
14	002352	鼎泰新材	1.21	5.73	5.49	9.47	18463	407	22.60	22.60	22.59	22.33	22.36	23.50	22.22	184.5万	79.8万	4.41亿	铜加工
15	002062	宏润建设	1.81	6.67	5.40	3.24	11.8万	1966	7.33	7.33	7.32	7.20	7.25	7.64	7.16	181.4万	-239.0万	26.69亿	建筑施工
16	600070	浙江富润	-0.11	9.30	5.30	7.05	99226	10	9.45	9.47	9.46	9.46	9.70	10.18	9.30	239.8万	361.0万	13.29亿	纺织
17	600200	江苏吴中	6.53	9.47	5.12	20.37	106万	491	11.25	11.25	11.24	10.56	10.59	11.51	10.51	2.91亿	3.34亿	58.74亿	生物制药
18	000407	胜利股份	2.02	8.31	5.06	6.36	41.0万	3998	4.54	4.55	4.54	4.45	4.45	4.77	4.40	1439万	2311万	29.28亿	塑料
19	601003	柳钢股份	-3.05	8.88	5.03	0.34	88178	5	3.82	3.82	3.81	3.94	3.96	4.10	3.75	13.5万	9.8万	97.90亿	普钢
20	000695	滨海能源	10.04	13.00	4.97	3.50	77558	864	8.55	—	8.55	7.77	7.80	8.55	7.54	-877.1万	256.5万	18.96亿	燃气供热
21	002485	希努尔	0.23	3.92	4.89	7.85	49266	210	21.71	21.71	21.70	21.66	21.81	22.25	21.40	-1986万	-763.8万	13.62亿	服饰
22	600846	同济科技	4.55	10.10	4.75	6.84	40.2万	149	5.28	5.29	5.28	5.05	5.07	5.41	4.90	3772万	4647万	31.00亿	综合类
23	300244	迪安诊断	4.10	8.60	4.71	18.56	23759	245	43.95	43.98	43.95	42.22	42.74	46.37	42.74	523.6万	461.1万	5.63亿	医疗保健
24	002482	广田股份	-0.59	5.87	4.54	7.50	76243	183	27.10	27.10	27.06	27.26	26.88	28.30	26.70	872.2万	846.6万	27.53亿	装修装饰
25	002272	川润股份	9.39	9.57	4.53	74.92	69.8万	6620	11.77	11.78	11.77	10.76	11.25	11.84	10.81	-3769万	-3884万	10.97亿	机械基件
26	600165	新日恒力	3.81	8.66	4.41	8.40	16.3万	38	7.91	7.93	7.92	7.62	7.60	8.11	7.45	-1520万	-1310万	15.34亿	钢加工
27	300185	通裕重工	5.49	9.61	4.40	9.17	14.8万	3403	14.60	14.60	14.57	13.84	13.92	15.18	13.85	3625万	4159万	23.51亿	工程机械
28	002094	青岛金王	9.98	9.88	4.37	18.21	58.6万	2671	10.69	—	10.69	9.72	9.73	10.69	9.73	-2.66亿	-1.73亿	34.41亿	日用化工

上证 2391.23 -64.56 1707亿　深证 10094.9 -332.35 1569亿　中小 4783.79 -188.36 674.1亿　总成交 3277亿　海通上海行情1

关联图 185　每日量比榜正向排序

相关阅读 186　每日量比榜反向排序

	代码	名称	涨幅%	振幅%	量比↑	换手%	总量	现量	现价	卖出价	买入价	昨收	今开	最高	最低	净流入	大宗流入	流通市值	所属行业
85	300083	劲胜股份	-5.15	5.54	0.75	4.41	22595	332	14.37	14.37	14.36	15.15	15.15	15.17	14.33	-1404万	-577.3万	7.36亿	元器件
86	600179	ST黑化	-4.96	5.41	0.76	5.52	10.8万	1	6.32	6.32	—	6.65	6.66	6.68	6.32	-2037万	-985.3万	12.34亿	焦炭加工
87	002140	东华科技	-2.73	6.09	0.76	0.23	9993	105	23.16	23.18	23.16	23.81	23.81	24.15	22.70	-381.6万	33.3万	100.06亿	建筑施工
88	600290	华仪电气	-7.68	10.81	0.76	8.31	42.8万	138	8.54	8.54	8.53	9.25	9.25	9.33	8.33	-3809万	-3175万	44.00亿	电气设备
89	600429	三元股份	-6.28	8.10	0.77	1.85	11.8万	51	5.67	5.67	5.66	6.05	6.10	6.12	5.63	-1113万	-373.5万	36.00亿	乳制品
90	000678	襄阳轴承	-8.05	9.96	0.77	2.66	80066	1980	4.80	4.80	4.79	5.22	5.22	5.24	4.72	-1360万	-398.3万	14.45亿	机械基件
91	000786	北新建材	-4.16	5.80	0.79	0.55	31381	490	12.89	12.90	12.89	13.45	13.45	13.58	12.80	-248.4万	59.8万	74.13亿	其他建材
92	601888	中国国旅	-3.02	5.15	0.79	0.94	20612	2	27.29	27.29	27.28	28.14	28.21	28.35	26.90	-1709万	-1304万	60.04亿	旅游服务
93	600270	外运发展	-4.09	5.86	0.79	1.86	61697	65	7.04	7.03	7.02	7.34	7.36	7.41	6.98	-565.3万	-15.1万	23.29亿	航空
94	002346	柘中建设	-6.74	7.70	0.79	4.82	16878	282	13.56	13.58	13.56	14.54	14.56	14.62	13.50	-675.3万	-107.2万	4.75亿	水泥
95	000421	南京中北	-4.75	5.74	0.79	1.14	40085	164	4.81	4.81	4.80	5.05	5.06	5.08	4.79	-594.2万	-118.3万	16.91亿	公共交通
96	300086	康芝药业	-5.73	7.22	0.79	8.09	57166	1620	16.44	16.44	16.42	17.44	17.47	17.70	16.44	-2866万	-1354万	11.62亿	化学制药
97	002084	海鸥卫浴	-4.26	9.40	0.80	1.25	41839	133	5.40	5.41	5.40	5.64	5.64	5.75	5.22	-185.3万	-30.4万	18.12亿	家居用品
98	600238	海南椰岛	-4.67	5.96	0.80	2.21	97560	5	9.60	9.59	9.58	10.07	10.00	10.15	9.55	-1014万	-950.0万	42.44亿	红黄药酒
99	300035	中科电气	-3.10	8.75	0.82	4.20	24419	280	12.52	12.52	12.50	12.92	12.89	13.15	12.02	-227.8万	103.3万	7.28亿	工程机械
100	002377	国创高新	-6.94	9.54	0.82	9.98	85026	1195	9.66	9.67	9.66	10.38	10.39	10.45	9.46	-2302万	-959.2万	8.23亿	化工原料
101	002369	卓翼科技	-4.98	7.07	0.82	4.87	31260	125	16.80	16.80	16.76	17.68	17.70	17.85	16.60	-1731万	-1132万	10.79亿	通信设备
102	600775	南京熊猫	-7.73	10.73	0.83	1.01	41586	19	6.45	6.46	6.45	6.99	7.02	7.05	6.30	-510.1万	-102.8万	26.64亿	通信设备
103	000417	合肥百货	-4.36	6.76	0.83	1.47	70146	637	15.56	15.56	15.55	16.27	16.30	16.40	15.30	-1975万	-1830万	74.48亿	百货
104	000887	中鼎股份	-5.31	8.27	0.83	0.56	33349	558	12.13	12.13	12.12	12.81	12.86	12.98	11.92	-1157万	-582.7万	72.27亿	橡胶
105	600483	福建南纺	-7.46	9.59	0.84	4.56	13.2万	90	6.08	6.10	6.09	6.57	6.57	6.63	6.00	-1979万	-1276万	17.54亿	纺织
106	600399	抚顺特钢	-5.18	8.64	0.84	3.37	15.2万	94	5.49	5.51	5.50	5.79	5.79	5.88	5.38	-580.2万	-451.5万	24.81亿	特钢
107	300207	欣旺达	-5.76	8.73	0.84	7.63	35870	324	16.51	16.51	16.50	17.52	17.35	17.81	16.28	-918.3万	-394.5万	7.76亿	元器件
108	600750	江中药业	-3.14	4.61	0.84	0.80	25041	55	25.01	25.04	25.00	25.82	25.78	25.99	24.80	-2137万	-1320万	77.82亿	中成药
109	300058	蓝色光标	-4.42	6.27	0.84	2.79	25477	137	28.97	28.99	28.97	30.31	30.31	30.60	28.70	-1271万	-792.2万	26.47亿	广告包装
110	600579	ST黄海	-5.05	5.98	0.84	2.35	60063	5	5.08	5.08	—	5.35	5.39	5.40	5.08	-656.3万	-192.6万	12.98亿	汽车配件
111	002046	轴研科技	-4.71	6.98	0.85	3.25	20909	152	15.98	15.98	15.97	16.77	16.82	16.97	15.80	-206.6万	194.2万	10.28亿	机械基件
112	600864	哈投股份	-5.54	7.81	0.85	1.93	10.5万	103	6.65	6.64	6.63	7.04	7.10	7.12	6.57	-1658万	-942.0万	36.33亿	火力发电

上证 2391.23 -64.56 1707亿　沪深 2605.11 -75.96 1171亿　创业 756.46 -35.92 222.8亿　总成交 3277亿　海通上海行情1

关联图 186　每日量比榜反向排序

图 94　研究当日换手率数据

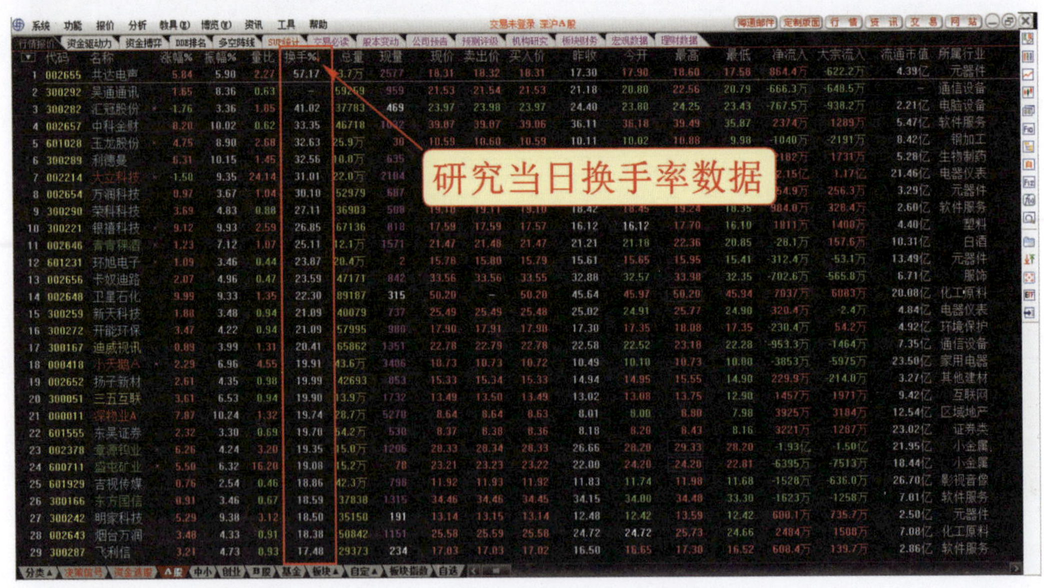

图 94 解说

图 94 介绍的是研究当日的换手率数据。换手率反映了交易品种的活跃程度，反映了多空双方的意见分歧。换手率越大，活跃程度就越高，多空意见分歧就越大。相反，换手率越小，市场意见的趋同性就越大，活跃程度就越低。对于职业投资者来说，研究换手率数据是必不可少的基本功，是制定交易策略的必备环节。

本图要点如下：

一、研究换手率排名榜可以从三个重要的时间段入手，分别是集合竞价结束后的第一个时间节点、上午收盘后的第二个时间节点和全天交易收盘后的第三个时间节点。三个时间节点的换手率大小分别代表不同的市场含义，需要认真对待。

二、第一个时间节点研究的是当天多空双方分歧的大小，了解双方当天的操盘意图。

三、第二个时间节点研究的是上半场多空博弈后分歧趋同的结果，以便根据交易品种的活跃程度和趋同结果及时调整交易策略。

四、第三个时间节点研究的是全天交易结束后多空双方趋同的结果，为制定下一个交易日的交易策略提供决策依据，并根据当天换手率数据的变化修正原来的交易计划。

五、临盘实战的时候，职业投资者也可以每隔半个小时查看一次换手率数据。

相关阅读 187 每日换手率正向排序

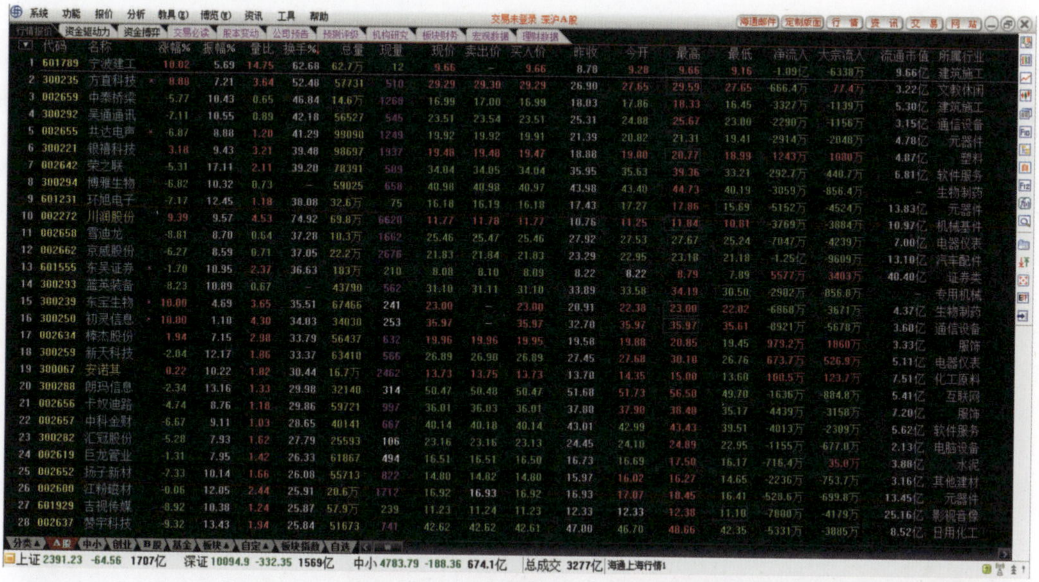

	代码	名称	涨幅%	振幅%	量比	换手%	总量	现量	现价	卖出价	买入价	昨收	今开	最高	最低	净流入	大宗流入	流通市值	所属行业
1	601789	宁波建工	10.02	5.69	14.75	62.68	62.7万	12	9.66	–	9.66	8.78	9.28	9.66	9.16	-1.09亿	-6338万	9.66亿	建筑施工
2	300235	方直科技	8.88	7.21	3.64	52.48	57731	510	29.29	29.30	29.29	26.90	27.65	29.59	27.65	-666.4万	77.4万	3.22亿	文教休闲
3	002659	中泰桥梁	-5.77	10.43	0.65	46.84	14.6万	1268	16.99	17.00	16.99	18.03	17.86	18.33	16.45	-3327万	-1139万	5.30亿	建筑施工
4	300292	吴通通讯	-7.11	10.55	0.89	42.18	56527	545	23.51	23.54	23.51	25.31	24.88	25.67	23.00	-2290万	-1156万	3.15亿	通信设备
5	002655	共达电声	-6.87	8.88	1.20	41.29	99090	1249	19.92	19.92	19.91	21.39	20.82	21.31	19.41	-2914万	-2048万	4.78亿	元器件
6	300221	银禧科技	3.18	9.43	3.21	39.48	98697	1937	19.48	19.48	19.47	18.88	19.00	20.77	18.99	1243万	1080万	4.87亿	塑料
7	002642	荣之联	-5.31	17.11	2.11	39.20	78391	509	34.04	34.05	34.04	35.95	35.63	39.36	33.21	-292.7万	-440.7万	6.81亿	软件服务
8	300294	博雅生物	-6.82	10.32	0.73	–	59025	658	40.98	40.98	40.97	43.98	43.40	44.73	40.19	-3059万	-856.4万	–	生物制药
9	601231	环旭电子	-7.17	12.45	1.18	38.08	32.6万	75	16.18	16.19	16.18	17.43	17.27	17.86	15.69	-5152万	-4524万	13.83亿	元器件
10	002272	川润股份	9.39	9.57	4.53	74.92	69.8万	6620	11.77	11.78	11.77	10.76	11.25	11.84	10.81	-3769万	-3884万	10.97亿	机械基件
11	002658	雪迪龙	-8.81	8.70	0.64	37.28	10.3万	1662	25.46	25.47	25.46	27.92	27.53	27.67	25.24	-7047万	-4239万	7.00亿	电器仪表
12	002662	京威股份	-6.27	8.59	0.71	37.05	22.2万	2676	21.83	21.84	21.83	23.29	22.95	23.18	21.18	-1.25亿	-9609万	13.10亿	汽车配件
13	601555	东吴证券	-1.70	10.95	2.37	36.63	183万	210	8.08	8.10	8.09	8.22	8.22	8.79	7.89	5577万	3403万	40.40亿	证券类
14	300293	蓝英装备	-8.23	10.89	0.67	–	43790	562	31.10	31.11	31.10	33.89	33.58	34.19	30.50	-2902万	-856.8万	–	专用机械
15	300239	东宝生物	10.00	4.69	3.65	35.51	67466	241	23.00	–	23.00	20.91	22.38	23.00	22.02	-6868万	-3671万	4.37亿	生物制药
16	300250	初灵信息	10.00	1.10	4.30	34.83	34030	253	35.97	–	35.97	32.70	35.97	35.97	35.61	-8921万	-5678万	3.60亿	通信设备
17	002634	棒杰股份	1.94	7.15	2.98	33.79	56437	632	19.96	19.96	19.95	19.58	19.88	20.85	19.45	979.2万	1860万	3.33亿	服饰
18	300259	新天科技	-2.04	12.17	1.86	33.37	63410	566	26.89	26.90	26.89	27.45	27.68	30.10	26.76	673.7万	526.9万	5.11亿	电器仪表
19	300067	安诺其	0.22	10.22	1.82	30.44	16.7万	2462	13.73	13.75	13.73	13.70	14.35	15.00	13.60	100.5万	123.7万	7.51亿	化工原料
20	300288	朗玛信息	-2.34	13.16	1.33	29.98	32140	314	50.47	50.48	50.47	51.68	51.73	56.50	49.70	-1636万	-884.8万	5.41亿	互联网
21	002656	卡奴迪路	-4.74	8.76	1.18	29.86	59721	997	36.01	36.03	36.01	37.80	37.90	38.40	35.17	-4439万	-3158万	7.20亿	服饰
22	002657	中科金财	-6.67	9.11	1.03	28.65	40141	667	40.14	40.18	40.14	43.01	42.99	43.43	39.51	-4013万	-2309万	5.62亿	软件服务
23	300282	汇冠股份	-5.28	7.93	1.62	27.79	25593	106	23.16	23.16	23.13	24.45	24.10	24.89	22.95	-1155万	-677.0万	2.13亿	电脑设备
24	002619	巨龙管业	-1.31	7.95	1.42	26.33	61867	494	16.51	16.51	16.50	16.73	16.69	17.50	16.17	-716.4万	35.0万	3.88亿	水泥
25	002652	扬子新材	-7.33	10.14	1.66	26.08	55713	822	14.80	14.82	14.80	15.97	16.02	16.27	14.65	-2236万	-753.7万	3.16亿	其他建材
26	002600	江粉磁材	-0.06	12.05	2.44	25.91	20.6万	1712	16.92	16.93	16.92	16.93	17.07	18.45	16.41	-528.6万	-699.8万	13.45亿	元器件
27	601929	吉视传媒	-8.92	10.38	1.24	25.87	57.9万	239	11.23	11.24	11.23	12.33	12.33	12.38	11.10	-7800万	-4179万	25.16亿	影视音像
28	002637	赞宇科技	-9.32	13.43	1.94	25.84	51673	741	42.62	42.62	42.61	47.00	46.70	48.66	42.35	-5331万	-3885万	8.52亿	日用化工

上证 2391.23 -64.56 1707亿 深证 10094.9 -332.35 1569亿 中小 4783.79 -188.36 674.1亿 总成交 3277亿 海通上海行情1

关联图 187 每日换手率正向排序

相关阅读 188 每日换手率反向排序

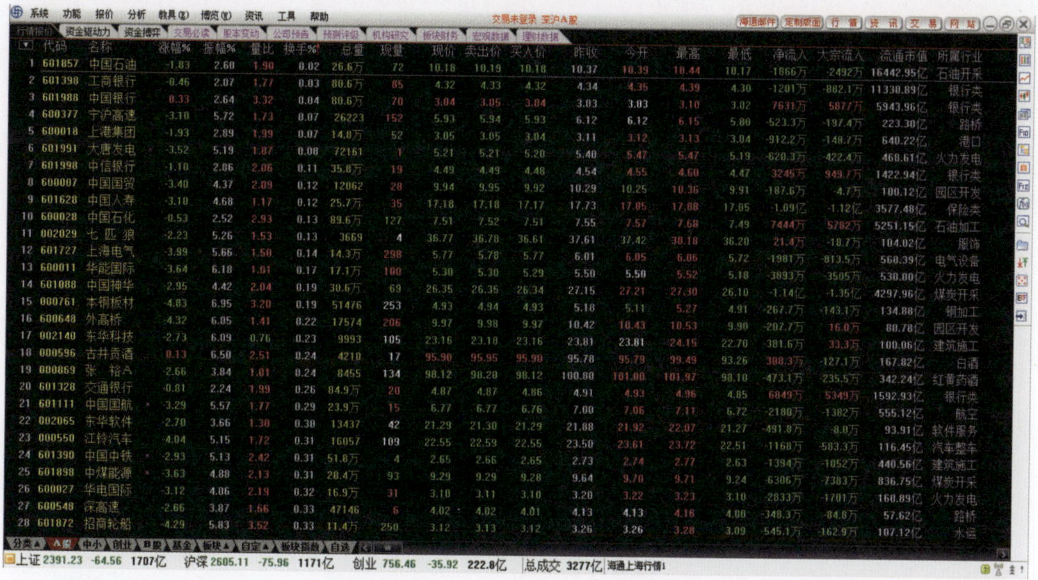

	代码	名称	涨幅%	振幅%	量比	换手%	总量	现量	现价	卖出价	买入价	昨收	今开	最高	最低	净流入	大宗流入	流通市值	所属行业
1	601857	中国石油	-1.83	2.60	1.90	0.02	26.6万	72	10.18	10.19	10.18	10.37	10.39	10.44	10.17	-1866万	-2492万	16442.95亿	石油开采
2	601398	工商银行	-0.46	2.07	1.77	0.03	80.6万	85	4.32	4.33	4.32	4.34	4.35	4.39	4.30	-1201万	-882.1万	11330.89亿	银行类
3	601988	中国银行	0.33	2.64	3.32	0.04	80.6万	70	3.04	3.05	3.04	3.03	3.03	3.10	3.02	7631万	5877万	5943.96亿	银行类
4	600377	宁沪高速	-3.10	5.72	1.73	0.07	26223	152	5.93	5.94	5.93	6.12	6.12	6.15	5.80	-523.3万	-197.4万	223.30亿	路桥
5	600018	上港集团	-1.93	2.89	1.99	0.07	14.8万	52	3.05	3.05	3.04	3.11	3.12	3.13	3.04	-912.2万	-148.7万	640.22亿	港口
6	601991	大唐发电	-3.52	5.19	1.87	0.08	72161	1	5.21	5.21	5.20	5.40	5.47	5.47	5.19	-620.3万	-422.4万	468.61亿	火力发电
7	601998	中信银行	-1.10	2.86	2.06	0.11	35.8万	19	4.49	4.49	4.48	4.54	4.55	4.60	4.47	3245万	949.7万	1422.94亿	银行类
8	600007	中国国贸	-3.40	4.37	2.09	0.12	12062	28	9.94	9.95	9.92	10.29	10.25	10.36	9.91	-187.6万	-4.7万	100.12亿	园区开发
9	601628	中国人寿	-3.10	4.68	1.17	0.12	25.7万	35	17.18	17.18	17.17	17.73	17.85	17.88	17.05	-1.09亿	-1.12亿	3577.48亿	保险类
10	600028	中国石化	-0.53	2.52	2.93	0.13	89.6万	127	7.51	7.52	7.51	7.55	7.57	7.68	7.49	7444万	5782万	5251.15亿	石油加工
11	002029	七 匹 狼	-2.23	5.26	1.53	0.13	3669	4	36.77	36.78	36.61	37.61	37.42	38.18	36.20	21.4万	-18.7万	104.02亿	服饰
12	601727	上海电气	-3.99	5.66	1.50	0.14	14.3万	298	5.77	5.78	5.77	6.01	6.05	6.06	5.72	-1981万	-813.5万	568.39亿	电气设备
13	600011	华能国际	-3.64	6.18	1.01	0.17	17.1万	100	5.30	5.30	5.29	5.50	5.50	5.52	5.18	-3893万	-3505万	530.80亿	火力发电
14	601088	中国神华	-2.95	4.42	2.04	0.19	30.6万	69	26.35	26.35	26.34	27.15	27.21	27.30	26.10	-1.14亿	-1.35亿	4297.96亿	煤炭开采
15	000761	本钢板材	-4.83	6.95	3.20	0.19	51476	253	4.93	4.94	4.93	5.18	5.11	5.27	4.91	-267.7万	-143.1万	134.88亿	钢加工
16	600648	外高桥	-4.32	6.05	1.41	0.22	17574	206	9.97	9.98	9.97	10.42	10.43	10.53	9.90	-207.7万	16.0万	80.78亿	园区开发
17	002140	东华科技	-2.73	6.09	0.76	0.23	9993	105	23.16	23.18	23.16	23.81	23.81	24.15	22.70	-381.6万	33.3万	100.06亿	建筑施工
18	000596	古井贡酒	0.13	6.50	2.51	0.24	4210	17	95.90	95.95	95.90	95.78	95.79	99.49	93.26	308.3万	-127.1万	167.82亿	白酒
19	000869	张 裕A	-2.66	3.84	1.01	0.24	8455	134	98.12	98.20	98.12	100.80	101.00	101.97	98.10	-473.1万	-235.5万	342.24亿	红黄药酒
20	601328	交通银行	-0.81	2.24	1.99	0.26	84.9万	20	4.87	4.87	4.86	4.91	4.93	4.96	4.85	6849万	5349万	1592.93亿	银行类
21	601111	中国国航	-3.29	5.57	1.77	0.29	23.9万	15	6.77	6.77	6.76	7.00	7.06	7.11	6.72	-2180万	-1382万	555.12亿	航空
22	002065	东华软件	-2.70	3.66	1.30	0.30	13437	42	21.29	21.30	21.29	21.88	21.92	22.07	21.27	-491.8万	-8.0万	93.91亿	软件服务
23	000550	江铃汽车	-4.04	5.15	1.72	0.31	16057	109	22.55	22.59	22.55	23.50	23.61	23.72	22.51	-1168万	-583.3万	116.45亿	汽车整车
24	601390	中国中铁	-2.93	5.13	2.42	0.31	51.8万	4	2.65	2.66	2.65	2.73	2.74	2.77	2.63	-1394万	-1052万	440.56亿	建筑施工
25	601898	中煤能源	-3.63	4.88	2.13	0.31	28.4万	93	9.29	9.29	9.28	9.64	9.70	9.71	9.24	-6306万	-7383万	836.75亿	煤炭开采
26	600027	华电国际	-3.12	4.06	2.19	0.32	16.9万	31	3.10	3.11	3.10	3.20	3.22	3.23	3.10	-2833万	-1701万	160.89亿	火力发电
27	600548	深高速	-2.66	3.87	1.66	0.33	47146	6	4.02	4.02	4.01	4.13	4.13	4.16	4.00	-348.3万	-84.8万	57.62亿	路桥
28	601872	招商轮船	-4.29	5.83	3.52	0.33	11.4万	250	3.12	3.13	3.12	3.26	3.26	3.28	3.09	-545.1万	-162.9万	107.12亿	水运

上证 2391.23 -64.56 1707亿 沪深 2605.11 -75.96 1171亿 创业 756.46 -35.92 222.8亿 总成交 3277亿 海通上海行情1

关联图 188 每日换手率反向排序

图 95　研究当日笔均量数据

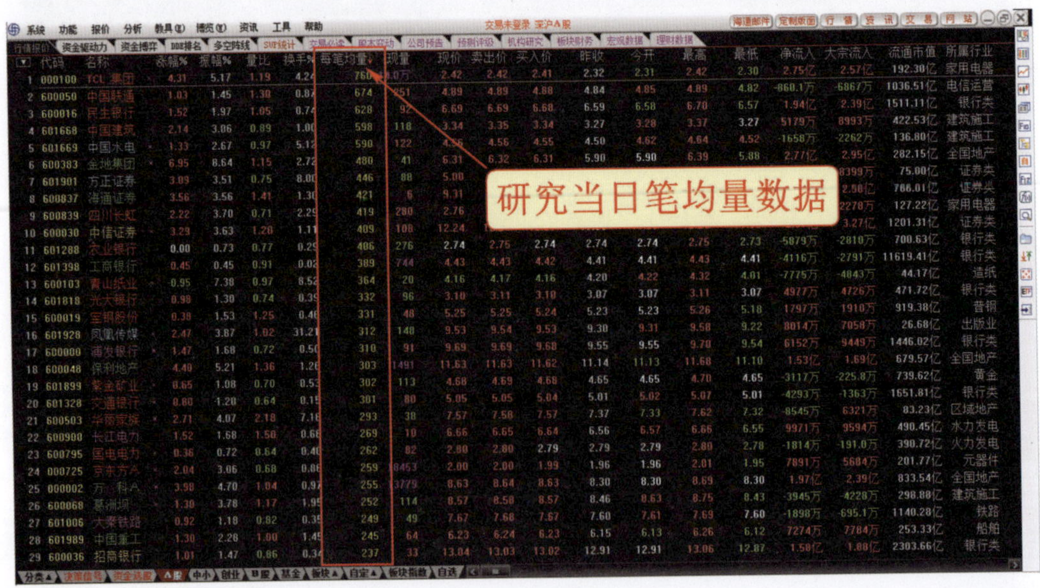

图 95 解说

图 95 介绍的是当日笔均量数据。所谓笔均量，也就是每笔均量，是每笔成交所含手数的大小。每笔均量数值的大小反映了主力参与程度的高低。主力参与操纵的程度越高，每笔均量的数值就越大，反过来说，每笔均量的数值越大，就越说明主力参与操纵的程度很高。相反，每笔均量的数值越小，就越表明主力参与的程度很低。凡是主力参与程度很低的品种，因为没有大资金参与操纵，短线套利机会就会比较少。

本图要点如下：

一、研究每笔均量数据的时候，可以采取分段研究的方式进行，一是集合竞价结束后，二是上午收盘后，三是下午收盘后。这三个不同的时间节点的每笔均量各有不同的技术含义和市场含义，需要细细甄别。

二、研究的时候，还需要分门别类查看每笔均量，不要混为一体，否则意义不大。

三、可以按照流通盘的大小，分为大盘、中盘和小盘，自定义每笔均量的大小标准。

四、也可以按照流通市值的大小，从小到大研究每笔均量的大小，寻找套利机会。

五、不管是新股还是老股，对于每笔均量过小的品种，原则上不要参与。

相关阅读 189　每日每笔均量正向排序

	代码	名称	涨幅%	振幅%	量比	换手%	总量	现量	现价	卖出价	买入价	昨收	今开	最高	最低	总金额	每笔均量↓	流通市值	所属行业
1	600010	包钢股份	10.02	10.02	6.68	6.60	424万	125	5.71	—	5.71	5.19	5.20	5.71	5.19	23.8亿	1491	366.79亿	普钢
2	600050	中国联通	-1.08	3.01	1.95	1.16	246万	10	4.60	4.61	4.60	4.65	4.66	4.71	4.57	11.4亿	875	975.04亿	电信运营
3	600108	亚盛集团	5.50	10.38	3.94	14.97	216万	212	6.71	6.72	6.71	6.36	6.38	6.98	6.32	14.4亿	760	96.70亿	农业综合
4	600016	民生银行	-1.40	2.79	1.81	0.88	199万	45	6.36	6.37	6.36	6.45	6.47	6.53	6.35	12.8亿	729	1436.57亿	银行类
5	000100	TCL 集团	-5.02	7.11	1.69	4.16	330万	31010	2.27	2.27	2.26	2.39	2.39	2.40	2.23	7.7亿	729	180.38亿	家用电器
6	601800	中国交建	-6.96	8.04	0.63	24.22	203万	1032	6.02	6.02	6.01	6.47	6.47	6.53	6.01	12.8亿	719	50.40亿	建筑施工
7	600300	维维股份	10.02	1.78	6.09	9.10	152万	143	6.81	—	6.81	6.19	6.81	6.81	6.70	10.4亿	715	113.86亿	软饮料
8	601668	中国建筑	-1.24	4.66	2.01	1.34	170万	10	3.18	3.19	3.18	3.22	3.25	3.31	3.16	5.5亿	683	402.29亿	建筑施工
9	601288	农业银行	-0.37	1.48	1.98	0.62	150万	3	2.70	2.71	2.70	2.71	2.72	2.74	2.70	4.3亿	673	690.41亿	银行类
10	601555	东吴证券	-1.70	10.95	2.37	36.63	183万	210	8.08	8.10	8.09	8.22	8.22	8.79	7.89	15.4亿	651	40.40亿	证券类
11	601901	方正证券	-4.52	8.25	1.68	11.67	175万	694	4.86	4.86	4.85	5.09	5.12	5.22	4.80	8.8亿	628	72.90亿	证券类
12	601899	紫金矿业	-2.86	4.40	2.31	1.02	161万	111	4.42	4.43	4.42	4.55	4.55	4.58	4.38	7.3亿	567	698.53亿	黄金
13	600030	中信证券	-3.70	6.35	1.76	1.55	152万	229	11.98	12.00	11.99	12.44	12.55	12.73	11.94	18.8亿	541	1175.80亿	证券类
14	600795	国电电力	-2.58	3.32	2.42	0.81	114万	17	2.64	2.65	2.64	2.71	2.72	2.73	2.64	3.1亿	478	368.39亿	火力发电
15	601669	中国水电	-4.65	5.75	1.69	3.77	113万	16	4.31	4.32	4.31	4.52	4.54	4.54	4.28	5.0亿	458	129.30亿	建筑施工
16	601939	建设银行	-0.42	2.30	2.26	0.97	93.4万	25	4.76	4.77	4.76	4.78	4.79	4.85	4.74	4.5亿	452	456.66亿	银行类
17	600100	同方股份	-5.92	7.93	2.31	6.31	125万	71	10.80	10.80	10.79	11.48	11.50	11.59	10.68	14.0亿	444	214.67亿	电脑设备
18	600022	济南钢铁	0.29	6.18	2.08	2.15	115万	70	3.41	3.43	3.42	3.40	3.42	3.59	3.38	4.0亿	426	182.20亿	普钢
19	601299	中国北车	-2.51	4.79	2.80	3.45	108万	234	4.27	4.28	4.27	4.38	4.40	4.46	4.25	4.7亿	416	134.17亿	运输设备
20	600739	辽宁成大	-2.35	10.12	2.15	8.54	117万	8	17.47	17.49	17.48	17.89	17.82	18.83	17.02	21.0亿	408	238.41亿	商贸代理
21	601818	光大银行	-1.66	2.65	2.45	0.64	96.8万	177	2.97	2.98	2.97	3.02	3.03	3.05	2.97	2.9亿	404	451.94亿	银行类
22	601328	交通银行	-0.81	2.24	1.99	0.26	84.9万	20	4.87	4.87	4.86	4.91	4.93	4.96	4.85	4.2亿	403	1592.93亿	银行类
23	600837	海通证券	-2.60	5.83	1.58	1.32	109万	14	9.36	9.37	9.36	9.61	9.70	9.84	9.28	10.4亿	400	770.12亿	证券类
24	600200	江苏吴中	6.53	9.47	5.12	20.37	106万	491	11.25	11.25	11.24	10.56	10.59	11.51	10.51	11.8亿	382	58.74亿	生物制药
25	600000	浦发银行	-1.16	3.06	1.86	0.67	99.3万	96	9.36	9.37	9.36	9.47	9.53	9.61	9.32	9.4亿	377	1396.77亿	银行类
26	600470	六国化工	-1.10	7.54	1.71	20.31	106万	327	11.68	11.79	11.77	11.81	11.67	11.91	11.02	12.3亿	374	60.92亿	农药化肥
27	601398	工商银行	-0.46	2.07	1.77	0.03	80.6万	85	4.32	4.33	4.32	4.34	4.35	4.39	4.30	3.5亿	370	11330.89亿	银行类
28	601988	中国银行	0.33	2.64	3.32	0.04	80.6万	70	3.04	3.05	3.04	3.03	3.03	3.10	3.02	2.5亿	365	5943.96亿	银行类

上证 2391.23 -64.56 1707亿　沪深 2605.11 -75.96 1171亿　创业 756.46 -35.92 222.8亿　总成交 3277亿　平安证券广州行情10

关联图 189　每日每笔均量正向排序

相关阅读 190　每日每笔均量反向排序

	代码	名称	涨幅%	振幅%	量比	换手%	总量	现量	现价	卖出价	买入价	昨收	今开	最高	最低	总金额	每笔均量↑	流通市值	所属行业
29	000596	古井贡酒	0.13	6.50	2.51	0.24	4210	17	95.90	95.95	95.90	95.78	95.79	99.49	93.26	4103万	5	167.82亿	白酒
30	000869	张　裕A	-2.66	3.84	1.01	0.24	8455	134	98.12	98.20	98.12	100.80	101.00	101.97	98.10	8519万	6	342.24亿	红黄药酒
31	300228	富瑞特装	-4.46	5.77	1.24	7.71	13099	146	40.90	40.90	40.89	42.81	42.98	42.98	40.51	5480万	6	6.95亿	化工机械
32	002029	七 匹 狼	-2.23	5.26	1.53	0.13	3669	4	36.77	36.78	36.61	37.61	37.42	38.18	36.20	1371万	8	104.02亿	服饰
33	002304	洋河股份	-0.59	1.32	2.16	0.48	19671	104	153.00	153.00	152.97	153.91	154.00	154.99	152.96	3.0亿	9	626.50亿	白酒
34	300220	金运激光	-3.50	7.85	2.14	6.84	6153	35	27.55	27.55	27.51	28.55	28.68	29.65	27.41	1758万	9	2.48亿	元器件
35	002338	奥普光电	-4.56	6.55	1.69	0.87	2436	10	34.99	35.00	34.99	36.66	36.68	37.00	34.60	884万	9	9.77亿	电器仪表
36	300231	银信科技	-5.20	12.73	2.07	8.94	8937	83	30.61	30.62	30.61	32.29	32.42	33.66	29.55	2881万	10	3.06亿	软件服务
37	002327	富安娜	-1.93	4.63	1.66	1.53	5165	112	45.31	45.45	45.31	46.20	46.00	46.84	44.70	2379万	10	15.31亿	服饰
38	002559	亚威股份	-2.96	5.78	1.51	1.99	8340	41	28.56	28.58	28.56	29.43	29.43	30.10	28.40	2444万	10	11.97亿	机床制造
39	300286	安科瑞	-8.47	11.33	1.48	20.86	14578	229	41.60	41.60	41.59	45.45	45.11	46.15	41.00	6374万	10	2.91亿	电器仪表
40	300188	美亚柏科	-4.73	8.99	1.47	5.50	7423	101	37.63	37.64	37.63	39.50	39.55	40.55	37.00	2907万	10	5.08亿	软件服务
41	600436	片仔癀	0.17	2.95	1.41	0.89	12479	97	70.19	70.40	70.36	70.07	70.18	72.00	69.93	8853万	11	98.27亿	中成药
42	002537	海立美达	-5.01	7.67	2.21	1.64	7424	63	20.68	20.70	20.65	21.77	21.77	22.20	20.53	1611万	11	9.36亿	机械基件
43	300139	福星晓程	-4.23	6.85	2.35	3.53	7328	41	55.20	55.20	55.10	57.64	57.80	58.35	54.40	4183万	11	11.47亿	元器件
44	002315	焦点科技	-4.23	7.81	2.00	4.27	12990	40	42.07	42.07	42.06	43.93	44.93	44.93	41.50	5653万	11	12.79亿	互联网
45	300202	聚龙股份	-3.88	9.59	1.87	1.48	3136	5	32.99	32.99	32.89	34.32	34.80	34.80	31.51	1054万	11	6.99亿	专用机械
46	300190	维尔利	-5.14	6.48	1.26	10.23	13611	82	38.94	38.97	38.94	41.05	41.13	41.46	38.80	5534万	11	5.18亿	环境保护
47	300205	天喻信息	-5.80	7.27	1.01	3.42	6801	242	23.07	23.07	23.06	24.49	24.51	24.79	23.01	1642万	11	4.59亿	元器件
48	300204	舒泰神	-7.79	11.23	2.53	10.19	17016	101	67.75	67.75	67.73	73.47	73.80	74.75	66.50	1.2亿	11	11.31亿	生物制药
49	300105	龙源技术	-5.05	7.77	1.61	3.22	12753	223	43.99	44.00	43.99	46.33	46.93	47.20	43.60	5801万	11	17.42亿	电器仪表
50	300212	易华录	-2.97	9.05	1.45	5.30	9018	131	35.61	35.61	35.60	36.70	36.86	37.40	34.08	3270万	11	6.05亿	软件服务
51	002380	科远股份	-4.65	7.05	1.46	3.51	5962	32	26.66	26.66	26.65	27.96	27.98	28.47	26.50	1642万	11	4.53亿	电气设备
52	002558	世纪游轮	-2.78	5.66	1.70	8.91	13449	110	27.64	27.65	27.63	28.43	28.69	28.81	27.20	3802万	11	4.17亿	旅游服务
53	300226	上海钢联	-1.14	11.88	1.52	13.87	13868	227	38.12	38.12	38.10	38.56	38.41	41.98	37.40	5477万	11	3.81亿	互联网
54	002310	东方园林	-0.64	5.83	2.35	3.93	19196	372	100.36	100.37	100.36	101.01	101.79	104.90	99.01	2.0亿	11	49.08亿	建筑施工
55	300141	和顺电气	-6.39	10.23	2.22	4.78	12282	177	29.46	29.48	29.46	31.47	31.66	32.43	29.21	3807万	11	7.57亿	电气设备
56	002323	中联电气	-3.86	8.50	2.24	2.36	5904	97	19.91	19.92	19.91	20.71	20.69	21.59	19.83	1222万	11	4.98亿	电气设备

上证 2391.23 -64.56 1707亿　沪深 2605.11 -75.96 1171亿　创业 756.46 -35.92 222.8亿　总成交 3277亿　平安证券广州行情10

关联图 190　每日每笔均量反向排序

图 96　研究当日增仓榜数据

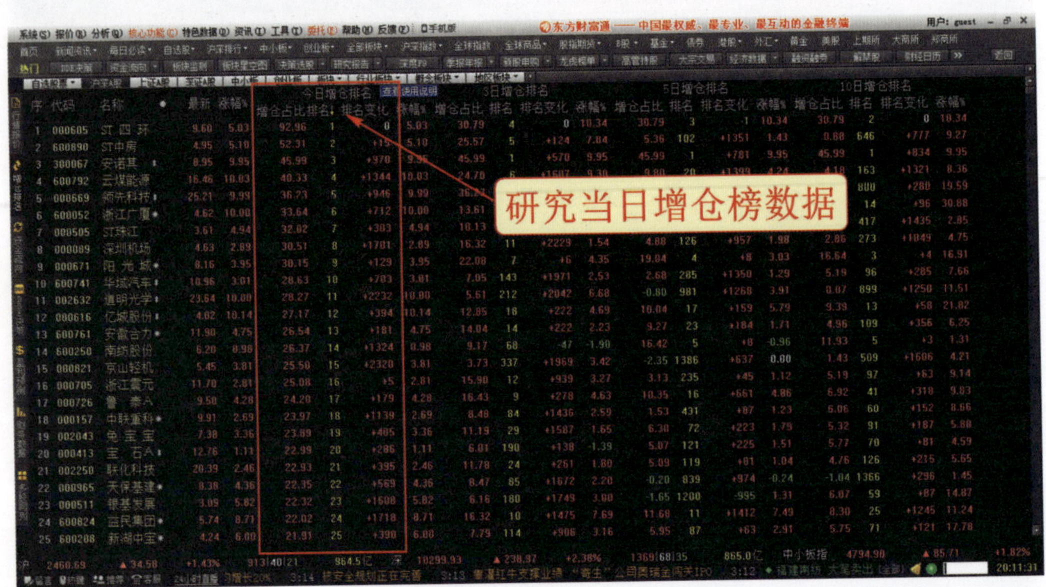

图 96 解说

图 96 介绍的是研究当日增仓榜数据。目前大多数行情软件都提供这方面的数据，查询起来很方便，在这里我们选用东方财富通软件提供的数据作为例子，介绍增仓数据的重要性。通过研究当日增仓榜数据，我们可以及时发现当前热门品种仓位的变化，从而判断主力操盘的意图，进而及时调整我们的交易策略。

本图要点如下：

一、当日增仓数据反映了主力仓位在当日交易中的增仓变化，有一定的参考价值。

二、查看当日增仓数据的时候，最好是对照最近 3 日、5 日和 10 日数据的变化情况。

三、查看当日增仓数据的时候，不要过于拘泥数据的细节，只需了解大概情况即可。

四、查看相关品种的时候，要结合当前股价所在的空间位置来综合分析。

五、临盘实战的时候，不要一看到主力增仓排名靠前的品种就立即买进。

相关阅读 191　通达信软件主力增仓数据

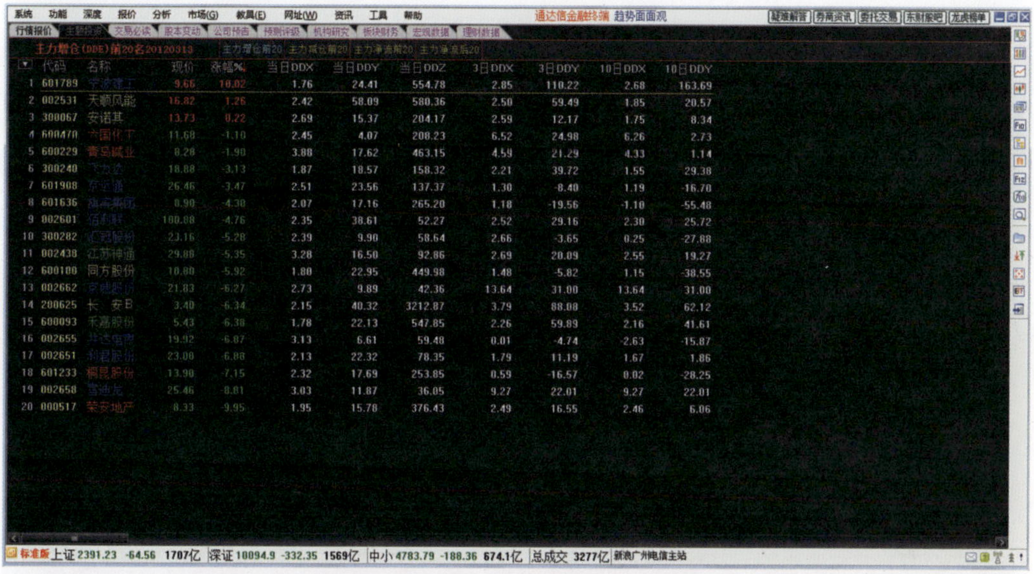

主力增仓(DDE)前20名20120313

	代码	名称	现价	涨幅%	当日DDX	当日DDY	当日DDZ	3日DDX	3日DDY	10日DDX	10日DDY
1	601789	宁波建工	9.66	10.02	1.76	24.41	554.78	2.85	110.22	2.68	163.69
2	002531	天顺风能	16.82	1.26	2.42	58.09	580.36	2.50	59.49	1.85	20.57
3	300067	安诺其	13.73	0.22	2.69	15.37	204.17	2.59	12.17	1.75	8.34
4	600470	六国化工	11.68	-1.10	2.45	4.07	208.23	6.52	24.98	6.26	2.73
5	600229	青岛碱业	8.28	-1.90	3.88	17.62	463.15	4.59	21.29	4.33	1.14
6	300240	飞力达	18.88	-3.13	1.87	18.57	158.32	2.21	39.72	1.55	29.38
7	601908	京运通	26.46	-3.47	2.51	23.56	137.37	1.30	-8.40	1.19	-16.70
8	601636	旗滨集团	8.90	-4.30	2.07	17.16	265.20	1.18	-19.56	-1.10	-55.48
9	002601	佰利联	100.88	-4.76	2.35	38.61	52.27	2.52	29.16	2.30	25.72
10	300282	汇冠股份	23.16	-5.28	2.39	9.90	58.64	2.66	-3.65	0.25	-27.88
11	002438	江苏神通	29.88	-5.35	3.28	16.50	92.86	2.69	20.09	2.55	19.27
12	600100	同方股份	10.80	-5.92	1.80	22.95	449.98	1.48	-5.82	1.15	-38.55
13	002662	京威股份	21.83	-6.27	2.73	9.89	42.36	13.64	31.00	13.64	31.00
14	200625	长　安B	3.40	-6.34	2.15	40.32	3212.87	3.79	88.08	3.52	62.12
15	600093	禾嘉股份	5.43	-6.38	1.78	22.13	547.85	2.26	59.89	2.16	41.61
16	002655	共达电声	19.92	-6.87	3.13	6.61	59.48	0.01	-4.74	-2.63	-15.87
17	002651	利君股份	23.00	-6.88	2.13	22.32	78.35	1.79	11.19	1.67	1.86
18	601233	桐昆股份	13.90	-7.15	2.32	17.69	253.85	0.59	-16.57	0.02	-28.25
19	002658	雪迪龙	25.46	-8.81	3.03	11.87	36.05	9.27	22.01	9.27	22.01
20	000517	荣安地产	8.33	-9.95	1.95	15.78	376.43	2.49	16.55	2.46	6.06

关联图 191　通达信软件主力增仓数据

相关阅读 192　东方财富通软件主力增仓数据

序	代码	名称	最新	涨幅%	今日增仓排名 增仓占比	排名	排名变化	涨幅%	3日增仓排名 增仓占比	排名	排名变化	涨幅%	5日增仓排名 增仓占比	排名	排名变化	涨幅%	10日增仓排名 增仓占比	排名	排名变化	涨幅%
1	600980	北矿磁材	17.57	8.46	28.87	1	+1417	8.46	21.03	2	+1621	9.20	17.47	2	+1277	14.76	12.91	5	+1218	11.13
2	002056	横店东磁	21.38	9.98	23.66	2	+1495	9.98	17.35	5	+1546	11.35	14.69	6	+1615	17.54	10.49	14	+1516	13.06
3	600010	包钢股份	5.71	10.02	23.49	3	+1341	10.02	19.22	3	+723	10.87	16.23	3	+474	14.20	10.83	12	+1015	8.56
4	600200	江苏吴中	11.25	6.53	22.43	4	+517	6.53	16.97	6	+869	8.49	13.23	8	+1690	10.19	8.50	17	+406	13.75
5	600300	维维股份	6.81	10.02	21.39	5	+3	10.02	22.26	1	+1	33.01	22.41	1	+1	50.66	18.96	1	+2	60.24
6	600250	南纺股份	6.44	-2.13	19.79	6	+12	-2.13	15.16	8	+29	2.71	12.73	10	+34	3.54	10.98	8	+16	4.89
7	002094	青岛金王	10.69	9.98	19.70	7	+1107	9.98	8.27	36	+2188	6.79	6.63	76	+2190	8.42	3.02	189	+2087	4.00
8	600846	同济科技	5.28	4.55	19.13	8	+387	4.55	14.43	9	+988	7.98	11.07	15	+661	12.34	8.46	18	+572	13.55
9	002382	蓝帆股份	18.25	10.01	18.94	9	+1068	10.01	11.29	19	+2100	10.87	7.66	47	+2113	16.54	2.64	227	+2029	6.66
10	300185	通裕重工	14.60	5.49	17.38	10	+570	5.49	8.64	31	+1998	7.75	6.45	84	+2133	9.86	3.12	182	+2116	7.67
11	600853	龙建股份	3.64	-0.27	16.98	11	+269	-0.27	13.20	11	+107	1.39	10.21	19	+445	4.38	2.26	290	+1301	2.54
12	002337	赛象科技	12.34	-3.89	16.85	12	+2213	-3.89	4.09	191	+1126	-3.74	4.51	188	+194	-0.88	5.60	63	+137	5.11
13	601188	龙江交通	3.05	4.45	15.76	13	+1569	4.45	11.34	18	+2063	5.17	6.25	90	+2113	6.27	5.24	79	+520	7.39
14	300235	方直科技	29.29	8.88	15.54	14	+1280	8.88	8.30	34	+493	15.91	9.29	27	+591	28.58	6.99	36	+368	35.41
15	300239	东宝生物	23.80	10.00	14.98	15	+1179	10.00	13.48	10	-5	20.99	16.18	4	+1	34.98	12.12	6	+17	33.72
16	300194	福安药业	25.21	9.99	14.96	16	+1806	9.99	10.83	21	+1690	10.96	10.04	20	+1624	15.32	7.66	24	+1562	15.11
17	002032	苏 泊 尔	16.40	-2.38	14.88	17	+189	-2.38	9.72	25	+631	0.06	6.76	70	+696	4.19	2.17	303	+962	3.21
18	002634	棒杰股份	19.96	1.94	12.92	18	+1369	1.94	7.87	45	+910	6.06	4.95	158	+1560	9.31	1.40	420	+1199	6.57
19	000407	胜利股份	4.54	2.02	12.61	19	+90	2.02	12.81	13	+38	6.07	10.27	18	+564	9.40	4.73	98	+1215	8.35
20	002135	东南网架	10.20	-0.97	12.59	20	-9	0.97	13.11	12	+9	1.69	13.08	9	+8	15.25	10.93	10	+1	17.70
21	600106	重庆路桥	11.42	4.58	12.48	21	+810	4.58	7.87	44	+1212	4.77	6.95	63	+1430	10.02	2.63	228	+1213	9.07
22	002618	丹邦科技	14.08	0.21	12.48	22	+888	0.21	6.83	70	+594	2.77	4.71	172	+1243	6.59	1.49	405	+1294	6.10
23	002065	东华软件	21.29	-2.70	12.06	23	+1574	-2.70	3.43	234	+1659	-2.11	2.53	386	+944	0.66	0.20	710	+368	3.25
24	600422	昆明制药	15.02	-4.21	11.77	24	+1192	-4.21	12.37	14	+35	0.20	9.01	31	+267	5.11	4.89	93	+140	4.38
25	600599	熊猫烟花	12.71	10.04	11.76	25	+1194	10.04	11.76	17	+1207	10.04	11.76	12	+1143	10.04	5.00	88	+323	14.50

关联图 192　东方财富通软件主力增仓数据

图 97　研究当日减仓榜数据

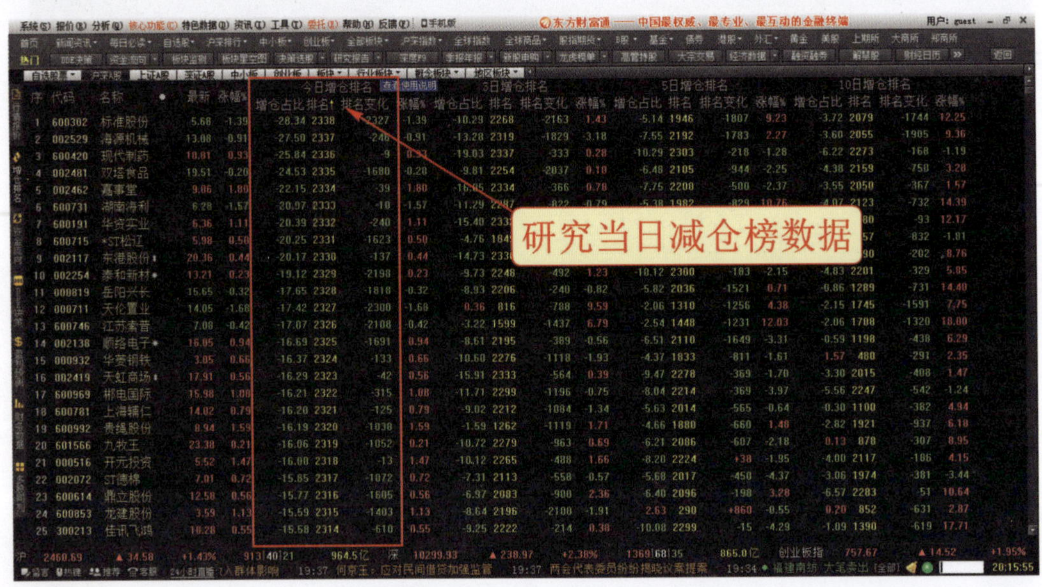

图 97 解说

图 97 介绍的是研究当日减仓榜数据。目前大多数行情软件都提供这方面的数据，查询起来很方便，在这里我们选用东方财富通软件提供的数据作为例子，介绍减仓数据的重要性。通过研究当日减仓榜数据，我们可以及时发现当前由热门转冷却的品种仓位的变化，从而判断主力操盘的意图，进而及时调整我们的交易策略。

本图要点如下：

一、当日减仓数据反映了主力仓位在当日交易中的减仓变化，有一定的参考价值。

二、查看当日减仓数据的时候，最好是对照最近 3 日、5 日和 10 日数据的变化情况。

三、查看当日减仓数据的时候，不要过于拘泥数据的细节，只需了解大概情况即可。

四、查看相关品种的时候，要结合当前股价所在的空间位置来综合分析。

五、临盘实战的时候，不要一看到主力减仓排名靠前的品种就立即卖出。

相关阅读 193　通达信软件主力减仓数据

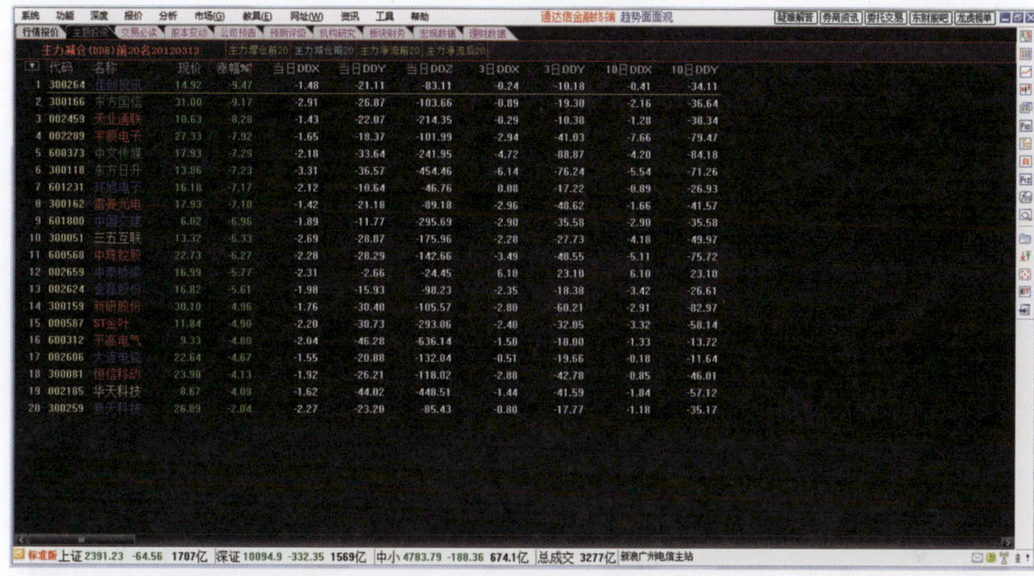

主力减仓(DDE)前20名20120313

	代码	名称	现价	涨幅%	当日DDX	当日DDY	当日DDZ	3日DDX	3日DDY	10日DDX	10日DDY
1	300264	佳创视讯	14.92	-9.47	-1.48	-21.11	-83.11	-0.24	-10.18	-0.41	-34.11
2	300166	东方国信	31.00	-9.17	-2.91	-26.87	-103.66	-0.89	-19.30	-2.16	-36.64
3	002459	天业通联	10.63	-8.28	-1.43	-22.07	-214.35	-0.29	-10.38	-1.28	-38.34
4	002289	宇顺电子	27.33	-7.92	-1.65	-18.37	-101.99	-2.94	-41.03	-7.66	-79.47
5	600373	中文传媒	17.93	-7.29	-2.18	-33.64	-241.95	-4.72	-88.87	-4.20	-84.18
6	300118	东方日升	13.86	-7.23	-3.31	-36.57	-454.46	-6.14	-76.24	-5.54	-71.26
7	601231	环旭电子	16.18	-7.17	-2.12	-10.64	-46.76	0.08	-17.22	-0.89	-26.93
8	300162	雷曼光电	17.93	-7.10	-1.42	-21.18	-89.18	-2.96	-48.62	-1.66	-41.57
9	601800	中国交建	6.02	-6.96	-1.89	-11.77	-295.69	-2.90	-35.58	-2.90	-35.58
10	300051	三五互联	13.32	-6.33	-2.69	-28.87	-175.96	-2.28	-27.73	-4.18	-49.97
11	600568	中珠控股	22.73	-6.27	-2.28	-28.29	-142.66	-3.49	-48.55	-5.11	-75.72
12	002659	中泰桥梁	16.99	-5.77	-2.31	-2.66	-24.45	6.10	23.10	6.10	23.10
13	002624	金磊股份	16.82	-5.61	-1.98	-15.93	-98.23	-2.35	-18.38	-3.42	-26.61
14	300159	新研股份	30.10	-4.96	-1.76	-30.40	-105.57	-2.80	-60.21	-2.91	-82.97
15	000587	ST金叶	11.84	-4.90	-2.20	-30.73	-293.06	-2.40	-32.05	-3.32	-58.14
16	600312	平高电气	9.33	-4.80	-2.04	-46.28	-636.14	-1.50	-18.00	-1.33	-13.72
17	002606	大连电瓷	22.64	-4.67	-1.55	-20.88	-132.04	-0.51	-19.66	-0.18	-11.64
18	300081	恒信移动	23.90	-4.13	-1.92	-26.21	-118.02	-2.88	-42.78	-0.85	-46.01
19	002185	华天科技	8.67	-4.09	-1.62	-44.02	-448.51	-1.44	-41.59	-1.84	-57.12
20	300259	新天科技	26.89	-2.04	-2.27	-23.20	-85.43	-0.80	-17.77	-1.18	-35.17

上证 2391.23 -64.56 1707亿　深证 10094.9 -332.35 1569亿　中小 4783.79 -188.36 674.1亿　总成交 3277亿

关联图 193　通达信软件主力减仓数据

相关阅读 194　东方财富通软件主力减仓数据

东方财富通——中国最权威、最专业、最互动的金融终端

序	代码	名称	最新	涨幅%	今日增仓排名				3日增仓排名				5日增仓排名				10日增仓排名			
					增仓占比	排名	排名变化	涨幅%	增仓占比	排名	排名变化	涨幅%	增仓占比	排名	排名变化	涨幅%	增仓占比	排名	排名变化	涨幅%
1	000409	*ST泰复	6.22	-4.89	-32.87	2341	-2300	-4.89	-9.81	2241	-2211	-1.11	-7.39	2241	-2215	1.63	-4.05	2077	-1952	1.14
2	002078	太阳纸业	7.45	-6.99	-29.30	2340	-439	-6.99	-19.64	2341	-329	-6.64	-14.53	2341	-87	-5.34	-7.40	2308	-326	-1.59
3	600992	贵绳股份	8.44	-5.70	-24.45	2339	-18	-5.70	-19.38	2340	-54	-6.01	-14.28	2340	-105	-4.42	-12.01	2339	-132	-2.76
4	000570	苏常柴A	5.90	-7.09	-23.97	2338	-1371	-7.09	-16.60	2337	-284	-7.38	-10.32	2316	-651	-5.90	-6.35	2282	-472	-2.16
5	000048	ST康达尔	8.13	-5.02	-23.84	2337	-607	-5.02	-15.42	2329	-229	-2.75	-10.76	2324	-11	-0.85	-12.46	2340	-7	-4.24
6	300111	向日葵	12.89	-7.93	-23.34	2336	-1515	-7.93	-7.11	2108	-1823	-2.50	-2.10	1519	-1258	0.47	0.45	639	-512	9.33
7	300253	卫宁软件	36.77	-4.86	-23.28	2335	-1433	-4.86	-12.62	2306	-1899	-2.36	-5.62	2124	-1691	3.61	-4.56	2155	-1236	4.40
8	000835	四川圣达	7.22	-8.49	-22.17	2334	-2322	-8.49	0.22	654	-641	-3.09	1.93	490	-479	0.70	0.54	615	-583	0.28
9	000906	南方建材	7.10	-5.33	-22.10	2333	-1163	-5.33	-14.37	2322	-1530	-5.08	-5.81	2142	-1775	-1.39	-7.16	2306	-404	-1.66
10	002036	宜科科技	14.73	-3.09	-22.04	2332	-346	-3.09	-14.10	2319	-1535	-3.22	-7.16	2229	-373	2.43	-9.62	2332	-96	0.48
11	000415	渤海租赁	10.89	-9.10	-21.06	2331	-1305	-9.10	-12.84	2308	-1033	-6.52	-10.01	2311	-1580	-4.64	-6.78	2293	-1407	2.83
12	000066	长城电脑	5.30	-7.18	-20.31	2330	-1512	-7.18	-8.75	2202	-891	-5.02	-2.00	1480	-964	-1.30	0.32	670	-310	-0.19
13	002188	新 嘉 联	8.37	-7.00	-19.69	2329	-755	-7.00	-12.23	2298	-240	-7.10	-8.04	2263	-473	-4.67	-5.73	2246	-346	-2.56
14	000505	ST珠江	3.53	-5.11	-19.05	2328	-2128	-5.11	-5.56	1914	+43	-3.81	1.39	587	-454	-0.28	3.92	128	-50	2.92
15	002459	天业通联	10.63	-8.28	-18.85	2327	-49	-8.28	-6.63	2055	-635	-0.84	-7.40	2242	-416	0.09	-5.11	2200	-417	8.00
16	600225	天津松江	5.18	-9.12	-18.76	2326	-118	-9.12	-13.45	2315	-170	-7.99	-7.90	2258	-363	-9.12	-5.53	2237	-396	-6.67
17	600027	华电国际	3.10	-3.13	-18.70	2325	-517	-3.13	-10.83	2273	-1794	-4.02	-5.41	2099	-1065	-1.27	-7.35	2307	-115	-3.43
18	000918	嘉凯城	4.56	-7.13	-18.61	2324	-42	-7.13	-10.52	2264	-841	-7.88	-4.20	1948	-334	-3.59	-1.24	1285	-85	-4.60
19	002242	九阳股份	8.57	-6.85	-18.57	2323	-2258	-6.85	-5.75	1940	-1807	-5.30	-1.99	1478	-996	-1.95	-3.50	1972	-546	-2.50
20	600275	ST昌鱼	6.15	-4.95	-18.36	2322	-141	-4.95	-11.09	2278	-97	-5.53	-8.49	2277	-452	-5.53	-4.64	2162	-600	-0.97
21	600372	中航电子	27.36	-6.27	-18.18	2321	-2	-6.27	-14.43	2323	-484	-7.47	-5.45	2105	-927	-4.93	-4.03	2070	-623	-4.27
22	601898	中煤能源	9.29	-3.63	-18.16	2320	-153	-3.63	-15.61	2332	-105	-4.52	-10.49	2320	-56	-2.00	-8.60	2325	-55	-6.16
23	000401	冀东水泥	17.99	-5.86	-17.99	2319	-34	-5.86	-16.50	2336	-24	-6.55	-12.41	2334	-126	-5.02	-8.56	2324	-56	-6.01
24	002017	东信和平	13.49	-7.29	-17.94	2318	-2168	-7.29	-6.89	2086	-762	-6.06	-7.05	2222	-965	-6.64	-1.34	1314	-554	0.90
25	002104	恒宝股份	9.30	-7.83	-17.64	2317	-1414	-7.83	-9.73	2236	-765	-5.58	-7.39	2240	-500	-4.02	-0.21	907	-553	1.86

沪 2391.23 ▼64.56 -2.63% 43|32|899 1707.4亿　深 10094.89 ▼332.35 -3.19% 75|60|1340 1569.4亿　沪深300 2605.11 ▼75.96 -2.83%

关联图 194　东方财富通软件主力减仓数据

第十篇　复盘作业数据解读

图 98　研究当日净流入数据

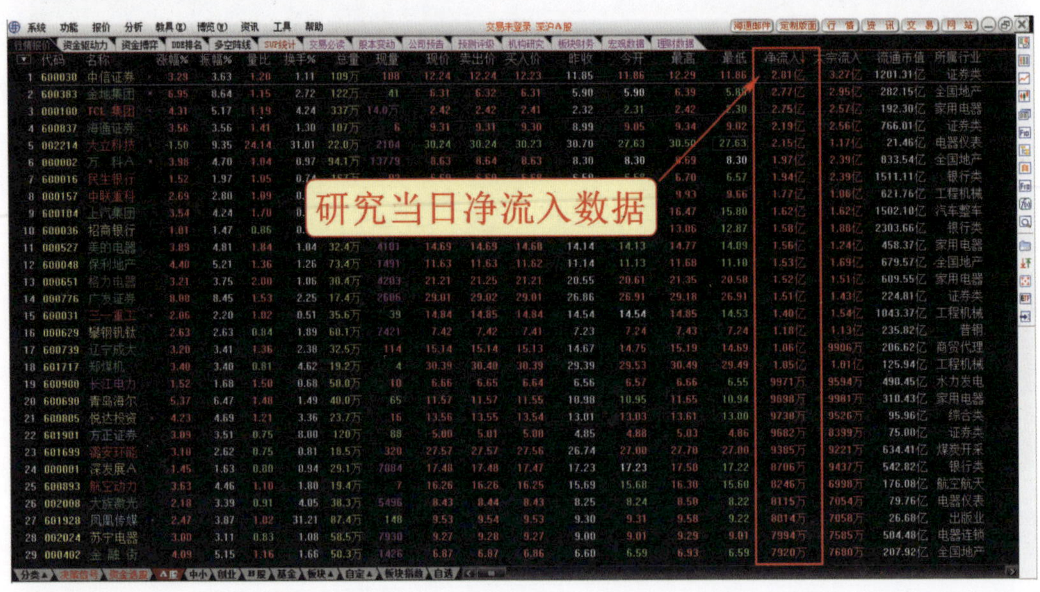

图 98 解说

图 98 介绍的是研究当日净流入数据。所谓净流入，就是指主动向上买入的数据减去主动向下卖出的数据之后的余额，它反映了市场参与者对当前股价的看多程度。净流入数据越大，看多后市的愿望就越强烈，股价上涨的可能性就越大，就越值得积极对待。

本图要点如下：

一、查看当日净流入数据的时候，要结合当前股价的空间位置来分析。

二、空间位置低位的净流入数据反映了主力当前做多的强烈愿望。

三、如果股价空间位置已经处于高位，则说明主力在对倒或对敲。

四、需要记住，任何单一的数据都不能成为操作的唯一依据。

五、临盘实战的时候，对于行情软件里的净流入数据，要辩证看待，不要迷信。

相关阅读 195　每日净流入数据之一

系统　功能　报价　分析　教具(Z)　博览(W)　资讯　工具　帮助　　交易未登录 深沪A股

行情报价 | 资金驱动力 | 资金博弈 | 交易必读 | 股本变动 | 公司预告 | 预测评级 | 机构研究 | 板块财务 | 宏观数据 | 理财数据

	代码	名称	涨幅%	现价	换手%	净买率%	当日				5分钟					
							净流入	相对流量%	大宗流入	大宗流量%	涨幅%	换手%	净流入	相对流量%	大宗流入	大宗流量%
1	600111	包钢稀土	0.34	64.17	7.03	-0.08	-3645万	-1.08	-6330万	-1.87	0.20	0.43	3470万	1.03	3314万	0.98
2	600200	江苏吴中	6.53	11.25	20.37	4.96	2.91亿	24.59	3.34亿	28.21	0.62	1.35	3228万	2.73	3283万	2.77
3	600470	六国化工	-1.10	11.68	20.31	-0.82	-4988万	-4.06	1375万	1.12	2.00	1.36	2231万	1.82	2651万	2.16
4	600960	渤海活塞	9.85	12.16	9.00	1.86	3673万	21.51	4135万	24.21	0.16	1.87	2206万	12.92	2186万	12.80
5	600675	中华企业	-8.85	4.74	3.30	-0.18	-1214万	-5.25	-1928万	-8.34	1.28	0.44	1924万	8.33	1312万	5.68
6	600050	中国联通	-1.08	4.60	1.16	-0.01	-1124万	-0.98	-3441万	-3.01	0.21	0.04	1836万	1.60	1997万	1.74
7	601318	中国平安	-2.21	39.75	0.67	-0.08	-1.46亿	-11.19	-1.51亿	-11.62	-0.07	0.01	1532万	1.18	1511万	1.16
8	000046	泛海建设	-9.01	4.85	2.57	-0.10	-2162万	-3.61	-3488万	-5.83	1.04	0.09	1480万	2.47	1258万	2.10
9	600410	华胜天成	-5.45	11.27	4.61	-0.19	-1032万	-3.96	-200.2万	-0.77	0.71	0.29	1192万	4.57	1152万	4.42
10	601989	中国重工	-3.85	6.49	2.25	-0.29	-7737万	-12.85	-6893万	-11.45	0.30	0.10	1117万	1.86	1203万	2.00
11	600550	天威保变	-2.85	12.28	1.22	0.05	892.3万	4.26	1705万	8.15	0.98	0.09	1116万	5.33	1191万	5.69
12	600667	太极实业	-1.30	6.84	6.99	0.49	1229万	7.01	1534万	8.75	2.70	0.61	1103万	6.29	1069万	6.10
13	600030	中信证券	-3.70	11.98	1.55	-0.04	-5261万	-2.79	-3110万	-1.65	0.00	0.04	926.3万	0.49	1126万	0.60
14	600108	亚盛集团	5.50	6.71	14.97	0.44	4287万	2.98	-4281万	-2.97	0.29	0.45	863.7万	0.60	932.8万	0.65
15	600900	长江电力	-1.76	6.68	0.54	-0.08	-3874万	-14.61	-2826万	-10.65	0.45	0.03	847.8万	3.20	848.3万	3.20
16	600598	北大荒	-3.10	9.37	1.43	-0.04	-731.5万	-3.03	19.3万	0.08	1.73	0.07	809.7万	3.35	868.7万	3.60
17	600132	重庆啤酒	-0.49	36.57	9.01	0.63	1.11亿	6.88	1.16亿	7.21	-0.62	0.39	767.0万	0.48	257.8万	0.16
18	600019	宝钢股份	-1.17	5.08	0.45	0.04	3862万	9.54	-175.8万	-0.43	0.00	0.01	756.6万	1.87	741.2万	1.83
19	600844	丹化科技	4.08	17.59	6.18	0.12	1236万	1.92	1653万	2.56	0.22	0.22	750.6万	1.16	642.3万	1.00
20	600846	同济科技	4.55	5.28	6.84	1.22	3772万	18.27	4647万	22.51	-0.56	0.70	745.3万	3.61	773.8万	3.75
21	600199	金种子酒	0.49	20.54	5.28	0.13	1472万	2.40	1894万	3.09	1.18	0.17	723.1万	1.18	892.3万	1.46
22	002618	丹邦科技	0.21	14.08	17.88	0.76	426.8万	4.28	1259万	12.63	2.77	2.35	715.1万	7.17	721.9万	7.24
23	000629	攀钢钒钛	-3.59	6.98	3.71	0.13	2887万	3.37	1333万	1.56	0.14	0.06	697.0万	0.81	664.6万	0.78
24	600022	济南钢铁	0.29	3.41	3.67	0.33	3496万	8.80	3048万	7.67	0.29	0.09	690.0万	1.74	350.6万	0.88
25	601117	中国化学	-4.84	6.49	3.50	-0.96	-9510万	-27.00	-8402万	-23.86	0.77	0.13	688.1万	1.95	650.1万	1.85
26	600143	金发科技	-1.85	12.72	3.68	-0.58	-1.22亿	-15.50	-9639万	-12.24	0.15	0.08	592.0万	0.75	639.2万	0.81
27	601678	滨化股份	2.09	14.62	12.33	2.79	8737万	22.93	9972万	26.17	3.17	0.77	532.8万	1.40	755.3万	1.98

分类 | A股 | 中小 | 创业 | B股 | 基金 | 板块 | 自定 | 板块指数 | 自选

上证 2391.23 -64.56 1707亿　深证 10094.9 -332.35 1569亿　中小 4783.79 -188.36 674.1亿　总成交 3277亿　海通上海行情1

关联图 195　每日净流入数据之一

相关阅读 196　每日净流入数据之二

系统　功能　报价　分析　教具(Z)　博览(W)　资讯　工具　帮助　　交易未登录 深沪A股

行情报价 | 资金驱动力 | 资金博弈 | 交易必读 | 股本变动 | 公司预告 | 预测评级 | 机构研究 | 板块财务 | 宏观数据 | 理财数据

	代码	名称	涨幅%	现价	换手%	净买率%	当日				5分钟					
							净流入	相对流量%	大宗流入	大宗流量%	涨幅%	换手%	净流入	相对流量%	大宗流入	大宗流量%
1	600111	包钢稀土	0.34	64.17	7.03	-0.08	-3645万	-1.08	-6330万	-1.87	0.20	0.43	3470万	1.03	3314万	0.98
2	600200	江苏吴中	6.53	11.25	20.37	4.96	2.91亿	24.59	3.34亿	28.21	0.62	1.35	3228万	2.73	3283万	2.77
3	600470	六国化工	-1.10	11.68	20.31	-0.82	-4988万	-4.06	1375万	1.12	2.00	1.36	2231万	1.02	2651万	2.16
4	600960	渤海活塞	9.85	12.16	9.00	1.86	3673万	21.51	4135万	24.21	0.16	1.87	2206万	12.92	2186万	12.80
5	600050	中国联通	-1.08	4.60	1.16	-0.01	-1124万	-0.98	-3441万	-3.01	0.21	0.04	1836万	1.60	1997万	1.74
6	601318	中国平安	-2.21	39.75	0.67	-0.08	-1.46亿	-11.19	-1.51亿	-11.62	-0.07	0.01	1532万	1.18	1511万	1.16
7	600675	中华企业	-8.85	4.74	3.30	-0.18	-1214万	-5.25	-1928万	-8.34	1.28	0.44	1924万	8.33	1312万	5.68
8	000046	泛海建设	-9.01	4.85	2.57	-0.10	-2162万	-3.61	-3488万	-5.83	1.04	0.09	1480万	2.47	1258万	2.10
9	601989	中国重工	-3.85	6.49	2.25	-0.29	-7737万	-12.85	-6893万	-11.45	0.30	0.10	1117万	1.86	1203万	2.00
10	600550	天威保变	-2.85	12.28	1.22	0.05	892.3万	4.26	1705万	8.15	0.98	0.09	1116万	5.33	1191万	5.69
11	600410	华胜天成	-5.45	11.27	4.61	-0.19	-1032万	-3.96	-200.2万	-0.77	0.71	0.29	1192万	4.57	1152万	4.42
12	600030	中信证券	-3.70	11.98	1.55	-0.04	-5261万	-2.79	-3110万	-1.65	0.00	0.04	926.3万	0.49	1126万	0.60
13	600667	太极实业	-1.30	6.84	6.99	0.49	1229万	7.01	1534万	8.75	2.70	0.61	1103万	6.29	1069万	6.10
14	600108	亚盛集团	5.50	6.71	14.97	0.44	4287万	2.98	-4281万	-2.97	0.29	0.45	863.7万	0.60	932.8万	0.65
15	600199	金种子酒	0.49	20.54	5.28	0.13	1472万	2.40	1894万	3.09	1.18	0.17	723.1万	1.18	892.3万	1.46
16	600598	北大荒	-3.10	9.37	1.43	-0.04	-731.5万	-3.03	19.3万	0.08	1.73	0.07	809.7万	3.35	868.7万	3.60
17	600900	长江电力	-1.76	6.68	0.54	-0.08	-3874万	-14.61	-2826万	-10.65	0.45	0.03	847.8万	3.20	848.3万	3.20
18	600846	同济科技	4.55	5.28	6.84	1.22	3772万	18.27	4647万	22.51	-0.56	0.70	745.3万	3.61	773.8万	3.75
19	601678	滨化股份	2.09	14.62	12.33	2.79	8737万	22.93	9972万	26.17	3.17	0.77	532.8万	1.40	755.3万	1.98
20	600019	宝钢股份	-1.17	5.08	0.45	0.04	3862万	9.54	-175.8万	-0.43	0.00	0.01	756.6万	1.87	741.2万	1.83
21	002618	丹邦科技	0.21	14.08	17.88	0.76	426.8万	4.28	1259万	12.63	2.77	2.35	715.1万	7.17	721.9万	7.24
22	000629	攀钢钒钛	-3.59	6.98	3.71	0.13	2887万	3.37	1333万	1.56	0.14	0.06	697.0万	0.81	664.6万	0.78
23	601117	中国化学	-4.84	6.49	3.50	-0.96	-9510万	-27.00	-8402万	-23.86	0.77	0.13	688.1万	1.95	650.1万	1.85
24	600844	丹化科技	4.08	17.59	6.18	0.12	1236万	1.92	1653万	2.56	0.22	0.22	750.6万	1.16	642.3万	1.00
25	600143	金发科技	-1.85	12.72	3.68	-0.58	-1.22亿	-15.50	-9639万	-12.24	0.15	0.08	592.0万	0.75	639.2万	0.81
26	600803	威远生化	-3.64	12.45	4.19	-1.02	-2395万	-24.00	-1464万	-14.67	2.72	0.39	431.7万	4.33	518.2万	5.19
27	601188	龙江交通	4.45	3.05	1.85	0.06	105.4万	3.12	322.6万	9.55	4.45	1.05	448.7万	13.28	513.7万	15.21

分类 | A股 | 中小 | 创业 | B股 | 基金 | 板块 | 自定 | 板块指数 | 自选

上证 2391.23 -64.56 1707亿　深证 10094.9 -332.35 1569亿　中小 4783.79 -188.36 674.1亿　总成交 3277亿　海通上海行情1

关联图 196　每日净流入数据之二

图 99　研究当日净流出数据

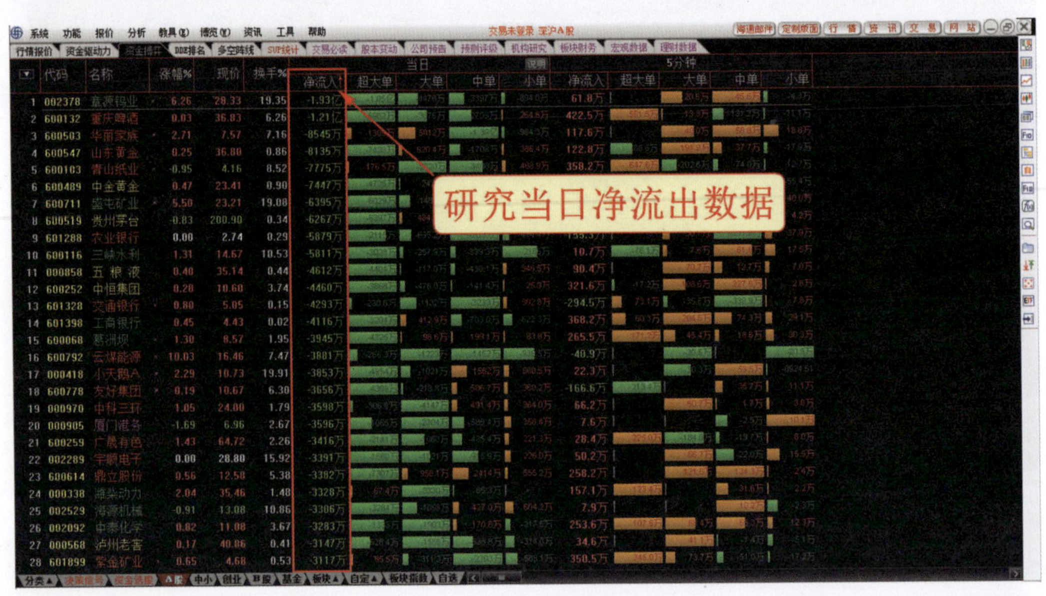

图 99 解说

图 99 介绍的是研究当日净流出数据。所谓净流出，就是指主动向下卖出的数据减去主动向上买入的数据之后的余额，它反映了市场参与者对当前股价的看空程度。净流出数据越大，看空后市的愿望就越强烈，股价下跌的可能性就越大，就越需要谨慎对待。

本图要点如下：

一、查看当日净流出数据的时候，要结合当前股价的空间位置来分析。

二、空间位置低位的净流出数据反映了主力当前诱空吸筹的强烈愿望。

三、如果股价空间位置已经处于高位，则说明主力在对倒或对敲出货。

四、需要记住，任何单一的数据都不能成为操作的唯一依据。

五、临盘实战的时候，对于行情软件里的净流出数据，要辩证看待，不要迷信。

相关阅读 197　每日净流出数据之一

主力净流入(SUP)前20名20120313

	代码	名称	现价	涨幅%	主买净额	资金流入率	主力净流入	3日净流入	10日净流入
1	600100	同方股份	10.80	-5.92	4.62亿	2.08	4.00亿	3.33亿	2.66亿
2	600739	辽宁成大	17.47	-2.35	3.33亿	1.42	1.50亿	1.98亿	3.13亿
3	600470	六国化工	11.68	-1.10	0.94亿	1.59	1.45亿	3.67亿	3.54亿
4	000858	五 粮 液	35.50	-3.01	1.90亿	0.14	1.27亿	3.22亿	3.02亿
5	601318	中国平安	39.75	-2.21	2.17亿	0.11	1.23亿	0.65亿	1.69亿
6	600229	青岛碱业	8.28	-1.90	-1.11亿	-3.62	1.19亿	1.39亿	1.32亿
7	002006	精功科技	27.48	-5.76	1.75亿	2.33	0.92亿	0.80亿	0.65亿
8	200625	长 安B	3.40	-6.34	1.55亿	3.99	0.84亿	1.45亿	1.36亿
9	600166	福田汽车	7.57	-5.26	0.78亿	0.73	0.83亿	1.58亿	1.55亿
10	601233	桐昆股份	13.90	-7.15	0.80亿	2.27	0.81亿	0.23亿	0.03亿
11	000970	中科三环	27.82	-2.08	0.76亿	0.54	0.78亿	1.37亿	3.88亿
12	600770	综艺股份	16.17	-5.93	0.96亿	0.85	0.77亿	0.39亿	0.38亿
13	601808	中海油服	17.85	-2.88	0.67亿	0.13	0.75亿	0.78亿	0.77亿
14	600015	华夏银行	11.05	-1.87	1.22亿	0.22	0.73亿	0.15亿	-1.53亿
15	600256	广汇股份	24.50	-4.41	1.34亿	0.49	0.70亿	0.67亿	0.87亿
16	601166	兴业银行	13.61	-1.66	1.74亿	0.12	0.68亿	-1.56亿	-1.84亿
17	000792	盐湖股份	38.35	-3.45	1.31亿	0.58	0.66亿	0.77亿	0.50亿
18	600300	维维股份	6.81	10.02	-0.94亿	-0.91	0.64亿	1.02亿	1.26亿
19	600000	浦发银行	9.36	-1.16	0.73亿	0.05	0.64亿	-0.30亿	-0.89亿
20	600030	中信证券	11.98	-3.70	0.26亿	0.02	0.64亿	-0.11亿	1.74亿

关联图 197　每日净流出数据之一

相关阅读 198　每日净流出数据之二

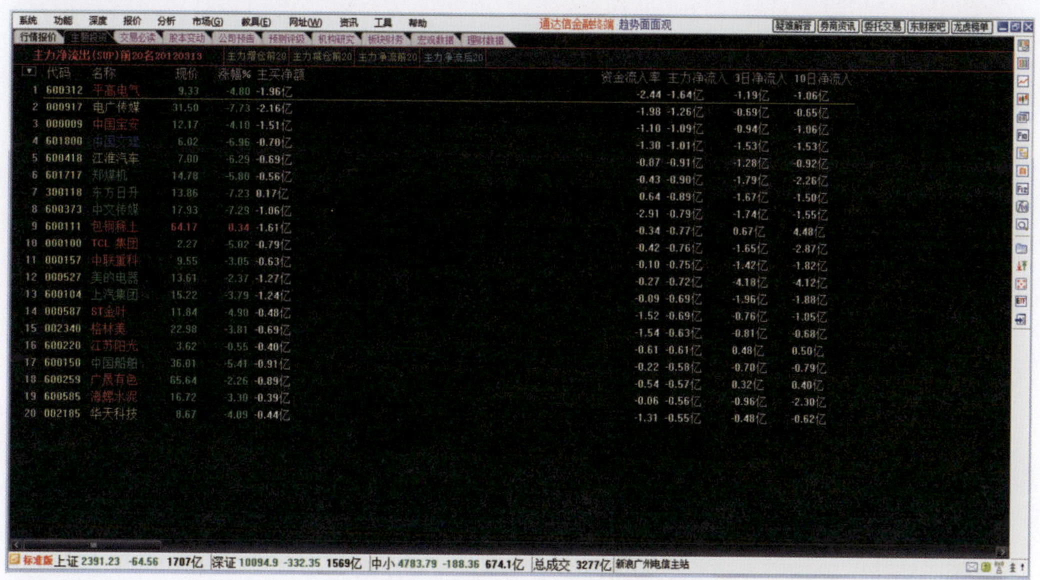

主力净流出(SUP)前20名20120313

	代码	名称	现价	涨幅%	主买净额	资金流入率	主力净流入	3日净流入	10日净流入
1	600312	平高电气	9.33	-4.80	-1.96亿	-2.44	-1.64亿	-1.19亿	-1.06亿
2	000917	电广传媒	31.50	-7.73	-2.16亿	-1.98	-1.26亿	-0.69亿	-0.65亿
3	000009	中国宝安	12.17	-4.10	-1.51亿	-1.10	-1.09亿	-0.94亿	-1.06亿
4	601800	中国交建	6.02	-6.96	-0.70亿	-1.30	-1.01亿	-1.53亿	-1.53亿
5	600418	江淮汽车	7.00	-6.29	-0.69亿	-0.87	-0.91亿	-1.28亿	-0.92亿
6	601717	郑煤机	14.78	-5.80	-0.56亿	-0.43	-0.90亿	-1.79亿	-2.26亿
7	300118	东方日升	13.86	-7.23	0.17亿	0.64	-0.89亿	-1.67亿	-1.50亿
8	600373	中文传媒	17.93	-7.29	-1.06亿	-2.91	-0.79亿	-1.74亿	-1.55亿
9	600111	包钢稀土	64.17	0.34	-1.61亿	-0.34	-0.77亿	0.67亿	4.48亿
10	000100	TCL 集团	2.27	-5.02	-0.79亿	-0.42	-0.76亿	-1.65亿	-2.87亿
11	000157	中联重科	9.55	-3.05	-0.63亿	-0.10	-0.75亿	-1.42亿	-1.82亿
12	000527	美的电器	13.61	-2.37	-1.27亿	-0.27	-0.72亿	-4.18亿	-4.12亿
13	600104	上汽集团	15.22	-3.79	-1.24亿	-0.09	-0.69亿	-1.96亿	-1.88亿
14	000587	ST金叶	11.84	-4.90	-0.48亿	-1.52	-0.69亿	-0.76亿	-1.05亿
15	002340	格林美	22.98	-3.81	-0.69亿	-1.54	-0.63亿	-0.81亿	-0.68亿
16	600220	江苏阳光	3.62	-0.55	-0.40亿	-0.61	-0.61亿	0.48亿	0.50亿
17	600150	中国船舶	36.01	-5.41	-0.91亿	-0.22	-0.58亿	-0.70亿	-0.79亿
18	600259	广晟有色	65.64	-2.26	-0.89亿	-0.54	-0.57亿	0.32亿	0.40亿
19	600585	海螺水泥	16.72	-3.30	-0.39亿	-0.06	-0.56亿	-0.96亿	-2.30亿
20	002185	华天科技	8.67	-4.09	-0.44亿	-1.31	-0.55亿	-0.48亿	-0.62亿

关联图 198　每日净流出数据之二

图 100　研究当日龙虎榜数据

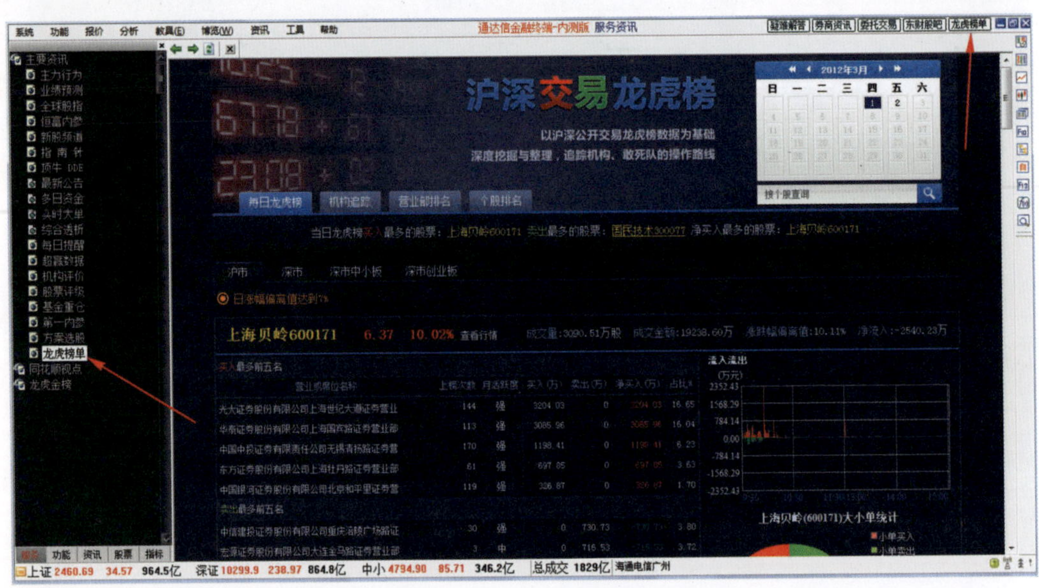

图 100 解说

图 100 介绍的是研究当日龙虎榜数据。所谓龙虎榜数据，也叫每日交易公开信息，它是来源于交易所发布的每个交易日公开信息。各大财经网站的龙虎榜数据，各类行情软件的龙虎榜数据，都是以此作为编程依据的。因此，不管花样如何，所有的龙虎榜数据从本质上来说，都是交易所交易公开信息的翻版。

本图要点如下：

一、研究每日龙虎榜数据是职业投资者必须做好的基本功。

二、现在是游资主导市场热点的时代，要及时了解游资的炒作动向，最及时、最可靠的数据来源，就是交易所发布的交易公开信息。

三、在查看龙虎榜数据的时候，我们可以借助一些行情软件的分析功能，对龙虎榜数据进行分类汇总，或者追溯研究，也可以利用其他手段，详细解析。

四、查看龙虎榜数据的时候，要特别注意研究经常上榜的那些营业部。

五、另外，要知道龙虎榜数据不可不看，但不可迷信。

相关阅读 199　每日龙虎榜数据之一

2012-03-14

来源：上海证券交易所、深圳证券交易所

名称	涨幅↓	净资金流入比
熊猫烟花	10.043	9.90
滨海能源	10.038	26.05
宁波建工	10.022	-3.71
信维通信	10.019	-13.86
包钢股份	10.019	12.02
蓝帆股份	10.006	6.36
保定天鹅	10.000	13.24
初灵信息	10.000	0.33
东宝生物	9.995	3.80
福安药业	9.991	9.24
横店东磁	9.979	14.94
青岛金王	9.979	24.32
川润股份	9.386	-1.56
方直科技	8.884	10.00
奥维通信	6.663	4.69
承德露露	3.693	19.57
ST皇台	3.429	7.72
银禧科技	3.177	-9.66

席位名称	性质	买入金额（万元）	卖出金额（万元）	净资金流（万元）	净资金流占流通市值比例(%)	净资金流占总成交额比例(%)
光大证券股份有限公司奉化南山路证券营业部	游资	1266.68	0.00	1266.68	0.79	8.86
西藏同信证券有限责任公司成都东大街证券营业部	游资	668.68	0.00	668.68	0.42	4.67
光大证券股份有限公司金华宾虹路证券营业部	游资	667.15	0.00	667.15	0.42	4.66
中信建投证券股份有限公司客户资产管理部	券商	635.50	0.00	635.50	0.40	4.44
五矿证券有限公司深圳金田路证券营业部	游资	578.69	0.00	578.69	0.36	4.05
国泰君安证券股份有限公司上海江苏路证券营业部	活跃游资	0.00	1285.69	-1285.69	-0.80	-8.99
东海证券有限责任公司上海花园路证券营业部	游资	0.00	600.67	-600.67	-0.38	-4.20
中信建投证券股份有限公司武汉市中北路证券营业部	游资	0.00	219.12	-219.12	-0.14	-1.53
广发证券股份有限公司珠海吉大路证券营业部	游资	0.00	157.22	-157.22	-0.10	-1.10
平安证券有限责任公司深圳深南东路罗湖商务中心证券营业部	游资	0.00	136.94	-136.94	-0.09	-0.96
熊猫烟花[600599]合计：		3816.70	2399.64	1417.06	0.88	9.90

关联图 199　每日龙虎榜数据之一

相关阅读 200　每日龙虎榜数据之二

交易公开信息列表

公告日期	证券代码	证券简称	成交金额（元）	成交量（股/份）	披露原因	备注
2012-03-14	000043	中航地产	1,111,086,815	81,763,059	异常期间价格涨幅偏离值累计达到22.94%	查看详情
2012-03-14	000517	荣安地产	238,530,974	26,765,584	日价格振幅达到15.01%	查看详情
2012-03-14	000687	保定天鹅	179,794,512	30,840,447	日价格涨幅偏离值达到14.11%	查看详情
2012-03-14	000695	滨海能源	61,805,625	7,755,828	日价格涨幅偏离值达到14.11%	查看详情
2012-03-14	000719	大地传媒	218,414,690	15,213,706	日换手率达到20.50%	查看详情
2012-03-14	000848	承德露露	230,753,650	14,847,298	日价格涨幅偏离值达到7.81%	查看详情
2012-03-14	000957	中通客车	91,142,858	10,090,958	日价格振幅达到18.09%	查看详情
2012-03-14	000995	ST皇台	219,105,895	16,137,046	日价格涨幅偏离值达到7.54%	查看详情
2012-03-14	002019	鑫富药业	219,343,301	18,136,599	日价格振幅达到16.70%	查看详情
2012-03-14	002056	横店东磁	779,766,451	36,891,257	日价格涨幅偏离值达到14.10%	查看详情
2012-03-14	002094	青岛金王	616,798,824	58,632,090	日价格涨幅偏离值达到14.10%	查看详情
2012-03-14	002231	奥维通信	345,995,223	15,403,245	日价格涨幅偏离值达到10.76%	查看详情
2012-03-14	002272	川润股份	806,479,134	69,846,546	日价格涨幅偏离值达到13.49%	查看详情
2012-03-14	002272	川润股份	806,479,134	69,846,546	日换手率达到37.46%	查看详情
2012-03-14	002272	川润股份	1,195,808,856	88,554,089	异常期间价格涨幅偏离值累计达到22.37%	查看详情
2012-03-14	002382	蓝帆股份	69,877,636	3,841,064	日价格涨幅偏离值达到14.10%	查看详情

关联图 200　每日龙虎榜数据之二

后 记

阳春三月，江南草长，杂花生树，群莺乱飞。如此美景，赏心悦目。写完最后一行文字，虽然身在北国，我心已到江南。江南之地，人杰地灵，英雄辈出，早已经有意移居于海天佛国。无奈俗事缠身，每日为向老友交差而伏案，敲击键盘，码些文字。苦也，苦也！

关于本书，最后要说的是，第一，它是以图为主的，文字甚少。第二，它是最基础的，必须反复阅读，熟练掌握，而且要对照软件，逐一诵读，反复多次，直至烂熟于心。如果你们能做到这些，那么，距离入门就不远了。

股市没有什么神秘的绝招，功到自然成，苦练才是根本。

因为忙于交易，每天空闲时间很少，实在没有时间写什么长篇大论，就此打住。

再一次祝福各位投资者，祝你们一切顺利！

陈金壮

2012 年 3 月 31 日

写于冰城清静阁书斋

职业操盘基础训练核心课程

本课程共 12 讲，为时 1 年

学前摸底测试

第一部分　职业操盘技术基础

一、K 线技术基础

二、均线技术基础

三、量能技术基础

第二部分　职业操盘战术基础

一、观局判势精要

二、择机套利精要

三、交易策略精要

第三部分　职业操盘战略基础

一、风控措施攻略

二、资金管理攻略

三、仓位布局攻略

第四部分　职业操盘实战演练

一、交易计划稽核

二、实盘操作点评

三、复盘作业评估

学后结业考核

职业操盘手晋级考核的最低标准

入门级：入门级考核标准是连续 12 周每周赢利在总资产的 1% 以上。
这个标准是参加职业操盘手晋级训练课程考核的最低入门标准，
是当前最流行的衡量一个人是否适合以操盘为职业的量化评估标准。
只有顺利通过入门级考核，才可以正式开始职业操盘培训课程学习。

通过入门级考核之后，职业操盘手的晋级考核标准如下：

初级：初级考核标准是连续 12 周每周赢利在总资产的 5% 以上。

中级：中级考核标准是连续 12 周每周赢利在总资产的 10% 以上。

高级：高级考核标准是连续 12 周每周赢利在总资产的 20% 以上。

完成学业，顺利通过这全部考核，就算毕业，可以独立运作项目。

考核说明：以上考核总资产基准量为 100 万元人民币。

如果需要了解更多内容，请发邮件给 caopanxue@ qq. com 咨询。

职业操盘基础培训指定教材

第一部分　必读教材

一、证券分析技术

二、证券交易之道

三、证券交易方法

四、证券市场操作

五、股指期货交易

第二部分　速成教材

一、盘口技术图解

二、波段技术图解

三、解套技术图解

四、短线技术图解

五、涨停技术图解

六、趋势技术图解

第三部分　高级教程

一、滚动操盘技术

二、分时实战技术

三、反向博弈技术

职业操盘基础培训业务邮箱：caopanxue@ qq. com